A Escrita da História

O GEN | Grupo Editorial Nacional – maior plataforma editorial brasileira no segmento científico, técnico e profissional – publica conteúdos nas áreas de ciências humanas, exatas, jurídicas, da saúde e sociais aplicadas, além de prover serviços direcionados à educação continuada e à preparação para concursos.

As editoras que integram o GEN, das mais respeitadas no mercado editorial, construíram catálogos inigualáveis, com obras decisivas para a formação acadêmica e o aperfeiçoamento de várias gerações de profissionais e estudantes, tendo se tornado sinônimo de qualidade e seriedade.

A missão do GEN e dos núcleos de conteúdo que o compõem é prover a melhor informação científica e distribuí-la de maneira flexível e conveniente, a preços justos, gerando benefícios e servindo a autores, docentes, livreiros, funcionários, colaboradores e acionistas.

Nosso comportamento ético incondicional e nossa responsabilidade social e ambiental são reforçados pela natureza educacional de nossa atividade e dão sustentabilidade ao crescimento contínuo e à rentabilidade do grupo.

Michel de Certeau

A *Escrita da História*

3ª edição

Tradução de:
Maria de Lourdes Menezes

Revisão Técnica:
Arno Vogel

Rio de Janeiro

■ O autor deste livro e a editora empenharam seus melhores esforços para assegurar que as informações e os procedimentos apresentados no texto estejam em acordo com os padrões aceitos à época da publicação, *e todos os dados foram atualizados pelo autor até a data de fechamento do livro*. Entretanto, tendo em conta a evolução das ciências, as atualizações legislativas, as mudanças regulamentares governamentais e o constante fluxo de novas informações sobre os temas que constam do livro, recomendamos enfaticamente que os leitores consultem sempre outras fontes fidedignas, de modo a se certificarem de que as informações contidas no texto estão corretas e de que não houve alterações nas recomendações ou na legislação regulamentadora.

■ O autor e a editora se empenharam para citar adequadamente e dar o devido crédito a todos os detentores de direitos autorais de qualquer material utilizado neste livro, dispondo-se a possíveis acertos posteriores caso, inadvertida e involuntariamente, a identificação de algum deles tenha sido omitida.

■ **Atendimento ao cliente: (11) 5080-0751 | faleconosco@grupogen.com.br**

■ Traduzido de:
L'Écriture de l'Histoire
Copyright © Éditions Gallimard, 1975
All rights reserved.

■ Tradução de: Maria de Lourdes Menezes
Revisão Técnica: Arno Vogel

■ Direitos exclusivos para a língua portuguesa
Copyright © 2011, 2020, 2022 (6ª impressão) by
FORENSE UNIVERSITÁRIA, um selo da EDITORA FORENSE LTDA.
Uma editora integrante do GEN | Grupo Editorial Nacional
Travessa do Ouvidor, 11
Rio de Janeiro – RJ – 20040-040
www.grupogen.com.br

■ Reservados todos os direitos. É proibida a duplicação ou reprodução deste volume, no todo ou em parte, em quaisquer formas ou por quaisquer meios (eletrônico, mecânico, gravação, fotocópia, distribuição pela Internet ou outros), sem permissão, por escrito, da Editora Forense Ltda.

■ CIP – Brasil. Catalogação-na-fonte.
Sindicato Nacional dos Editores de Livros, RJ.

C411e
3. ed.

    Certeau, Michel de, 1925-1986

        A escrita da história/Michel de Certeau; tradução de Maria de Lourdes Menezes; revisão técnica Arno Vogel. – 3. ed. – [Reimpr.]. – Rio de Janeiro: Editora Forense, 2022.

        Tradução de: L'écriture de l'histoire
        Inclui bibliografia
        ISBN 978-85-309-3573-3

        1. Historiografia. I. Título.

11-4773.   CDD: 907.2
                                                                                      CDU: 82-94

Índice Sistemático

Prefácio à 2ª edição XI
Escritas e Histórias XV

Primeira Parte

AS PRODUÇÕES DO LUGAR

Capítulo I. FAZER HISTÓRIA 3
PROBLEMAS DE MÉTODO E PROBLEMAS DE SENTIDO 3
A história, uma prática e um discurso 3
I. Um indício: O tratamento da ideologia religiosa em história 6
O modelo "místico" e o modelo "folclórico": uma essência escondida .. 8
O modelo sociológico: a prática e o saber 10
Um modelo cultural: das "ideias" ao "inconsciente coletivo" 14
II. Práticas históricas e práxis social 18
Dos "preconceitos" históricos às situações que eles revelam 20
A mutação dos "preconceitos" em objetos de estudo 23
III. A história, discurso e realidade 26
Duas posições do real 26
O intermédio, situação da história e problema do real 27
A relação com o outro 29
O discurso da história 33
IV. A história como mito 38
Identidade por diferenciação 40
A origem da linguagem: o morto e o vivo 40
O dizer e o fazer 42

Capítulo II. A OPERAÇÃO HISTORIOGRÁFICA 45
I. Um lugar social 47
O não-dito 47
A instituição histórica 51

VI A Escrita da História • Michel de Certeau

Os historiadores na sociedade 57
O que permite e o que proíbe: o lugar 63
II. Uma prática 64
A articulação natureza-cultura 67
O estabelecimento das fontes ou a redistribuição do espaço 69
Fazer surgir diferenças: do modelo ao desvio 75
O trabalho sobre o limite 79
Crítica e história 85
III. Uma escrita 89
A inversão escriturária 90
A cronologia, ou a lei mascarada 93
A construção desdobrada 99
O lugar do morto e o lugar do leitor 108

Segunda Parte

A PRODUÇÃO DO TEMPO: UMA ARQUEOLOGIA RELIGIOSA

INTRODUÇÃO: QUESTÕES DE MÉTODO 115
Aquilo que torna pensável 115
Formalidades em historiografia 118

Capítulo III. A INVERSÃO DO PENSÁVEL 125
A HISTÓRIA RELIGIOSA DO SÉCULO XVII 125
I. A religião durante a idade clássica 126
A. Equilíbrios e tensões internas (dinâmica da sociedade religiosa) 126
A heresia 126
Consciência religiosa coletiva e representações doutrinais 130
Ideologia religiosa e realidade social 134
B. A vida religiosa na sociedade do século XVII 139
O oculto 139
Deslocamentos de uma estrutura bipolar 141
A relação com o passado 142
II. A interpretação histórica 144
A. História "social" e história religiosas 144
B. Fato religioso, determinação religiosa, sentido religioso 146
O fato religioso 146
Determinação religiosa e determinação social 147

Capítulo IV. A FORMALIDADE DAS PRÁTICAS 150
DO SISTEMA RELIGIOSO À ÉTICA DAS LUZES (XVII-XVIII) 150
Da religião à ética. Um deslocamento nos quadros de referência 151
I. Da divisão das Igrejas à "Razão de Estado" (século XVII) 154

Índice Sistemático **VII**

A divisão e a incerteza	154
"Ateísmo", feitiçaria, mística	158
A razão de Estado	160
II. Uma nova formalidade das práticas: a politização dos comportamentos...	163
A formalidade das práticas	163
Reempregos	165
III. A lógica do "praticante": uma alternativa entre o dever de Estado e o Profetismo	170
Entre a lei do agir e o lugar da enunciação	170
As "marcas"	172
Jansenistas e Jesuítas	173
O dever de Estado	176
Do profetismo ao radicalismo: a prática do corte	179
IV. A ética filosófica: "legalidade" e "utilidade" no século XVIII	183
Uma razão instauradora de seu folclore	185
Ambivalência da "utilidade"	188
Formalidades cristãs das práticas filosóficas?	192
V. As leis próprias do grupo religioso: redução ao silêncio e administração cultural	199
Duas práticas da linguagem	200
Escrita e oralidade	204
Um intermédio: os padres	207
A hermenêutica clerical	209
Uma política da linguagem e do culto	212

Terceira Parte

OS SISTEMAS DE SENTIDO: O ESCRITO E O ORAL

Capítulo V. ETNO-GRAFIA	221
A ORALIDADE OU O ESPAÇO DO OUTRO: LÉRY	221
A escrita e a oralidade etnológica	221
Uma imagem da modernidade	223
A "lição de escrita" em Jean de Léry (1578)	225
A reprodução escriturária	231
Uma hermenêutica do outro	235
A palavra erotizada	246
Visto e/ou escutado: o olho e o ouvido	251

Capítulo VI. A LINGUAGEM ALTERADA	261
A PALAVRA DA POSSUÍDA	261
Um discurso do outro?	263
Transgressão e interdição	266
Documentos alterados: os textos das possuídas	270

VIII A Escrita da História • Michel de Certeau

"Eu é um outro": a perversão da linguagem 274
Construção e demolição de um lugar 278
O quadro dos nomes próprios: uma toponímia "mexida" 281
A mentira da interpretação 286

Capítulo VII. UMA VARIANTE: A EDIFICAÇÃO HAGIO-GRÁFICA 289
I. História e sociologia 290
Indicações para uma história 290
Um documento sociológico 292
Uma função de "vacância" 294
Uma literatura popular? 295
II. A estrutura do discurso 296
O herói 296
Um discurso de "virtudes" 298
Tópica hagiográfica 300
III. Uma geografia do sagrado 301
A circularidade de um tempo fechado 301
Uma composição de lugares 302
Indicações bibliográficas 303

Quarta parte

AS ESCRITA FREUDIANAS

Capítulo VIII. O QUE FREUD FEZ DA HISTÓRIA 307
A PROPÓSITO DE UMA NEUROSE DEMONÍACA NO SÉCULO XVII 307
O histórico, produção da "Aufklärung" freudiana 309
Para uma história do século XVII 313
Do passado legível ao presente oculto 316
Ocultar, trabalho da história 320
As substituições do pai 323
O ato e a lei 326

Capítulo IX. A FICÇÃO DA HISTÓRIA 331
A ESCRITA DE "MOISÉS E O MONOTEÍSMO" 331
O discurso de fragmentos ou o corpo do texto 333
Escrever na língua do outro, ou a ficção 342
Pede-se fechar os olhos 349
A tradição da morte, ou a escrita 351
O quiproquó, ou a comédia do "próprio" 360
O romance da história 378

DO MESMO AUTOR 385

A ESCRITA CONQUISTADORA (Cf. cap. V)
O explorador (A. Vespúcio) diante da Índia que se chama América.
O encontro histórico adquire aspecto mitológico na alegoria desenhada por Jan van der Straet para a *Americae decima pars* de Jean-Théodore de Bry, Oppenheim, 1619 (cf. J. Amsler, *La Renaissance*, Paris, 1955, p. 89; 2º tomo de L.M. Parias, *Histoire universelle des explorations*).

PREFÁCIO À 2ª EDIÇÃO

Américo Vespúcio, o Descobridor, vem do mar. De pé, vestido, encoura-
çado, cruzado, trazendo as armas europeias do sentido e tendo por detrás dele os
navios que trarão para o Ocidente os tesouros de um paraíso. Diante dele a *América* Índia, mulher estendida, nua, presença não nomeada da diferença, corpo que
desperta num espaço de vegetações e animais exóticos.[1] Cena inaugural. Após
um momento de espanto nesse limiar marcado por uma colunata de árvores, o
conquistador irá escrever o corpo do outro e nele traçar a sua própria *história*.
Fará dele o corpo historiado – o brasão – de seus trabalhos e de seus fantasmas.
Isso será a América "Latina".

Essa imagem erótica e guerreira tem valor quase mítico. Ela representa o
início de um funcionamento novo da escrita ocidental.[2] Certamente, a encenação
de Jan Van der Atraet esboça a surpresa diante dessa terra, que Américo Vespúcio
foi o primeiro a perceber claramente como uma *nuovaterra* ainda inexistente nos
mapas[3] – corpo desconhecido destinado a trazer o nome de seu inventor (Américo). Mas o que assim se disfarça é uma colonização do corpo pelo discurso do
poder. É a *escrita conquistadora*. Utilizará o Novo Mundo como uma página em
branco (selvagem) para nela escrever o querer ocidental. Transforma o espaço
do outro num campo de expansão para um sistema de produção. A partir de um
corte entre um sujeito e um objeto de operação, entre um *querer escrever* e um
corpo escrito (ou a escrever), fabrica a história ocidental. A *escrita da história* é o
estudo da escrita como prática histórica.

---

1   Cf. a reprodução da página de frente.
2   NT – M. de Certeau explora ao longo de toda a obra o duplo sentido que
     apresenta, em francês, a palavra *écriture* – escrita e escritura (eventualmen-
     te Escritura, referindo-se ao texto da revelação judaico-cristã).
3   Cf. WASHBURN, W. E. "The meaning of *discovery* in the 15th and 16th cen-
     tury", in *American Historical Review*, 1962, p. 1 ss; UrsBitterli, *Die 'Wilden'
     und die 'Zivilisierten'. Grundzüge einer Geistes und Kulturgeschichte der eu-
     ropäischüberseeischen Begegnung*. München: C. H. Beck, 1976. p. 18-80.

XII A Escrita da História • Michel de Certeau

Se, há quatro séculos, todo empreendimento científico tem como características a produção de artefatos linguísticos autônomos (línguas e discursos "próprios") e sua capacidade de transformar as coisas e os corpos dos quais se distinguiram (uma reforma ou revolução do mundo envolvente segundo a lei do texto), a *escrita da história* remete a uma história "moderna" da escrita. Na verdade, este livro foi inicialmente concebido como uma série de estudos destinados a marcar etapas cronológicas dessa prática: no século XVI, a organização "etnográfica" da escrita na sua relação com a oralidade "selvagem", "primitiva", "tradicional", ou "popular" que ela constitui como seu outro (terceira parte deste livro); nos séculos XVII e XVIII, a transformação das Escritas cristãs, legibilidade de um cosmos religioso, em "representações" puras ou em "superstições" marginalizadas por um sistema ético e técnico das práticas capazes de construir uma história humana (segunda parte); no limiar do século XX, o retorno da alteridade reprimida graças à prática escriturária de Freud (quarta parte); finalmente, o sistema atual da "indústria" historiográfica,[4] que articula um lugar socioeconômico de produção, as regras científicas de um domínio e a construção de um relato ou texto (primeira parte). A esses estudos se acrescenta aquele que concerne, em fins do século XVIII, à luta de uma racionalidade escriturária – "esclarecida", revolucionária e jacobina – contra as flutuações idiomáticas das oralidades regionalizantes.[5]

Mais do que proceder a essa reconstituição cronológica, por demais dócil à ficção de uma linearidade do tempo,[6] pareceu preferível tornar visível o lugar *presente* onde essa interrogação tomou forma, a *particularidade* do campo, do material e dos processos (da historiografia "moderna") que permitiram analisar a operação escriturária e os *desvios metodológicos* (semióticos, psicanalíticos etc.) que introduziram outras possibilidades teóricas e práticas no funcionamento ocidental da escrita. Donde esse discurso fragmentado, feito de investigações táticas obedientes, cada uma, a regras próprias: abordagem socioepistemológica (primeira parte), histórica (segunda parte), semiótica (terceira parte), psicanalítica e freudiana (quarta parte). Recusar a ficção de uma metalinguagem que unifica o todo é deixar aparecer a relação entre os procedimentos científicos *limitados* e aquilo que lhes *falta* do "real" ao qual se referem. É evitar a ilusão, necessariamente dogmatizante, própria do discurso que pretende fazer crer que é "adequado" ao real, ilusão

---

4   A expressão é de Marx: "A indústria é o laço *real* e histórico entre a natureza e o homem" e é "o fundamento da ciência humana". Sobre a "indústria" historiográfica, cf. CERTEAU, M. de, Écritureet historie, in *Politique Aujourd'hui*, p. 65-77, décembre 1975.

5   CERTEAU, Michel de; JULIA, Dominique; REVEL, Jacques. Une politique de la langue. *La Revolution Française etles patois*. Gallimard, Bibliothèquedes Histoires, 1975. 320 p.

6   Cf. *infra*, cap. II, § 3.

filosófica oculta nos preâmbulos do trabalho historiográfico e da qual Schelling reconheceu maravilhosamente a ambição tenaz: "O relato dos fatos reais é doutrinal para nós". Esse relato engana porque acredita fazer a lei em nome do real.

A historiografia (quer dizer "história" e "escrita") traz inscrito no próprio nome o paradoxo – e quase o oximóron – do relacionamento de dois termos antinômicos: o real e o discurso. Ela tem a tarefa de articulá-los e, onde esse laço não é pensável, fazer *como se* os articulasse. Da relação que o *discurso* mantém com o *real*, do qual trata, nasceu este livro.[7] Que aliança é essa entre a escrita e a *história*? Ela já era fundamental na concepção judaico-cristã das Escrituras. Daí o papel representado por essa arqueologia religiosa na elaboração moderna da historiografia, que transformou os termos e mesmo o tipo dessa relação passada, para lhe dar aspecto de fabricação e não mais de leitura ou de interpretação. Desse ponto de vista, o reexame da operatividade historiográfica desemboca, por um lado, num problema político (os procedimentos próprios ao "fazer história") e, por outro lado, na questão do sujeito (do corpo e da palavra enunciadora), questão reprimida no nível da ficção ou do silêncio pela lei de uma escrita "científica".[8]

---

7   A esse respeito, cf. CERTEAU, M. de; ROBIN, Régine, Le discours historique et le réel, in *Dialectiques* nº 14, été 1976, p. 41-62.

8   Cf. *infra*, Quarta Parte, e CERTEAU, M. de, *Lafabledusujet. Langage mystiques du XVII esiècle*, no prelo.

ESCRITAS E HISTÓRIAS

"Estudioso e benevolente terno como o sou para com todos os mortos..., ia assim, de idade em idade, sempre jovem, jamais cansado, durante milhares de anos...". O caminho – *"meu caminho"* – parece se apossar deste texto de caminhante: *"Eu ia, vagava... percorri minha estrada... ia... viajante corajoso".* Caminhar e/ou escrever é o trabalho sem trégua, pela força do desejo, sob as esporas de uma curiosidade ardente que nada poderia deter." Michelet multiplica as visitas, com *"indulgência"* e *"temor filial"* para com os mortos que são os beneficiários de um *"estranho diálogo"*, mas também com a certeza de que *"não se poderia reacender o que a vida abandonou".* No sepulcro habitado pelo historiador não existe senão o *"vazio".*[1] A *"intimidade com o outro mundo"*[2] é, pois, sem perigo: *"esta segurança me tornou ainda mais benevolente para com estes que não poderiam me fazer mal".* Cada dia ele se torna mesmo mais *"jovem"* no trato com este mundo morto, definitivamente outro.

Após terem percorrido, passo a passo, a História da França, as sombras *"retornaram menos tristes aos seus túmulos".*[3] O discurso reconduziu-as para lá. Fez delas entes apartados.[4] Ele as honra com um ritual que lhes fazia falta. Ele as *"chora"*, cumprindo um dever de piedade filial que é também uma injunção de um sonho de Freud, inscrito numa estação de estrada de ferro: *"Pede-se fechar os olhos".*[5] A *"ternura"* de Michelet vai de uns aos outros para os introduzir no tempo, *"este todo-poderoso decorador de ruínas: O Time beautifying things!"*[6] Os caros desaparecidos entram no texto porque *não podem mais fazer mal nem falar.* Esses espectros são acolhidos na escrita *sob a condição de se calarem para sempre.*

---

1   MICHELET, Jules. L'héroisme de l'esprit (1869, projeto inédito de Prefácio à *Histoire de France*). *L'Arc*, n° 52, 1973. p. 7, 5 e 8.
2   MICHELET, J. *Préface à l'Histoire de France*. Ed. Morazé, A. Colin, 1962. p. 175.
3   MICHELET, J. Le Héroisme de l'esprit. Op. cit. p. 8.
4   NT – *separés*.
5   Cf. *infra*, p. 299.
6   MICHELET, J. L'héroisme de l'esprit. Op. cit. p. 8.

XVI A Escrita da História • Michel de Certeau

Um outro luto, mais grave, se acrescenta ao primeiro. O Povo também é apartado. *"Nasci povo, tinha o povo no coração... Mas sua língua, sua língua me era inacessível. Não pude fazê-la falar".[7] Silencioso também para ser objeto do poema que fala de si. Certamente, ele "autoriza" a escrita do historiador, mas por isso mesmo está ausente dela. Esta Voz não fala,* In-fans. *Não existe senão fora dela mesma no discurso de Michelet, mas lhe permite ser um escritor "popular" de "lançar fora" o orgulho e, tornando-se "grosseiro e bárbaro", "perder aquilo que me restava de sutileza literária".[8]*

O outro é o fantasma da historiografia. O objeto que ela busca, que ela honra e que ela sepulta. Um trabalho de separação se efetua com respeito a essa inquietante e fascinante proximidade. Michelet se estabeleceu na fronteira onde, de Virgílio a Dante, construíram-se ficções que não eram ainda história. *Este lugar indica a questão posteriormente articulada pelas práticas científicas e da qual uma disciplina se encarregou – "A única pesquisa histórica do "sentido" permanece, com efeito, a do Outro",[9] porém este projeto contraditório pretende "compreender" e esconder com o "sentido" a alteridade deste estranho ou, o que vem a ser a mesma coisa, acalmar os mortos que ainda frequentam o presente e oferecer-lhes túmulos escriturários.*

O discurso da separação: a escrita.

A história moderna ocidental começa efetivamente com a diferenciação entre o presente e o passado. Desta maneira se distingue também da tradição (religiosa) da qual, entretanto, não conseguirá jamais separar-se totalmente, mantendo com esta arqueologia uma relação de dívida e de rejeição. Finalmente, a terceira forma deste corte, que organiza também o conteúdo nas relações do trabalho com a natureza, supõe em toda parte uma clivagem entre o discurso e o corpo (social). Ela faz falar o corpo que se cala. Supõe uma decalagem entre a opacidade silenciosa da "realidade" que ela pretende dizer e o lugar onde produz seu discurso, protegida por um distanciamento do seu ob-jeto (Gegen-stand). A violência do corpo não alcança a página escrita senão através da ausência, pela intermediação dos documentos que o historiador pode ver na praia de onde se retirou a presença que ali os havia deixado, e pelo murmúrio que deixa perceber, longinquamente, a imensidão desconhecida que seduz e ameaça o saber.

Uma estrutura própria da cultura ocidental moderna está, evidentemente, indicada nesta historiografia: a inteligibilidade se instaura numa relação com o outro; se desloca (ou "progride") modificando aquilo de que faz seu "outro" – o selvagem, o

---

7   Citado por BARTHES, Roland. "Aujourd' hui Michelet". *L'Arc.* Op. cit. p. 26.

8   MICHELET, J. "L'héroisme de l'esprit". Op. cit. p. 12-13.

9   DUPRONT, Alphonse. "Langage et histoire". In: XIIIe CONGRÈS INTERNATIONAL DES SCIENCES HISTORIQUES, Moscou, 1970.

passado, o povo, o louco, a criança, o Terceiro Mundo. Através dessas variantes, hete-
rônomas entre si – etnologia, história, psiquiatria, pedagogia etc. – se desdobra uma
problemática articulando um saber-dizer a respeito daquilo que o outro cala, e ga-
rantindo o trabalho interpretativo de uma ciência ("humana"), através da fronteira
que o distingue de uma região que o espera para ser conhecida. A medicina moderna
é uma imagem decisiva deste processo, a partir do momento em que o corpo se torna
um quadro legível *e, portanto, tradutível naquilo que se pode* escrever *num espaço*
de linguagem. Graças ao desdobramento do corpo, diante do olhar, o que dele é visto
e o que dele é sabido *pode se superpor ou se intercambiar (se traduzir). O corpo é um*
código à espera de ser decifrado. Do século XVII ao XVIII, o que torna possível a con-
vertibilidade do corpo visto *em corpo* sabido, *ou da organização espacial do corpo*
em organização semântica *de um vocabulário – e inversamente –, é a transformação*
do corpo em extensão, em interioridade aberta como um livro, em cadáver mudo ex-
posto ao olhar.[10] *Uma mutação análoga se produz quando a tradição, corpo vivido,*
se desdobra diante da curiosidade erudita em um corpus *de textos. Uma medicina e*
uma historiografia modernas nascem quase simultaneamente da clivagem entre um
sujeito supostamente letrado e um objeto supostamente escrito numa linguagem que
não se conhece, mas que deve ser decodificada. Essas duas "heterologias" (discursos
sobre o outro) se construíram em função da separação entre o saber que contém o
discurso e o corpo mudo que o sustenta.

Inicialmente a historiografia separa seu presente de um passado. Porém, re-
pete sempre o gesto de dividir. Assim sendo, sua cronologia se compõe de "períodos"
(por exemplo, Idade Média, História Moderna, História Contemporânea) entre os
quais se indica sempre a decisão de ser outro *ou de não ser mais o que havia sido*
até então (o Renascimento, a Revolução). Por sua vez, cada tempo "novo" deu lugar
a um discurso que considera "morto" aquilo que o precedeu, recebendo um "passa-
do" já marcado pelas rupturas anteriores. Logo, o corte é o postulado da interpre-
tação (que se constrói a partir de um presente) e seu objeto (as divisões organizam
as representações a serem reinterpretadas). O trabalho determinado por esse corte é
voluntarista. *No passado, do qual se distingue, ele faz uma triagem entre o que pode*
ser "compreendido" *e o que deve ser* esquecido *para obter a representação de uma*
inteligibilidade presente. Porém, aquilo que esta nova compreensão do passado con-
sidera como não pertinente – dejeto criado pela seleção dos materiais, permanece
negligenciado por uma explicação – apesar de tudo retorna nas franjas do discurso
ou nas suas falhas: "resistências", "sobrevivências" ou atrasos perturbam, discreta-
mente, a perfeita ordenação de um "progresso" ou de um sistema de interpretação.
São lapsos na sintaxe construída pela lei de um lugar. Representam aí o retorno de

---

10   Cf. particularmente FOUCAULT, Michel. *Naissance de la clinique.* P. U. F.,
     1963. p. V-XV.

XVIII A Escrita da História • Michel de Certeau

um recalcado, quer dizer, daquilo que num momento dado se tornou *impensável para que uma identidade nova se* tornasse *pensável.*

Muito longe de ser genérica, essa construção é uma singularidade ocidental. Na Índia, por exemplo, "as novas formas não expulsaram as antigas". O que existe é o "empilhamento estratificado". A marcha do tempo não tem mais necessidade de se certificar pelo distanciamento de "passados" do que um lugar tem de se definir, distinguindo-se de "heresias". Pelo contrário, um "processo de coexistência e de reabsorção" é o "fato cardeal" da história indiana.[11] Da mesma forma entre os Merina de Madagascar, os tetiarana *(antigas listas genealógicas), depois os* tantara *(história passada) formam uma "herança das orelhas" (lovantsofina) ou uma "memória da boca" (tadidivava): muito ao contrário de ser um ob-jeto deixado para trás a fim de que um presente autônomo se torne possível, é um tesouro situado no centro da sociedade que é o seu memorial, um alimento destinado à manducação e à memorização. A história é o privilégio (tantara) que é necessário recordar para não esquecer-se a si próprio. Ela situa o povo no centro dele mesmo, estendendo-o de um passado a um futuro.[12] Entre os* Fô *do Daomé, a história é* remuho *"a palavra destes tempos passados" – palavra (ho), quer dizer, presença, que vem de montante e conduz a jusante. Nada de comum com a concepção (aparentemente próxima, mas, na verdade, de origem etnográfica e/ou museográfica) que, dissociando a atualidade e a tradição, impondo, pois, a ruptura entre um presente e um passado, e mantendo a relação ocidental da qual ela se contenta de inverter os termos, define a identidade por um retorno a uma "negritude" passada ou marginalizada.[13]*

É inútil multiplicar, fora de nossa historiografia, os exemplos que atestam uma outra relação com o tempo, ou, o que vem a ser o mesmo, uma outra relação com a morte. No Ocidente, o grupo (ou indivíduo) se robustece com aquilo que exclui (é a criação de um lugar próprio) e encontra sua segurança na confissão que extrai de um dominado (assim se constitui o saber de/sobre o outro, ou ciência humana). É que ele sabe efêmera toda vitória sobre a morte; fatalmente a desgraça retorna e ceifa. A morte assombra o Ocidente. Por este motivo o discurso das ciências humanas é patológico: discurso do pathos – infelicidade e ação apaixonada – numa confrontação com esta morte que a nossa sociedade deixa de poder pensar como um modo de participação na vida. Por sua conta a historiografia supõe que se tornou impossível acreditar nessa presença dos mortos que organizou (organiza) a

---

11 DUMONT, Louis. La civilisation indienne et nous . In: *Cahiers des Annales*. A. Colin, 1964, p. 31-54, "Le problèm de l'histoire".

12 Cf. DELIVRÉ, Alain. *Interprétation d'une tradition orale. Histoire des rois d'Imerina.* Cf. principalmente a 2ª parte, "Structure de la pensée ancienne et sens de l'histoire", p. 143-227. Tese mimeografada. Sorbonne, Paris, 1967.

13 Acerca deste último ponto, cf. ADOTEVI, Stanislas. *Négritude et négrologues*, coll. 10/18, 1972, p. 148-153.

experiência de civilizações inteiras e, portanto, que é impossível "remeter-se a ela", aceitar a perda de uma solidariedade viva com os desaparecidos, ratificar um limite irredutível. O perecível é seu dado; o progresso, sua afirmação. *Um é a experiência que o outro condena e combate. A historiografia tende a provar que o lugar onde ela se produz é capaz de compreender o passado: estranho procedimento, que apresenta a morte, corte sempre repetido no discurso, e que nega a perda, fingindo no presente o privilégio de recapitular o passado num saber. Trabalho da morte e trabalho contra a morte.*

Esse procedimento paradoxal se simboliza e se efetua num gesto que tem ao mesmo tempo valor de mito e de rito, a escrita. Efetivamente, a escrita substitui as representações tradicionais que autorizavam o presente por um trabalho *representativo que articula num mesmo espaço a ausência e a produção. Na sua forma mais elementar, escrever é construir uma frase percorrendo um lugar supostamente em branco, a página. Mas a atividade que re-começa a partir de um tempo novo separado dos antigos, e que se encarrega da construção de uma razão neste presente, não é ela a historiografia? Há quatro séculos, no Ocidente, me parece que "fazer a história" remete à escrita. Pouco a pouco ela substitui todos os mitos da Antiguidade por uma prática significante. Como prática (e não como os discursos que são o seu resultado), ela simboliza uma sociedade capaz de gerir o espaço que ela se dá de substituir a obscuridade do corpo vivido pelo enunciado de um "querer saber" ou de um "querer dominar" o corpo, de transformar a tradição recebida em texto produzido, finalmente de constituir-se página em branco que ela mesma possa escrever. Prática ambiciosa, móvel, utópica também, ligada à incansável instauração de campos "próprios" onde inscrever um querer em termos de razão. Ela tem valor de modelo científico. Não se interessa por uma "verdade" escondida que seria necessário encontrar; ela* constituiu *símbolo pela própria relação entre um espaço novo recortado no tempo e um* modus operandi *que fabrica "cenários" susceptíveis de organizar práticas num discurso hoje inteligível – aquilo que é propriamente "fazer história". Indissociável, até agora, do destino da escrita no Ocidente moderno e contemporâneo, a historiografia tem, entretanto, esta particularidade de apreender a invenção escriturária na sua relação com os elementos que ela recebe, de operar onde o dado deve ser transformado em* construído, *de construir as representações com os materiais passados, de se situar, enfim, nesta fronteira do presente onde simultaneamente é preciso fazer da tradição um passado (excluí-la) sem perder nada dela (explorá-la por intermédio de métodos novos).*

História e política: um lugar.

Supondo-se um distanciamento da tradição e do corpo social, a historiografia se apoia, em última instância, num poder que se distingue efetivamente do passado e do todo da sociedade. O "fazer história" se apoia num poder político que criou um lugar limpo (cidade, nação etc.) onde um querer pode e deve escrever

XX A Escrita da História • Michel de Certeau

(construir) um sistema (uma razão que articula práticas). Constituindo-se espacialmente e distinguindo-se sob a forma de um querer autônomo, o poder político, nos séculos XVI e XVII, também dá lugar a exigências do pensamento. Duas tarefas se impõem, particularmente importantes, do ponto de vista da historiografia, a qual vão transformar através de juristas e de "politistas". De um lado o poder deve se legitimar, simulando acrescentar à força que o efetiva uma autoridade que o torna crível. De outro lado, a relação entre um "querer fazer história" (um sujeito da operação política) e o "meio ambiente" sob o qual se recorta um poder de decisão e de ação pede uma análise das variáveis colocadas em jogo por toda intervenção que modifica essa relação de forças, uma arte de manipular a complexidade em função de objetivos e, portanto, um cálculo das relações possíveis entre um querer (aquele do príncipe) e um quadro (os dados de uma situação). Nisso é possível reconhecer dois traços da "ciência" que constroem, do século XVI ao XVIII, os "historiógrafos", frequentemente juristas e magistrados, junto ao – e a serviço do – príncipe, a partir de um "lugar" privilegiado onde, para a "utilidade" do Estado e do "bem público", devem fazer concordar a veracidade da letra e a eficácia do poder – "a primeira dignidade da literatura" e a capacidade de um "homem de governo".[14] De um lado, esse discurso autoriza a força que exerce o poder; ele a provê de uma genealogia familiar, política ou moral; dá crédito à utilidade presente do príncipe quando a transforma em "valores" que organizam a representação do passado. Por outro lado, o quadro constituído por esse passado, e que é o equivalente dos "cenários" atuais da prospectiva, formula modelos praxeológicos e, através de uma série de situações, uma tipologia das relações possíveis entre um querer concreto e as variantes conjunturais; analisando as derrotas e as vitórias, ele esboça uma ciência das práticas do poder. Em virtude disso, não se contenta em justificar historicamente o príncipe oferecendo-lhe um brasão genealógico. É uma "lição" dada por um técnico da administração política.

Desde o século XVI – ou, para usar referências bem precisas, após Maquiavel e Guichardin[15] –, a historiografia deixa de ser a representação de um tempo providencial, quer dizer, de uma história decidida por um sujeito inacessível e compreensível apenas através dos signos que dá de sua vontade. Ela toma a posição do

---

14   Cf., para não citar senão um caso, GEMBICKI, Dieter. Jacob-Nicolas Moreau et son *Mémoire sur les fonctions d'un historiographe de France* [1778-1779]. *Dix-huitième Siècle*, nº 4, 1972, p. 191-215. A relação entre uma literatura e um "serviço do Estado" permanecerá central da historiografia do século XIX e da primeira metade do século XX.

15   De fato, é necessário ir mais longe, a Commynes (1447-1511), aos cronistas florentinos, enfim, à lenta transformação da história que produziram, em fins da Idade Média, a emancipação das cidades, sujeitos de poder, e a autonomia dos juristas, técnicos, pensadores e servidores desse poder.

sujeito da ação – a do príncipe, a que tem como objetivo "fazer história". Confere à inteligência a função de modalizar os jogos possíveis entre um querer e as realidades das quais se distingue. Sua própria definição lhe é fornecida por uma razão de Estado: construir um discurso coerente que particularize os "golpes" de que um poder é capaz em função de dados de fato, graças a uma arte de "tratar" os elementos impostos por um "meio ambiente". Esta ciência é estratégica por seu objeto, a história política; ela o é igualmente noutro terreno, por seu método de manejo dos dados, arquivos ou documentos.

Entretanto, é por uma espécie de ficção que o historiador se dá este lugar. Com efeito, ele não é o sujeito da operação da qual é o técnico. Não faz a história, pode apenas fazer história: essa formulação indica que ele assume parte de uma posição que não é a sua e sem qual um novo tipo de análise historiográfica não lhe teria sido possível. Está apenas "junto" do poder. Recebe, também, dele, sob formas mais ou menos explícitas, as diretrizes que, em todos os países modernos, conferem à história – desde as teses até os manuais – a tarefa de educar e de mobilizar. Seu discurso será magisterial sem ser de mestre, da mesma forma que dará lições de como governar sem conhecer as responsabilidades nem os riscos de governar. Pensa o poder que não possui. Sua análise se desdobra "ao lado" do presente, numa encenação do passado análoga à que o projetista produz em termos de futuro, defasada também com relação ao presente.

Por se encontrar tão próximo dos problemas políticos, porém, sem estar no lugar onde se exerce o poder político, a historiografia goza de um estatuto ambivalente que se mostra, mais visivelmente, na sua arqueologia moderna. Estranha situação, ao mesmo tempo crítica e fictícia. Ela está indicada com particular nitidez nos Discorsi e nas Istorie fiorentine de Maquiavel. Quando o historiador busca estabelecer, no lugar do poder, as regras da conduta política e as melhores instituições políticas, representa o príncipe que não é; analisa o que deveria fazer o príncipe. Esta é a ficção que abre ao seu discurso o espaço onde se inscreve. Ficção efetiva que, por ser ao mesmo tempo o discurso do senhor e do servidor – de ser permitida pelo poder e defasada com relação a ele, numa posição onde o técnico, resguardado, como mestre de pensamento pode tornar a representar problemas de príncipe.[16] Ele depende do "príncipe de fato" e produz o "príncipe possível".[17] Deve, pois, fazer como se o poder efetivo fosse dócil à sua lição, ao mesmo tempo que, contra toda evidência, esta lição espera do príncipe que este se introduza numa organização democrática. De modo que esta ficção questiona – e torna quimérica – a possibilidade, para a análise *política, de encontrar seu prolongamento na* prática *efetiva do poder. Nunca o "príncipe possível", construído pelo discurso, será o "príncipe de fato". Nunca será*

---

16   Cf. LEFORT, Claude. *Le travail de l'oeuvre Machiavel*. Gallimard, 1972. p. 447-449.

17   Ibid., p. 456.

XXII A Escrita da História • Michel de Certeau

ultrapassado o fosso que separa a realidade do discurso e que devota este último à futilidade,[18] pelo próprio fato de ser rigoroso.

Frustração originária que tornará fascinante para o historiador a efetividade da vida política (da mesma maneira, inversamente; o homem político será levado a tomar a posição de historiador e a representar aquilo que fez para o "pensar" e autorizar), essa "ficção" se traduz também pelo fato de que o historiador analisa situações lá onde, para um poder, se tratava de objetivos a realizar. Um recebe como já feito aquilo que o político deve fazer. Aqui o passado é a consequência de uma falta de articulação com o "fazer a história". O irreal se insinua nesta ciência da ação, usando a ficção que consiste em fazer de conta que se é o sujeito da operação, ou na atividade que refaz a política em laboratório e substitui pelo sujeito de uma operação historiográfica o sujeito de uma operação histórica. Os Arquivos compõem o "mundo deste jogo técnico, um mundo onde se reencontra a complexidade, porém, triada e miniaturizada e, portanto, formalizável. Espaço preciso em todos os sentidos do termo; de minha parte veria aí o equivalente profissionalizado e escriturário daquilo que representam os jogos na experiência comum de todos os povos, quer dizer, das práticas através das quais cada sociedade explicita, miniaturiza, formaliza sua estratégias mais fundamentais, e representa-se assim, ela mesma, sem os riscos nem as responsabilidades de uma história a fazer.

No caso da historiografia, a ficção se reencontra, ao final, no produto da manipulação e da análise. O relato pretende uma encenação do passado, e não o campo circunscrito onde se efetua uma operação defasada com relação ao poder. Este já é o caso dos Discorsi: *Maquiavel os apresenta como um comentário de Tito Lívio. De fato, trata-se de um "faz de conta".[19] O autor sabe que os princípios em nome dos quais erige as instituições romanas como modelo "despedaçam" a tradição e que seu empreendimento é "sem precedente".[20] A história romana, referência comum e assunto agradável nas discussões florentinas, lhe forneceu um terreno público onde tratar de política no lugar do príncipe. O passado é o lugar de interesse e de prazer que situa, fora dos problemas do príncipe, ao lado da "opinião" e da "curiosidade" do público, a cena onde o historiador representa seu papel de técnico substituto do príncipe. O afastamento com relação ao presente mostra o lugar onde se produz a historiografia, ao lado do príncipe e próximo ao público, representando o que um*

---

18   Essa futilidade adquire sentido, em última instância, na relação do historiador-filósofo com a *Fortuna*: o número infinito das relações e das interdependências impossibilita ao homem a hipótese de controlar ou mesmo de influenciar os acontecimentos. Cf. GILBERT, Felix. Between History and Politics. In: ____. *Machiavelli and Guicciardini*. Princeton: Princeton University Press, 1973. p. 236-270.

19   NT – *semblant*.

20   Cf. LEFORT, Claude. Op. cit. p. 453-466.

Escritas e Histórias **XXIII**

faz e o que agrada *ao outro, porém, sem ser identificável nem com um nem com o outro. O passado é, também, ficção do presente. O mesmo ocorre em todo verdadeiro trabalho historiográfico. A explicação do passado não deixa de marcar a distinção entre o aparelho explicativo, que está presente, e o material explicado, documentos relativos a curiosidades que concernem aos mortos. Uma racionalização das práticas e o prazer de contar as lendas de antigamente ("o encanto da história", dizia Marbeau)[21] – as técnicas que permitem gerir a complexidade do presente, e a terna curiosidade que cerca os mortos da "família" – se combinam no mesmo texto para dele fazer simultaneamente a "redução" científica e a metaforização narrativa das estratégias de poder próprias de uma atualidade.*

O real que se inscreve no discurso historiográfico provém das determinações de um lugar. Dependência *com relação a um poder estabelecido em outra parte,* domínio *das técnicas concernentes às estratégias sociais,* jogo *com os símbolos e as referências que legitimam a autoridade diante do público são as relações efetivas que parecem caracterizar este lugar da escrita. Colocada do lado do poder, apoiada nele, mas a uma distância crítica; tendo em mão, imitados pela própria escrita, os instrumentos racionais das operações modificadoras dos equilíbrios de força a título de uma vontade conquistadora; reunindo as massas de longe (por detrás da separação política e social que as "distingue"), reinterpretando as referências tradicionais que existem nelas; a historiografia francesa moderna é, em sua quase totalidade, burguesa e – como estranhá-lo? – racionalista.[22]*

Essa situação de fato está escrita no texto. A dedicatória, mais ou menos discreta (é necessário manter a ficção do passado para que tenha "lugar" o jogo sábio da história), concede ao discurso seu estatuto de estar endividado *com relação ao poder que, ontem, era o do príncipe e, hoje, por delegação, é o da instituição científica do Estado ou do seu epônimo, o patrão. Este "remetimento" designa o lugar autorizador, o referente de uma força organizada, no interior e em função da qual a análise tem lugar. Porém, o próprio relato, corpo da ficção, assinala também, através dos métodos empregados e do conteúdo tratado, de um lado, uma* distância *com relação a essa dívida, e, por outro lado, os dois pontos de apoio que permitem essa distância: um* trabalho *técnico e um* interesse *público, o historiador recebendo da atualidade os meios deste trabalho e a determinação de seu interesse.*

Por possuir essa estruturação triangular, a historiografia não pode, então, ser pensada nos termos de uma oposição ou de uma adequação entre um sujeito e um objeto: isso não é senão o jogo da ficção que constrói. Tampouco se poderia supor, como ela às vezes leva a crer, que um "começo", anterior no tempo, explicaria o presente: aliás, cada historiador situa o corte inaugurador lá onde para sua

---

21   MARBEAU, Eugène. *Le Charme de l'histoire*. Picard, 1902.

22   Cf., p. ex., as observações de GUIOMAR, Jean-Yves. *L'idéologie nationale*. Champ Libre, 1974. p. 17 e 45-65.

XXIV A Escrita da História • Michel de Certeau

investigação, quer dizer, nas fronteiras fixadas pela sua especialidade na disciplina a que pertence. Na verdade, parte de determinações presentes. A atualidade é o seu começo real. Já o dizia Lucien Febvre no seu estilo muito próprio: "o Passado", escrevia ele, "é uma reconstituição das sociedades e dos seres humanos de outrora por homens e para homens engajados na trama das sociedades humanas de hoje".[23] Que este lugar impeça ao historiador a pretensão de falar em nome do Homem, Febvre não o teria admitido, porque ele acreditava estar a obra histórica isenta da lei que a submete à lógica de um lugar de produção, e não apenas à "mentalidade" de uma época num "progresso" de tempo.[24] Mas sabia, como todo historiador, que *escrever é encontrar a morte que habita este lugar,* manifestá-la *por uma representação das relações do presente com seu outro,* e combatê-la *através do trabalho de dominar intelectualmente a articulação de um querer particular com forças atuais. Por todos esses aspectos, a historiografia envolve as condições de possibilidade de uma produção, e é o próprio assunto sobre o qual não cessa de discorrer.*

A produção e/ou a arqueologia.

Na verdade a produção é seu princípio de explicação quase universal, já que a pesquisa historiadora se apossa de todo documento como sintoma daquilo que o produziu. A bem dizer, não é tão fácil "apreender do próprio produto a ser decifrado e ler o encadeamento dos atos produtores".[25] Num primeiro nível de análise, pode-se dizer que a produção nomeia uma questão surgida no Ocidente com a prática mítica da escrita. Até então a história se desenvolve introduzindo sempre uma clivagem entre a matéria (os fatos, a simplex historia*) e o* ornamentum *(a apresentação, a encenação, o comentário).[26] Ela pretende reencontrar uma veracidade dos fatos sob a proliferação das "lendas", e, assim, instaurar um discurso de acordo com a "ordem natural" das coisas, ali onde proliferavam as misturas da ilusão e do verdadeiro.[27] O problema não mais se coloca da mesma maneira a partir do momento em que*

---

23 FEBVRE, Lucien. Prefácio a Charles Morazé. Trois essais sur Histoire et Culture. In: *Cahiers des Annales.* A. Colin, 1948. p. viii.

24 Cf. *infra*, p. 67-68.

25 Jean T. Desanti, *Les Idéalités mathématiques*, Seuil, 1968, p. 8.

26 Cf. p. ex. Félix Thurlemann, *Der historische Diskurs bei Gregor von Tours, Topoi und Wirklichkeit*, Frankfurt., Peter Lang, 1974, p. 36-72.

27 No século XV, Rod. Agricola escreveu: "*Historiae, cujus prima laus est veritas, naturalis tantum ordo convenit, ne si figmentis istis aurium gratiam capitt, fidem perdat (De inventione dialectica libri tres cum scholiis Ioannis Matthaei Phrisseni Phrissemii*, Paris, apud Simonem Colinaeum, 1529, III, VII, p. 387). O grifo é meu. Note-se também o fundamento deste sistema historiográfico: o texto supõe que a verdade é crível e que, por conseguinte, apresentar o verdadeiro é fazer acreditar, produzir uma fides no leitor.

o "fato" deixa de funcionar como o "signo"de uma verdade, quando a "verdade" muda de estatuto, deixa pouco a pouco de ser aquilo que se manifesta para tornar-se aquilo que se produz, e adquire deste modo uma forma "escriturária". A idéia de "produção" transpõe a concepção antiga de uma "causalidade" e distingue dois tipos de problemas: por uma lado, o remetimento do "fato" aquilo que o tornou possível; por outro lado, uma coerência ou um "encadeamento" entre os fenômenos constatados. A primeira questão se traduz em termos de gênese e privilegia indefinidamente aquilo que está "antes"; a segunda se exprime sob forma de séries, cuja constituição provoca, no historiador, o sofrimento quase obsessivo de preencher as lacunas e substitui, mais ou menos metaforicamente, a estrutura. Os dois elementos, frequentemente reduzidos a não serem senão uma filiação e uma ordem, se conjugam no "quase conceito" de temporalidade. É verdade que, sob este aspecto, "é apenas no momento em que se dispusesse de um conceito específico e plenamente elaborado de temporalidade que se poderia abordar o problema da história".[28] Enquanto isso, a temporalidade serve para designar a necessária conjugação dos dois problemas, e para expor ou representar, num mesmo tempo, as maneiras pelas quais o historiador satisfaz a dupla demanda de dizer o que existe antes e colocar fatos onde estão lacunas. Ela fornece a moldura vazia de uma sucessão linear que responde formalmente à interrogação sobre o início e à exigência de uma ordem. Ela é, então, menos o resultado da pesquisa do que a sua condição: a trama colocada a priori pelos dois fios através dos quais o tecido histórico cresce pela simples ação de tapar os buracos. Impossibilitado de transformar em objeto de estudo aquilo que é o seu postulado, o historiador "substitui ao conhecimento do tempo o saber do que está no tempo".[29]

Deste ponto de vista, a historiografia seria apenas um discurso filosófico que se desconhece a si mesmo; ocultaria as temíveis interrogações que traz em si, substituindo-as pelo trabalho indefinido de fazer "como se" as respondesse. Na verdade, este recalcado não deixa de retornar no seu trabalho, e podemos reconhecê-lo entre outros sinais, naquilo que aí inscrevem a referência a uma "produção" e/ou o questionamento colocado sob o signo de uma "arqueologia".

A fim de que, através da produção, não se contente apenas em nomear uma relação necessária, porém desconhecida, entre os termos conhecidos, quer dizer, de designar aquilo que suporta o discurso histórico, mas não constitui o objeto da análise, é necessário reintroduzir o que Marx lembrava nas "Teses sobre Feuerbach", a saber, que "o objeto, a realidade, o mundo sensível" devem ser apropriados "enquanto atividade humana concreta", "enquanto prática".[30] Retorno ao fundamen-

---

28   Jean Desanti, *Les Idéalités mathematiques*, op. cit., p. 29.
29   Gérard Mairet, *Le Discours et l'historique. Essai sur la représenttion historienne du temps*, Mame, 1974, p. 168.
30   Karl Marx, *Thèses sur Feuerbach, Thèse I*; cf., também a esse respeito, as "Gloses marginales au Programme du Parti ouvrier allemand" (§1), in K.

XXVI A Escrita da História • Michel de Certeau

tal: "Para viver é necessário, antes de tudo, beber, comer, morar, vestir-se e ainda algumas outras coisas. O primeiro fato histórico (die erste Geschichtliche Tat) é, pois, a produção (die Erzeugung) dos meios que permitem satisfazer estas necessidades, a produção (die Produktion) da própria vida material, e isto mesmo é um fato histórico (Geschichtliche Tat), uma condição fundamental (Grundbedingung) de toda a história, que se deve, hoje como há milhares de anos, preencher dia após dia..."[31] A partir desta base, a produção se diversifica segundo estas necessidades sejam ou não satisfeitas. Sempre existe produção, mas "a produção em geral é uma abstração": "Quando, pois, falamos de produção, trata-se sempre da produção num estado determinado da evolução social – da produção de indivíduos vivendo em sociedade... Por exemplo, nenhuma produção é possível sem um instrumento de produção...; nenhuma, sem trabalho passado, acumulado... A produção é sempre um ramo particular da produção". Enfim, "é sempre um corpo social determinado, um sujeito social, que exerce sua atividade num conjunto mais ou menos grande, mais ou menos rico de esferas da produção".[32] Assim, a análise retorna às necessidades, às organizações técnicas, aos lugares e às instituições sociais onde, como diz Marx a propósito do fabricante de pianos, "só é produtivo o trabalho que produz capital".[33]

Eu me detenho nesses textos clássicos, e os respeito, porque tornam precisa a interrogação que encontrei, partindo da história dita das "ideias" ou das "mentalidades": a relação que pode estabelecer-se entre lugares determinados e discursos que neles se produzem. Pareceu-me possível transpor aqui o que Marx chama de "o trabalho produtivo no sentido econômico do termo": "o trabalho não é produtivo a menos que produza seu contrário", quer dizer capital.[34] Sem dúvida o discurso é uma forma de "capital" investido nos símbolos, transmissível, susceptível de ser deslocado, acrescido ou perdido. É claro que esta perspectiva também vale para o trabalho do historiador que a utiliza como instrumento e que a historiografia, neste sentido, ainda depende daquilo que deve tratar: a relação entre um lugar, um tra-

---

Marx e F. Engels, *Critique des progammes de Gotha et dÉrfurt*, Ed. Sociales, 1972, p. 22ss.

---

31   K. Marx-F, *Lídéologie allemand*, éd. Sociales, 1968, p. 57, e K. Marx, *Die Fruhschriften*, ed. S. Landshut, Stuttgart, A. Kroner, 1853, p. 354.

32   K. Marx, "Introduction générale à la critique de l'économie politique"(1857), in *Oeuvres, Économie*, Gallimard, Pléiade, 1965, p. 237. Aí existe (p. 237-254) a exposição mais desenvolvida de Marx sobre a produção, juntamente com aquelas que consagra ao assunto em *Le Capital*, I, 3 section (ibid, t. I, p, 730-732) e nos *Matériaux pur l'Économie* (ibid., t. II, p. 399-401).

33   K. Marx, *Principes d'une critique de l'Économie oilitique*, in *Oeuvres*, Pléiade, op. cit., t. II, p. 242.

34   Ibid.

Escritas e Histórias **XXVII**

balho e este "aumento de capital" que pode ser o discurso. O fato de que em Marx o discurso esteja na categoria daquilo que era o "trabalho improdutivo" não impede encarar a possibilidade de tratar nestes termos as questões propostas à historiografia e por ela.

Isto já é, talvez, dar um conteúdo particular a esta "arqueologia", que Michel Foucault envolveu com renovado prestígio. De um lado, nascido historiador, na história religiosa, determinado pelo dialeto daquela especialidade, eu me interrogava sobre o papel que poderiam ter dito, na organização da sociedade "escriturária" moderna, as produções e as instituições religiosas das quais tomou o lugar, transformando-as. A arqueologia foi para mim o modo através do qual tentei particularizar o retorno de um "reprimido", um sistema de Escritas do qual a modernidade fez um ausente, sem poder, entretanto, eliminá-lo. Esta "análise" permitia, ao mesmo tempo, reconhecer no trabalho presente um "trabalho passado, acumulado" e ainda determinante. Sob essa forma, que fazia aparecer, nos sistemas das práticas, continuidades e distorções, eu procedia também à minha própria análise. Esta não tem interesse autobiográfico, porém, restaurando sob outra forma a relação de produção que um lugar mantém com um produto, levou-me a um exame da própria historiografia. Entrada do sujeito no seu texto: não com a maravilhosa liberdade que permite a Martin Duberman fazer-se, no seu discurso, de interlocutor dos seus personagens ausentes e de contar-se, contando-os,[35] mas à maneira de uma lacuna intransponível que, no texto, traz à luz e faz andar ou escrever, sempre, e cada vez mais.

Esta lacuna, que assinala o lugar no texto e questiona o lugar pelo texto, remete, finalmente, àquilo que a arqueologia designa sem o poder dizer: a relação do logos com uma archê, "princípio" ou "começo", que é ser outro. Este outro, sobre o qual se apoia e que a torna possível, a historiografia sempre pode colocá-lo "antes", levá-lo cada vez mais para trás, ou, ainda, designá-lo através daquilo que, do real, autoriza a representação, mas não lhe é idêntico. A archê não é nada daquilo que pode ser dito. Ela só se insinua no texto pelo trabalho da divisão ou com a evocação da morte.

O historiador também só pode escrever conjugando, nesta prática, o "outro" que o faz caminhar e o real que ele não representa senão por ficções. Ele é historiógrafo. Endividado pela experiência que tenho disto, gostaria de homenagear esta escrita da história.

---

35   Cf. Martin Duberman, *Black Mountain, An exploration in community*, New York, Dutton, 1973.

Primeira Parte

AS PRODUÇÕES DO LUGAR

Capítulo I

FAZER HISTÓRIA

Problemas de método e problemas de sentido

A história religiosa é o campo de um confronto entre a historiografia e a *arqueologia*, da qual parcialmente tomou o lugar. Secundariamente, permite analisar a relação que entrelaça a história com a *ideologia* da qual deve dar conta em termos de produção. As duas questões se entrecruzam e podem ser consideradas em conjunto no setor estreitamente circunscrito do "tratamento" da teologia por métodos próprios à história. De imediato, o historiador considera a teologia como uma ideologia religiosa que funciona num conjunto mais vasto e supostamente explicativo. Pode ele reduzi-la ao resultado dessa operação? Sem dúvida que não. Porém, como objeto de seu trabalho, a teologia se lhe apresenta sob duas formalidades igualmente incertas na historiografia; é um fato religioso; é um fato de doutrina. Examinar, através desse caso particular, a maneira pela qual os historiadores tratam hoje desses dois tipos de fatos e particularizar quais os problemas epistemológicos que se abrem assim é o propósito deste breve estudo.

A história, uma prática e um discurso

Esta análise será, evidentemente, determinada pela prática bastante localizada da qual pude lançar mão, quer dizer, pela localização do meu trabalho – ao mesmo tempo um período (a história dita "moderna"), um objeto (a história religiosa) e um lugar (a situação francesa). Esse limite é capital. A evidenciação da *particularidade* desse lugar de onde falo efetivamente prende-se ao assunto de que se vai tratar e ao ponto de vista através do qual me proponho examiná-lo. Três "postulados" individualizam um e outro. Eles devem ser francamente colocados como tais (mesmo que pareçam resultar com evidência da prática histórica atual), já que não serão objeto de uma demonstração.

Sublimar a *singularidade* de cada análise é questionar a possibilidade de uma sistematização totalizante, e considerar como essencial ao problema a necessidade de uma discussão proporcionada a uma *pluralidade* de procedimentos científicos, de funções sociais e de convicções fundamentais. Por aí se encontra, já esboçada, a função dos discursos que podem esclarecer a questão, e que se inscrevem, eles próprios, em seguimento a ou ao lado de muitos outros: enquanto falam *da* história, estão sempre situados *na* história.

Esses discursos não são corpos flutuantes *em* um englobante que se chamaria a história (o "contexto"!). São históricos porque ligados a operações e definidos por funcionamentos. Também não se pode compreender o que *dizem* independentemente da *prática* de que resultam. De maneiras diferentes aí existe uma boa definição de historiografia contemporânea (mas também da teologia – inclusive e particularmente a mais tradicional).[1] De qualquer maneira, uma e outra serão apreendidas nessa articulação entre um "conteúdo" e uma operação. Além disso, essa perspectiva caracteriza, hoje, os procedimentos científicos, por exemplo, aquele que, em função de "modelos", ou em termos de "regularidades", explica os fenômenos ou documentos, tornando manifestas regras de produção e possibilidades de transformação.[2] Porém, mais simplesmente, é levar a sério expressões carregadas de sentido – "fazer história", "fazer teologia" – quando se é mais propriamente levado

---

1 A teologia articula o *ato* comunitário da fé, e, nas suas antigas definições, ela era o aprofundamento da própria experiência.

2 Em história, como no conjunto das ciências humanas, os antigos métodos de *observação* foram substituídos pelo que Lévi-Strauss chamou "a experimentação nos modelos"; a determinação de tipos de análise supera a dos meios ou dos lugares de informação. Cf. VIET, Jean. *Les sciences de l'homme em France*. Mouton, p. 163-175.

a suprimir o verbo (o ato produtor) para privilegiar o complemento (objeto produzido).

Por essa razão, entendo como *história* essa prática (uma "disciplina"), o seu resultado (o discurso) ou a relação de ambos sob a forma de uma "produção".[3] Certamente, em seu uso corrente, o termo *história* conota, sucessivamente, a ciência e seu objeto – a explicação que se *diz* e a realidade *daquilo que se passou* ou se passa. Outros domínios não apresentam a mesma ambiguidade: o francês não confunde numa mesma palavra a física e a natureza. O próprio termo "história" já sugere uma particular proximidade entre a operação científica e a realidade que ela analisa. Mas o primeiro desses aspectos será nossa entrada no assunto, por diversas razões: porque a espessura e a extensão do "real" não se designam, nem se lhes confere sentido senão em um discurso; porque essa restrição no emprego da palavra "história" indica seu correspondente (a ciência histórica) à ciência, ou pelo menos à função particular que é a teologia; finalmente, para evitar a floresta virgem da História, região de "brumas" onde proliferam as ideologias e se corre o risco de jamais reencontrar-se. Pode ser também que, atendo-se ao *discurso* e à sua fabricação, se apreenda melhor a natureza das relações que ele mantém com o seu *outro*, o real. A linguagem não tem ela como regra implicar, embora colocando-a como outra que não ela mesma, a realidade da qual fala?

Partindo, assim, de práticas e discursos historiográficos, eu me proponho considerar sucessivamente as questões seguintes:

---

3   Aqui, como em muitos outros casos (cf. por "manifestação", "aparição" e até por "ação"), uma pressão da linguagem corrente leva o sentido a se transformar do *ato* em seu *resultado*, do ativo do *fazer* ao passivo do ser *visto*, do gesto à sua imagem espelho. Uma clivagem crescente entre a pesquisa e a vulgarização ocorre tanto na história quanto na teologia: as pesquisas tomam a forma de *meios* específicos e diferenciados por procedimentos próprios; mas, nas sua "vulgarização", a história e a teologia se tornam *objetos* de saber ou de curiosidade, distribuídos e impostos a um "público" de consumidores que participa cada vez menos da produção.

O tratamento dado pela historiografia contemporânea à ideologia religiosa obriga ao reconhecimento da ideologia já investida na própria história.

Existe uma historicidade da história. Ela implica o movimento que liga uma prática interpretativa a uma prática social.

A história oscila, então, entre dois polos. Por um lado, remete a uma prática, logo, a uma realidade; por outro, é um discurso fechado, o texto que organiza e encerra um modo de inteligibilidade.

Sem dúvida, a história é o nosso mito. Ela combina o "pensável" e a origem, de acordo com o modo através do qual uma sociedade se compreende.

I. UM INDÍCIO: O TRATAMENTO DA IDEOLOGIA RELIGIOSA EM HISTÓRIA

A relação entre história e teologia, inicialmente, é um problema interno da história. Qual é o significado *histórico* de uma doutrina no conjunto de um tempo? Segundo quais critérios compreendê-la? Como explicá-la em função dos termos propostos pelo período estudado? Questões particularmente difíceis e controvertidas, quando não nos contentamos com uma pura análise literária dos conteúdos ou da sua organização[4] e quando, por outro lado, recusamos a facilidade de considerar a ideologia apenas como um epifenômeno social, suprimindo-se a especificidade da afirmação doutrinária.[5]

---

4   Muitas das teses ditas de teologia, é necessário reconhecê-lo, são simplesmente análises literárias de um autor, e não se distinguem de qualquer outro estudo literário senão pelo fato de terem um objeto religioso – como se "fazer teologia" fosse descrever as ideias teológicas contidas em uma obra.

5   Assim, em seu grande livro *Chrétiens sans Église. La conscience religieuse et le lien confessionnel au XVIIe siècle* (Gallimard, 1969), o marxista Leszek Kolakowski quer tomar a sério o fato doutrinário e religioso como tal: "Do ponto de vista de uma interpretação materialista da história, pode-se admitir a irredutibilidade dos fenômenos religiosos, reconhecendo ao mesmo tempo que se pode explicá-los geneticamente por outros... Julgamos que sua especificidade [aquela das "ideias religiosas"] pode ser compreendida

Por exemplo, que relação estabelecer entre a espiritualidade ou a teologia jansenista e as estruturas socioculturais ou a dinâmica social da época. Existe todo um leque de respostas. Assim, para Orcibal, o que se deve procurar é uma experiência radical em seu estado primeiro, no texto mais primitivo. Porém, mesmo aí, ela se aliena nas imposições de uma linguagem contemporânea; a história de sua difusão será, pois, a história de uma degradação progressiva. Mesmo remontando incessantemente às fontes mais primitivas, perscrutando nos sistemas históricos e linguísticos a experiência que escondem ao se desenvolverem, o historiador nunca alcança a sua origem, mas apenas os estágios sucessivos da sua perda. Contrariamente, Goldmann lê na doutrina jansenista o resultado e o signo da situação econômica na qual se encontra uma categoria social: perdendo seu poder, os magistrados se voltam para o céu da predestinação e do Deus escondido, e revelam, assim, a nova conjuntura política que lhes fecha o futuro; aqui a espiritualidade, sintoma daquilo, que não diz, remete à análise de uma mutação econômica e uma sociologia do fracasso.[6]

Os trabalhos sobre Lutero apresentam a mesma diversidade de posições: ora referem a doutrina à experiência de juventude que seria seu segredo inefável e organizador (Strohl, Febvre, por exemplo); ora se inscrevem no *continuum* de uma tradição intelectual (Grisar, Seeberg etc.); ora veem nela o efeito de uma modificação nas estruturas econômicas (Engels, Steinmertz, Stern) ou a tomada de consciência de uma mutação sociocultural (Garin, Moeller etc.), ou o resultado de um conflito entre o adolescente

---

enquanto especificidade, levando em conta o conjunto mais rico que é a totalidade das necessidades sociais da época, nas suas inter-relações" (p. 49 e 51). Cf., sobre os problemas de método colocados pelo livro, MANDROU, R. Mysticisme et méthode marxiste. *Politique Aujourd'hui*, février 1970, p. 51 ss, e CERTEAU, M. de. *L'absent de l'histoire*. Mame, 1973. p. 109-115.

---

6 ORCIBAL, J. *Les origines du jansénisme*. Vrin, 1947-1962. 5 v.; GOLDMANN, L. *Le Dieu caché*, 1956, e CERTEAU, M. de. De Saint-Cyran ao jansénisme. *Christus*, 10, p. 399-417, 1963,

8   A Escrita da História • Michel de Certeau

e a sociedade dos adultos (Erikson). Finalmente, far-se-á do Luteranismo a emergência da inquietação religiosa própria de um tempo (cf. Lortz, Delumeau), o acabamento de uma promoção dos "leigos" contra os clérigos (N. Z. Davis), um episódio inscrito no prosseguimento das reformas evangelistas que balizam a história da Igreja, ou a vaga criada no Ocidente pela irrupção de um acontecimento único (Holl, Bainton, Barth)? Pode-se encontrar todas essas interpretações e muitas outras.[7]

Está claro que elas são relativas à resposta que cada autor dá a questões análogas no presente. Ainda que isso seja uma redundância, é necessário lembrar que uma leitura do passado, por mais controlada que seja pela análise dos documentos, é sempre dirigida por uma leitura do presente. Com efeito, tanto uma quanto outra se organizam em função de problemáticas impostas por uma situação. Elas são conformadas por premissas, quer dizer, por "modelos" de interpretação ligados a uma situação presente do cristianismo.

O modelo "místico" e o modelo "folclórico": uma essência escondida

Globalmente, há três séculos, no que concerne à França, a história religiosa parece marcada por duas tendências: uma, originária das correntes espirituais, fixa o estudo na análise das doutrinas; a outra, marcada pelas "Luzes", coloca a religião sob o signo das superstições. Em última análise, teríamos, lá, verdades emergindo dos textos, e, aqui, "erros" ou um folclore abandonado na rota do progresso.

---

7   Cf. a esse respeito CARLSON, E. M. *The reinterpretations of the Reformation*, Philadelphie, 1948; POLLET, J. V. M. Interprétation de Luther dans l'Allemagne contemporaine. *Revue de Sciences Religieuses*, p. 147-161, 1953; GRIMM, H. J. Luther Research since 1920. *Journal of Modern History*, 32, junho 1960; BAITON, R.H. Interpretations of the Reformation. *American Historical Review,* 36, outubro 1960; DELEMEAU, J. *Naissance et affirmation de la Réforme.* P.U.F., 1965, principalmente p. 281-300; ou os STAUFFER, R.; Suss, Th. Bulletins de la Société de l'Histoire du Protestantisme Français, 113, p. 313-346 e 405 ss, 1967.

Sem ir muito longe, pode-se dizer que, durante a primeira metade do século XX, a religião não aproveitou nada das novas correntes que mobilizaram os historiadores medievalistas ou "modernistas"; por exemplo, a análise socioeconômica de Ernest Labrousse (1933-1941). Ela era muito mais o objeto que disputavam exegetas e historiadores das origens cristãs. Quando intervinha na História das Mentalidades de Lucien Febvre (1932-1942), era como um índice de coerência próprio de uma sociedade passada (e, sobretudo, superado graças ao progresso), numa perspectiva muito marcada pela etnologia das sociedades "primitivas".

Paradoxalmente, dois nomes poderiam simbolizar o lugar mais ou menos explicitamente dado à análise das crenças durante o entre-duas-guerras e o deslocamento que nele se produziu: Henri Bremond e Arnold Van Gennep; um, inscrito na tradição da história literária, atesta uma perda de confiança nas doutrinas, referindo-as a um sentido "místico", a uma "metafísica" oculta dos santos;[8] o outro, escrupuloso observador do folclore religioso, vê aí o ressurgimento de um imemorial das sociedades, o retorno de um irracional, de um originário e quase de um recalcado.[9] Suas posições não deixam de ter analogias, ainda que enunciadas em termos de métodos bem distantes um do outro. O primeiro remete o sentido da literatura que estuda a um fundo místico do homem, a uma "essência" que se difrata, exprime e compromete com os sistemas religiosos institucionais ou doutrinários. Os fatos doutrinários são, pois, dessolidarizados do seu sentido, que permanece oculto em "profundezas", no fim das contas, estranhas aos cortes intelectuais ou sociais. A seu modo, inspirado na antropologia americana ou alemã, e cada vez mais na escola de Jung, Van Gennep revela nos folclores religiosos os signos de arquétipos inconscientes e de

---

8   Cf. CERTEAU, M. de. Henri Bremond, historien d'une absence. In: ____. *L'absent de l'histoire*. Mame, 1973, p. 73-108..

9   Infelizmente, Van Gennep († 1956) não fora ainda o objeto do estudo de conjunto que reclamava a "Homenagem a A. Van Gennep", de MAROT, Pierre. *Arts et traditions populaires*, 5, 1957, p. 113 ss. (A partir daí, essa lacuna foi preenchida por BELMONT, Nicole. *Arnold Van Gennep*. Payot, 1974).

estruturas antropológicas permanentes. Através de uma mística sempre ameaçada (segundo Bremond) ou de um folclore (para Van Gennep), o religioso assume a imagem do *marginal* e do *atemporal*; nele, uma natureza profunda, estranha à história, se combina com aquilo que uma sociedade rejeita para suas fronteiras.

Esse modelo, bem visível nesses dois autores, se reencontra depois sob outras formas (o sagrado, o pânico, o inconsciente coletivo etc.).

Explica-se, sem dúvida, pela posição que tinha o cristianismo na sociedade francesa antes de 1939 (partilhado entre um movimento de interiorização com o *Primauté du Spirituel* de Maritain (1927) ou *Esprit* de Mounier (1932) – e um *positivismo* religioso dos tradicionalistas). Explica também que a história religiosa tenha sido "pensável" com dificuldade dentro de uma história social e que tenha permanecido "aberrante" com relação à história que se inventava, particularmente com relação à história socioeconômica de Henri See (1921-1929), de Simiand (1932), de Hamilton (1934-1936), de Marc Bloch (1939-1940) ou de Ernest Labrousse. Porém, dirigindo cada vez mais as pesquisas que inspirava para o estudo das correntes *espirituais* ou da cultura *popular*, esse modelo abria, à história religiosa, um belo fruto. A ciência constituía uma campo de puros "fenômenos" religiosos, cujo sentido se retirava para uma outra ordem, oculta. Ela os situava ao lado da etnologia, e ligava um exotismo do interior a um *essencial* perdido, no território do imaginário ou do símbolo social. Ela podia, assim, buscar na religião a *metáfora* de um fundo a-histórico da história.

O modelo sociológico: a prática e o saber

Também é preciso ligar a uma arqueologia recente a importância que tomou, com Gabriel Le Bras, a análise das práticas religiosas.[10] Ligado ao desenvolvimento da sociologia, da etnologia,

---

10   Acerca da obra de G. Le Bras, cf. os estudos de DESROCHE, Henri. *Revue d'Histoire et de Philosophie Religieuse*, 2, 1954, p. 128-158, e de ISAMBERT, François. *Cahiers Internationaux de Sociologie*, 16, p. 149-169, 1956.

Capítulo I • Fazer História   11

mas também do folclorismo,[11] esse modelo de interpretação representa uma reação francesa em favor das práticas sociológicas (pesquisas etc.) e contra as tipologias teóricas de Troeltsch (1912), de Weber (1920) ou de Wach (1931). Supõe igualmente, porém, ao lado do cristianismo, uma situação nova que remonta à época "moderna". Um passado frequenta esse presente.

Com efeito, a prática, provavelmente, não tem o mesmo sentido no curso dos diferentes períodos históricos. Durante o correr do século XVII, ela adquire uma função que possuía, em muito menor grau, no século XIII ou no século XIV. O esboroamento das crenças em sociedades que deixam de ser religiosamente homogêneas torna ainda mais necessárias as referências objetivas: o crente se diferencia do incréu – ou o católico do protestante – pelas práticas. Tornando-se um elemento social de diferenciação religiosa, a prática ganha uma pertinência religiosa nova. A gente se reagrupa e a gente se conta em função desse critério.

Hoje, quando toma a prática como uma mensuração quantitativa da religião, a sociologia faz ressurgir na ciência uma organização histórica da consciência cristã (que, por outro lado, não era própria do jansenismo). Acentua, também, um pressuposto já latente nessas origens velhas de quatro séculos: uma clivagem entre os gestos objetivos e a crença subjetiva. Já, no século XVII, a crença começa a se dissociar da prática – fenômeno que não cessou de se acentuar desde então. Para se contarem e para marcar rupturas, os reformistas desconfiavam das doutrinas e insistiam nos atos sociais. Presentemente, nos trabalhos que levam em conta os gestos, o interesse se volta para as práticas, porque elas representam uma *realidade social*, e tem como reverso uma desvalorização científica de sua *significação dogmática* (remetida aos "preconceitos" desmistificados pelo progresso ou às convicções privadas impossíveis

---

11   O primeiro artigo de G. Le Bras sobre "a prática religiosa da França" tinha por objeto "a vida popular do catolicismo"; por modelo "o folclorista"; e, como ponto de partida, "o plano de pesquisa proposto por Saintyves". Ele foi publicado, aliás, na *Revue de Folklore Français*, 4, p. 193-206, 1933.

de introduzir numa análise científica). A lógica de uma sociologia acresce, pois, o cisma entre os fatos religiosos sociais e as doutrinas que pretendem explicar-lhes o sentido.[12]

Em seguida, um olhar sociológico transformou as próprias crenças em fatos objetivos. Uma sociologia do *conhecimento* religioso desenvolveu-se na proporção da retração do sentido para "o interior". O mesmo corte se encontra, então, no terreno, aparentemente oposto ao precedente, das pesquisas consagradas à ideologia. Porém, tampouco aí podemos dissociar, em nossa relação dos historiadores com o século XVII, o conhecimento que temos dela e a influência que exerce sobre nossos métodos de pesquisa. O *olhar* sociológico voltado para as ideologias e os aparelhamentos conceituais que organizam nossa análise cultural (por exemplo, a distinção entre elites e massas, o critério de "ignorância" para julgar a "descristianização" etc.) são ainda testemunhas da *função social* que o *saber* recebeu no decorrer do século XVII. Quando a diversidade dos Estados europeus sucedeu à unanimidade religiosa da "cristandade", foi necessário um saber que tomasse o lugar das crenças e permitisse definir cada grupo ou cada país distinguindo-o dos outros. Nesses tempos da imprensa, da alfabetização (ainda fraca) e da escolarização, o conhecimento se *torna* um instrumento de unidade e de diferenciação: um *corpus* de conhecimentos ou um grau de saber recorta um corpo ou isola um nível

---

12   Na sua *Introduction à l'histoire de la pratique religieuse em France* (P.U.F., 1945), G. Le Bras coloca o problema da relação entre a "prática" e as "crenças" (t. I, p.116-120), mas, para ele, este plural designa "a fé". Reagindo contra o excesso de estudos consagrados às doutrinas (cf. seu artigo de 1933), ele curto-circuitou as ideologias para consignar o enigma da relação entre "a prática" (= o sociológico, o visível, diz ele) e "as crenças" (o que não é para ele um conceito sociológico, mas o invisível, "a chama" ou "a graça da iluminação interior"). Pouco a pouco será levado a graduar essa divisão, originária da distinção teológica entre natureza e sobrenatural, ao mesmo tempo que confiará menos na prática (cujo nome desaparece do título dado à reedição da *Introduction* em 1956). É a esta segunda evolução que Isambert consagrou o artigo citado *supra*: Développement et dépassement de l'étude de la pratique religieuse chez G. Le Bras.

social, ao mesmo tempo que a ignorância é associada à delinquência como causa desta, ou à massa como ao seu próprio indício. O que é novo não são essas divisões sociais, mas o fato de que um saber ou uma doutrina constituíam o *meio* de as colocar, ou de as trocar. Também entre Igrejas, as diferenças entre saberes tornam-se decisivas. A determinação daquilo que se conhece, quando se é Católico ou Reformado, fornece à comunidade seu modo de identificação e distinção. Os catecismos mudam, remodelados pela urgência dessas definições que circunscrevem ao mesmo tempo os conteúdos intelectuais e os limites socioinstitucionais.

Hoje, trabalhos novíssimos, como o de R. Taveneuax, reconstituem as redes socioculturais, esboçam as circulações mentais e podem estabelecer a geografia de grupos ocultos, a partir dos traços e dos pontos de ressurgência das ideias religiosas, da mesma maneira pela qual se determinam circuitos fisiológicos através das viagens de um elemento visível na opacidade do corpo.[13] Em suma, refazem caminhos trilhados ontem pelo uso que uma sociedade fazia do saber. Privilegiando nessas ideias seu papel passado, explorando-as, por sua vez, como restos (e às vezes os únicos visíveis) de cortes entre grupamentos, R. Taveneaux explicita a utilidade que já tinham ontem sub-repticiamente – o serviço que prestavam às sociedades que as veiculavam –, mas é ao preço do seu sentido "doutrinal" – aquele que lhe davam ainda os contemporâneos ou aquele que elas podem manter. O desmembramento dos métodos teve, desde então, como efeito separar cada vez mais, em cada obra doutrinal, um "objeto" sociológico visado pelo *historiador* e um "objeto" teórico que parece abandonado a uma análise *literária*.

---

13 Dessa maneira René Tavenaux, em *Le Jansénisme em Lorraine, 1640-1789* (Vrin, 1960), tira da obscuridade aquilo que chama de "redes de transmissão do pensamento". Na realidade o que surge são as clivagens, as polarizações (parisienses, depois holandeses), as combinações insuspeitadas (por exemplo, o reemprego dos bastiões monásticos de Saint-Vanne neste conjunto) etc., que caracterizam uma unidade social complexa. "O pensamento" lhe *serve* para estabelecer uma sutil sociologia de um grupo de clérigos.

14   A Escrita da História • Michel de Certeau

Um modelo cultural: das "ideias" ao "inconsciente coletivo"

Baczko o observou: "a história das ideias" nasceu de reações comuns, particularmente contra o parcelamento que levou, no âmbito de uma obra ou de um período, à compartimentação das disciplinas. Assim, em lugar de fragmentar arbitrariamente a obra de Newton e de repartir suas parcelas entre especialidades diferentes, segundo tratem do Apocalipse, dos calendários, da "filosofia natural" ou da ótica, procuramos compreender sua unidade e seus princípios organizadores.[14] Do mesmo modo recusamos explicar uma obra em termos de influências, de esgotar assim um *corpus*, remetendo-o ao indefinido de suas origens, e de provocar, por esse recuo sem fim através de uma poeira de fragmentos, o desaparecimento das totalidades, das delimitações das rupturas que constituem a história.

Como este estudo confere os seus métodos? Desde a criação, nos Estados Unidos, do *Journal of the History of Ideas* (1940) em New York-Lancaster, a mais antiga das revistas que lhe foram consagradas, este estudo busca a si mesmo. Não tem sequer um nome: na Alemanha, é a *Geistesgeschichte*; nos Estados Unidos, a *Intelectual History*; na frança, a *Histoire des Mentalités*; na U.R.S.S., a *História do Pensamento*...

Baczko poderia, entre essas tendências, reconhecer origens filosóficas comuns, longinquamente hegelianas, através de Dilthey, Lukacs, Weber, Croce, Huizinga, Cassirer, Groethuysen etc., até os anos 1920-1930. As *ideias* tornam-se uma mediação entre o Espírito (o *Geist*) e a realidade sociopolítica. Supõe-se que constituam um nível em que se reencontrem o corpo da história e sua

---

14   Ninguém poderá se espantar com o fato de ter essa corrente nascido de uma ampliação da história das ciências, por exemplo, com BURTT, E. A., *The Metaphysics of Sir Isaac Newton* (Londres: Routledge, 1925); SMITH, H.A., *History of Modern Culture* (New York, 1930-1934; WOLF, A. *History of Science, Technology and Philosophy in the 16th and 17th Century* (Londres: Allen, 1935); HALL, A. R., *The Scientific Revolution, 1500-1800* (Londres: Longmans, 1954) etc.

consciência, o *Zeitgeist*.[15] Entretanto, a simplicidade do postulado se decompõe, diante da análise, em problemas complexos e aparentemente insolúveis. Por exemplo, qual é o *verdadeiro* Newton? De que tipo é a unidade que se postula, a de sua obra, e, portanto, a de um período? Que suporte fornece a tantas "ideias" diferentes a unidade emprestada às "ideias do tempo", à "mentalidade" ou a uma "consciência coletiva" contemporânea?

Essa unidade procurada, quer dizer, o objeto científico, se presta à discussão. Deseja-se ultrapassar a concepção individualista que recorta e reúne os escritos segundo sua "pertença" a um mesmo "autor", que, então, fornece à biografia o poder de definir uma unidade ideológica,[16] e supõe que a um homem corresponda um pensamento (como a arquitetura interpretativa que repete o mesmo singular nos três andares do plano clássico: o Homem, a obra, o pensamento). Tentaram identificar as totalidades mentais históricas: por exemplo, a *Weltanschauung* em Marx Weber (concepção do universo ou visão do mundo), o *paradigma* científico em T. S. Kuhn, a *Unit Idea* em A. O. Lovejoy,[17] etc. Essas unidades de medida se referem ao que Lévi-Strauss chamará de a sociedade *pensada* em oposição à sociedade *vivida*. Elas tendem a fazer res-

---

15　A noção de *Zeitgeist* tomou, na *Geistesgeschichte*, um sentido que quase inverte o de suas origens. Central, entre os revolucionários alemães, na passagem do século XVIII para o XIX (Henning, Rebmann, Niethammer, Arndt, principalmente com *seu Esprit du temps* em 1806, ou Hardenberg etc.), designa uma força irresistível cujo avanço derrubará todos os obstáculos institucionais. É com esse sentido que foi retomada em Hegel, e que, em 1829, foi criticada por Schlegel como indeterminada e subversiva (*Philosophie der Geschichte*, 1829, II, 18). Cf. D'HONDT, Jacques. *Hegel, philosophe de l'histoire vivante*. P.U.F., 1966. p. 211-216. Desde aí o *Zeitgeist* definiu, pelo contrário, uma ordem estabelecida, a coerência estática de uma mentalidade. Traço significativo de um pensamento "liberal" e "ideológico" que faz, então, face ao marxismo.

16　Cf., por exemplo, ZOUBOV, V. P. L'histoire de la science et la biographie des savants. *Kwart. Hist. Nauki*, 6, 1962. p. 29-42.

17　LOVEJOY, A.O. *The Great Chain of Being. A Study of the History of an Idea.* Cambridge (Mass.): Harvard Univ. Press, 1936.

16 A Escrita da História • Michel de Certeau

saltar dos conjuntos "sancionados" por uma época, quer dizer, das coerências recebidas, implicadas pelo "percebido" ou pelo "pensado" de um tempo, sistemas culturais suscetíveis de fundar uma periodização ou uma diferenciação dos tempos.[18]

Dessa maneira se opera uma classificação do material na base dos inícios e fins ideológicos, ou daquilo que Bachelard chama de "rupturas epistemológicas".[19]

As ambiguidades desses sistemas de interpretação foram vigorosamente criticadas, particularmente por Michel Foucault.[20] Elas se prendem, essencialmente, ao estatuto incerto, nem carne nem peixe, dessas "totalidades" que não são legíveis na superfície dos textos, mas no interior deles, realidades invisíveis que conduziriam os fenômenos. Em nome de que supor e como determinar essas unidades a meio caminho entre o consciente e o econômico? Elas ocupam o lugar de uma "alma coletiva" e permanecem como vestígio de um ontologismo. Logo serão substituídas por um "inconsciente coletivo". Na impossibilidade de poder ser realmente controlável, esse subsolo é extensível; pode se estender ou contrair à vontade; tem a amplitude dos fenômenos a "compreender". De fato, mais do que ser um instrumento de análise, representa a necessida-

---

18 A respeito da "história das mentalidades" francesa, cf. principalmente DUBY, Georges. *L'Histoire et ses méthodes*. Gallimard/Pléiade, 1961. p. 937-966. Porém, mais do que às apresentações teóricas, é preciso referir-se aos trabalhos históricos: os de G. Duby ou de J. Le Goff, certamente, mas também ao estudo notavelmente lúcido de VENTURI, Franco. L'Illuminismo nel settecento europeu. In: *Rapports du XI Congrès International des Sciences Historiques*. Stockholm: Uppsala/Almquist, 1960, t. IV, p. 106-135. Na historiografia do período "moderno", da mesma forma que o século XVII é ao mesmo tempo o *objeto* e a *arqueologia* de uma análise das práticas, o século XVII é uma e outra coisa para uma história das ideias. É, com efeito, no século XVII que se forma, por exemplo, com os "Observateurs de l'homme", a relação entre o homem das "Luzes" e o homem popular, entre a elite-sujeito e o povo-objeto da ciência. Cf. MORAVIA, Sergio. *La Scienzia dell'uomo nel settecento*. Bari, 1970.

19 BACHELARD, Gaston. *Le Rationalisme appliqué*. P.U.F., 1949. p. 104-105.

20 FOUCAULT, Michel. *L'Archeologie du savoir*. Gallimard, 1969. p. 29-101.

de que tem dele o historiador; significa uma necessidade da operação científica, e não uma realidade apreensível em seu objeto.

Essa concepção manifesta que é impossível eliminar do trabalho historiográfico as ideologias que nele habitam. Porém, dando-lhes o lugar de um objeto, isolando-as das estruturas socioeconômicas, supondo, além disso, que as "ideias" funcionem da mesma maneira que essas estruturas, paralelamente e num outro nível,[21] a "história das ideias" não pode encontrar a inconsistente realidade na qual sonha descobrir uma coerência *autônoma*, senão através da forma de um "inconsciente". O que ela manifesta realmente é o inconsciente dos historiadores, ou, mais exatamente, do grupo ao qual pertencem. A vontade de definir *ideologicamente* a história é particularidade de uma elite social. Ela se fundamenta numa divisão entre as ideias e o trabalho. Costuma negligenciar igualmente a relação entre as ciências e suas técnicas, entre a ideologia dos historiadores e suas práticas, entre as ideias e a localização ou as condições de sua produção nos conflitos socioeconômicos de uma sociedade etc. Nada espantoso, portanto, que essa divisão, ressurgência e reforço de um "elitismo" já bem definido em fins do século XVIII (François Furet, entre outros, acentuou-o frequentemente), tenha como símbolo a justaposição entre uma "história das ideias" e uma "história econômica".

A procura de uma coerência própria a um nível *ideológico* remete, pois, ao lugar daqueles que a elaboram no século XX. Gramsci, sem dúvida, indica sua verdadeira proporção, quando, reexaminando a história das ideias, a substitui pela história dos "in-

---

21 O problema desse paralelismo permanece colocado, ainda que, como em Duby, o historiador se interesse por uma literatura como por uma "transposição" ou "reflexo" do grupo que é o objeto real de seu estudo. Seria necessário medir o efeito próprio desta "transposição". A expressão literária não é a transparência do vivido social, mas seu complemento, e, frequentemente, seu reverso (na medida em que anuncia aquilo que é percebido como "ausente").

18   A Escrita da História • Michel de Certeau

telectuais orgânicos", grupo particular, e do qual analisa a relação entre sua "posição" social e os discursos que eles produzem.[22]

II. PRÁTICAS HISTÓRICAS E PRÁXIS SOCIAL

O exame desses "modelos" (dos quais se poderia prolongar a lista e a análise) revela dois problemas conexos: a evanescência da ideologia como realidade a explicar e sua reintrodução como referência em função da qual se elabora uma historiografia. Enquanto *objeto* de estudo, ela parece eliminada – ou sempre malograda – pelos métodos atuais de pesquisa. Por outro lado, ressurgiu como o *pressuposto* dos "modelos" que caracterizam um tipo de explicação; está implícita em cada sistema de interpretação, pelas pertinências que ele retém, pelos procedimentos que lhe são adequados, pelas dificuldades técnicas encontradas e pelos resultados obtidos. Dito de outra maneira, aquele que *faz história*, hoje, parece ter perdido o meio de apreender uma afirmação de sentido como um objeto de seu trabalho para encontrar essa afirmação no próprio modo de sua atividade. Aquilo que desaparece do produto aparece na produção.

Sem dúvida, o termo *ideologia* não mais convém para designar a forma sob a qual a significação ressurgiu na ótica ou no "olhar" do historiador. O uso corrente desse termo data do momento em que a linguagem se objetivou; quando, reciprocamente, os problemas de sentido foram deslocados do lado da operação e colocados em termos de escolhas históricas investidas no processo científico. Revolução fundamental, é preciso dizê-lo imediatamente, pois ela substitui o *fazer* historiográfico ao *dado* histórico. Ela

---

22   Cf. GRAMSCI, Antonio. *Oeuvres choisies*. Éd. Sociales, 1959. p. 432: "Como estas diversas categorias de intelectuais tradicionais experimentam, com um "espírito de corporação", o sentimento de sua continuidade histórica ininterrupta e de sua qualificação, situam-se a si mesmos como autônomos e independentes do grupo social dominante. Esta autoposição não é falta de consequências de grande alcance no domínio ideológico e político: toda a filosofia idealista pode, facilmente, ter conexão com esta posição tomada pelo complexo social dos intelectuais."

transforma a pesquisa de um sentido *desvendado* pela realidade observada, em análise das opções ou das organizações de sentido *implicadas* por operações interpretativas.

Isso não significa, de forma alguma, que a história renuncia à realidade e se volta para si mesma, contentando-se em observar os seus passos. Que dizer, antes, nós o veremos, que a *relação* com o real mudou. E, se o sentido não pode ser apreendido sob a forma de um conhecimento particular que seria extraído do real ou que lhe seria acrescentado, é porque todo "fato histórico" resulta de uma práxis, porque ela já é o signo de um ato e, portanto, a afirmação de um sentido. Este resulta dos procedimentos que permitiram articular um modo de compreensão num discurso de "fatos".[23]

Antes de esclarecer essa situação epistemológica, que não permite mais buscar o sentido sob a aparência de uma ideologia a mais ou de um *dado* da história, é preciso lembrar os seus indícios na historiografia atual. Isso significa retomar, através dos estudos históricos, o problema levantado, anteriormente, pela tese clássica de Raymond Aron.[24] Porém não nos podemos contentar, como ele o fazia, em buscar a interpretação histórica apenas no nível da filosofia implícita dos historiadores, porque, então, se chega a um jogo indefinido de ideias relativizadas umas pelas outras, jogo reservado a uma elite e combinado com a manutenção de uma ordem estabelecida. A organização de cada historiografia em função de óticas particulares e diversas se refere a *atos* históricos, fundadores de sentidos e instauradores de ciências. Sob esse aspecto, quando a história leva em consideração o "fazer" ("fazer história"), encontra ao mesmo tempo seu enraizamento na ação que "faz história". Da

---

23   Pode-se medir a evolução da historiografia com a noção de "fato histórico", comparando a colocação de MARROU, Henri-Irenée. Qu'est qu'un fait historioque?. In: *L'Histoire et ses méthodes*. Op. cit., p. 1.494-1.500) e os problemas expostos por FURET, François. In: LE GOFF, J.; NORA, P. (Éd.). *Faire de l'Histoire*. Gallimard, 1974, t. I, p. 42-61.

24   *Introduction à la philosophie de l'histoire. Essai sur les limites de l'objectivité historique*. Paris: Vrin, 1938. As mesmas teses são retomadas em *Dimensions de la conscience historique*. Plon, 1961.

mesma forma que o discurso, hoje, não pode ser desligado de sua produção, tampouco o pode ser a práxis política, econômica ou religiosa, que muda as sociedades e que, num momento dado, torna possível tal ou qual tipo de compreensão científica.

Dos "preconceitos" históricos às situações que eles revelam

A distância do tempo, e, sem dúvida, uma reflexão mais epistemológica permitem hoje revelar os *preconceitos* que limitaram a historiografia mais recente. Eles aparecem tanto na escolha dos assuntos quanto na determinação dos objetivos dados ao estudo. Mas, sempre, estão ligados às situações que conferem ao historiador uma posição particular com relação a realidades religiosas.

Assim, os conflitos entre a Igreja e o Estado ou os debates acerca da escola "livre" e da escola leiga, entre outros efeitos, tiveram o de privilegiar, dentre os fenômenos religiosos, aqueles que se apresentavam sob a forma de uma oposição às ortodoxias, e, por consequência, de favorecer a história das "heresias", privilegiando-as contra a das instituições eclesiásticas e das "ortodoxias". Menos do que as intenções pessoais, então, as localizações socioculturais mobilizam o interesse e o tipo de pesquisa.

Por exemplo, no estudo do início do século XVI prendemonos à "pré-forma" mais do que às correntes escolásticas, no entanto, majoritárias e igualmente importantes. Considera-se mais o "humanismo" sob um aspecto de ruptura com relação à tradição cristã do que inscrito, também, no prolongamento da patrística, ou de reformismos sucessivos, ou de uma série de retornos à Antiguidade no decurso da Idade Média.[25] Da mesma forma, identificou-se o século XVII, religioso, com o jansenismo, "rebelião" profética, quando ele é, apenas, um dos fenômenos da época, e, quando muitos dos elementos considerados como característicos

---

25 Cf. a obra magistral de RENAUDET, A. *Préréforme et humanisme à Paris pendant les premières guerres d'Italie, 1494-1517*, Droz, 1916 e toda a sua posteridade.

do jansenismo se encontram em outras correntes espirituais.[26] Ou, ainda, da obra dos grandes "sábios" dos séculos XVI e XVII suprimiram-se seus escritos teológicos ou exegéticos, considerados como restos de épocas encerradas, indignos de interessar uma sociedade de progresso[27] etc.

A análise recortava, então, no tecido da história, "assuntos" relativos aos lugares de observação. Não é de espantar que os estudos visando a corrigir esses recortes, para fazer prevalecer outros, provenham não apenas de tradições *ideológicas* diferentes, mas de *lugares* justapostos e frequentemente opostos aos primeiros, por exemplo, de meios eclesiásticos ou de Centros estranhos aos quadros da Universidade francesa. Assim, os tratados do Pe. Bernard-Maître e outros, até o grande livro de Massaut, sobre os teólogos "conservadores" no início do século XVI;[28] os trabalhos do Pe. de Lubac ou do Pe. Bouyer sobre a repetição da exegese apostólica e patrística do humanismo erasmiano;[29] e de Gilson sobre o vocabulário tradicional retomado por Descartes;[30] o de Bremond

---

26 Tradição universitária que corresponde à rejeição do jansenismo pelo ensino acadêmico, difundido até meados do século XIX, e que se mantém até na vigorosa síntese de ADAM, Antonie. *Du mysticisme à la révolte. Les Janséniste du XVIIe siècle.* Fayard, 1968.

27 Indício entre muitos, o lugar concedido aos *Theological Manuscripts* (Liverpool: Ed. H. Mac Lachlan, 1950) na interpretação da obra de Newton. Alexandre Koyré, principalmente, modificou as perspectivas (cf. *Du monde clos à l'univers infini.* P.U.F., 1961). Hoje, chegamos a sublinhar que a ciência ocidental elaborou-se em função de debates teológicos, e, que, por exemplo, ela tem uma relação intrínseca com o dogma da Encarnação; cf. KOJÈVE, Alexandre. L'origine chrétienne de la science moderne. In: *Mélanges Alexandre Koyré*, Hermann, 1964, t. II. p. 295-306.

28 BERNARD-MAÎTRE, Henri. Les "Théologastres" de l'Université de Paris au temps d'Erasme et de Rabelais. In: *Bibliothèque d'Humanisme et Renaissance*, 27, 1965, p. 248-264; MASSAUT, Jean-Pierre. *Josse Clichtove l'humanisme et la réforme du clergé.* Les Belles Lettres, 1968.

29 BOUYER, Louis *Autor d'Erasme, Études sur le christianisme des Humanistes catholiques.* Paris, 1955; LUBAC, Henri de. *Exégèse médiévale.* Aubier, t. IV, 1964.

30 GILSON, Étienne. *Études sur le rôle de la pensée médiévale dans la formation du système cartésien.* Vrin, 1951.

ou de tantos outros, desde então, dentro do amplo mostruário de correntes místicas do qual o jansenismo faz parte. A contribuição considerável desses estudos não disfarça seu caráter mais ou menos discretamente apologético. Talvez mesmo a riqueza de seu conteúdo tenha se tornado possível graças a esse aspecto de réplica ou de cruzada, que os assemelhava a um cavalo de Troia.

A marca das compartimentações socioideológicas é particularmente visível na historiografia religiosa francesa. É um traço, muitas vezes sublinhado, da sociedade francesa. Os trabalhos científicos forneciam, pois, a posição universitária nesse mapa. Privilegiavam os "católicos liberais" diante dos "católicos intransigentes" (à parte a obra de René Rémond, estes últimos foram estudados principalmente por ingleses ou norte-americanos, que não eram afetados da mesma forma pelos problemas franceses);[31] ou, então, preferiam ao "modernismo", científico ou social, ante o "integrismo" (do qual Poulat acaba de mostrar o interesse histórico).[32] Os debates internos da sociedade francesa provocaram um fixismo historiográfico e, durante muito tempo, a reprodução indefinida de cortes *formais*, mesmo quando uma nova erudição lhes modificava o *conteúdo*.

Esse esquematismo teve como efeito um reaproveitamento presente dos "partidos" antes opostos – Reformados ou Católicos, Jansenistas ou Jesuítas, modernistas ou integristas etc. E deles fizeram bandeiras, menos de convicções pessoais do que de situações. As polêmicas antigas organizaram, sem o saber, a pesquisa científica. Os historiadores chegaram a "meter-se na sotaina, na cogula ou na toga de seus antecessores, sem se dar conta de que

---

31 Cf. RÉMOND, René. *La Droite en France de 1815 à nos jours*. Paris: Aubier, 1954. Temos as perspectivas anglo-amercianas com GRIFFITHS, Richard. *The Reactionary Revolution*. Londres, 1966; WEBER, Eugen. *L'Action française*. Stock, 1962 etc.

32 POULAT, Émile. *Intégrisme et catholicisme intégral*. Casterman, 1969; e o debate que seguiu com DROULEUS, Paul. *Archives de Sociologie des Religions*, 28, p. 131-152, 1969.

eram vestes de polemistas ou de pregadores, cada um defendendo sua causa".[33]

Alguns silêncios permanecem hoje como vestígios desse passado recente, até mesmo em estudos magistrais sobre a sociedade e o pensamento clássicos: a discrição de Goubert a respeito das teologias[34] ou mesmo a respeito da religião;[35] a ausência de referência à literatura religiosa na interpretação que M. Foucault faz da *episteme* clássica.[36] Mas, também, e reciprocamente, o silêncio do Abade Cognet a respeito da história socioeconômica em *La Spiritualité Moderne*,[37] ou ainda, ao contrário, em numerosos trabalhos consagrados às atividades temporais nas Abadias, a pressão social que fez tantos historiadores clérigos desatentos à vida religiosa dessas mesmas Abadias.[38]

A mutação dos "preconceitos" em objetos de estudo

Afastados das situações conflitantes, cada vez mais distantes, é mais fácil para nós revelar a sua marca nesses estudos. Estamos, nós mesmos, adiante disso. À medida que se diluem as divisões que, ontem, organizaram ao mesmo tempo uma época e sua historiografia, elas podem ser analisadas nos próprios trabalhos desse tempo. O desaparecimento do período condiciona uma tal lucidez, mas essa compreensão, pretensamente "melhor", que de agora em diante é a nossa, se refere ao fato de estarmos deslocados: nossa situação nos permite conhecer a deles de outra maneira que eles a puderam conhecer.

---

33   FEBVRE, Lucien. *Au coeur religieux du XVIe siècle*. Sevpen, 1957, p. 146.
34   In: *Beauvais et le Beauvaisis de 1600 à 1730*. Sevpen, 1960.
35   In: *Ancien Régime*, t. I, A. Colin, 1969.
36   FOUCAULT, M. *Les mots et les choses*. Gallimard, 1966. Chap. III-VI.
37   COGNET, L. *La Spiritualité moderne*. Aubier, 1966, e a resenha de VENARD, na *Rév. d'Hist. De l'Égl. de France*, 54, p. 101-103, 1968.
38   Cf. as notas de JULIA, D.; LEVILLAIN, P.; NORDMAN, D.; VAUCHEZ, A. Réflexions sur l'historiographie française contemporaine. *Recherches et Débats*, 47, p. 79-94, 1964.

O que torna possível a relativização desses debates de ontem, e, portanto, o balizamento das imposições que exerceram sobre o discurso científico, é a posição nova da religião na nossa sociedade. Bem longe de ser uma força, uma ameaça, um conjunto de grupos e de corpos constituídos, como era o caso de ontem, o cristianismo francês se livra hoje de seu peso social, liberando-se dos fracionamentos recentes. Ele deixa de constituir lugares próprios, vigorosos, porém fechados, na nação. Torna-se aí uma região mal definida e mal conhecida pela cultura francesa. Uma historiografia religiosa *pode*, desde então, fazer-se o objeto de um novo exotismo, semelhante àquele que conduz o etnólogo aos "selvagens" do interior ou aos feiticeiros franceses. Socialmente, o cristianismo existia em mais alto grau, quando, ontem, se lhe dava menos espaço no *Tempo* do que se lhe dá no *Mundo* hoje. Quando se tratava de adversários, de oponentes, ou de grupos fechados a respeito de sua própria vitalidade, ficava-se calado ou se era parcial. Fala-se mais dele agora que não é mais uma força e, que, por necessidade, se "abriu", "adaptou" e conformou com a situação na qual se tornou o *objeto* de uma curiosidade "imparcial" e o signo longínquo de "valores".[39] As renovações da história religiosa não significam, pois, uma recrudescência do cristianismo, mas a diluição de suas instituições e de suas doutrinas nas novas estruturas da nação – sua passagem de estado de corpo opaco e resistente a um estado de transparência e de movimento.

Os "preconceitos" da história ou dos historiadores desaparecem quando se modifica a situação à qual se referem. A organização ontem viva de uma sociedade, investida na ótica de seus historiadores, se transforma, então, num *passado* suscetível de ser estudado. Ela muda de estatuto: deixando de ser, entre os auto-

---

[39] A respeito do interesse etnológico ou folclórico que a religião se torna o objeto, e que explica ao mesmo tempo a natureza de uma nova "curiosidade" e a recrudescência dos estudos sobre as ideologias (de agora em diante tidas como inacreditáveis, mas simbólicas de um sentido a decifrar), cf. CERTEAU, M. de. Les Révolutions du croyable. *La culture ao pluriel*, coll. 10/18, p. 11-34, 1974,.

res, aquilo em função de que eles pensavam, passa para o lado do objeto que, como novos autores, temos que tornar pensável. Em função de uma *outra* situação, desde então nos é possível examinar como "preconceitos", ou simplesmente como os dados de um tempo, o modo de compreensão de nossos predecessores, de revelar suas relações com outros elementos da mesma época, e de inscrever sua historiografia que constitui o objeto de nossa própria historiografia.[40]

Sob esse aspecto, os modos de compreensão próprios da historiografia de ontem se encontram na mesma posição que as ideologias ou as crenças cristãs. Estas últimas representam apenas uma distância maior percorrida pela convicção que forneceu a um passado os seus princípios de inteligibilidade, e que hoje deve ser compreendida de acordo com outros quadros de referência. O afastamento entre essas duas posições indica o próprio problema do procedimento historiográfico: a relação entre o "sentido" que se tornou um objeto e o "sentido" que hoje permite compreendê-lo.

Desde que se procure o "sentido histórico" de uma ideologia ou de um acontecimento, encontram-se não apenas métodos, ideias ou uma maneira de compreender, mas a sociedade à qual se refere a definição daquilo que tem "sentido". Se existe, pois, uma *função histórica*, que especifica a incessante confrontação entre um passado e um presente, quer dizer, entre aquilo que organizou a vida ou o pensamento e aquilo que hoje permite pensá-los, existe *uma série indefinida de "sentimentos históricos"*. A crença oferece apenas um caso extremo de relação entre dois sistemas de compreensão através da passagem de uma sociedade ainda religiosa (a do século XVI, por exemplo) a uma sociedade, a nossa, onde o "pensável" se secularizou.

---

40   Aqui o problema é o de saber que acontecimento ou que mutação sociopolítica *torna possível*, à visão da historiografia do século XX, uma análise, análoga a que R. Mousnier consagrou seus últimos anos, dos historiadores do século XVIII. Mas, sem dúvida, é necessário inverter os termos da questão: um novo *olhar* científico é, justamente, um dos indícios através do qual se exprime ou se demarca um "acontecimento".

III. A HISTÓRIA, DISCURSO E REALIDADE

Duas posições do real

Se recapitularmos esses dados, a situação da historiografia faz surgir a interrogação sobre o real em duas posições bem diferentes do procedimento científico: o real que *é o conhecido* (aquilo que o historiador estuda, compreende ou "ressuscita" de uma sociedade passada) e o real que é *implicado* pela operação científica (a sociedade presente à qual se refere a problemática do historiador, seus procedimentos, seus modos de compreensão e, finalmente, uma prática do sentido). De um lado, o real é o resultado da análise e, de outro, é o seu *postulado*. Essas duas formas da realidade não podem ser nem eliminadas nem reduzidas uma à outra. A ciência histórica existe, precisamente, na sua relação. Ela tem como objetivo próprio desenvolvê-la em um discurso. Certamente, segundo os períodos ou os grupos, ela se mobiliza, de preferência, em um de seus dois polos.

Com efeito, existem dois tipos de história, conforme prevaleça a atenção a uma dessas posições do real. Mesmo que as imbricações dessas duas espécies predominem nos casos puros, elas são facilmente reconhecíveis. Um primeiro tipo de história se interroga sobre o que é *pensável* e sobre as condições de compreensão; a outra pretende encontrar o *vivido*, exumado graças a um conhecimento do passado.

A primeira dessas problemáticas examina sua capacidade de tornar pensáveis os documentos de que o historiador faz um inventário. Ela obedece à necessidade de elaborar modelos que permitam constituir e compreender séries de documentos: modelos econômicos, modelos culturais etc. Essa perspectiva, cada vez mais comum hoje em dia, leva o historiador às hipóteses metodológicas de seu trabalho, à sua revisão através de intercâmbios pluridisciplinares, aos princípios de inteligibilidade suscetíveis de instaurar pertinências e de produzir "fatos" e, finalmente, à sua situação epistemológica presente no conjunto das pesquisas características da sociedade onde trabalha.[41]

---

41   Cf., particularmente, à nova série dos *Annales E.S.C.* (a partir de 1969), ou *The Journal of Interdisciplinary History*, M.I.T. Press (U.S.A.), 1970.

A outra tendência privilegia a relação do historiador com um vivido, quer dizer, a possibilidade de fazer reviver ou de "ressuscitar" um passado. Ela quer restaurar um esquecimento e encontrar os homens através dos traços que eles deixaram. Implica, também, um gênero literário próprio: o relato, enquanto a primeira, muito menos descritiva, confronta mais as séries que resultam de diferentes tipos de métodos.

Entre essas duas formas existe tensão, mas não oposição. Pois o historiador está numa posição instável. Se dá prioridade a um resultado "objetivo", se visa colocar no seu discurso a realidade de uma sociedade passada e a reviver um desaparecido, ele reconhece, entretanto, nessa reconstituição, a ordem e o efeito de seu próprio trabalho. O discurso destinado a dizer o *outro* permanece seu *discurso* e o espelho de sua operação. Inversamente, quando ele retorna às suas práticas e lhes examina os postulados para renová-las, o historiador descobre nelas imposições que se originaram bem antes do seu presente e que remontam a organizações anteriores, das quais seu trabalho é o sintoma e não a fonte. Da mesma forma que o "modelo" da sociologia religiosa implica (entre outros) o novo estatuto da prática ou do conhecimento no século XVII, também os métodos atuais trazem, apagadas como acontecimentos e transformadas em códigos ou em problemáticas de pesquisa, antigas estruturações e histórias esquecidas. Assim, fundada sobre o corte entre um passado, que é seu objeto, e um presente, que é o lugar de sua prática, a história não para de encontrar o presente no seu objeto e o passado nas suas práticas. Ela é habitada pela estranheza que procura, e impõe sua lei às religiões longínquas que conquista, acreditando dar-lhes a vida.

O intermédio, situação da história e problema do real

Um incessante trabalho de diferenciação (entre acontecimentos, entre períodos, entre dados ou entre séries etc.) é, em história, a condição de todo relacionamento dos elementos distintos e, portanto, de sua compreensão. Mas esse trabalho se apoia na diferença entre um presente e um passado. Supõe sempre o ato que propõe uma novidade, desligando-se de uma tradição, para considerá-la como um objeto de conhecimento. O corte definitivo em qualquer ciência (uma exclusão é sempre necessária ao estabelecimento de um rigor) toma, em história, a forma de um *limite* original, que constitui uma realidade como "passada" e que se explicita nas técnicas proporcionadas à tarefa de "fazer história". Ora, essa cesura parece negada pela operação que funda, já que esse "passado" retorna na prática historiográfica. O morto ressurge dentro do trabalho que postulava seu desaparecimento e a possibilidade de analisá-lo como um objeto.

O estatuto desse limite, *necessário* e *denegado*, caracteriza a história como *ciência humana*. Efetivamente, ela é humana não enquanto tem o homem por objeto, mas porque sua prática reintroduz no "sujeito" da ciência aquilo que se havia diferenciado como seu objeto. Seu funcionamento remete os dois polos do real um ao outro. A *atividade* produtora e o *período* conhecido se alteram reciprocamente. A cesura que foi colocada entre eles por uma decisão instauradora do trabalho científico (e fonte de "objetividade") começa a mover-se. Ela se inverte, se desloca, avança. Esse movimento se deve, precisamente, ao fato de que ela foi proposta *e* de que não pode ser mantida.

Durante a movimentação que desloca os termos da relação inicial, esta própria relação é o lugar da operação científica. Mas é um lugar cujas mutações, como um flutuador no mar, seguem os movimentos mais amplos das sociedades, suas revoluções econômicas e políticas, as relações complexas entre gerações ou entre classes etc. A relação científica reproduz o trabalho que assegura a certos grupos a dominação sobre os outros, a ponto de fazer deles objetos de sua posse; mas atesta, também, o trabalho dos mortos que, por uma espécie de energia cinética, se perpetua, silenciosamente, com as sobrevivências de estruturas antigas, "continuando", diz Marx, sua "vida vegetativa" (*Fortvegetation*).[42]

---

42   MARX, Karl. *Das Kapital*. Berlin, 1947, t. I, p. 7 (primeiro prefácio); cf. *Oeuvres*. Pléiade, 1965, t. I, p. 549.

O historiador não escapa dessas latências e dessa gravidade de um passado ainda presente (inércia que o "tradicionalista" chamará de "continuidade", tendo a esperança de apresentá-la como a "verdade" da história). Ele não pode, entretanto, fazer abstração dos distanciamentos e das exclusividades que definem a época ou a categoria social à qual pertence. Em sua operação, as permanências ocultas e as rupturas instauradoras formam amálgama. A história o mostra sobretudo porque ele tem a tarefa de diferenciá-las.[43] A frágil e necessária fronteira entre um objeto passado e uma práxis presente se movimenta, desde que, ao postulado fictício de um *dado* a compreender, se substitua o exame de uma operação sempre afetada por determinismos e sempre a retomar, sempre dependente do lugar onde se efetua numa sociedade e, não obstante, especificada por um problema, métodos e uma função próprios.

A história está, pois, em jogo nessas fronteiras que articulam uma sociedade com o seu passado e o ato de distinguir-se dele; nessas linhas que traçam a imagem de uma atualidade, demarcando-a de seu *outro*, mas que atenua ou modifica, continuamente, o retorno do "passado". Como na pintura de Miró, o traço que desenha diferenças através de contornos e que torna possível uma escrita (um discurso e uma "historicização") é atravessado por um movimento que lhe é contrário. Ele é vibração de limites. A relação que organiza a história é uma relação mutável, na qual nenhum dos (dois) termos é o referente estável.

A relação com o outro

Essa situação fundamental se manifesta hoje de várias maneiras, relativas à forma ou ao conteúdo da historiografia.

Por exemplo, a *análise* de duração socioeconômica ou cultural, breve ou longa, é precedida, na obra de história, desses *Prefácios* em que o historiador conta o percurso de uma pesquisa. O livro, feito de duas metades desiguais, mas simbólicas, acrescenta,

---

43   Foi isso que Michel Foucault sublinhou fortemente, em particular na *Archéologie du savoir*, 1969, p. 16-17.

à história de um passado, o itinerário de um procedimento. Já Lucien Febvre inaugurou a apresentação de Lutero pelo exame de sua própria situação de historiador na série de estudos consagrados ao seu objeto (1928). Ele se inscreveu na evolução de uma história presente, ao mesmo tempo que colocou Lutero numa série análoga, mais antiga. A partir daí não é mais, apenas, o lugar de onde fala que o historiador particulariza, mas o movimento que fez, ou o trabalho que se operou nos seus métodos e nas suas questões. Pierre Vilar e Emmanuel Le Roy Ladurie, cujas obras dominam a historiografia presente, justapõem, assim, o traçado de uma curva metodológica de seu empreendimento e aquele das transformações estruturais da Catalunha ou do Languedoc durante quatro séculos.[44] A verdade da história está nesse "intermédio", cujos termos uma obra propõe sem poder criar um objeto que se substitua a essa relação. Em Soriano, a análise dos contos de Perrault torna-se ela própria o relato ou a confissão de uma pesquisa, de maneira que o objeto de estudo, fragmentado por sondagens metodológicas heterogêneas, encontra sua unidade na operação em que se combinam sem cessar as ações do autor e as resistências de seu material.[45]

Dessa tensão interna, motor da explicação histórica, é preciso aproximar um outro aspecto, não menos surpreendente, das pesquisas atuais: a confrontação de um método interpretativo com seu "outro" ou, mais precisamente, o ato de evidenciar a relação que liga um modo do compreender com o incompreensível que ele "faz surgir". Por exemplo, a imensa erudição cultural de Alphonse Dupront extrai, por toda parte da história, um "pânico", profundidade selvagem e sagrada. Se, às vezes, essa "alma pânica do coletivo", essa pulsão originária, ou esse neutro opaco de um "mental do coletivo" toma ares de um referente, de um significado ou de um solo da história, é por uma espécie de ficção que se apoia nas

---

44   LADURIE, Emmanuel Le Roy. *Les Paysans de Languedoc*. Sevpen, 1966. t. I. p. 7-11; e, principalmente, VILAR, Pierre. *La Catalogne dans l'Espagne moderne*. Sevpen, 1962. t. I. p. 11-38.

45   SORIANO, Marc. *Les contes de Perrault. Culture savante et traditions populaires*. Gallimard, 1968.

concepções mais discutíveis de Otto ou de Jung. Pois, na realidade, esse "pânico" é o nome que um conhecimento prodigiosamente extenso dá ao seu próprio limite, ao desconhecido que revela e encontra no seu avanço, à necessidade que faz aparecer o progresso de uma ciência. Uma espessura da história é assim designada (e não eliminada, como alhures), mas por um "irracional" conformado à investigação que se colocou sob o signo de um conhecimento das ideias e das formas culturais: "O não-histórico", diz Dupront, "é indispensável ao histórico".[46]

Pierre Vilar apresenta um fenômeno análogo: a própria existência do seu assunto – a Catalunha – é o enigma que uma rigorosa análise socioeconômica faz surgir. De que maneira a Catalunha se constitui como unidade própria? Como essa unidade muda com o aparecimento, também ele problemático, da unidade "espanhola"? Com essas questões a notável demonstração de P. Vilar, que converteu a teoria econômica em análise histórica para apreender uma "história profunda", a partir das variações econômicas, encontra o seu *outro*. Ela desemboca em enigmas: "a formação de grupos com forte consciência de comunidade", a natureza da "personalidade regional", ou nacional, e de um "querer político".[47] O rigor de sua interpretação segrega, como ser resto ou como aquilo que se lhe torna incompreensível, a unidade de consciência cujas condições e funcionamento foram, não obstante, tão vigorosamente esclarecidos.

---

46   In: *Revue de Synthèse*, nº 37-39, p. 329. Cf., também, estudos particularmente importantes: Lourdes: perspectives d'une sociologie du sacré. *La Table Ronde*, 125, p. 74-96, maio, 1958; Problèmes et méthodes d úne histoire de la psychologie collective. *Annales E.S.C.*, 16, p. 3-11, 1961; Formes de la culture des masses: de la doléance politique au pèlerinage panique (XVIIIe-XXe siècles). *Niveaux de culture et groupes sociaux*. Mouton, 1968. p. 149-167.

47   VILAR, P. *La Catalogne...* . Op. cit.. t. I, Prefácio, p. 36-37. O confronto entre expressão cultural e estruturas econômicas é particularmente rico (pelo próprio objeto estudado) em Le Tems du Quixote (*Europe*, p. 3-16, jan. 1956); Les primitifs espagnols de la pensée économique (*Mélanges M. Bataillon*, 1962. p. 261-284); ou, de um ponto de vista mais metodológico, em Marxisme et histoire, dans le développement des sciences humaines (*Studi Storici* 1, nº 5, p. 1008-1043, 1960.).

Não é surpreendente que o problema aberto pela irrupção do outro nos procedimentos científicos apareça, igualmente, nos seus *objetos*. A pesquisa não se põe mais, apenas, em busca das compreensões que tiveram êxito. Retorna aos objetos que não compreende mais. Procura medir aquilo que perde, fortalecendo suas exigências e seus métodos. A *História da Loucura* criou o signo desse momento em que uma cientificidade ampliada se confronta com as zonas que abandona como seu resíduo ou reverso ininteligível.[48] A ciência histórica vê crescer, com seu progresso, as regiões silenciosas do que não atinge. É, também, o momento em que outras ciências fazem a dedução dos prejuízos que têm origem nos seus sucessos. O livro de Michel Foucault marca essa interrogação. Ele a exprime através de um objeto *perdido* pela história, mas impossível de suprimir: a loucura, constituída pelas exclusões da razão. Certamente, depois disso, o esforço do autor para dar à loucura sua linguagem própria não pode chegar senão a um fracasso e a se contradizer; ele vacila entre a "recuperação" da loucura numa compreensão de um novo tipo, e o crescimento indefinido do signo abstrato (a loucura), destinado a designar uma casa vazia, que não poderia obter da historiografia seu preenchimento.[49] Esse vazio, porém, permanece aberto diante da razão científica sob a forma de objetos que ela contorna sem atingir. Os estudos consagrados à feitiçaria, ao milagre, à loucura, à cultura "selvagem" etc. se multiplicaram depois disso. Eles designam um *vis-à-vis* cuja inquietante estranheza a etnologia e a psicanálise permitiram à história explicitar. A "razão" científica está indissoluvelmente cassada com a realidade que retorna, como sua sombra e seu outro, no momento em que a exclui.

Essa mobilização da historiografia nos limites que especificam e relativizam seu discurso se reconhece, ainda, sob a forma mais epistemológica dos trabalhos consagrados aos modos de *di-*

---

48 FOUCAULT, M. *Folie et déraison. Histoire de la folie à l'âge classique*. Plon, 1961 (nova edição, Gallimard, 1972).

49 Cf., a esse respeito, as observações agudas de DERRIDA, Jacques. Cogito et histoire de la folie. In: ____. *L'Écriture et la différence*. Seuil, 1967. p. 51-97.

ferenciação entre ciências. Também, nesse caso, Michel Foucault tem valor de signo. Retomando as análises anteriores, as de Canguilhem em particular mostram como a história se recorta (e se define) em função de uma combinação sincrônica de discursos que se contradistinguem mutuamente e remetem às regras comuns de diferenciação.[50] Quaisquer que sejam as posições próprias do autor, sua obra descreve e precipita o movimento que leva a história a se tornar um *trabalho sobre o limite*: a se situar com relação a outros discursos, a colocar a discursividade na sua relação com um eliminado, a medir os resultados em função dos objetos que lhe escapam; mas, também, a instaurar continuidades isolando séries, a particularizar métodos, diferenciando os objetos distintos que ela discerne num mesmo fato, a revisar e a comparar as periodizações diferentes, que fazem aparecer diversos tipos de análise etc. De agora em diante, "o problema não é mais da tradição e do vestígio, mas do recorte e do limite".

Falemos antes de *limite* ou de *diferença* do que de *descontinuidade* (termo muito ambíguo porque parece postular a evidência de um corte na realidade). É preciso dizer, então, que o limite se torna, "ao mesmo tempo instrumento e objeto de pesquisa".[51] Conceito operatório da prática historiográfica, ele é o instrumento do seu trabalho e o lugar do exame metodológico.

O discurso da história

Mais um passo e a história será encarada como *um texto* que organiza unidades de sentido e nelas opera transformações cujas regras são determináveis. Efetivamente, se a historiografia pode recorrer aos procedimentos semióticos para renovar suas práticas, ela mesma se lhe oferece como um objeto, na medida em que constitui um *relato* ou um discurso próprio.

---

50   FOUCAULT, M. Les régularités discursives In: ____. L'Archéologie du savoir. Op. cit. p. 29-101.
51   Ibid., p. 12 e 17.

34 A Escrita da História • Michel de Certeau

Talvez, até agora, os ensaios consagrados à história, nessa perspectiva, não sejam absolutamente convincentes, uma vez que postulam a univocidade do gênero "histórico" através dos tempos. Assim faz Roland Barthes quando se pergunta se "a narração dos acontecimentos passados, submetida... à sanção da 'ciência' histórica, colocada sob a caução imperiosa do 'real', justificada por princípios de exposição 'racional'... difere verdadeiramente, por algum traço específico, por uma pertinência indubitável, da narração imaginária, tal como se pode encontrar na epopeia, no romance, no drama".[52] Querer responder a essa questão pelo simples exame de alguns "historiadores clássicos" – Heródoto, Maquiavel, Bossuet e Michelet – não significa supor, muito rapidamente, a homologia entre esses discursos; lançar mão, muito facilmente, dos exemplos mais próximos da narração mais afastada das pesquisas presentes; tomar o discurso fora do gesto que o constitui, numa relação específica com a realidade (passada) na qual ele se distingue, e não levar em consideração, por conseguinte, os modos sucessivos dessa relação; finalmente, denegar o movimento atual que faz desse discurso científico a exposição das condições de sua produção bem mais do que "a narração dos acontecimentos passados"?

Resta que, através dessas obras "clássicas", o estatuto de um escrito "histórico" parece definido por uma combinação de *significações* articuladas e apresentadas apenas em termos de *fatos*. Efetivamente, para Roland Barthes (se deixarmos de lado o detalhe de sua argumentação linguistíca) os "fatos" de que fala a história funcionam como indícios. Através das relações estabelecidas entre fatos, ou da elevação de alguns dentre eles ao valor de sintomas para uma época inteira, ou da "lição" (moral ou política) que organiza o discurso inteiro, existe em cada história um *processo de significação* que visa sempre a "preencher" o sentido da "História": "o historiador é aquele que reúne menos os fatos do que os

---

52 BARTHES, Roland. Le Discours de l'histoire. em *Social Science Information*, VI, 4, p. 65-75, 1967. A comparar com, do mesmo autor, "L'effet de réel", em *Communications*, 11, p. 84-90, 1968, e "L'Écriture de l'événement", em *Communications*, 12, p. 108-113, 1968.

significantes".[53] Ele parece contar os *fatos*, enquanto, efetivamente, enuncia *sentidos* que, aliás, remetem o *notado* (aquele que é retido como pertinente pelo historiador) a uma concepção do *notável*. O *significado* do discurso historiográfico são estruturas ideológicas ou imaginárias; mas elas são afetadas por um referente exterior ao discurso, por si mesmo inacessível: R. Barthes chama esse artifício próprio ao discurso historiográfico, "o efeito do real" que consiste em esconder sob a ficção de um "realismo" uma maneira, necessariamente interna à linguagem, de propor um sentido. "O discurso historiográfico não segue o real, não fazendo senão significá-lo repetindo sem cessar *aconteceu*, sem que esta asserção possa jamais ser outra coisa do que o avesso significado de toda a narração histórica".[54]

Evocando "o prestígio do *aconteceu*" a propósito da história, R. Barthes o relaciona com o desenvolvimento atual do romance realista, do diário íntimo, das crônicas, dos museus, da fotografia, dos documentários etc. Efetivamente, todos esses discursos se articulam sobre um *real* perdido (passado); reintroduzem como *relíquia*, no interior de um texto fechado, a realidade que se exilou da linguagem. Parece que, não se podendo mais atribuir às palavras uma relação efetiva com as coisas que designam, elas se tornam tanto mais aptas para formular sentidos quanto menos limitadas são por uma adesão real. Também, mais do que um retorno ao real, o "realismo" exprime a disponibilidade de uma população de palavras relativas a fatos particulares e, de agora em diante, utilizáveis na produção de lendas ou de ficções. Pois o vocabulário do "real" integra o material verbal suscetível de ser organizado no enunciado de um pensável ou de um pensado. Não mais existe o privilégio de ser o afloramento dos fatos, de fazer emergir, através deles, uma Realidade originária,[55] nem de, por isso, ser aureolado pelo poder de exprimir, ao mesmo tempo, a "própria coisa" e o Sentido que viria nela.

---

53 BARTHES, Roland. *Le discours de l'histoire*. Op. cit. p. 65.
54 Ibid., p. 73-74.
55 NT – *Realité fontale*.

Desse ponto de vista, é possível dizer que "o signo da História é, de agora em diante, menos o real do que o inteligível".[56] Mas não qualquer inteligível. "A supressão da narrativa na ciência histórica atual" atesta a prioridade concedida, por esta ciência, às condições nas quais elabora o "pensável" (este é o sentido de todo o movimento "estruturalista"). E essa análise, que versa sobre os métodos, quer dizer, sobre a produção do sentido, é indissociável, em história, do seu lugar e de um objeto: o lugar é, através dos procedimentos, o ato presente dessa produção e a *situação* que hoje o torna possível, determinando-o; o objetos são as condições nas quais tal ou qual *sociedade* deu a si mesma um sentido através de um trabalho que é, também ele, determinado. A história não é uma crítica epistemológica. Ela permanece um relato. Conta seu próprio trabalho *e*, simultaneamente, o trabalho legível num passado. Não o compreende, no entanto, a não ser elucidando sua própria atividade produtiva e, reciprocamente, compreende-se a si mesma no conjunto e na sucessão de produções das quais ela própria é um efeito.

Se, pois, o relato "daquilo que aconteceu" desapareceu na história científica (para, em contrapartida, aparecer na história vulgarizada), ou se a narração toma o aspecto de uma ficção própria de um tipo de discurso, não se poderia concluir daí o desaparecimento da referência ao real. Essa referência foi, ao invés, deslocada. Ela não é mais imediatamente dada pelos *objetos* narrados ou "reconstituídos". Está implicada na *criação* de "modelos" (destinados a tornar os objetos "pensáveis") proporcionados às *práticas*, pela confrontação com o que lhes *resiste*, o que os limita e exige outros modelos, finalmente, pela elucidação *daquilo que tornou possível* essa atividade inscrevendo-a numa economia particular (ou histórica), da produção social.

---

56 Ibid., p. 75. "Na ilusão referencial" do *real*, no "realismo", R. Barthes revela um novo *verossímil* (*O efeito do real*, op. cit., p. 88). Este "real" é a conotação de um pensável.

Sob esse ponto de vista, pode-se pensar com A. J. Greimas que, com relação aos modelos capazes de dar conta do funcionamento de uma linguagem, ou, se preferirmos, com relação à análise das combinações *possíveis*, na organização e transformação de elementos em número finito, o histórico surge para a formulação estruturalista "com uma limitação de suas possibilidades de manifestação". "Da mesma forma que a estrutura atômica", diz ele, "se concebe facilmente como uma combinatória cujo universo atualmente manifestado não passa de uma realização parcial, a estrutura semântica, imaginada segundo um modelo comparável, permanece aberta e não recebe o seu fecho senão da história".[57]

O *limite* se encontra no cerne da ciência histórica, designando o *outro* da razão ou do possível. É sob esse aspecto que o real reaparece no interior da ciência. Poder-se-ia dizer que a distinção entre ciências "exatas" e ciências "humanas" não mais consiste numa diferença de formalização ou de rigor da verificação, mas numa separação das disciplinas de acordo com o lugar que oferecem, umas ao *possível* e outras ao *limite*. Em todo caso, sem nenhuma dúvida, existe, ligada ao trabalho do etnólogo ou do historiador, uma fascinação pelo limite ou, o que é quase a mesma coisa, pelo outro.

Mas o limite não é apenas aquilo que o trabalho histórico organizado pela vontade de tornar pensável encontra constantemente diante de si; ele se prende também ao fato de cada procedimento interpretativo ter sido instaurado para poder definir os procedimentos adequados a um modo de compreensão. Uma nova determinação do "possível" supõe, por detrás de si mesma, situações econômicas e socioculturais que a tornaram possível. Toda produção de sentido reconhece um evento que aconteceu e que a permitiu. Mesmos as ciências exatas são levadas a exumar sua relação com a história, quer dizer, o problema da relação entre seu discurso e aquilo que ele implica sem o dizer – entre uma coerên-

---

57 GREIMAS, A. J. *Du sens. Essais sémiotiques*. Seuil, 1970. p. 111. Cf. todo este capítulo, "Histoire et structure", p. 103-116.

cia e uma gênese. No discurso histórico, a interrogação a respeito do real retorna, pois, não apenas com a articulação necessária entre possibilidades e suas limitações, ou entre os universais do discurso e a particularidade ligada aos fatos (qualquer que seja o seu recorte),[58] mas sob a forma da *origem* postulada pelo desenvolvimento de um modo do "pensável". A prática científica se apoia numa práxis social que independe do conhecimento. O espaço do discurso remete a uma temporalidade diferente daquela que organiza as significações de acordo com as regras classificatórias da conjugação. A atividade que produz sentido e que instaura uma inteligibilidade do passado é, também, o sintoma de uma atividade *sofrida*, o resultado de acontecimentos e de estruturações que ela transforma em objetos pensáveis, a representação de uma gênese organizadora que lhe escapa.

IV. A HISTÓRIA COMO MITO

A história cairia em ruínas sem a chave de abóbada de toda a sua arquitetura: a articulação entre o ato que propõe e a sociedade que reflete; o corte, constantemente questionado, entre um presente e um passado; o duplo estatuto de um objeto, que é um "efeito do real" no texto e o não dito implicado pelo fechamento do discurso. Se ela deixa seu lugar – o limite que propõe e que recebe –, ela se decompõe para ser apenas uma ficção (a narração daquilo que aconteceu) ou uma reflexão epistemológica (a elucidação de suas regras de trabalho). Ela, porém, não é nem a lenda à qual foi reduzida por uma vulgarização, nem a criteriologia que faria dela a única análise crítica de seus procedimentos. Ela está entre essas duas coisas, no limite que separa as suas reduções, como Charles Chaplin se definia, no final de *The Pilgrin*, através da corrida sobre a fronteira mexicana, entre dois países que o perseguiam e dos quais seus zigue zagues desenhavam ao mesmo tempo a diferença e a costura.

---

58 Problema que não deixa de ter analogia com aquele de que tratavam as primeiras filosofias da linguagem em fins da Idade Média. Cf. PIGUET, J. Claude, La querelle des universaux et le problème contemporain du language. *Revue de Théologie et de Philosophie*, 19, p. 392-411, 1969.

Também ele lançado, seja para o presente, seja para o passado, o historiador faz a experiência de uma práxis que é inextricavelmente a sua e a do *outro* (uma outra época ou a sociedade que o determina hoje). Ele trabalha a própria ambiguidade que designa o nome de sua disciplina, *Historie* e *Geschichte*: ambiguidade, afinal, rica de sentido. Com efeito, a ciência histórica não pode desligar, inteiramente, a sua prática daquilo que escolheu como objeto, e tem como tarefa indefinida tornar precisos os modos sucessivos dessa articulação.

Sem dúvida, essa é a razão pela qual a história tornou o lugar dos mitos "primitivos" ou das teologias antigas desde que a civilização ocidental deixou de ser religiosa e que, de maneira política, social ou científica, ela se definiu por uma práxis que envolve, igualmente, suas relações consigo mesma e com outras sociedades. O relato dessa relação de exclusão e de atração, de dominação ou de comunicação com o *outro* (posto preenchido alternadamente por uma vizinhança ou por um futuro) permite à nossa sociedade contar-se, ela própria, graças à história. Ele funciona como o faziam ou fazem ainda, em civilizações estrangeiras, os relatos de lutas cosmogônicas, confrontando um presente a uma origem.

Essa localização do mito não aparece apenas com o movimento que leva as ciências "exatas" ou "humanas" em direção à história (que permite aos cientistas se situarem num conjunto social),[59] ou com a importância da vulgarização histórica (que torna pensável a relação de uma ordem com a sua mudança, ou que a exorciza, na base de: "Foi sempre assim"), ou ainda com as mil ressurgências da genial identificação, estabelecida por Michelet, entre a história e a autobiografia de uma nação, de um povo ou de um partido. A história tornou-se nosso mito por razões mais fundamentais do que as resumidas em algumas das análises precedentes.

---

59   Em L'Histoire et l'unité des sciences de l'homme (in *Annales E.S.C.*, 23, nº 2, p. 233-240, 1968), Charles Morazé encara sob esse aspecto o papel central da história; é porque a relação entre ciências humanas se traduz e ocorre na história que ela é "sincretista" e que hoje parece fragmentada, através de sua adesão a disciplinas cada vez mais divergentes.

Identidade por diferenciação

O discurso histórico explicita uma *identidade social*, não como "dada" ou estável, mas enquanto se *diferencia* de uma época anterior ou de uma outra sociedade. Ele supõe a ruptura que transforma uma tradição em um objeto passado, da mesma forma que a história do "Antigo Regime" supõe a Revolução.[60] Mas essa relação com a origem, próxima ou longínqua, da qual uma sociedade se separa sem poder eliminá-la é analisada pelo historiador, que faz dela o lugar da sua ciência. Em um texto que guarda ainda a forma de relato, ele articula a prática de uma nova inteligibilidade e a remanescência de passados diferentes (que sobrevivem, não apenas nos documentos, mas nesse "arquivo" particular que é o próprio trabalho histórico).

Se, por um lado, a história tem como função exprimir a posição de uma geração com respeito às precedentes, dizendo: "Eu não sou isso", acrescenta sempre, a essa afirmativa, um complemento não menos perigoso, que faz uma sociedade confessar: "Eu sou outra coisa além daquilo que quero, e sou determinada por aquilo que denego". A história atesta uma autonomia e uma dependência cujas proporções variam segundo os meios sociais e as situações políticas que presidem à sua elaboração. Sob a forma de um trabalho imanente ao desenvolvimento humano, assume o lugar dos mitos através dos quais uma sociedade representava as relações ambíguas com as suas origens e, através de uma história violenta dos Começos, suas relações consigo mesma.

A origem da linguagem: o morto e o vivo

Apesar de seus exórdios ou de seus prefácios na primeira pessoa (sob a forma de *Ichbericht*) que têm valor de introito iniciático e apresentam um "naqueles tempos", graças à distância notada

---

60 Após ter dito "o regime precedente" fala-se, a partir de novembro de 1789, do "antigo regime". Cf. SOBOUL, Albert. *La Civilisation et la Révolution Française*. Paris: Arthaud, 1970. t. I, p. 37, e as reflexões de BOUBERT, Pierre. *L'Ancien Régime*. A. Colin, 1969. t. I, chap. I.

desde o tempo do autor, a história é um *discurso na terceira pessoa*. Batalhas, políticas ou salários são o seu sujeito-objeto, mas, como escreve Roland Barthes, "ninguém está lá para assumir o enunciado".[61] O discurso sobre o passado tem como estatuto ser o discurso do morto. O objeto que nele circula não é senão o ausente, enquanto o seu sentido é o de ser uma linguagem entre o narrador e os seus leitores, quer dizer, entre presentes. A coisa comunicada opera a comunicação de um grupo consigo mesmo pelo *remetimento ao terceiro* ausente que é o seu passado. O morto é a figura objetiva de uma troca entre vivos. Ele é o enunciado do discurso que o transporta como um objeto, mas em função de uma interlocução remetida para fora do discurso, no *não dito*.

No modo dessas conjugações com o ausente, a história se torna o mito da linguagem. Ela torna manifesta a condição do discurso: uma morte. Nasce, com efeito, da ruptura que constitui um passado distinto de seu empreendimento presente. Seu trabalho consiste em criar ausentes, em fazer, de signos dispersos na superfície de uma atualidade, vestígios de realidades "históricas" ausentes porque outras.

Mas o ausente é também a forma presente da origem.[62] Existe mito porque, através da história, *a linguagem se confrontou com a sua origem*. Na verdade a confrontação adquire, aqui, aspectos distintos: é a relação do discurso histórico com tal ou qual período que foi privilegiado como objeto de estudo na série linear de uma cronologia; ou ainda o movimento que remete esse período ao seu aquém mais primitivo, e volta, indefinidamente, até um "começo" imaginário, um umbral fictício, mas necessário, para que se possa retornar ao longo dos tempos e classificá-los etc. Porém, uma relação mais próxima e mais fundamental é significada por esse zero inicial, é a relação de cada discurso com a morte que o torna

---

61 BARTHES, R. *Le discours de l'histoire*. Op. cit., p. 71.
62 Isso fala, deixando de lado o exame, esboçado alhures, dos problemas abertos pela intervenção da psicanálise no campo da história. Cf. "Aquilo que Freud fez da história", *infra*.

possível. A origem é interna ao discurso. Ela é precisamente aquilo de que ele não pode fazer um objeto enunciado. Esse discurso se define enquanto *dizer*, como articulado com aquilo que *aconteceu além dele*; tem como particularidade um início que supõe um objeto *perdido*; tem como função, entre homens, a de ser a representação de uma cena primitiva apagada, mais ainda organizadora. O discurso não deixa de se articular com a morte que postula, mas que a prática histórica contradiz. Pois falar dos mortos é também negar a morte e, quase, desafiá-la. Igualmente diz-se que a história os "ressuscita". Essa palavra é um engodo: ela não ressuscita nada. Mas evoca a função outorgada a uma disciplina que trata a morte como um objeto do saber e, fazendo isso, dá lugar à produção de uma troca entre vivos.

Esta é a história. Um jogo da vida e da morte prossegue no calmo desdobramento de um relato, ressurgência e denegação da origem, desvelamento de um passado morto e resultado de uma prática presente. Ela reitera um regime diferente, os mitos que se constroem sobre um assassinato ou uma morte originária, e que fazem da linguagem o vestígio sempre remanescente de um começo tão impossível de reencontrar quanto de esquecer.

O dizer e o fazer

Finalmente, a história se refere a um *fazer* que não é apenas o seu ("fazer história"), mas aquele da sociedade que especifica uma produção científica. Se ela permite a um agir comum dar-se uma linguagem técnica própria, remete a essa práxis social como àquilo que torna possíveis os textos organizados por uma nova inteligibilidade do passado.

Essa relação do discurso com um *fazer* é interna ao seu objeto, já que, de um modo ou de outro, a história fala sempre de tensões, de redes de conflitos, de jogos de força. Mas é também externo, na medida em que a forma de compreensão e o tipo do discurso são determinados pelo conjunto sociocultural mais amplo que designa à história seu lugar particular. As sociedades estáveis dão lugar a uma história que privilegia as continuidades e tendem a dar valor de *essência* humana a uma ordem solidamente estabelecida. Nas épocas de movimento ou de revolução, as rupturas de ação coletiva ou individual se tornam o princípio de inteligibilidade histórica. Mas essa referência à organização social do agir – mobilizado pelo desenvolvimento de uma ordem política ou pela fundação de novos regimes – não intervém senão *indiretamente* na análise científica. Introduz-se nela, simbolicamente, com uma tópica do inteligível: segundo os períodos da historiografia, será o acontecimento, ou será o acontecimento, ou a série contínua, o ponto de partida e a definição do inteligível. Um tipo de sociedade se trai, também, na maneira pela qual se combinam a discursividade do "compreender" e a estranheza "daquilo que acontece"; por exemplo, o modelo socioeconômico será preferível à biografia, ou ocorrerá o inverso etc.

Espelho do fazer que hoje define uma sociedade, o discurso histórico é ao mesmo tempo sua representação e seu reverso. Ele não é o todo – como se o saber fornecesse a realidade ou a fizesse aceder ao seu grau mais elevado! Esse lance maior do conhecimento está ultrapassado. Todo o movimento da epistemologia contemporânea, no campo das ciências ditas "humanas", o contradiz e, antes, humilha a consciência. O discurso histórico não é senão uma cédula a mais numa moeda que se desvaloriza. Afinal de contas, não é mais do que papel. Mas seria falso lançá-lo do excesso de honrarias ao excesso de indignidade. O texto da história, sempre a retomar, duplica o agir como seu rastro e sua interrogação. Articulado com aquilo que não é – agitação de uma sociedade, mas também a própria prática científica –, ele sublinha o enunciado com um sentido que se combina simbolicamente com o *fazer*. Não substitui a práxis social, mas é sua testemunha frágil e sua crítica necessária.

Destronado do lugar para onde o havia alçado a filosofia que, desde o tempo das Luzes ou do idealismo alemão, fazia dele a manifestação última do Espírito do mundo, sem dúvida o discurso historiográfico troca o lugar do rei pelo da criança da estória, apontando uma verdade que todos faziam questão de esquecer. Essa é, também, a posição do mito, reservado à festa que abre no trabalho o parêntese de uma verdade. Sem nada retirar das funções previamente sublinhadas, é necessário não negligenciar aquela que liga o *dizer* histórico ao *fazer* social, sem identificar o primeiro com o segundo: ela lembra ao trabalho sua relação com a morte e com o sentido; ela situa a verdadeira historiografia ao lado das questões indiscretas a serem abertas no imenso movimento da práxis.

Capítulo II

A OPERAÇÃO HISTORIOGRÁFICA[1]

O que *fabrica* o historiador quando "faz história"? Para quem trabalha? Que produz? Interrompendo sua deambulação erudita pelas salas dos arquivos, por um instante ele se desprende do estudo monumental que o classificará entre seus pares, e, saindo para a rua, ele se pergunta: O que é esta profissão? Eu me interrogo sobre a enigmática relação que mantenho com a sociedade presente e com a morte, através da mediação de atividades técnicas.

Certamente não existem considerações, por mais gerais que sejam, nem leituras, tanto quanto se possa estendê-las, capazes de suprimir a *particularidade* do lugar de onde falo e do domínio em que realizo uma investigação. Essa marca é indelével. No discurso em que enceno as questões globais, ela terá a forma do *idiotismo*: meu patoá representa minha relação com um lugar.

Mas o gesto que liga as "ideias" aos *lugares* é, precisamente, um gesto de historiador. Compreender, para ele, é analisar em termos de produções localizáveis o material que cada método instaurou inicialmente segundo seus métodos de pertinência.[2]

---

1 Uma parte deste estudo foi publicada em LE GOFF, J.; NORA, P. *Faire de l'histoire*. Paris: Gallimard, 1974. t. I, p. 3-41, sob o título "L'opération historique". Ele foi, aqui, revisto e corrigido.

2 Se o trabalho histórico se caracteriza pela determinação de lugares de pertinências, quer dizer, por uma *tópica* (como demonstrou VEYNE, Paul. *Comment on écrit l'histoire*, Seuil, 1971. p. 258-273), ele não renuncia tampouco a inscrever as unidades de *sentido* (ou "fatos") assim determinados, em relação de *produção*. Ele se aplica, pois, em mostrar as relações entre os *produtos* e os *lugares* de produção.

46 A Escrita da História • Michel de Certeau

Quando a história[3] se torna, para o prático, o próprio objeto de sua reflexão, pode ele inverter o processo de compreensão que refere um produto a um lugar? Ele seria, nesse caso, um fujão; cederia a um álibi ideológico se, para estabelecer o estatuto do seu trabalho, recorresse a um *alhures* filosófico, a uma *verdade* formada e recebida fora dos caminhos pelos quais, em história, todo sistema de pensamento está referido a "lugares" sociais, econômicos, culturais etc. Semelhante dicotomia entre o que faz e o que diria do que faz serviria, aliás, à ideologia reinante, protegendo-a da prática efetiva. Ela também destinaria as experiências do historiador a um sonambulismo teórico. Mas que isso, em história como em qualquer outra coisa, uma prática sem teoria desemboca necessariamente, mais dia menos dia, no dogmatismo de "valores eternos" ou na apologia de um "intemporal". A suspeita não poderia, pois, estender-se a toda análise teórica.

Nesse setor, Serge Moscovici, Michel Foucault, Paul Veyne, e ainda outros, atestam um despertar epistemológico.[4] Este manifesta na França uma urgência nova. Mas receptível é apenas a teoria que articula uma prática, a saber, a teoria que por um lado abre as práticas para o espaço de uma sociedade e, que, por outro lado, organiza os procedimentos próprios de uma disciplina. Encarar a história como uma operação será tentar, de maneira necessariamente limitada, compreendê-la como a relação entre um *lugar* (um recrutamento, um meio, uma profissão etc.), *procedimentos* de análise (uma disciplina) e a construção de um *texto* (uma literatura). É admitir que ela faz parte da "realidade" da qual trata, e que essa realidade pode ser apropriada "enquanto atividade humana",

---

3 Uma vez por todas, quero precisar que emprego a palavra *história* no sentido de *historiografia*. Quer dizer, entendo por história uma prática (uma disciplina), seu resultado (um discurso) e sua relação. Cf. "Fazer história", *supra*, p. 21-54.

4 Cf. MOSCOVIS, Serge. *Essai sur l'histoire humaine de la nature,* Flammarion, 1968; FOUCAULT, Michel. *L'Archéologie du savoir.* Gallimard, 1969; VEYNE, Paul. *Comment on écrit l'histoire.* Seuil, 1971.

"enquanto prática".[5] Nessa perspectiva, gostaria de mostrar que a operação histórica se refere à combinação de um *lugar* social, de *práticas* "científicas"[6] e de uma *escrita*. Essa análise das premissas, das quais o discurso não fala, permitirá dar contornos precisos às leis silenciosas que organizam o espaço produzido como texto. A escrita histórica se constrói em função de uma instituição cuja organização parece inverter: com efeito, obedece a regras próprias que exigem scr examinadas por elas mesmas.

I. UM LUGAR SOCIAL

Toda pesquisa historiográfica se articula com um lugar de produção socioeconômico, político e cultural. Implica um meio de elaboração circunscrito por determinações próprias: uma profissão liberal, um posto de observação ou de ensino, uma categoria de letrados etc. Ela está, pois, submetida a imposições, ligada a privilégios, enraizada em uma particularidade. É em função desse lugar que se instauram os métodos, que se delineia uma topografia de interesses, que os documentos e as questões, que lhes serão propostas, se organizam.

O não-dito

Há quarenta anos, uma primeira crítica do "cientificismo" desvendou na história "objetiva" a sua relação com um lugar, o do sujeito. Analisando uma "dissolução do objeto" (R. Aron), tirou da história o privilégio do qual se vangloriava, quando pretendia reconstituir a "verdade" daquilo que havia acontecido. A história "objetiva", aliás, perpetuava com essa ideia de uma "verdade" um

---

5   MARX, Karl. *Thèses sur Feuerbach*, tese I.
6   O termo *científica*, bastante suspeito no conjunto das "ciências humanas" (onde é substituído pelo termo *análise*), não o é menos no campo das "ciências exatas" na medida em que remeteria a leis. Pode-se, entretanto, definir com esse termo a possibilidade de estabelecer um conjunto de regras que permitam "controlar" *operações* destinadas à *produção* de objetos determinados.

modelo tirado da filosofia de ontem ou da teologia de anteontem; contentava-se com traduzi-la em termos de "fatos" históricos... Os bons tempos desse positivismo estão definitivamente acabados.

Desde então veio o tempo da desconfiança. Mostrou-se que toda interpretação histórica depende de um sistema de referência; que esse sistema permanece uma "filosofia" implícita particular; que, infiltrando-se no trabalho de análise, organizando-o à sua revelia, remete à "subjetividade" do autor. Vulgarizando os temas do "historicismo" alemão, Raymond Aron ensinou a toda uma geração a arte de apontar as "decisões filosóficas" em função das quais se organizam os recortes de um material, os códigos do seu deciframento e a ordem da exposição.[7] Essa "crítica" representava um esforço teórico. Marcava uma etapa importante *com relação* a uma situação francesa, na qual prevaleciam as pesquisas positivas e reinava o ceticismo acerca das "tipologias" alemãs. Exumava a premissa e o inconfessável filosóficos da historiografia do século XIX. Já remetia a uma circulação de conceitos, quer dizer, aos deslocamentos que no correr deste século tinham transportado as categorias filosóficas para o subsolo da história, como também para o da exegese ou da sociologia.

Agora, sabemos a lição na ponta da língua. Os "fatos históricos" já são constituídos pela introdução de um sentido na "objetividade". Eles enunciam, na linguagem da análise, "escolhas que lhes são anteriores, que não resultam, pois, da observação – e que não são nem mesmo "verificáveis", mas apenas "falsificáveis" graças a um exame crítico.[8] A "relatividade histórica" compõe, assim,

---

7   *Introduction à la philosophie de l'histoire. Essai sur les limites de l'objectivité historique*. Vrin, 1938; *La Philosophie critique de l'histoire*. Vrin, 1938 (reed. 1969). Sobre as teses de R. Aron, cf. a crítica de VILAR, Pierre. Marxisme et histoire dans le développement des sciences humainnes. *Studi Storici*, I, nº 5, p. 1.008-1.043, 1960. Cf. principalmente p. 1.011-1.019.

8   Sobre o "princípio de falsificação", cf. POPPER, Karl. *Logik der Forschung*. Viena, 1934 (trad. inglesa revista e muito aumentada: *The Logic of scientific Discovery*. Londres: Hutchinson, 1959), a obra de base do "racionalismo crítico".

um quadro em que, sobre o fundo de uma totalidade da história, se destaca uma multiplicidade de filosofias individuais, as dos pensadores que se vestem de historiadores.

O retorno às "decisões" pessoais se efetuava com base em dois postulados. Por um lado, isolando um elemento filosófico do texto historiográfico *supunha-se uma autonomia para a ideologia*: era a condição de sua extração. Uma ordem das ideias era posta à parte da prática histórica. Por outro lado (mas as duas operações caminham juntas), sublinhando as divergências entre os "filósofos", descobertos sob suas vestes de historiadores, referindo-se ao insondável de suas ricas intuições, fazia-se desses pensadores um *grupo isolável de sua sociedade*, a pretexto de sua relação direta com o pensamento. O recurso às opções pessoais provocava curto-circuito no papel exercido, sobre as ideias, pelas localizações sociais.[9] O plural dessas subjetividades filosóficas tinha, desde então, como efeito discreto, conservar uma posição singular para os intelectuais. Sendo as questões de sentido tratadas *entre eles*, a explicitação de suas diferenças de pensamento equivalia a gratificar o grupo inteiro com uma relação privilegiada com as ideias. Nada dos ruídos de uma fabricação, de técnicas, de imposições sociais, de posições profissionais ou políticas perturbava a paz dessa relação: um silêncio era o postulado dessa epistemologia.

R. Aron estabeleceu um estatuto *reservado* tanto para o reinado das ideias quanto para o reino dos intelectuais. A "relatividade" não funcionava senão no interior de um campo fechado. Longe de colocá-lo em questão, de fato, ela o defendia. Apoiadas na distinção entre o sábio e o político, um dos elos mais discutíveis da teoria de Weber,[10] essas teses demoliam uma pretensão do saber, mas

---

9   Cf. GRAMSCI, Antonio. *Gli intellectuali e l'organizzione della cultura*. Turim: Einaudi, 1949. p. 6-38.

10   Retornando à tese weberiana, segundo a qual "a elaboração científica começa por uma escolha que não admite outra justificativa senão a subjetiva", R. Aron sublinhou, uma vez mais, em *Les étapes de la pensée sociologique* (Gallimard, 1967, p. 510), o cruzamento, em Weber, entre a "escolha subjetiva" e o sistema racional de explicação "causal" (ibid., p. 500-522). Por aí

50 A Escrita da História • Michel de Certeau

reforçavam o poder "isento" dos sábios. Um lugar foi posto fora de alcance no momento em que se mostrou a fragilidade daquilo que se produzia nele. O privilégio negado às obras controláveis foi transferido para um grupo incontrolável.

Os trabalhos mais notáveis parecem, ainda hoje, deslizar-se dificilmente da posição vigorosa que R. Aron tomou, substituindo o privilégio silencioso de um *lugar* por aquele outro, triunfante e discutível, de um *produto*. Ainda que Michel Foucault negue toda referência à subjetividade ou ao "pensamento" de um autor, supunha ainda, nos seus primeiros livros,[11] a autonomia do *lugar* teórico onde se desenvolvem, no seu "relato", as leis segundo as quais discursos científicos se formam e se combinam em sistemas globais. A *Arqueologia do saber* (1969), sob esse ponto de vista, marca uma ruptura, introduzindo ao mesmo tempo as técnicas de uma disciplina e os conflitos sociais no exame de uma estrutura epistemológica, a da história (e isso não é por acaso). Da mesma forma, quando Paul Veyne termina de destruir na história o que a passagem de R. Aron ainda lhe havia deixado de "ciência causal", quando nele a fragmentação dos sistemas interpretativos em uma poeira de percepções e de decisões pessoais não deixa mais substituir, como fato de coerência, senão as regras de um gênero literário, e como fato de referência, senão o prazer do historiador,[12] bem parece permanecer intacto o pressuposto de que, desde as teses de 1938, negava implicitamente toda pertinência epistemológica ao exame da função social exercida pela história, pelo grupo dos historiadores (e, mais genericamente, pelos intelectuais), pelas

---

ele obliterou o efeito, sobre o intelectual, de seu lugar na sociedade e pôde, uma vez mais, manter Weber como o anti-Marx.

---

11 Em *Les mots et les choses* (Gallimard, 1966), principalmente, cujo propósito foi depois especificado e situado, em particular na notável "Introduction" de *L'Archéologie du savoir* (op. cit., p. 9-28). Cf. CERTEAU, M. de. *L'Absent de l'histoire*, 1973. p. 115-132, "Le noir soleil du language: M. Foucault".

12 Cf. CERTEAU, M. de. Une épistemologie de transition: P. Veyne. *Annales E.S.C.*, 1972. t. XXVII, p. 1317-1327.

Capítulo II • A Operação Historiográfica 51

práticas e pelas leis deste grupo, por sua intervenção no jogo das forças públicas etc.

A instituição histórica

Esse lugar deixado em branco ou escondido pela análise que exorbitou a relação de um sujeito individual com seu objeto é *uma instituição do saber.* Ela marca a origem das "ciências" modernas, como demostram no século XVII as "assembleias" de eruditos (em Saint-Germain des Près, por exemplo), as redes de correspondência e de viagem formadas, então, por um meio de "curiosos",[13] ou, mais claramente, no século XVIII, os círculos sábios e as Academias com as quais Leibniz tanto se preocupava.[14] Os nascimentos de "disciplinas" estão ligados à criação de grupos.

Dessa relação entre uma instituição social e a definição de um saber, o contorno aparece, desde Bacon ou Descartes, com

---

13 ARIÈS, Philippe (*Le Temps de l'historie*, Mônaco, 1951, p. 224), CHAUNU, Pierre (*La Civilisation de l'Europe classique*, Arthaud, 1966, p. 404-409, sobre "A constituição através da Europa de um pequeno mundo da pesquisa") e muitos outros também notaram o fato. Mas apenas o detalhe mostra a que ponto esta "constituição" social marca um corte epistemológico. Por exemplo, existe uma relação estreita entre a *delimitação* dos correspondentes (ou das viagens) e a *instauração entre eles de uma linguagem erudita* (sobre essas correspondências, cf. GAIFFIER, Baudouin de. In: _____. *Religion, érudition et critique à la fin du XVII siècle.* P.U.F., 1968, p. 2-9) ou entre as "assembleias" de quarta-feira na biblioteca Colbertina, de 1675 a 1751, e a elaboração de uma *pesquisa* histórica (sobre essas reuniões, cf. DELISLE, Léopold. *Le Cabinet des manuscrits de la Bibliothéque Nationale.* Paris, 1868, t. I., p. 476-477).

14 Daniel Roche demonstra a estreita conexão entre o *enciclopedismo* (um "complexo" de ideias), e estas *instituições* que são as academias parisienses ou provinciais (Encyclopédistes et académiciens. In: *Livre et société dans la France du XVIII siècle.* Mouton, 1970, II, p. 73-92), como Sergio Moravia liga o nascimento da etnologia à constituição do grupo dos "Observateurs de l'homme" (*La Scienza dell'uomo nel settecento.* Bari: Laterza, 1970. p. 151-172). Poder-se-iam multiplicar os exemplos.

52 A Escrita da História • Michel de Certeau

aquilo que se chamou de "despolitização" dos sábios. É necessário não entender isso como um exílio fora da sociedade[15], mas como a fundação de "corpos", o dos "engenheiros", dos intelectuais pobres aposentados etc. no momento em que as universidades se esclerosavam ao se fecharem. Instituições "políticas", eruditas e "eclesiásticas" se especializam reciprocamente. Não se trata, pois, de uma ausência, mas de um lugar particular numa redistribuição do espaço social. À maneira de uma retirada relativa dos "assuntos públicos" e dos "assuntos religiosos" (que se organizam também em corpos particulares), constitui-se um lugar "científico". A ruptura que torna possível a unidade social, chamada a se transformar na "ciência", indica uma reclassificação global em curso. Esse corte mostra, pois, através da sua face externa em um lugar articulado sobre outros num conjunto novo, e, através da sua face interna, a instauração de um saber indissociável de uma instituição social.

A partir daí, esse modelo originário se encontra por toda parte. Ele também se demultiplica sob a forma de subgrupos ou escolas. Daí a persistência do gesto que circunscreve uma "doutrina" graças a um "assento institucional".[16] A instituição social (uma sociedade de estudos de...) permanece como a condição de

---

15 Apesar de G. Bachelard, que escrevia: "A comunidade científica é estabelecida à margem da sociedade social" (*Le Rationalisme appliqué*. P. U.F., 1966, p. 23; cf. *La formation de L'esprit scientifique*, 1965, p. 32-34). A. Koyré retomou a mesma tese, mas para defender "uma vida própria, uma história imanente" da ciência, que "não pode ser compreendida, senão em função de seus próprios problemas, de sua própria história" (Perspectives sur l'histoire des sciences, in *Études d'histoire de la pensée scientifique*, Gallimard, 1973, p. 399). Parece que existe aqui, em seguimento a Weber: 1º) uma confusão entre diferenciação e isolamento, como se a instauração de um lugar "próprio" não estivesse ligada a uma redistribuição geral e, portanto, a redefinições recíprocas; 2º) uma concepção da "história das ideias" que nega toda pertinência às divisões *sociais*, quando os recortes epistemológicos são indissociavelmente sociais e intelectuais.

16 GLÉNISSON, Jean. L'historiographie française contemporaine. In: *Vingt-cinq ans de recherche historique em france*. C.N.R.S., 1965, p. xxiv, nº 3, a propósito dos *Annales*.

uma linguagem científica (a revista ou o Boletim, continuação e equivalente das correspondências de antigamente). Desde os "*Observateurs de l'homme*" do século XVIII, até a criação da *VIe section de l'École pratique des hautes études*, pela École des *Annales* (1947), passando pelas faculdades do século XIX, cada "disciplina" mantém sua ambivalência de ser a lei de um grupo e a lei de uma pesquisa científica.

A instituição não dá apenas uma estabilidade social a uma "doutrina". Ela a torna possível e, sub-repticiamente, a determina. Não que uma seja a causa da outra. Não seria suficiente contentar-se com a inversão dos termos (a infraestrutura tornando-se a "causa" das ideias), supondo entre elas o tipo de relação que estabeleceu o pensamento liberal quando encarregou as doutrinas de conduzirem a história pela mão. É, antes, necessário recusar o isolamento desses termos e, portanto, a possibilidade de transformar uma correlação numa relação de causa e efeito.

É um mesmo movimento que organiza a sociedade e as "ideias" que nela circulam. Ele se distribui em regimes de manifestações (econômica, social, científica etc.) que constituem, entre eles, funções imbricadas, porém, diferenciadas, das quais nenhuma é a realidade ou a causa das outras. Dessa maneira, os sistemas socioeconômicos e os sistemas de simbolização se combinam sem se identificar nem se hierarquizar. Uma mudança social e, desse ponto de vista, comparável a uma modificação biológica do corpo humano: constitui, como ela, uma linguagem, mas adequada a outros tipos de linguagem (verbal, por exemplo). O isolamento "médico" do corpo resulta de um corte interpretativo que não dá conta das passagens da somatização à simbolização. Inversamente, um discurso ideológico se ajusta a uma ordem social, da mesma forma como cada enunciado individual se produz em função das silenciosas organizações do corpo. Que o discurso como tal obedeça a regras próprias, isso não o impede de articular-se com aquilo que não diz – com o corpo, que fala à sua maneira.[17]

---

17   O psicanalista dirá mesmo que a palavra oculta e que o corpo fala.

54 A Escrita da História • Michel de Certeau

Em história, é abstrata toda "doutrina" que recalca sua relação com a sociedade. Ela nega aquilo em função de que se elabora. Sofre, então, os efeitos de distorção devidos à eliminação daquilo que a situa de fato, sem que ela o diga ou o saiba: o poder que tem sua lógica; o lugar que sustenta e "mantém" uma disciplina no seu desdobramento em obras sucessivas etc. O discurso "científico" que *não fala* de sua relação com o corpo social é, precisamente, o objeto da história. Não se poderia tratar dela sem questionar o próprio discurso historiográfico.

Em seu *Rapport général* de 1965 sobre a historiografia francesa, J. Glénisson evocou algumas das articulações discretas entre um *saber* e um *lugar*: o enquadramento das pesquisas por alguns doutores que alcançaram os postos superiores do professorado e que "decidem carreiras universitárias";[18] a imposição exercida pelo tabu social da tese monumental;[19] o laço entre a frágil influência da teoria marxista e o recrutamento social do "pessoal erudito, possuidor de cátedras e de presidências";[20] os efeitos de uma instituição fortemente hierarquizada e centralizada sobre a evolução científica da história, que é de uma notável "tranquilidade" há três quartos de século.[21] É também necessário sublinhar os interesses, exclusivamente nacionais, de uma historiografia voltada para as querelas internas (luta-se contra Seignobos ou a favor de Febvre), circunscrita pelo chauvinismo linguístico da cultura francesa, privilegiando as expedições às regiões mais próximas da referência

---

18   GLÉNISSON, J. Op. cit. p. xxvi.
19   Ibid., p. xxiv. Sobre esses dois pontos, cf. CLARK, Terry N.; CLARK, Priscilla P. Le patron e son cercle: clef de Université française (in *Revue Française de Sociologie*, XII, 1971, p. 19-39), estudo perspicaz que apenas "observadores externos" poderiam escrever. Os autores definem o "sistema" por quatro elementos essenciais: a centralização do controle, o caráter monopolista do sistema, o número restrito dos postos importantes, a multiplicação das funções do patrono.
20   GLÉNISSON, J. Op. cit., p. xxii-xxiii.
21   Ibid., p. li.

Capítulo II • A Operação Historiográfica   55

latina (o mundo mediterrânico, a Espanha, a Itália ou a América Latina), limitada, além disso, nos seus meios financeiros etc.

Entre muitos outros, esses traços remetem o "estatuto de uma ciência" a uma situação social que é o seu *não-dito*. É, pois, impossível analisar o discurso histórico independentemente da instituição em função da qual ele se organiza silenciosamente; ou sonhar com uma renovação da disciplina, assegurada pela única e exclusiva modificação de seus conceitos, sem que intervenha uma transformação das situações assentadas. Sob esse aspecto, como indicam as pesquisas de Jürgen Habermas, uma "repolitização" das ciências humanas se impõe: não se poderia dar conta dela ou permitir-lhe o progresso sem uma "teoria crítica" de sua situação atual na sociedade.[22]

A questão que a sociologia crítica de Habermas aponta já está, aliás, delineada no discurso histórico. Sem esperar as denúncias do teórico o texto assume, ele próprio, sua relação com a instituição. Por exemplo, o *nós* do autor remete a uma *convenção* (dir-se-ia, em semiótica, que ele remete a um "verossímil enunciativo"). No texto ele é a encenação de um contrato social "entre nós". É um sujeito plural que "sustenta" o discurso. Um "nós" se apropria da linguagem pelo fato de ali ser posto como locutor.[23] Por aí se verifica

---

22   J. Habermas critica em particular, nas teorias sociológicas (é preciso acrescentar: ou históricas) de tipo puramente técnico e "gnoseológico", o "subentendido" de uma neutralidade ante os valores postulados pelo ponto de partida epistemológico de suas pesquisas (Analytische Wissenschafttheorie und Dialektik, in *Zeugnisse. Theodor W. Adorno zum sechzigsten Geburtstag*. Frankfurt-sobre-o-Meno, 1963, p. 500-501). Cf., do mesmo autor, as obras de base que são *Zur Logik der Sozialwissenschaft*, Tübingen: Mohr, 1967, e *Technik und Wissenschaft als Ideologie*. Frankfurt-sobre-o-Meno: Suhrkamp, 1968 (trad. fr. *La Technique et la science comme "idéologie"*. Gallimard, 1973).

23   Sobre o papel e o sentido do *eu* ou do *nós*, lugar feito na linguagem para aquele que se "apropria" dela como locutor, cf. BENVENISTE, Émile. *Problèmes de linguistique générale*. Gallimard, 1966, p. 258-266.

56 A Escrita da História • Michel de Certeau

a prioridade do discurso histórico[24] em cada obra historiográfica particular. A mediação desse "nós" elimina a alternativa que atribuiria à história *ou* a um indivíduo (o autor, sua filosofia pessoal etc.) ou a um sujeito global (o tempo, a sociedade etc.). Substitui a essas pretensões subjetivas ou a essas generalidades edificantes a positividade de um *lugar* onde o discurso se articula sem, entretanto, reduzir-se a ele.

Ao "nós" do autor corresponde aquele dos verdadeiros leitores. O público não é o verdadeiro destinatário do livro de história, mesmo que seja o seu suporte financeiro e moral. Como o aluno de outrora falava à classe tendo por detrás dele seu mestre, uma obra é menos cotada por seus compradores do que por seus "pares" e seus "colegas", que a apreciam segundo critérios diferentes daqueles do público e decisivos para o autor, desde que ele pretenda fazer uma obra historiográfica. Existem as *leis* do meio. Elas circunscrevem possibilidades cujo conteúdo varia, mas cujas imposições permanecem as mesmas. Elas organizam uma "polícia" do trabalho. Não "recebido" pelo grupo, o livro cairá na categoria de "vulgarização" que, considerada com maior ou menor simpatia, não poderia definir um estudo como "historiográfico". Ser-lhe-á necessário o ser "acreditado" para aceder à enunciação historiográfica. "O estatuto dos indivíduos que têm – e somente eles – o direito regularmentar ou tradicional, juridicamente definido ou espontaneamente aceito, de proferir um discurso semelhante"[25] depende de uma "agregação" que classifica o "eu" do escritor no "nós" de um trabalho coletivo, ou que habilita um locutor a falar o discurso historiográfico. Esse discurso – e o grupo que o produz – *faz* o historiador, mesmo que a ideologia atomista de uma profissão "liberal" mantenha a ficção do sujeito autor e deixe acreditar que a pesquisa individual constrói a história.

---

24 Por "discurso" entendo o próprio gênero histórico, ou antes, na perspectiva de Michel Foucault, "uma prática discursiva" – "o conjunto das regras que caracterizam uma prática discursiva" (*Archeologie du savoir*. Gallimard, 1969, p. 74 e 168).

25 FOUCAULT, M. Op. cit., p. 68, a propósito do discurso médico.

Mais genericamente um texto histórico (quer dizer, uma nova interpretação, o exercício de métodos novos, a elaboração de outras pertinências, um deslocamento da definição e do uso do documento, um modo de organização característico etc.) enuncia uma operação que se situa num conjunto de práticas. Esse aspecto é o primeiro. É o essencial numa pesquisa científica. Um estudo particular será definido pela relação que mantém com outros, contemporâneos, com um "estado da questão", com as problemáticas exploradas pelo grupo e os pontos estratégicos que constituem, com os postos avançados e os vazios determinados como tais ou tornados pertinentes com relação a uma pesquisa em andamento. Cada resultado individual se inscreve numa rede cujos elementos dependem estritamente uns dos outros, e cuja combinação dinâmica forma a história num momento dado.

Finalmente, o que é uma "obra de valor" em história? Aquela que é reconhecida como tal pelos pares. Aquela que pode ser situada num conjunto operatório. Aquela que representa um progresso com relação ao estatuto atual dos "objetos" e dos métodos históricos e que, ligada ao meio no qual se elabora, torna possíveis, por sua vez, novas pesquisas. O livro ou o artigo de história é, ao mesmo tempo, um resultado e um sintoma do grupo que funciona como um laboratório. Como o veículo saído de uma fábrica, o estudo histórico está muito mais ligado ao *complexo* de uma fabricação específica e coletiva do que ao estatuto de efeito de uma filosofia pessoal ou à ressurgência de uma "realidade" passada. É o *produto* de um *lugar*.

Os historiadores na sociedade

Segundo uma concepção bastante tradicional na *intelligentsia* francesa, desde o elitismo do século XVIII, convencionou-se que não se introduzirá na *teoria* o que se faz na *prática*. Assim, falar-se-á de "métodos", mas sem o impudor de evocar seu valor de *iniciação* a um grupo (é *preciso* aprender ou praticar os "bons" métodos para ser introduzido no grupo), ou sua relação com uma *força* social (os métodos são meios graças aos quais se protege, se

58 A Escrita da História • Michel de Certeau

diferencia e se manifesta o poder de um corpo de mestres e de letrados). Esses "métodos" esboçam um comportamento institucional e as leis de um meio. Nem por isso deixam de ser científicos. Supor uma antinomia entre uma análise *social* da ciência e sua interpretação em termos de história das *ideias* é a falsidade daqueles que acreditam que a ciência é "autônoma" e que, a título dessa dicotomia, consideram como não pertinente a análise de determinações sociais, e como estranhas ou acessórias as imposições que ela desvenda.

Essas oposições não são acidentais. Elas fazem parte da pesquisa. Longe de representar a inconfessável intromissão de um estranho no Santo dos santos da vida intelectual, constituem a textura dos procedimentos científicos. Cada vez mais o trabalho se articula com base em *equipes*, líderes, meios financeiros e, portanto, também pela mediação de créditos, fundamentados nos privilégios que proximidades sociais ou políticas proporcionam a tal ou qual estudo. E, igualmente, organizado por uma *profissão* que tem suas próprias hierarquias, suas normas centralizadoras, seu tipo de recrutamento psicossocial.[26] Apesar das tentativas feitas para romper as fronteiras, está instalado no círculo da *escrita*: nessa história que se escreve, abriga prioritariamente aqueles que escreveram, de maneira tal que a obra de história reforçasse uma tautologia sociocultural entre seus autores (letrados), seus objetos (livros, manuscritos etc.) e seu público (cultivado). Esse trabalho está ligado a um *ensino*, logo, às flutuações de uma clientela; às pressões que esta exerce ao se expandir; aos reflexos de defesa, de autoridade ou de recuo que a evolução e os movimentos dos estudantes provocam entre os mestres; à introdução da cultura de massa numa universidade massificada que deixa de ser um pequeno lugar de trocas entre pesquisa e pedagogia. O professor é empurrado para a vulgarização, destinada ao "grande público" (estudante ou não),

---

26 Ainda não existe, infelizmente, para o recrutamento dos historiadores um equivalente do estudo publicado por SAINT-MARTIN, Monique de. *Les Fonctions sociales de l'enseignement scientifique*. Mouton, 1971.

enquanto o especialista se exila dos circuitos de consumo. A produção histórica se encontra partilhada entre a obra *literária* de quem "constitui autoridade" e o esoterismo *científico* de quem "faz pesquisa..."

Uma situação social muda ao mesmo tempo o modo de trabalhar e o tipo de discurso. Isso é um "bem" ou um "mal"? Antes de mais nada, é um fato que se detecta por toda parte, mesmo onde é silenciado. Correspondências ocultas se reconhecem em coisas que começam a se mexer ou a se imobilizar juntas, em setores inicialmente tidos como estranhos. É por acaso que se passa da "história social" à "história econômica" durante o entreguerras,[27] por volta da grande crise econômica de 1929, ou que a história cultural leva vantagem no momento em que se impõe por toda parte, com os lazeres e os *mass media*, a importância social, econômica e política da "cultura"? É um acaso que o "atomismo histórico" de Langlois e Seignobos, associado explicitamente à sociologia baseada na figura do "iniciador" (Tarde) e a uma "ciência dos fatos psíquicos" (decompondo o psiquismo em "motivos", "impulsões" e "representações"),[28] tenha se combinado com o liberalismo da burguesia reinante em fins do século XIX? É um acaso que os espaços mortos da erudição – aqueles que não são nem os objetos, nem os lugares da pesquisa – venham a ser do Lozère ao Zambese, regiões subdesenvolvidas, de maneira que o enriquecimento econômico cria hoje triagens historiográficas sem que a origem destas seja confessada, nem a sua pertinência assegurada?

---

27 Aqui, a data essencial é a da tese de LEFEBVRE, George. *Paysans du nord de la France pendant la Révolution*, 1924. Mas toda uma plêiade de historiadores marca esta viragem: Hauser, Sée, Simiand e outros.

28 *L'Introduction aux études historiques* (1898) permanece o grande livro de uma historigrafia, mesmo que não seja mais, há muito tempo, aquilo que foi para toda uma época: a estátua do Comandante. Surpreendentemente, o lemos com interesse; ele é admirável em clareza. É principalmente no capítulo vii do livro II e nos capítulos i-iv do livro III, todos devidos a Seignobos, que se explicitam as referências científicas dos autores.

Da reunião dos documentos à redação do livro, a prática histórica é inteiramente relativa à estrutura da sociedade. Na França de ontem, a existência de pequenas unidades sociais, solidamente constituídas, definiu diversos níveis da pesquisa: arquivos circunscritos aos acontecimentos do grupo e ainda próximos dos documentos de família; uma categoria de mecenas ou de autoridades que se propõe a "proteção" de um patrimônio, de clientes ou de ideias; um recrutamento de eruditos-letrados devotados a uma causa e adotando com relação à sua grande ou pequena pátria a divisa dos *Monumenta Germanie: Sanctus amor patrie dat animum*; obras "consagradas" a assuntos de interesse local, fornecendo uma linguagem própria para leitores limitados, porém fiéis etc.

Os estudos feitos a respeito de assuntos mais vastos tampouco escapam a essa regra, mas a unidade social da qual dependem não é mais do mesmo tipo: não é mais uma localidade, mas a *intelligentsia* acadêmica, depois universitária, que se "distingue" ao mesmo tempo da "pequena história", do provincianismo e da arraia miúda antes que, tendo aumentado seu poder com a crescente expansão centralizadora da Universidade, imponha as normas e os códigos do evangelismo leigo, liberal e patriótico elaborado no século XIX pelos "burgueses conquistadores".

Tanto mais que, quando Lucien Febvre, durante o entreguerras, declara querer retirar da história do século XVI "o hábito" das querelas de antanho e libertá-la, por exemplo, das categorias impostas pelas guerras entre católicos e protestantes,[29] ele demonstra inicialmente o esmaecimento das lutas ideológicas e sociais que, durante o século XIX, reaproveitam as bandeiras dos "partidos" religiosos a serviço de campanhas homólogas. Na verdade, as disputas religiosas prosseguiram durante muito tempo, ainda que em terrenos não religiosos: entre republicanos e tradicionalistas, ou entre a escola pública e a escola "livre". Mas quando essas lutas perdem sua importância sociopolítica após a guerra de 1914, quando as forças que elas opunham se fragmentam em compartimentos

---

29 FEBVRE, L. *Au couer religieux du XVe siècle*. Sevpen, 1957, p. 146.

Capítulo II • A Operação Historiográfica 61

diversos, quando se formam "reuniões" ou "frentes" comuns e a economia organiza a linguagem da vida francesa, *torna-se possível* considerar Rabelais como cristão – quer dizer, testemunha de um tempo *passado* –, libertar-se de divisões que não mais se inscrevem no vivido de uma sociedade e, portanto, de não mais privilegiar os Reformados, ou os Democratas cristãos na historiografia universitária política ou religiosa. O que isso indica não são concepções melhores ou mais objetivas. Uma mudança da sociedade permite ao historiador um afastamento com relação àquilo que se torna, globalmente, um passado.

Desse ponto de vista, L. Febvre procede da mesma maneira que os seus predecessores. Estes adotavam como postulados de sua compreensão a estrutura e as "evidências" sociais de seu grupo, com o risco de fazê-los sofrerem um desvio crítico. O fundador dos *Annales* não faz ele a mesma coisa quando promove a Busca e uma *Reconquista*[30] histórica do "Homem", imagem "soberana" no centro do universo de seu meio burguês;[31] quando chama de "história global" o panorama que se abre aos olhos de uma magistratura universitária; quando, com a "mentalidade", a psicologia coletiva" e todo o instrumental do *Zusammenhang*, ele situa uma estrutura ainda "idealista,[32] que funciona como antídoto da análise marxista, e esconde sob a homogeneidade "cultural" os conflitos de classe nos quais ele mesmo se encontra implicado?[33] Nem por ser

---

30 NT – Reconquista, no original.
31 "Tudo aquilo que, sendo do homem, depende do homem, serve ao homem, exprime o homem, significa a presença, a atividade, os gostos e as maneiras de ser do homem", declara ele nos *Combats por l'histoire*. A. Colin, 1953, p. 428. Desde então a imagem criada por esse otimismo conquistador perdeu a sua credibilidade.
32 Henri Berr assinalou, já em 1920, o caráter "idealista" da história segundo FEBVRE. L. (*Revue de Synthèse Historique*, XXX, 1920, p. 15).
33 Sobre a "teoria do *Zusammenhang*" flutuante e rica em sua obra, cf. MANN, Hans Dieter., *Lucien Febvre. La Pensée vivante d'um historien*. A. Colin, 1971, p. 93-119. L. Febvre se refere à "classe" para explicar o século XVI (cf., por exemplo, *Pour une histoire à part entière*, Paris, 1963, p. 350-360, sobre a burguesia), mesmo que seja com muita reticência (ibid., p. 185-199), mas

tão genial e nova sua história está menos *marcada*, socialmente, do que aquelas que rejeita, mas se ele pode superá-las é porque elas correspondem a situações *passadas*, e porque um outro "hábito" lhe foi imposto, de confecção, pelo lugar que ocupa nos conflitos do seu presente.

Com ou sem o fogo que crepita nas obras de L. Febvre, a mesma coisa ocorre por toda parte hoje (mesmo deixando de lado o papel das clivagens sociais e políticas até nas publicações e nominações, onde funcionam os interditos tácitos). Sem dúvida não se trata mais de uma guerra entre os partidos, ou entre os grandes corpos de antigamente (o Exército, a Universidade, a Igreja etc.); é que a hemorragia de suas forças provoca a folclorização de seus programas[34] e as verdadeiras batalhas não se resolvem mais aí. A "neutralidade" remete à metamorfose das convicções em ideologias, numa sociedade tecnocrática e produtivista, anônima, que não sabe mais designar suas escolhas nem indicar seus poderes (para ratificá-los ou confessá-los). Assim, na Universidade colonizada, corpo privado de autonomia na medida que se tornou enorme, entregue agora às instruções e às pressões vindas de outras partes, o expansionismo cientificista ou as "cruzadas" humanistas de ontem são substituídas por retiradas. No que concerne às opções, o silêncio substitui a afirmação. O discurso assume uma cor de parede: "neutra". Transforma-se mesmo numa maneira de defender *lugares* em vez de ser o enunciado de "causas" capazes de articular um desejo. Ele não pode mais falar daquilo que o determina: um labirinto de posições a respeitar e de influências a solicitar. Aqui, o *não-dito* é ao mesmo tempo o inconfessado de textos que se tor-

---

ele não faz intervir o problema de sua própria localização social quando analisa sua prática e seus conceitos históricos. Quanto ao antimarxismo, ele se manifesta, por exemplo, no resumo de Daniel Guerin (*Combats pour l'histoire*, op. cit., p. 109-113), no qual, aliás, a aproximação de Michelet com Marx é, para L. Febvre, um "incesto".

---

34   Cf. CERTEAU, M. de. *La culture au pluriel* 10/18, 1974, p. 11-34: "Les revolutions du croyable".

naram pretextos, a exterioridade daquilo que se faz com relação àquilo que se diz, e a eliminação de um lugar ou de uma força que se articula numa linguagem. Não seria isso, aliás, o que "trai" a referência de uma historiografia "conservadora" a um "inconsciente", dotado de uma estabilidade mágica, e transformado em fetiche pela necessidade que se tem, "apesar de tudo", de afirmar um poder próprio do qual já se "sabe bem" que desapareceu?[35]

O que permite e o que proíbe: o lugar

Antes de saber o que a história *diz* de uma sociedade, é necessário saber como *funciona* dentro dela. Estsa instituição se inscreve num complexo que lhe *permite* apenas um tipo de produção e lhe *proíbe* outros. Tal é a dupla função do lugar. Ele *torna possíveis* certas pesquisas em função de conjunturas e problemáticas comuns. Mas torna outras *impossíveis*; exclui do discurso aquilo que é sua condição num momento dado; representa o papel de uma censura com relação aos postulados presentes (sociais, econômicos, políticos) na análise. Sem dúvida, essa combinação entre *permissão* e *interdição* é o ponto cego da pesquisa histórica e a razão pela qual ela não é compatível com *qualquer coisa*. É igualmente sobre essa combinação que age o trabalho destinado a modificá-la.

De toda maneira, a pesquisa está circunscrita pelo lugar que define uma conexão do possível e do impossível. Encarando-a apenas como um "dizer", acabar-se-ia por reintroduzir na história a *lenda*, quer dizer, a substituição de um não-lugar ou de um lugar imaginário pela articulação do discurso com um lugar social. Pelo contrário, a história se define inteira por uma *relação da linguagem* com o corpo (social) e, portanto, também pela sua relação com os *limites* que o corpo impõe, seja à maneira do lugar particular de onde se fala, seja à maneira do objeto outro (passado, morto) do qual se fala.

---

35 MANNONI, O. Je sais bien, mais quand même. In:____. *Clefs pour l'imaginaire ou l'Autre Scène*. Seuil, 1969, p. 9-33.

De parte a parte, a história permanece configurada pelo sistema no qual se elabora. Hoje como ontem, é determinada por uma fabricação localizada em tal ou qual ponto desse sistema. Também a consideração desse lugar, no qual se produz, é a única que permite ao saber historiográfico escapar da inconsciência de uma classe que se desconheceria a si própria, como classe, nas relações de produção, e que, por isso, desconheceria a sociedade onde está inserida. A articulação da história com um lugar é a condição de uma análise da sociedade. Sabe-se, aliás, que tanto no marxismo quanto no freudismo não existe análise que não seja integralmente dependente da situação criada por uma relação, social ou analítica.

Levar a sério o seu lugar não é ainda explicar a história. Mas é a condição para que alguma coisa possa ser dita sem ser nem legendária (ou "edificante"), nem atópica (sem pertinência). Sendo a denegação da particularidade do lugar o próprio princípio do discurso ideológico, ela exclui toda teoria. Bem do que isso, instalando o discurso em um não-lugar, proíbe a história de falar da sociedade e da morte, quer dizer, proíbe-a de ser a história.

II. UMA PRÁTICA

"Fazer história" é uma prática. Sob esse ângulo podemos passar para uma perspectiva mais pragmática, considerando os caminhos que se abrem sem se prender mais à situação epistemológica que, até aqui, foi desvendada pela sociologia da historiografia.

Na medida em que a Universidade permanece estranha à prática e à tecnicidade,[36] nela se classifica como "ciência auxiliar" tudo o que coloca a história em relação com técnicas: ontem a epigrafia, a papirologia, a paleografia, a diplomática, a codicologia etc.; hoje a musicologia, o "folclorismo", a informática etc. A história não começaria senão com a "nobre palavra" da interpretação. Ela seria, finalmente, uma arte de discorrer que apagaria, pudicamente, ves-

---

36 Cf. BON, Frédéric; BURNIER, M. A. *Les Nouveuax Intellectules*. Seuil, 1971, p. 180; CERTEAU, M. de. *La Culture au Pluriel*, op. cit., p. 111-137: "Les Universités devant la culture de masse".

Capítulo II • A Operação Historiográfica

tígios de um trabalho. Na verdade, existe aí uma opção decisiva. O lugar que se dá à técnica coloca a história do lado da literatura ou da ciência.

Se é verdade que a organização da história é relativa a um lugar e a um tempo, isso ocorre, inicialmente, por causa de suas técnicas de produção. Falando em geral, cada sociedade se pensa "historicamente" com os instrumentos que lhe são próprios. Mas o termo instrumento é equívoco. Não se trata apenas de meios. Como Serge Moscovici demonstrou magistralmente,[37] ainda que numa perspectiva diferente, a história é mediatizada pela técnica. Dessa maneira se relativiza o privilégio que a história social teve durante todo o século XIX – e, frequentemente, ainda em nossos dias. Com a relação de uma sociedade consigo mesma, com o "tornar-se outro" do grupo segundo uma dialética *humana*, se combina, central na atividade científica presente, o futuro da *natureza* que é "simultaneamente um dado e uma obra".[38]

É nessa fronteira mutável, entre o *dado* e o *criado*, e finalmente entre a natureza e a cultura, que ocorre a pesquisa. A biologia descobre na "vida" uma linguagem falada antes que apareça um locutor. A psicanálise revela no discurso a articulação de um desejo constituído diferentemente do que o diz a consciência. Num campo distinto, a ciência do meio ambiente não mais permite isolar das *estruturas naturais*, que transforma, a extensão indefinida das construções sociais.

Esse imenso canteiro de obras opera uma "renovação" [da natureza], provocada pela nossa intervenção".[39] Ele "liga diferentemente a humanidade e a matéria".[40] De tal maneira que a ordem social se inscreve como forma da ordem natural, e não como entidade oposta a ela".[41] Existe aí com que modificar profundamente

---

37   *Essai sur l'histoire de la nature*, Flammarion, 1968.
38   Op. cit., p. 20.
39   Ibid.
40   Op. cit., p. 7 e 21.
41   Op. cit., p. 590.

uma história que teve como "setor central" "a história social, quer dizer, a história dos grupos sociais e de suas relações".[42] Esta já está se voltando pouco a pouco para o econômico, depois para as "mentalidades", oscilando assim entre os dois termos da relação que a pesquisa privilegia cada vez mais. Os sinais se multiplicam. Uma orientação que esboçava, no entreguerras, o interesse pela geografia e por uma "história dos homens em suas relações estreitas com a terra"[43] se acentua com os estudos sobre a construção e as combinações dos espaços urbanos,[44] sobre a transumância de plantas e seus efeitos socioeconômicos,[45] sobre a história das técnicas,[46] sobre as mutações da sexualidade, sobre a doença, a medicina e a história do corpo[47] etc.

---

42   LABROUSSE, Ernest. "Introduction". In: _____. *L' Histoire sociale*. P. U. F., 1967. p. 2.

43   A expressão é de BRAUDEL, Fernand. *Leçon inaugurale au Collège de France,* 1950. Em *La Catalogne dans l'Espagne moderne* (Sevpen, 1962, t. I, p. 12), Pierre Vilar lembra que entre as duas guerras "as grandes questões das quais adivinhávamos, mais ou menos confusamente, que viriam a dominar o nosso século não nos eram propostas senão através das lições de nossos mestres geógrafos".

44   Cf., particularmente, CHOAY, François. L'histoire et la méthode em urbanisme. *Annales E.S.C.*, XXV, 1970 (número especial sobre "Histoire et urbanisation"), p. 1.143-1.154, e também THERNSTROM, Stephan. Reflections on the New Urban History. *Daedalus*, p. 359-376, Spring, 1971. *L'Enquête sur le bâtiment* (Mouton, 1971), dirigida por Pierre Chaunu, é também um ótimo exemplo do novo interesse dirigido às organizações espaciais.

45   Assim como o capítulo sobre "a civilização vegetal", em LADURIE, Emmanuel Le Roy. *Les Paysans du Languedo*, Sevpen, 1966, p. 53-76. Este estudo muito novo sobre os "fundamentos biológicos" da vida rural mostra que os vegetais são "objetos da história", pelo próprio fato de sua plasticidade, das modificações incessantes que os homens lhes impõem". Infelizmente ele desapareceu da edição de bolso, Flammarion, 1969.

46   Cf. a grande *Histoire générale des techniques*, sob a direção de DUMAS, Maurice. Paris: P.U.F., 1963-1968, 4 t., ou os trabalhos de GILLE, Bertrand (*Les Ingénieurs de la Renaissance*, 1964 etc.).

47   Cf. o número especial dos *Annales E. S. C.*, XXIV, novembro-dezembro 1969, "Histoire biologique et société"; FOUCAULT, Michel. *Naissance de*

Mas esses campos abertos à história não podem ser apenas objetos novos fornecidos a uma instituição imutável. A própria história entra nessa relação do discurso com as técnicas que o produzem. É preciso encarar como ela trata os elementos "naturais" para transformá-los em um *ambiente* cultural, como faz aceder à simbolização literária as transformações que efetuam na relação de uma sociedade com a sua natureza. De resíduos, de papéis, de legumes, até mesmo das geleiras e das "neves eternas",[48] o historiador *faz outra coisa*: faz deles a história. Artificializa a natureza. Participa do trabalho que transforma a natureza em ambiente e, assim, modifica a natureza do homem. Suas técnicas o situam, precisamente, nessa articulação. Colocando-se no nível dessa prática, não mais se encontra a dicotomia que opõe o *natural* ao *social*, mas a conexão entre uma socialização da natureza e uma "naturalização" (ou materialização) das relações sociais.

A articulação natureza-cultura

Sem dúvida, é demasiado afirmar que o historiador tem "o tempo" como "material de análise" ou como "objeto específico". Trabalha, de acordo com os seus métodos, os objetos físicos (papéis, pedras, imagens, sons etc.) que distinguem, no *continuum* do percebido, a organização de uma sociedade e o sistema de pertinências próprias de uma "ciência". Trabalha sobre um material para transformá-lo em história. Empreende uma manipulação que, como as outras, obedece a regras. Manipulação semelhante é aquela feita com o mineral já refinado. Transformando inicialmente matérias-primas (uma informação primária) em produtos *standard* (informações secundárias), ele os transporta de uma região da cultura (as "curiosidades", os arquivos, as coleções etc.)

---

la Clinique. P. U. F., 1963; PETER, Jean-Pierre. Le Corps du délit. *Nouvelle Revue de Psychanalise*, nº 3, p. 71-108, 1971 etc.

---

48 LADURIE, Emmanuel Le Roy. *Histoire du climat depuis l'an mil*. Flammarion, 1967.

para outra (a história). Uma obra "histórica" participa do movimento através do qual uma sociedade modificou sua relação com a natureza, transformando o natural em utilitário (por exemplo, a floresta em exploração), ou em estético (por exemplo, a montanha em paisagem), ou fazendo uma instituição social passar de um estatuto para outro (por exemplo, a igreja convertida em museu).

Mas o historiador não se contenta em traduzir de uma linguagem cultural para outra, quer dizer, em transformar produções sociais em objetos de história.

Ele pode transformar em cultura os elementos que extrai de campos naturais. Desde a sua documentação (na qual ele introduz pedras, sons etc.) até o seu livro (em que plantas, micróbios, geleiras adquirem o estatuto de objetos simbólicos), ele procede a um deslocamento da articulação natureza/cultura. Modifica o espaço, da mesma forma que o urbanista, quando integra o campo no sistema de comunicação da cidade, o arquiteto quando transforma o lago em barragem, Pierre Henry quando transforma o rangido de uma porta em tema musical, e o poeta que altera as relações entre "ruído" e "mensagem..." Modifica o meio ambiente através de uma série de transformações que deslocam as fronteiras e a topografia interna da cultura. Ele "civiliza" a natureza – o que sempre significou que a "coloniza" e altera.

Constata-se hoje, é verdade, que um volume crescente de livros históricos se torna romanesco ou legendário, e não mais produz essas transformações nos campos da cultura. Enquanto, pelo contrário, a "literatura" visa a um trabalho sobre a linguagem, e o texto põe em cena "um *movimento de reorganização*, uma circulação mortuária que produz destruindo".[49] Isso quer dizer que, assim, a história deixa de ser "científica", enquanto a literatura se torna tal. Quando o historiador supõe que um passado *já dado* se desvenda no seu texto, ele se alinha com o comportamento do consumidor. Recebe, passivamente, os objetos distribuídos pelos produtores.

---

49 ROUSSEL, Raymond. *Impressions d'Afrique*. Gallimard, 1963, p. 209. Cf. KRISTEVA, Julia. *Sèmeiôtikè. Recherches pour une sémanalyse*. Seuil, 1969, p. 208-245: "La productivité dite texte".

Em história, como alhures, é científica a operação que transforma o "meio" – ou que faz de uma organização (social, literária etc.) a condição e o lugar de uma *transformação*. Dentro de uma sociedade ela se move, pois, num dos seus pontos estratégicos, a articulação da cultura com a natureza. Em história, ela instaura um "governo da natureza", de uma forma que concerne à relação do presente com o passado – não sendo este um "dado", mas um produto.

Desse traço comum a toda pesquisa científica, precisamente onde ela é uma técnica, é possível realçar as marcas. Não pretendo retornar aos métodos da história. Através de algumas sondagens trata-se apenas de evocar o tipo de problema teórico que suscita, em história, o exame de seu "aparelho" e de seus procedimentos técnicos.

O estabelecimento das fontes ou a redistribuição do espaço

Em história, tudo começa com o gesto de *separar*, de reunir, de transformar em "documentos" certos objetos distribuídos de outra maneira. Essa nova distribuição cultural é o primeiro trabalho. Na realidade, ela consiste em *produzir* tais documentos, pelo simples fato de recopiar, transcrever ou fotografar esses objetos mudando ao mesmo tempo o seu lugar e o seu estatuto. Esse gesto consiste em "isolar" um corpo, como se faz em física, e em "desfigurar" as coisas para constituí-las como peças que preencham lacunas de um conjunto proposto *a priori*. Ele forma a "coleção". Constitui as coisas em um "sistema marginal", como diz Jean Baudrillard;[50] ele as exila da prática para estabelecê-las como objetos "abstratos" de um saber. Longe de aceitar os "dados", ele os constitui. O material é criado por ações combinadas, que o recortam no universo do uso, que vão procurá-lo também fora das fronteiras do uso, e que o destinam a um reemprego coerente. E o vestígio dos atos que

---

50   BAUDRILLARD, Jean. La collection. In: ____. *Le Système des objects*. Gallimard, 1968. p. 120-150.

70 A Escrita da História • Michel de Certeau

modificam uma *ordem* recebida e uma *visão* social.[51] Instauradora de signos, expostos a tratamentos específicos, essa ruptura não é, pois, nem apenas nem primordialmente, o efeito de um "olhar". É necessária aí uma operação técnica.

As origens de nossos Arquivos modernos já implicam, com efeito, a combinação de um *grupo* (os "eruditos"), de *lugares* (as "bibliotecas") e de *práticas* (de cópia, de impressão, de comunicação, de classificação etc.). É, em pontilhados, a indicação de um complexo técnico, inaugurado no Ocidente com as "coleções", reunidas na Itália e, depois, na França, a partir do século XVI, e financiadas pelos grandes Mecenas para se apropriarem da história (os Médicis, os duques de Milão, Carlos de Orleães e Luís XII etc.). Nelas se conjugam a criação de um novo *trabalho* ("colecionar"), a satisfação de novas *necessidades* (a justificação de grupos familiares e políticos recentes, graças à instauração de tradições, de cartas e de "direitos de propriedade" específicos), e a produção de novos *objetos* (os documentos que se isolam, conservam e recopiam) cujo sentido, de agora em diante, é definido pela sua relação com o todo (a coleção). Uma ciência que nasce ("a erudição" do século XVII) recebe com esses "estabelecimentos de fontes" – instituições técnicas – sua base e suas regras.

Inicialmente ligado à atividade jurídica dos homens da pena e da toga, advogados, funcionários, conservadores de arquivos,[52] o empreendimento se faz expansionista e conquistador depois de passar pelas mãos dos especialistas. É produtor e reprodutor. Obe-

---

51   Sob esse ângulo, os "documentos" históricos podem ser assimilados aos "signos icônicos" de que Umberto Eco analisa a organização: eles "reproduzem", diz ele, "algumas condições da percepção comum com base nos códigos perceptivos normais" (Sémiologie des messages visuels. *Communications*, nº 15, p. 11-51, 1970). Digamos, nesta perspectiva, que existe trabalho científico onde existe mudança nos "códigos de reconhecimento" e nos "sistemas de expectação".

52   Cf. ARIÈS, Philippe. *Le temps de l'histoire*. Mônaco: Éd. du Rocher, 1954. p. 214-218.

dece à lei da multiplicação. A partir de 1470, ele se alia à imprensa:[53] a "coleção" se torna "biblioteca". Colecionar, durante muito tempo, é fabricar objetos: copiar ou imprimir, reunir, classificar... E, com os produtos que multiplica, o colecionador se torna um ator na cadeia de uma *história por fazer* (ou por refazer), de acordo com as novas pertinências intelectuais e sociais. Dessa maneira, a coleção, produzindo uma transformação dos instrumentos de trabalho, redistribui as coisas, redefine unidades de saber, instaura um lugar de recomeço, construindo uma "máquina gigantesca" (Pierre Chaunu) que tornará possível uma outra história.

O erudito quer totalizar as inumeráveis "raridades" que as trajetórias indefinidas de sua curiosidade lhe trazem e, portanto, inventar linguagens que assegurem a compreensão delas. A julgá-lo pela evolução de seu trabalho (passando por Peiresc e Kircher, até Leibniz), o erudito se orienta, desde o final do século XVI, para a *invenção* metódica de novos sistemas de signos, graças a procedimentos analíticos (decomposição, recomposição).[54] Ele está possuído pelo sonho de uma taxonomia totalizante e pela vontade de criar instrumentos universais adequados a essa paixão pelo exaustivo. Por intermédio da *cifra*, central nessa "arte do deciframento", existem homologias entre a erudição e as matemáticas. Na verdade, à *cifra*, código destinado a construir uma "ordem", se opõe, então, o *símbolo*: este ligado a um texto *recebido*, que remete a um *sentido oculto* na imagem (alegoria, brasão, emblema etc.), implica a necessidade de um *comentário* autorizado da parte de quem é suficiente-

---

53   OUY, Gilbert. Les bibliothèques. In: *L'Histoire et ses méthodes*. Enc. Pléiade, 1961, p. 1066, sobre o acordo concluído entre Guillaume Fichet e três impressores alemães com a finalidade de fundar a oficina tipográfica da Sorbonne e substituir a cópia de documentos que G. Fichet assegurava, em parte ele mesmo, para a biblioteca do colégio da Sorbonne.

54   Para o erudito, sendo a sua "biblioteca" aquilo que ele *constitui* (e não aquilo que *recebe*, como será o caso, mais tarde, dos "conservadores" das Bibliotecas criadas antes deles), ele parece ter continuidade nela, no terreno da *escrita*, entre a produção da *coleção* de textos e a produção de *chaves* destinadas a decodificá-las.

mente "sábio" ou profundo para reconhecer esse sentido.[55] Mas, do ponto de vista da cifra, desde as séries de "raridades" até as linguagens artificiais ou universais – digamos de Peiresc a Leibniz –, se os limiares e os desvios são numerosos, inscrevem-se, entretanto, na linha do desenvolvimento que instaura a *construção de uma linguagem* e, portanto, a produção de técnicas e de objetos próprios.

O estabelecimento das fontes solicita, também, hoje, um gesto fundador, representado, como ontem, pela combinação de um lugar, de um aparelho e de técnicas. Primeiro indício desse deslocamento: não há trabalho que não tenha que utilizar *de outra maneira* os recursos conhecidos e, por exemplo, mudar o funcionamento de arquivos definidos, até agora, por um uso religioso ou "familiar".[56] Da mesma forma, a título de novas pertinências, constitui como documentos utensílios, composições culinárias, cantos, imagens populares, uma disposição dos terrenos, uma topografia urbana etc. Não se trata apenas de fazer falar esses "imensos setores adormecidos da documentação"[57] e dar voz a um silêncio, ou efetividade a um possível. Significa transformar alguma coisa, que tinha sua posição e seu papel, em alguma *outra coisa* que funciona diferentemente. Da mesma forma não se pode chamar "pesquisa" ao estudo que adota pura e simplesmente as classificações do ontem que, por exemplo, "se atêm" aos limites propostos pela série H dos Arquivos e que, portanto, não define um *campo* objetivo próprio. Um trabalho é "científico" quando opera uma *redistribuição do espaço* e consiste, primordialmente, em *se dar* um lugar, pelo

---

55 Cf. V. DAVID, Madeleine. *Le Débat sur les écritures et l'hiéroglyphe aux XVIIe et XVIIIe siècles*. Sevpen, 1965. p. 19-30.

56 Assim, no seu *Guide des archives diocésaines françaises* (Centre d'Histoire du Catholicisme, Lyon, 1971), Jacques Gadille sublima "o valor destes arquivos para a pesquisa histórica" notando que eles permitem a constituição de novas "séries" preciosas para uma história econômica ou uma história das mentalidades (op. cit., p. 7-14).

57 FURET, François. L'histoire quantitative et la construction du fait historique. In: LE GOFF, J.; NORA, P. *Faire de l'histoire*. Gallimard, 1974. t. 1, p. 49.

"estabelecimento das fontes" – quer dizer, por uma ação instauradora e por técnicas transformadoras.

Os procedimentos dessa instituição suscitam hoje problemas mais fundamentais do que os apontados por esses primeiros indícios. Pois cada prática histórica[58] não estabelece seu lugar senão graças ao *aparelho* que é, ao mesmo tempo, a condição, o meio e o resultado de um deslocamento. Semelhantes às fábricas do paleolítico, os Arquivos nacionais ou municipais constituem um segmento do "aparelho" que, ontem, determinava as operações adequadas a um sistema de pesquisa. Mas não se pode tentar mudar a utilização dos Arquivos sem que sua forma mude. A mesma instituição técnica impede que sejam fornecidas respostas novas a questões diferentes. Na verdade, a situação é inversa: outros "aparelhos" permitem agora, à pesquisa, questões e respostas novas. Certamente, uma ideologia do "fato" histórico "real" ou "verdadeiro" paira ainda na atmosfera da época; prolifera mesmo numa literatura sobre a história. Mas é a folclorização de práticas antigas: esta palavra congelada sobrevive a batalhas findas: ela apenas mostra o atraso das "ideias" recebidas com relação às práticas que cedo ou tarde vão modificá-las.

A transformação do "arquivístico" é o ponto de partida e a condição de uma história nova. Está destinada a representar o mesmo papel que a "máquina" erudita dos séculos XVII e XVIII. Eu não usaria senão um exemplo: a intervenção do *computador*. François Furet demonstrou alguns dos efeitos produzidos pela "constituição de novos arquivos, conservados em fitas perfuradas": não há significante senão em função de uma série, e não com relação a uma "realidade"; não é objeto de pesquisa senão aquilo que é formalmente construído, antes da programação etc.[59] Isso não é ainda senão um elemento particular e quase um sintoma de uma

---

58 É necessário entender por isso não os métodos particulares a tal ou qual historiador, mas como, nas ciências exatas, o *complexo de procedimentos* que caracteriza um período ou um setor da pesquisa.

59 FURET, F. "L'historie quantitative..." Op. cit. p. 47-48.

instituição científica mais ampla. A análise contemporânea altera os procedimentos ligados à "análise simbólica" que prevaleceu a partir do romantismo e que buscou *reconhecer um sentido dado e oculto*: ela reencontra a confiança na abstração que é hoje um conjunto formal de relações ou "estrutura".[60] Sua prática consiste em *construir* "modelos" propostos decisoriamente, em "substituir o estudo do fenômeno concreto pelo estudo de um objeto constituído por sua definição", em julgar o valor científico desse objeto segundo o "campo de questões" a que permite responder e segundo as respostas que fornece, em "fixar os limites da significabilidade deste modelo".[61]

Esse último ponto é capital em história. Pois, se é verdade que de um modo geral a análise científica contemporânea pretende *reconstruir* o objeto a partir de "simulacros" ou de "cenários", quer dizer, adquirir, com os modelos relacionais e as linguagens (ou metalinguagens) que ela produz, o meio de multiplicar ou de transformar sistemas constituídos (físicos, literários ou biológicos), a história tende a evidenciar os "limites da significabilidade" desses modelos ou dessas linguagens: reencontra, sob essa forma de *limite* relativo a *modelos*, aquilo que ontem aparecia como um *passado* relativo a uma epistemologia da *origem* ou do fim. Sob esse aspecto ela parece fiel ao seu propósito fundamental, que sem dúvida continua por definir, mas do qual se pode dizer, desde já, que se liga simultaneamente ao real e à morte.

A especificação de seu papel não é determinada pelo próprio aparelho (o computador, por exemplo) que coloca a história no conjunto das imposições e das possibilidades nascidas da instituição científica presente. A elucidação do que é *próprio* da história está descentrada com relação a esse aparelho: ela reflui para o tempo *preparatório* de programação, que torna necessária a passagem

---

60 Cf., a esse respeito, as reflexões agudas de Michel Serres, *Hermès ou la communication*. Éd. de Minuit, 1968. p. 26-35.

61 RÉGNIER, André. Mathématiser les sciences de l'Homme? In: RICHARD, P.; JAULIN, R. *Anthropologie et calcul*, coll. 10/18, 1971, p. 13-37.

pelo aparelho, e é lançada para a outra extremidade, para o tempo de exploração que os resultados obtidos expõem. Ela se elabora em função dos *interditos* que a máquina fixa, por objetos de pesquisa a construir e, em função daquilo que *permite* essa máquina, por um modo de tratar os produtos *standard* da informática. Mas essas duas operações se articulam necessariamente na instituição técnica que inscreve cada pesquisa num "sistema generalizado".

As bibliotecas de ontem exerciam, também, a função de "colocar" a erudição dentro de um sistema de pesquisa. Mas tratava-se de um sistema regional. Também os "momentos" epistemológicos (conceituação, documentação, tratamento ou interpretação), hoje distintos no interior de um sistema generalizado, podiam estar extremamente misturados no sistema regional da erudição antiga. O *estabelecimento* das fontes (pela mediação de seu aparelho atual) não provoca apenas uma nova repartição das relações razão/real ou cultura/natureza; ele é o princípio de uma redistribuição epistemológica dos momentos da pesquisa científica.

No século XVII, a biblioteca Colbertina – ou suas homólogas – era o ponto de encontro onde se elaboravam, em comum, as regras próprias da erudição. Uma ciência se desenvolvia em torno desse aparelho, que permanece o lugar onde circulam, ao qual remetem e se submetem os pesquisadores. "Ir aos Arquivos" é o enunciado de uma lei tácita da história. Nesse lugar central uma outra instituição está sendo substituída. Ela também impõe uma lei à prática, mas uma lei diferente. Devemos, igualmente, considerar primeiro a instituição técnica que, como um momento, organiza o lugar onde circula de agora em diante a pesquisa científica, antes de analisar mais de perto as trajetórias operacionais que a história esboça nesse espaço novo.

Fazer surgir diferenças: do modelo ao desvio

A utilização das técnicas atuais de informação leva o historiador a separar aquilo que, em seu trabalho, até hoje esteve ligado: a *construção* de objetos de pesquisa e, portanto, das unidades de compreensão; a acumulação dos "dados" (informação secundária, ou material refinado) e sua arrumação em lugares onde possam ser classificados e deslocados;[62] a *exploração* é viabilizada através das diversas operações de que esse material é suscetível.

Nessa linha o trabalho teórico se desempenha, propriamente falando, na relação entre os polos extremos da operação inteira: por um lado, a construção dos modelos; por outro lado, a atribuição de uma significabilidade aos resultados obtidos ao final das combinações informáticas. A forma mais visível dessa relação consiste, finalmente, em tornar pertinentes *diferenças* adequadas às unidades formais precedentemente construídas; em *descobrir o heterogêneo* que seja tecnicamente utilizável. A "interpretação" antiga se torna, em função do material produzido pela constituição de séries e de suas combinações, a evidenciação dos *desvios relativos quanto aos modelos*.

Sem dúvida, esse esquema permanece abstrato. Muitos estudos atuais tornam mais passíveis de apreensão o seu movimento e o seu sentido. Por exemplo, a análise histórica não tem como resultado essencial uma relação quantitativa da altura e da alfabetização entre os recrutas de 1819 a 1826, nem mesmo a demonstração de uma sobrevivência do Antigo Regime na França pós-revolucionária, mas as coincidências imprevistas, as incoerências ou as ignorâncias que essa investigação fez aparecer.[63] O importante não é a combinação de séries, obtida graças a um isolamento prévio de traços significantes, de acordo com modelos pré-concebidos, mas, por um lado, a relação entre esses modelos e os limites que seu

---

62   Na medida em que está ligada ao uso do *computador*, a informática organiza, entre "entradas" e "saídas", a arrumação de símbolos em lugares reservados na memória, e sua transferência para endereços convenientes, segundo as instruções programáveis. Ela regula as colocações e os deslocamentos num espaço de informação que não deixa de ter analogia com as bibliotecas de ontem.

63   LADURIE, E. Le Roy; DUMONT, P. Quantitative and Cartographical Exploitation of French Military Archives, 1819-1826. *Daedalus*, p. 397-441, primavera 1971; cf. LADURIE, E. Le Roy. *Le Territoire de L'histoiren.* Gallimard, 1973. p. 38-87.

emprego sistemático faz aparecer e, por outro lado, a capacidade de transformar esses limites em problemas tecnicamente tratáveis. Esses dois aspectos são, aliás, coordenados, pois, se a diferença é *manifestada* graças à extensão rigorosa dos modelos construídos, ela é *significante* graças à relação que mantém com eles a título de desvio – e é assim que leva a um retorno aos modelos para corrigi-los. Poder-se-ia dizer que a formalização da pesquisa tem, precisamente, por objetivo produzir "erros" – insuficiências, falhas – cientificamente utilizáveis.

Esse procedimento parece inverter a história tal como se praticava no passado. Partia-se de vestígios (manuscritos, peças raras etc.) em número limitado e tratava-se de apagar toda a sua diversidade, de unificá-la em uma compreensão coerente.[64] Porém, o valor dessa totalização indutiva dependia, então, da quantidade de informações acumuladas. Vacilava quando sua base documental era comprometida pelas colheitas relatadas por novas investigações. A pesquisa – e seu protótipo, a tese – tendia a prolongar indefinidamente o tempo da informação, com o fim de retardar o momento fatal, quando elementos desconhecidos viriam minar suas bases. Frequentemente monstruoso, o desenvolvimento quantitativo da caça aos documentos terminou por introduzir no próprio trabalho, tornado interminável, a lei que o destinava à caducidade assim que terminado. Um limiar foi ultrapassado, além do qual essa situação se inverte, passa-se a mudanças incessantes de modelos.

Com efeito, o estudo se estabelece hoje de imediato sobre unidades definidas por ele mesmo, na medida em que se torna e deve tornar-se capaz de fixar *a priori* objetos, níveis e taxonomias de análise. A coerência é inicial. A quantidade de informação tratável em função dessas normas tornou-se, com o computador, indefinida. A pesquisa muda de *front*. Apoiando-se nas totalidades

---

64 Na verdade, a "síntese" não era terminal, ela se elaborava no decurso da manipulação dos documentos. Ela também, finalmente, já se referia a um desvio com relação às ideias preconcebidas que a prática dos textos revelava e deslocava ao longo de operações e que é nelas fixadas por uma disciplina institucional.

formais, propostas decisoriamente, ela se volta para os desvios que as combinações lógicas das séries revelam. Joga com os limites. Para retornar um vocabulário antigo, que não mais corresponde à sua nova trajetória, poder-se-ia dizer que ela não mais parte de "raridades" (restos do passado) para chegar a uma síntese (compreensão presente), mas que parte de uma formalização (um sistema presente) para dar lugar aos "restos" (indícios de limites e, portanto, de um passado que é produto do trabalho).

Esse movimento é, sem dúvida, precipitado pelo emprego dos computadores. Ele o precedeu – da mesma forma que uma organização técnica precedeu o computador, que é um sintoma a mais dela. Com efeito, é preciso constatar um fenômeno estranho na historiografia contemporânea. O historiador não é mais o homem capaz de constituir um império. Não visa mais ao paraíso de uma história global. Circula *em torno* das racionalizações adquiridas. Trabalha nas margens. Deste ponto de vista, se transforma num vagabundo. Numa sociedade devotada à generalização, dotada de poderosos meios centralizados, ele se dirige para as Marcas das grandes regiões exploradas. "Faz um desvio" para a feitiçaria,[65] a loucura,[66] a festa,[67] a literatura popular,[68] o mundo

---

65   Cf. MANDROU, Robert. *Magistrats et sorciers em France au XVIIe siècle*, Plon, 1968, e a abundante literatura histórica sobre o assunto.

66   Sobretudo a partir de FOUCAULT, Michel. *Histoire de la Folie à l'âge classique*. Plon, 1961, reed. Gallimard, 1972.

67   Cf. em particular OZOUF, Mona. De Thermidor à Brumaire: les discours de la Révolution sur ele-même, in: *Au siècle des Lumières*, Sevpen, 1970, p. 157-187, e Le Cortège et la ville. Les itinéraires parisiens des fêtes révolutionaires, in *Annales E. S. C.*, XXVI, p. 889-916, 1971.

68   Cf. DELARUE, Paul, *Le Conte populaire français*, 1957; MANDROU, Robert, De la culture populaire en France aux XVIIe et XVIIIe siècles, Stock, 1964; BOLLÈME, Geneviève, *Les Almanachs populaires aux XVIIe et XVIIIe siècles*, Mouton, 1969; Marie-Louise TENÈZE, Introduction à l'étude de la littérature orale: le conte, in: *Annales E. S. C.*, XXIV, 1969, p. 1.104-1.120, para não falar dos trabalhos mais "literários" de Marc Soriano (*Les Contes de Perrault*, Gallimard, 1968) ou de Mikhail Bakhtine (*L'oeuvre de F. Rabelais et la culture populaire...* Gallimard, 1970) etc.

esquecido dos camponeses,[69] a Ocitânia[70] etc., todas elas zonas silenciosas.

Esses novos objetos de estudo atestam um movimento que se esboça, já há vários anos, nas estratégias da história. Assim, Fernand Braudel mostrou como os estudos das "áreas culturais" têm como vantagem situar-se, de agora em diante, nos lugares de trânsito, onde são detectáveis os fenômenos de "fronteira", de "empréstimo" ou de "recusa".[71] O interesse científico desses trabalhos se prende à relação que eles mantêm com as totalidades propostas ou supostas – "uma coerência no espaço", "uma permanência no tempo" –, e com as correções que permitem lhes aduzir. Sem dúvida, é necessário encarar dessa perspectiva muitas das pesquisas atuais. A própria biografia assume o papel de uma distância e de uma margem *proporcionadas* às construções globais. A pesquisa se dá objetos que têm a forma de sua prática: eles lhe fornecem o meio de *fazer aparecer diferenças* relativas às continuidades ou às unidades das quais parte a análise.

O trabalho sobre o limite

Essa estratégia da prática histórica prepara-a para uma teorização mais de acordo com as possibilidades oferecidas pelas ciências da informação. Parece que ela especifica, cada vez mais, não apenas os métodos, mas a função da história no conjunto das ciências atuais. Com efeito, seus métodos não mais consistem em buscar objetos "autênticos" para o conhecimento; seu papel social

---

69 Sobre os camponeses, cf., antes de tudo, todas as publicações de E. Le Roy Ladurie, op. cit. Sobre os pobres, os trabalhos de Jacques Le Goff e, há dez anos, as Recherches sur les pauvres et la pauvreté au Moyen Âge, dirigidas por Michel Mollat.

70 Cf. LAFONT, Robert, *Renaissance du Sud*. Gallimard, 1970 etc., e também LARZAC, André, Décoloniser l'histoire occitane. *Les Temps modernes*, p. 676-696, novembro 1971.

71 L'histoire des civilisations: le passé explique le présent, um dos estudos metodológicos mais importantes de Fernand Braudel, retomado em *Écrits sur l'histoire*, Flammarion, 1969, p. 255-314 (ver principalmente p. 292-296).

não é mais (exceto na literatura especular, dita de vulgarização) o de prover a sociedade de representações globais de sua gênese. A história não mais ocupa, como no século XIX, esse lugar *central*, organizado por uma epistemologia que, perdendo a realidade como substância ontológica, buscou reencontrá-la como força histórica, *Zeitgeist*, e escondendo-se na interioridade do corpo social. Ela não tem mais a função totalizante que consistia em substituir a filosofia no seu papel de expressar o sentido.

Intervém à maneira de uma experimentação crítica dos modelos sociológicos, econômicos, psicológicos ou culturais. Diz-se que utiliza um "instrumental emprestado" (P. Vilar). É verdade. Mais precisamente, testa esse instrumental através de sua transferência para terrenos diferentes, da mesma forma que se testa um carro esporte, fazendo-o funcionar em pistas de corrida, em velocidades e condições que *excedam* suas normas. A história se torna um lugar de "controle" onde se exerce uma "função de falsificação".[72] Nela podem ser evidenciados os limites de significabilidade relativos aos "modelos" que são "experimentados", um de cada vez, pela história, em campos estranhos ao de sua elaboração.

A título de exemplo, esse funcionamento pode ser assinalado em dois dos seus momentos essenciais: um visa à relação com o real através do *fato histórico*; o outro, o uso dos *"modelos"* recebidos e, portanto, a relação da história com uma razão contemporânea. Dizem respeito, além disso, um à organização interna dos procedimentos históricos; o outro à sua articulação com campos científicos diferentes.

1. Os fatos encontraram seu campeão, Paul Veyne, maravilhoso decapitador de abstrações. Como é normal, ele carrega a bandeira de um movimento que o precedeu. Não apenas porque cada verdadeiro historiador permanece um poeta do detalhe e brinca sem cessar, como o esteta, com as mil harmonias que uma peça rara desperta numa rede de conhecimentos, mas sobretudo porque os formalismos dão, hoje, uma pertinência nova ao *deta-*

---

72 Cf. *supra*, p. 57, n. 8.

lhe excepcional. Dito de outra maneira, esse retorno aos fatos não pode ser arrolado numa campanha contra o monstro do "estruturalismo", nem pode ser posto a serviço de uma regressão às ideologias ou às práticas anteriores. Pelo contrário, ele se inscreve na linha de análise estrutural, mas como um desenvolvimento. Pois o fato de que se trata, de agora em diante, não é aquele que oferece ao saber observador a emergência de uma *realidade*. Combinado com um modelo construído, ele tem a forma de uma *diferença*. O historiador não está, pois, colocado diante da alternativa de a bolsa ou a vida – a *lei* ou o *fato* (dois conceitos que, aliás, desaparecem da epistemologia contemporânea[73]). De seus próprios modelos ele obtém a capacidade de fazer aparecer os desvios. Se, durante algum tempo, ele esperou uma "totalização",[74] e acreditou poder reconciliar diversos sistemas de interpretação, de modo a cobrir toda a sua informação, agora ele se interessa prioritariamente pelas manifestações complexas dessas diferenças. Desse ponto de vista, o lugar onde ele se estabelece pode ainda, por analogia, trazer o venerável nome de "fato": o fato é a diferença.

Da mesma forma, a relação com o real se torna *uma relação* entre os termos de uma operação; Fernand Braudel já dava uma

---

73   Adotando uma concepção prescrita das ciências exatas ("a física é um cor po de leis", escreve ele), P. Veyne lhe opõe uma história que seria "um corpo de fatos" (*Comment on écrit l'histoire.*, op. cit. p. 21-22).

74   Depois que Henri Berr combinou, na sua concepção de história, o método comparativo, o primado do "social" e o "gosto permanente das ideias gerais", essa "totalização" representou mais um retorno ao espírito de *síntese* e uma reação contra a dispersão erudita da "história atomista" do que a pretensão de instaurar um discurso histórico universal. Após Mauss, Durkheim, Vidal de La Blache, ela tende a fazer prevalecer a ideia de *organização* sobre a ideia de *fato* ou de *acontecimento*. Cf. MANN, H. D.; FEBVRE, Lucien, op. cit., p. 73-92. Em Théorie et pratique de l'histoire (in: *Revue Historique*, LXXXIX, p. 139-170, 1965), Henri-Irénée Marrou retoma a ideia de uma "história geral" que resiste à especialização dos métodos e à diversificação das cronologias segundo os níveis: ele deseja uma "história total, que se esforçaria por apreender, na sua complexidade, a meada embaraçada destas histórias particulares" (op. cit., p. 169).

significação bem funcional à análise dos fenômenos de fronteira. Os objetos que propunha à pesquisa eram determinados em função de uma operação a empreender (e não de uma realidade a obter) e com relação a modelos existentes.[75] Resultado desse empreendimento, o "fato" é a designação de uma relação. O acontecimento também pode reencontrar, desse modo, sua definição de ser um corte. Na verdade, ele não corta mais a espessura de uma realidade cujo solo será visível através de uma transparência da linguagem ou chegará por fragmentos à superfície do nosso saber. É inteiramente relativo a uma combinatória de séries racionalmente isoladas, passo a passo, cujos cruzamentos, condições e limites de validade serve para marcar.[76]

2. Isso já implica uma maneira "histórica" de reempregar os modelos tirados de outras ciências e de situar, com relação a elas, uma função da história. Um estudo de Pierre Vilar permite expli-

---

75 O objeto de estudo tem, em Fernand Braudel, o significado de ser uma "pedra de toque", uma operação tática relativa a uma situação da pesquisa e proporcionada a uma "definição" (da civilização) colocada, ela mesma, não como *a mais* verdadeira, mas como "*a mais fácil de manejar* para *prosseguir* da melhor maneira nosso trabalho" (*Écrits sur l'histoire*, op. cit., p. 288-294; o grifo é meu).

76 Parece-me que, a propósito de Paul Bois (*Les Paysans de l'Ouest*, Mouton, 1960; ed. de bolso, Flammarion, 1971), E. Le Roy Ladurie coloca um problema bem próximo daquilo que ele chama a história "factual-estrutural"* (Événement et longue durée dans l'histoire sociale: l'exemple chouan, in: *Le Territoire de l'historien*, Gallimard, 1973, p. 169-186). Mas aqui o acontecimento me parece, ao mesmo tempo, como a *questão colocada pela relação* entre duas séries mais rigorosamente isoladas (a infraestrutura econômica da Sarthe e a estrutura mental que divide o país em dois campos políticos), e como o *meio de responder articulando-as* (para que entre elas a relação mude, deve ter acontecido alguma coisa). Sob a forma do "momento" 1790-1799, ele *serve para designar* uma diferença na sua relação. O recorte mais sistemático das duas séries tem, em Bois, um duplo efeito. Por um lado, o de "fazer aparecer" (como questão) uma diferença de relação, e, por outro lado, o de fixar, para este cruzamento, o lugar daquele que, no discurso, tem a figura histórica do acontecimento.

* NT – "*evénementialo-structurale*".

citar esse princípio. A propósito dos trabalhos de J. Marczewski e de J. C. Toutain, ele mostrou os erros aos quais conduziria a "aplicação" sistemática de nossos conceitos e de nossos modelos econômicos contemporâneos ao Antigo Regime. Porém o problema era mais amplo. Para Marczewski, o economista se caracteriza pela "construção de um sistema de referências", e o historiador é aquele que "se serve da teoria econômica". Isso é colocar uma problemática que faz de uma ciência o instrumento de outra e que pode se inverter continuamente: afinal, quem "utiliza" quem? P. Vilar destruiu tal concepção. Do seu ponto de vista, a história tinha como tarefa analisar as "condições" nas quais esses modelos são válidos e, por exemplo, tornar precisos os "limites exatos das possibilidades" de uma "econometria retrospectiva". Manifesta um *heterogêneo relativo* aos conjuntos *homogêneos* constituídos por cada disciplina. Ela também poderá relacionar uns com os outros os limites próprios de cada sistema ou "nível" de análise (econômica, social etc.).[77] Assim, a história se torna uma "auxiliar", segundo uma palavra de Pierre Chaunu.[78] Não que esteja "a serviço" da economia, mas a relação que ela mantém com diversas ciências lhe permite exercer, com referência a cada uma delas, uma função crítica necessária, e lhe sugere também o propósito de articular em conjunto os limites evidenciados dessa maneira.

A mesma complementaridade se encontra em outros setores. Em urbanismo a história poderia "fazer, através da *diferença*, apreender a especificidade do espaço que temos o direito de exigir dos administradores atuais"; permitir "uma *crítica* radical dos conceitos operatórios do urbanismo"; e, inversamente, com relação aos modelos de uma nova organização espacial, dar conta de *resistências* sociais pela análise de "estruturas profundas de evolução

---

77   VILAR, Pierre. Pour une meilleure compréhension entre économistes et historiens. *Revue Historique*, CCXXXIII, p. 293-312, 1965.

78   CHAUNU, Pierre. Histoire quantitative et histoire sérielle. *Cahiers Vilfredo Pareto*, Genebra, Droz, 3, p. 165-175, 1964, ou *Histoire science sociale*, Sedes, 1974, p. 61.

lenta".[79] Uma tática do desvio especificaria a intervenção da história. Por sua vez, a epistemologia das ciências parte de uma teoria presente (na biologia, por exemplo) e reencontra a história sob forma *daquilo que não era* esclarecido, ou pensado, ou articulado outrora.[80] O passado surgiu ali, inicialmente, como o "ausente". O entendimento da história está ligado à capacidade de organizar as diferenças ou as ausências *pertinentes* e hierarquizáveis porque relativas às formalizações científicas atuais.

Uma observação de Georges Canguilhem sobre a história das ciências[81] pode ser generalizada e dar a essa posição de "auxiliar" todo o seu alcance. Efetivamente, a história parece ter um *objeto* flutuante cuja determinação se prende menos a uma decisão autônoma do que ao seu *interesse* e à sua importância para as outras ciências. Um interesse científico "exterior" à história define os objetos que ela se dá e os objetos para onde se desloca sucessivamente, segundo os campos mais decisivos (sociológico, econômico, demográfico, cultural, psicanalítico etc.) e conforme as problemáticas que os organizam. Mas o historiador assume esse *interesse* como uma tarefa própria no conjunto mais amplo da Pesquisa.

---

79 CHOAY, F. L'Histoire et la méthode em urbanisme. Op. cit., p. 1.151-1.153 (os grifos são meus). Como sugere, por sua vez, ALEXANDER, Christopher (*De la synthèse de la forme*, Dunod, 1971, p. 6-9), é, precisamente, graças a uma explicitação lógica, à *construção* atual de "estruturas de conjuntos", e, portanto, a uma "perda de sua inocência" intuitiva, que o urbanista descobre uma pertinência nas diferenças históricas – seja para se distinguir de concepções passadas, seja para relativizar as suas, seja para articulá-las em situações complexas que resistem ao rigor de um modelo teórico.

80 Assim, Michel Foucault: "Até o final do século XVIII, a vida não existe, existem apenas seres vivos" (*Les mots et les choses*, Gallimard, 1966, p. 173), ou François Jacob sobre "A inexistência da ideia de vida" até o início do século XIX (*La logique du vivant*, Gallimard, 1970, p. 103): um exemplo entre mil.

81 CANGUILHEM, G. *Études d'histoire et de philosophie des sciences*. Vrin, 1968, p. 18. Cf. as observações de FICHANT, Michel. *Sur l'histoire des sciences*. Maspero, 1969. p. 55.

Criou, assim, laboratórios de experimentação epistemológica.[82] Na verdade, não pode dar uma forma objetiva a esses exames, a não ser combinando os modelos com outros setores da sua documentação sobre uma sociedade. Daí o seu paradoxo: ele aciona as formalizações *científicas* que adota para experimentá-las, com os objetos *não científicos* com os quais pratica essa experiência. A história não deixou de manter a função que exerceu durante séculos por "razões" bem diferentes e que convém a cada uma das ciências constituídas: a de ser uma crítica.

Crítica e história

Esse trabalho sobre o limite poderia ser observado alhures, e não apenas onde recorre aos "fatos" históricos ou tratamento de "modelos" teóricos. Desde já, entretanto, aceitas, essas poucas indicações nos orientam para uma definição da pesquisa inteira. A estratégia da prática histórica implica um estatuto da história. Ninguém se espantará com o fato de que a natureza de uma ciência seja o postulado a exumar dos seus procedimentos efetivos, e que este seja o único meio de torná-los precisos. Na falta do que, cada disciplina seria identificável com uma essência, do que se presumiria que ela se coloca em seus avatares técnicos sucessivos, que ela sobrevive (não se sabe onde) a cada um deles, e que tem com a prática apenas uma relação acidental.

O breve exame da sua prática parece permitir uma particularização de três aspectos conexos da história: a mutação do "sentido" ou do "real" na produção de *desvios significativos*; a posição do

---

82   "*A field of epistemological enquiry*", escreve LEFT, Gordon (*History and Social Theory*, University of Alabama Press, 1969, p. 1). Um exemplo típico, e, sem dúvida, excessivamente metodológico, é o estudo original de Mc LEISH, John (*Evangelical Religion and Popular Education*, Londres: Methuen, 1969), que "experimenta", sucessivamente, diversas teorias (Marx, Malinowski, Freud, Parsons): ele faz do problema histórico (as campanhas escolares de Griffith Jones e de Hannah More no século XVIII) *a case-study method* (op. cit., p. 165), o meio de verificar a validade dos limites próprios a cada uma dessas teorias.

particular como *limite do pensável*; a composição de um lugar que instaura no presente a *figuração ambivalente do passado e do futuro*. 1. O primeiro aspecto supõe uma mudança completa do conhecimento histórico desde há um século. Há cem anos esse conhecimento representava uma sociedade à maneira de uma meditação-compilação de todo o seu devir. É verdade que a história era fragmentada numa pluralidade de histórias (biológicas, econômicas, linguísticas etc.).[83] Mas, entre essas positividades despedaçadas, como entre os ciclos diferenciados que a caracterizavam, a cada uma, o conhecimento histórico restabelecia o *Mesmo* pela sua relação comum com uma *evolução*. Esta recosturava, pois, descontinuidades, percorrendo-as como as figuras sucessivas ou coexistentes de um mesmo *sentido* (quer dizer, de uma orientação) e manifestando num texto mais ou menos teleológico a unicidade interior de uma direção ou de um devir.[84]

Atualmente, o conhecimento histórico é julgado mais por sua capacidade de medir exatamente os *desvios* – não apenas quantitativos (curvas de população, de salários ou de publicações), mas qualitativos (diferenças estruturais) – com relação às construções formais presentes. Em outros termos, conclui com aquilo que era a forma do *incipit* nos relatos históricos antigos: "Outrora *não era* como hoje". Cultivada metodicamente, essa distância ("não era...") tornou-se o resultado da pesquisa, em lugar de ser seu postulado e sua questão. Da mesma forma por hipótese, o "sentido" é eliminado dos campos científicos ao mesmo tempo que eles são constituí-

---

83   Cf. as reflexões análogas de FOUCAULT, Michel, "L'Histoire" (in: *Les mots et les choses*, op. cit., p. 378-385) sobre o laço entre a demultiplicação da História em histórias positivas particulares (da natureza, da riqueza ou da linguagem) e sua condição comum de possibilidade – a historicidade ou a finitude do homem).

84   Há muito tempo, historiadores e teóricos americanos manifestam suas reticências diante do uso "perigoso" das noções de *Meaning* ou *Significance* em história. Cf. GARDINER, Patrick. *Theories of History*. New York: The Free Press (1959), 1967, p. 7-8; DANTO, Arthur C. *Analytical Philosophy of History*. Cambridge University Press, 1965, p. 7-9 etc.

dos. O conhecimento histórico fez surgir não um sentido, mas as *exceções* que a aplicação de modelos econômicos, demográficos ou sociológicos faz aparecer em diversas regiões da documentação. O trabalho consiste em *produzir algo de negativo* que seja, ao mesmo tempo, *significativo*. Ele é especializado na fabricação das *diferenças pertinentes* que permitem "criar" um rigor maior nas programações e na sua exploração sistemática.

Próximo desse primeiro aspecto, o segundo refere-se ao elemento do qual se fez, com razão, a especialidade da história: o *particular* (que G. R. Elton distingue, com justeza, do "individual"). Se é verdade que o particular especifica ao mesmo tempo a atenção e a pesquisa históricas, isso não ocorre por se tratar de um objeto pensado, mas, pelo contrário, por estar no *limite do pensável*. Não é possível ser pensado se não for universal.

2. O historiador se instala na fronteira onde a lei de uma inteligibilidade encontra seu limite como aquilo que deve incessantemente ultrapassar, deslocando-se, e aquilo que não deixa de encontrar sob outras formas. Se a "compreensão" histórica não se fecha na tautologia da lenda ou se refugia no ideológico, terá como característica, não primordialmente, tornar pensáveis séries de dados triados (ainda que isso seja a sua "base"), mas *não renunciar nunca à relação que essas "regularidades" mantêm com "particularidades"* que lhe escapam. O detalhe biográfico, uma toponímia aberrante, uma baixa local de salários etc., todas essas formas de exceção simbolizadas pela importância do nome próprio em história renovam a tensão entre os sistemas explicativos e o "isso" ainda inexplicado. E designar *isso* como um "fato" não é senão um modo de nomear o incompreendido; é um *Meinen* e não um *Verstehen*. Mas é também manter como necessário aquilo que é ainda impensado.[85]

Sem dúvida é preciso ligar a essa experiência o pragmatismo que vela em cada historiador, e que o leva tão rápido a expor a te-

---

85 Cf. CERTEAU, M. de. *L'absent de l'histoire*. Mame, col. "Sciences humaines, idéologies", 1973, principalmente p. 171 ss., "Altérations".

oria ao ridículo. Mas seria ilusório acreditar que a simples menção "é um fato" ou que o "aconteceu" equivale a uma compreensão. A crônica ou a erudição que se contenta com adicionar particularidades apenas ignora a lei que a organiza. Esse discurso, tal como o da hagiografia ou das "crônicas",[86] não faz senão ilustrar com mil variantes as antinomias *gerais* próprias a uma retórica do excepcional. Cai na sensaboria da repetição. Na verdade, a particularidade tem por atribuição desempenhar sobre o fundo de uma formalização explícita; por função, introduzir ali uma interrogação; por significação, remeter aos atos, pessoas e a tudo que permanece ainda exterior ao saber assim como ao discurso.

3. O lugar que a história criou, combinando o modelo com os seus desvios, ou agindo na fronteira da regularidade, representa um terceiro aspecto de sua definição. Mais importante que a referência ao passado é a sua introdução sob a forma de uma distância tomada. Uma falha se insinua na coerência científica de um presente, e como poderia ela sê-lo, efetivamente, senão por alguma coisa de objetivável, o passado, que tem por função significar a alteridade? Mesmo se a etnologia substitui, parcialmente, a história nessa tarefa de instaurar uma *encenação do outro*, no presente – razão pela qual essas duas disciplinas mantêm relações tão estreitas –, o passado é, inicialmente, o meio de *representar uma diferença*. A operação histórica consiste em recortar o dado segundo uma lei presente, que se distingue do seu "outro" (passado), distanciando-se com relação a uma situação adquirida e marcando, assim, por um discurso, a mudança efetiva que permitiu esse distanciamento.

Assim, a operação histórica tem um efeito duplo. Por um lado, historiciza o atual. Falando mais propriamente, ela presentifica uma situação vivida. Obriga a explicitar a relação da razão reinante com um *lugar* próprio que, por oposição a um "passado", se torna o presente. Uma relação de reciprocidade entre lei e seu limite engendra, simultaneamente, a diferenciação de um presente e de um passado.

---

86   Cf. BARTHES, Roland. Structure du fait divers. *Essais critiques*. Seuil, 1964, ou *infra*, "A edificação hagiográfica", p. 248 ss.

Mas, por outro lado, a imagem do passado mantém o seu valor primeiro de representar *aquilo que falta*. Com um material que, para ser objetivo, está necessariamente aí, mas é conotativo de um passado na medida em que, inicialmente, remete a uma ausência e introduz também a falta de um futuro. Um grupo, sabe-se, não pode exprimir o que tem diante de si – o que ainda falta – senão por uma redistribuição do seu passado. Também a história é sempre ambivalente: o lugar que ela destina ao passado é igualmente um modo de *dar lugar a um futuro*. Da mesma maneira que vacila entre o exotismo e a crítica, a título de uma encenação do outro, oscila entre o conservadorismo e o utopismo, por sua função de significar uma falta. Sob essas formas extremas, torna-se, no primeiro caso, legendária ou polêmica; no segundo, reacionária ou revolucionária. Mas esses excessos não poderiam fazer esquecer aquilo que está inscrito na sua prática mais rigorosa, a de *simbolizar o limite* e através disso *tornar possível uma ultrapassagem*. O velho *slogan* das "lições da história" retoma algum significado, dessa perspectiva, se, deixando de lado uma ideologia de herdeiros, identificarmos a "moral da história" com esse interstício criado na atualidade pela representação de diferenças.

III. UMA ESCRITA

A representação – *mise-en-scène* literária – não é "histórica" senão quando articulada com um *lugar social* da operação científica e quando institucional e tecnicamente ligada a *uma prática do desvio*, com relação aos modelos culturais ou teóricos contemporâneos. Não existe relato histórico no qual não esteja explicitada a relação com um corpo social e com uma instituição de saber. Ainda é necessário que exista aí "representação". O espaço de uma figuração deve ser composto. Mesmo se deixarmos de lado tudo aquilo que se refere a uma análise estrutural do discurso histórico,[87] resta encarar a opção que faz passar da prática investigadora à escrita.

---

87 A esse respeito, cf. BARTHES, Roland Barthes. Le discours de l'histoire, in *Scienci Information*, VI, 4, p. 65-75, 1967; GÜTTGEMANS, Erhardt. Texte

A inversão escriturária

O *writing*,[88] ou a *construção de uma escrita* (no sentido amplo de uma organização de significantes), é uma passagem, sob muitos aspectos, estranha. Conduz da prática ao texto. Uma transformação assegura o trânsito, desde o indefinido da "pesquisa" até aquilo que H. I. Marrou chama a "servidão" da escrita.[89] "Servidão", com efeito, pois a fundação de um espaço textual provoca uma série de distorções com relação aos procedimentos da análise. Com o discurso parece se impor uma lei contrária às regras da prática.

A primeira imposição do discurso consiste em prescrever como início aquilo que na realidade é um ponto de chegada, ou mesmo um ponto de fuga da pesquisa. Enquanto esta dá os seus primeiros passos na atualidade do lugar social, e do aparelho institucional ou conceitual, determinados ambos, a exposição seguem uma ordem *cronológica*. Toma o mais anterior como ponto de partida. Tornando-se um texto, a história obedece a uma segunda imposição. A prioridade que a prática dá a uma tática de desvio, com relação à base fornecida pelos modelos, parece contradita pelo *fechamento* do livro ou do artigo. Enquanto a pesquisa é interminável, o texto deve ter um fim, e esta estrutura de parada chega até a introdução, já organizada pelo dever de terminar. Também o conjunto se apresenta como uma arquitetura estável de elementos, de regras e de conceitos históricos que constituem sistema entre si e cuja coerência vem de uma unidade designada pelo próprio nome do autor. Finalmente, para ater-se a alguns exemplos, a representação escriturária é "plena"; preenche ou oblitera as lacunas que constituem, ao contrário, o próprio princípio da pesquisa, sempre aguçada pela falta. Dito de outra maneira, através de um conjunto

---

et histoire, categories fondamentales d'une Poétique generative. *Linguistica Biblica*, Bonn, n. 11, 1972, e *infra*, n. 106.

---

88   Em *The Practtice of History* (New York: T. Y. Crowell Co., 1970, p. 88-141), G. R. Elton consagra a parte central de sua análise à escrita – *Writing*.

89   MARROU, Henri-Irénée. *De la connaissance historique*. Seuil, 1954. p. 279.

de figuras de relatos e de nomes próprios, torna *presente* aquilo que a prática percebe como seu limite, como exceção ou como diferença, como passa. Por esses poucos traços – a inversão da ordem, o encerramento do texto, a substituição de um trabalho de lacuna por uma presença de sentido – pode-se medir a "servidão" que o discurso impõe à pesquisa.

A escrita seria, então, a imagem invertida da prática? Teria, como nas criptografias, nos jogos de crianças ou nas imitações de moedas pelos falsários, o valor da *escrita em espelho*,[90] ficção fabricadora de enganos e de segredos, traçando a cifra de um silêncio pela inversão de uma prática normativa e de sua condição social. Assim acontece no caso dos *Miroirs de l'Histoire*. Certamente eles escondem sua relação com práticas que não são mais históricas, mas políticas e comerciais, porém, servindo-se de um passado para negar o presente que repetem, segregam algo estranho às relações sociais atuais, *produzem o segredo* na linguagem; seus jogos designam um retiro que se pode contar em lendas, invertendo as condutas do trabalho e tomando seu lugar. A escrita em espelho é séria por causa do que faz – dizer outra coisa pela reversão do código das práticas –; ela é ilusória apenas na medida em que, por não se saber o que faz, tender-se-ia a identificar o seu segredo ao que põe na linguagem e não ao que dela subtrai.

De fato, a escrita histórica – ou historiadora – permanece controlada pelas práticas das quais resulta; bem mais do que isso, ela própria é uma prática social que confere ao seu leitor um lugar bem determinado, redistribuindo o espaço das referências simbólicas e impondo, assim, uma "lição"; ela é didática e magisterial. Mas ao mesmo tempo funciona como imagem invertida; dá lugar à falta e a esconde; cria esses relatos do passado que são o equivalente dos cemitérios nas cidades; exorciza e reconhece uma presença da morte

---

90 Cf. LÉVY, J. M. L'Écriture em miroir dês petits écoliers. *Journal de Psychologie Normale et Pathologique*, 1935, t. XXXII, p. 443-454, e, principalmente, AJURIAGUERRA, J. de; DIATKINE, R.; GOBINEAU, H. de. L'Écriture em miroir, in *La Semaine des Hôpitaux de Paris*, n. 2, p. 80-86, 1956.

92 A Escrita da História • Michel de Certeau

no meio dos vivos. Representando nas duas cenas, ao mesmo tempo contratual e legendária, escrita performativa[91] e escrita em espelho, ele tem o estatuto ambivalente de "fazer a história", como mostrou Jean-Pierre Faye,[92]e, não obstante, de "contar histórias", quer dizer, de impor as violências de um poder e de fornecer escapatórias. Ela "instrui" divertindo, costumava-se dizer. Tornando precisos alguns aspectos da construção historiográfica, as relações de diferença e de continuidade, que a escrita mantém com uma disciplina de trabalho, podem aparecer melhor,[93] mas também sua função social como prática se evidenciará com maior clareza.

Efetivamente, destacando-se do trabalho cotidiano, das eventualidades, dos conflitos, das combinações de microdecisões que caracterizam a pesquisa concreta, o discurso se situa fora da experiência que lhe confere crédito; ele se dissocia do *tempo que passa*, esquece o escoamento dos trabalhos e dos dias para fornecer "modelos" no quadro "fictício" do *tempo passado*. Mostrou-se o que essa construção tinha de arbitrária. Problema geral. Assim, o "Cahier rouge" de Claude Bernard (1850-1860) representa uma crônica já distante da experiência efetiva em laboratório, e a teoria, a *Introduction à l'étude de la medécine expérimentale* (1865), é, por sua vez, decalada, simplificadora e redutora com relação ao "Cahier".[94] Entre milhares de outros, esse exemplo mostra a passagem da prática à crônica e da crônica à didática. Só uma distorção permite a introdução da "experiência" numa outra prática, igual-

---

91 Sobre a performatividade, cf. *infra*, p. 100 e 106-108.

92 FAYE, Jean-Pierre. *Langages totalitaires* e *Théories du récit*. Hermann, 1972.

93 Cf. MINGUELEZ, Roberto. Le récit historique: légalité et signification. *Semiotica*, t. III, n. 1, p. 20-36, 1971, e, do mesmo autor, *Sujet et histoire*, Ottawa: Ed. de l'Université, 1973.

94 Cf. GRMEK, M. D. *Raisonnement experimental et recherché toxicologiques chez Claude Bernard*. Genebra: Droz, 1973. Este estudo minucioso, cujo interesse ultrapassa amplamente o caso particular de Claude Bernard, permite a apropriação, ao vivo, das decalagens que fazem passar da *experiência* (aqui controlada) à "crônica", e da crônica ao discurso *didático* – teoria ou "história".

mente social, mas simbólica, escriturária, que substitui a autoridade de um saber pelo trabalho de uma pesquisa. O que é que o historiador *fabrica* quando se torna *escritor*? Seu próprio discurso deve revelá-lo.

A cronologia, ou a lei mascarada

Os resultados da pesquisa se expõem de acordo com uma ordem cronológica. Certamente, a constituição de séries, o isolamento de "conjunturas" globais, tanto quanto as técnicas do romance ou do cinema, tornaram flexível a rigidez dessa ordem, permitiram a instauração de quadros sincrônicos e renovaram os meios tradicionais de fazer interagir momentos diferentes. Não é menos verdade que toda historiografia coloca um *tempo das coisas* como um contraponto e a condição de um *tempo discursivo* (discurso "avança" mais ou menos rápido, conforme ele se retarde ou se precipite). Mediando esse tempo referencial, ele pode condensar ou estender seu próprio tempo,[95] produzir efeitos de sentido, redistribuir e codificar a uniformidade do tempo que corre. Essa diferença já tem a forma de um desdobramento. Criou o jogo e forneceu a um saber a possibilidade de se produzir num "tempo discursivo" (tempo "diegético", diz Genette), situado a distância do tempo "real". O serviço que a remissão a esse tempo referencial presta à historiografia pode ser encarado sob diversos aspectos.

O primeiro (que se há de encontrar sob outras medidas) é o de *tornar compatíveis os contrários*. Exemplo simples: pode-se dizer "o tempo está bom" ou "o tempo não está bom". Essas duas

---

95   Desse ponto de vista, a historiografia pode obter maior eficácia dos meios técnicos acionados pelo cinema. Cf., exemplo interessante, ROUGET, Gilbert, Une expérience de cinéma synchrone au ralenti (in: *L'Homme*, t. XI, n. 2, p. 113-117, 1971), a propósito do *Zeitregler* ou "extensor de tempo" (Strecher), que permite dilatar ou contrair o tempo sonoro sem deformá-lo, e, portanto, retardar ou precipitar a imagem. Cf. também SCHAEFFER, Pierre, *Traité des objets musicaux*, Seuil, 1966, p. 425-426, sobre as acelerações ou retardamentos que fazem parte de um procedimento tradicional em história.

proposições não podem ser enunciadas ao mesmo tempo, mas apenas uma ou outra. Por outro lado, se introduz a diferença de tempo, de maneira a transformar as duas proposições em "ontem o tempo estava bom" e "hoje não está", torna-se legítimo manter *uma e outra*. Logo, os contrários são compatíveis, no mesmo texto, sob a condição de que ele seja narrativo. A temporalização cria a possibilidade de tornar coerentes uma "ordem" e o seu "heteróclito". Com relação ao "espaço plano" de um sistema, a narrativização cria uma "espessura" que permite colocar, *ao lado* do sistema, o seu contrário ou o seu resto. Uma colocação em perspectiva histórica autoriza, pois, a operação que, no mesmo lugar e no mesmo texto, substitui a disjunção pela conjunção, reúne enunciados contrários e, mais amplamente, supera a diferença entre uma ordem e aquilo que ela exclui. É também o instrumento por excelência de todo discurso que pretenda "compreender" posições antinômicas (basta que um dos termos em conflito seja classificado como passado), "reduzir" o elemento aberrante (este se torna um caso "particular" que se inscreve como detalhe positivo num relato) ou a considerar como "ausente" (num outro período) aquilo que foge a um sistema do presente e nele assume aspecto de estranheza.

Mas essa temporalização, que se esquiva dos limites impostos a qualquer rigor e compõe uma cena, na qual os incompatíveis podem funcionar juntos, tem como paga a sua recíproca: o relato não pode guardar do silogismo senão a aparência; lá onde ele explica, é entimemático,[96] "finge" arrazoar. Na verdade, assim, preserva, nas suas margens, mantendo a relação de uma razão com aquilo que se passa fora dela, a possibilidade de uma ciência ou de uma filosofia (ele é heurístico), mas como tal ocupa o lugar e oculta a ausência delas. Pode-se também perguntar o que autoriza a historiografia a se constituir como síntese dos contrários a não ser um rigor racio-

---

96   Roland Barthes o notou em *Le discours de l'histoire*, op. cit., p. 71-72. Cf. principalmente HEMPEL, C. G., The Function of General Laws in History, in *Journal of Philosophy*, t. XXXIX, 1942: sobre os esboços de explicação (*explanation sketch*) que a historiografia fornece é o estudo que ainda serve de referência.

nal. De fato, se forem adotadas as distinções de Benvéniste entre "discurso" e "relato",[97] ela é um *relato* que funciona, na realidade, como *discurso* organizado pelo lugar dos "interlocutores" e fundamentado no lugar que se dá o "autor" com relação aos seus leitores. O recurso à cronologia reconhece que é o lugar da produção que autoriza o texto, antes de qualquer outro signo.

A cronologia indica um segundo aspecto do serviço que o tempo presta à história. Ela é a condição de possibilidade do recorte em períodos. Mas (no sentido geométrico) rebate, sobre o texto, a imagem invertida do tempo que, na pesquisa, vai do presente ao passado. Segue seu rastro pelo reverso. A exposição histórica supõe a escolha de um novo "espaço vetorial" que transforma o sentido do percurso do vetor tempo e inverte sua orientação. Somente esta inversão parece tornar possível a articulação da prática com a escrita. Ao indicar uma ambivalência do tempo,[98] coloca-se inicialmente o problema de um *re-começo*: onde começa a escrita? Onde se estabelece para que haja historiografia?

À primeira vista, ela remete o tempo ao momento do destinatário. Constrói, assim, o lugar do leitor em 1975. Do fundo dos tempos vem até ele. Quer participe (ou não) de uma temática do progresso, faça drenagem das longas durações ou conte uma sequência de "episteme", enfim, qualquer que seja o seu conteúdo, a historiografia trabalha para encontrar um presente que é o término de um percurso, mais ou menos longo, na trajetória cronológica (a história de um século, de um período ou de uma série de ciclos). O presente, postulado do discurso, torna-se a *renda* da operação

---

97 BENVÉNISTE, Émile. *Problèmes de linguistique générale.* Gallimard, 1966, p. 253-254: no *discurso*, "a instância está no *hic et nunc* dos interlocutores... no seu ato da palavra" (diz-se: o prefeito partiu *ontem*); no *relato*, a instância está constituída pelos termos... que se referem... aos objetos 'reais'... aos tempos e aos lugares 'históricos'..."

98 Cf., por exemplo, as observações de André Viel, Du chronique au chronologique, in: *Histoire de notre image*, Mont-Blanc, 1965, p. 109-141, sobre o tempo não orientado e a ambivalência.

escriturária: o lugar de produção do texto se transforma em lugar produzido pelo texto.

Portanto, o relato tem sua duplicidade. A cronologia da obra de história não é senão um segmento limitado (por exemplo, descreve-se a evolução do Languedoc do século XV ao XVIII), colhido num eixo mais amplo, que o ultrapassa, de um lado e de outro.

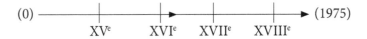

Por um lado, a cronologia visa ao momento presente através de uma distância – a semirreta deixada em branco, definida apenas, na sua origem (do século XVIII aos nossos dias). Por outro lado, supõe uma série finita cujos termos permanecem incertos; postula em última instância o recurso ao conceito vazio e necessário de um ponto zero, origem (do tempo) indispensável a uma orientação.[99] O relato inscreve, pois, em toda a superfície da sua organização, essa referência inicial e imperceptível, que é a condição de sua historicização. Permitindo à atualidade "existir" no tempo e, finalmente, simbolizar-se a si mesma, ele a estabelece numa relação necessária com um "começo" que não é *nada*, ou que não tem outro papel senão o de ser um limite. A colocação do relato veicula, por toda parte, uma relação tática com algo que não pode ter lugar na história – um não lugar fundador –, sem o qual, entretanto, não haveria historiografia. A escrita dispersa, na encenação cronológica, a referência de todo o relato a um não dito que é o seu postulado.

Este não lugar determina o interstício entre a prática e a escrita. A cesura qualitativa entre uma e outra é, sem dúvida, ma-

---

99 Desse ponto de vista, existe, na episteme grega, uma ligação entre a ausência do zero na matemática e a ausência de uma história que pense o passado como diferença. Sobre o "conceito" de zero, cf. as observações de Frege in *Les Fondements de l' arithmétique*, trad. Cl. Imbert, Seuil, 1969, § 8 e principalmente 74.

Capítulo II • A Operação Historiográfica **97**

nifestada pelo fato de que a escrita desnatura e inverte o tempo da prática. Mas apenas uma passagem silenciosa para o limite apresenta, efetivamente, sua diferença. Um zero do tempo articula uma com a outra. É o limiar que conduz da fabricação do objeto à construção do signo.

Esse nada inicial esboça o retorno disfarçado de um passado estranho. Poder-se-ia dizer que é o mito, transformado em postulado da cronologia – ao mesmo tempo suprimido do relato e sempre considerado ineliminável. Uma relação necessária com o outro, com *esse* "zero" mítico, permanece inscrita no conteúdo com todas as transformações da genealogia, com todas as modulações das histórias dinásticas ou familiares de uma política, de uma economia ou de uma mentalidade. Para que o relato "desça" até o presente, é preciso que ele se apoie, anteriormente, em um nada do qual a *Odisseia* já dava a fórmula: "ninguém sabe por si mesmo quem é seu pai".[100] Banido do saber, um fantasma se insinua na historiografia e determina-lhe a organização: é aquilo que não se sabe, aquilo que não tem nome próprio. Sob a forma de um passado que não tem lugar designável, mas que não pode ser eliminado, é a *lei do outro*.[101]

"A lei sempre tira partido daquilo que se escreve".[102] Se a historiografia resulta de uma operação atual e localizada, enquanto

---

100 *Odyssée*, trad. Leconte de Lisle, Rapsodie, I, p. 7.

101 Cf. a esse respeito Jean Laplanche e J. B. Pontalis, Fantasme originaire, fantasme des origines, origine du fantasme, in *Les temps modernes*, XIX, 1964, p. 1.832-1.868. Esse estudo sobre a "encenação do desejo" na sequência de imagens esclarece, também, os problemas expostos pelo discurso histórico. "O sujeito pode existir sob uma forma subjetivada, quer dizer, na própria sintaxe da sequência em questão". "O desejo se articula na frase do fantasma, que é, escrevem os autores, o lugar de eleição para as operações defensivas mais primitivas, tais como a autoagressão, a formação de reação, a projeção, a denegação" (op. cit., p. 1.868). O relato histórico apresenta, também, como encenação, esses caracteres do fantasma.

102 BLANCHOT, Maurice. *L'Entretien infini*, Gallimard, 1969, p. 625. Cf. MO-SCHONNIC, Henri. Maurice Blanchot ou l' écriture hors langage, in *Les Cahiers du Chemin*, n. 20, p. 79-116, 15 de janeiro de 1974.

98 A Escrita da História • Michel de Certeau

escrita, repete um outro início, impossível de datar ou de representar, postulado pelo desdobramento, à primeira vista simples, da cronologia.[103] Dobra o tempo gratificante – o tempo que vem a vocês, leitores, e valoriza o lugar de vocês – com a sobra de um tempo proibido. A ausência, pela qual *começa* toda literatura, inverte (e permite) a maneira pela qual a narrativa se preenche de sentido e o discurso estabelece um lugar para o destinatário. Os dois se combinam e ver-se-á que a historiografia tira sua força da transformação da genealogia em mensagem e do fato de se situar "acima" do leitor, por estar mais próxima daquilo que confere poder. O texto reúne os contraditórios desse tempo instável. Restaura, discretamente, a sua ambivalência. Revela, na surdina, o contrário do "sentido" através do qual o presente pretende compreender o passado. Na verdade, ao contrário daquilo que ela faz quando se torna a si mesma como objeto, essa escrita não se reconhece como "trabalho da negação". Entretanto, ela o testemunha. A construção do sentido se articula com o seu contrário. Mesmo aqui a linguagem do escritor "não apresenta tornando presente aquilo que mostra, mas mostrando-o por trás de tudo, como o sentido e a ausência deste todo".[104]

Quando o relato é histórico, entretanto, resiste à sedução do começo; não cede ao Eros da origem. Não tem por meta, como o mito, encenar a autoridade necessária e perdida sob o aspecto do evento que não ocorreu.[105] Ele não diz o que supõe, pois tem por objetivo dar lugar a um *trabalho*. A lei transita somente através de

---

103 Philip Rieff insistiu, particularmente, no recomeço e na repetição que caracterizam o "*model of time*" freudiano; cf. The authority of the past, in *Freud: the mind of the the moralist*, New York: Viking Press, 1959; The meaning of history and religion in Freud thought, in MAZLISCH, Bruce (ed.), *Psychoanalysis and History*, Englewood Cliffs (N.J.), 1963. p. 23-44 etc.

104 BLANCHOT, Maurice. Le règine animal de l' esprit, in *Critique*, n. 18, p. 387-405, 1947, e La literature et le droit à la mort, in *Critique*, n. 20, p. 30-47, 1948.

105 Sobre essa concepção do mito, cf. RABANT, Claude, Le mythe à l'avenir (re)commence, in *Esprit*, p. 631-643, abril 1971.

um estudo particular, cuja organização assegura a relação entre os termos (a origem, o presente) que permanecerá fora do campo.

A construção desdobrada

Entre os problemas que o relato, encarado como discursividade, propõe,[106] alguns dizem respeito, mais especificamente, à construção da historiografia. Estes provêm de um *querer* ao qual a temporalização fornece um quadro, permitindo manter juntas as contradições sem ter que resolvê-las. Esse propósito "globalizante" opera em toda parte. Remete, finalmente, a uma vontade política de gerar conflitos e regulamentá-los a partir de um só lugar. Literalmente produz textos que, de várias maneiras, têm a característica dupla de combinar uma *semantização* (a edificação de um sistema de sentidos) com uma *seleção* (essa triagem tem seu início no lugar em que um presente se separa de um passado), e de ordenar uma *"inteligibilidade"* por meio de uma *normatividade*. Alguns traços, que se referem, inicialmente, ao seu estatuto numa tipologia dos discursos, e depois à organização do seu conteúdo, vão particularizar o funcionamento da historiografia como *mista*.

Em vista de uma tipologia geral dos discursos, uma primeira aproximação se refere ao modo pelo qual se organiza, em cada discurso, a relação entre seu "conteúdo" e sua "expansão". Na *narração*, um e outro remetem a uma ordem de sucessão; o tempo referencial (uma série A, B, C, D, E etc. de momentos) pode ser, no exposto, o objeto de omissões e de inversões suscetíveis de produzir efeitos de sentido (por exemplo, o relato literário ou cinematográfico apresenta a série: E, C, A, B etc.). No discurso "lógico", o conteúdo, definido pelo estatuto de verdade (e/ou de verificabilidade) atribuível a enunciados, implica relações silogísticas (ou "legais") entre eles, que determinam a maneira da exposição (indução e dedução). Ele,

---

106   Cf. a esse respeito WEINRICH, Harald, Narrative Strukturen in Geschichtschreinbung, in KOSELLECK, R.; STEMPEL, W. D. (eds). *Geschichte. Ereignis und Erzählung*. Munique: W. Fink, 1973, p. 519-523.

100 A Escrita da História • Michel de Certeau

o discurso *histórico*, pretende dar um conteúdo verdadeiro (que vem da verificabilidade), mas sob a forma de uma narração.

	conteúdo	expansão
narração	série temporal A, B, C, D...	sucessividade temporal (E,C,A...)
discurso histórico	"verdade'"	Sucessividade temporal
discurso lógico	verdade das preposições	silogismo (indução, dedução)

Combinando sistemas heteróclitos, esse discurso misto (feito de dois, situado entre dois) vai se construir seguindo dois movimentos contrários: uma *narrativização* faz passar do conteúdo à sua expansão, de modelos acrônicos a uma cronologização, de uma doutrina a uma manifestação de tipo narrativo; inversamente, uma *semantização* do material faz passar dos elementos descritivos a um encadeamento sintagmático dos enunciados e à constituição de sequências históricas programadas. Mas esses procedimentos geradores do texto não poderiam ocultar o deslizamento *metafórico* que, segundo a definição aristotélica, opera a "passagem de um gênero para o outro". Indício desse misto, a metáfora está presente em toda parte. Ela disfarça a explicação histórica com um caráter entimemático. Deporta a causalidade para a sucessividade (*post hoc, ergo propter hoc*). Representa relações de coexistência como relações de coerência etc. A plausibilidade dos enunciados se substitui constantemente à sua verificabilidade. Daí a autoridade que esse discurso necessita para se sustentar: aquilo que perde em rigor deve ser compensado por um acréscimo de credibilidade.

A essa exigência pode-se acrescentar uma outra forma de desdobramento. Coloca-se como historiográfico o discurso que "compreende" seu outro – a crônica, o arquivo, o documento –, quer dizer, aquilo que se organiza em texto *folheado* do qual uma metade, contínua, se apoia sobre a outra, disseminada, e assim se

Capítulo II • A Operação Historiográfica 101

dá o poder de dizer o que a outra significa sem o saber. Pelas "citações", pelas referências, pelas notas e por todo o aparelho de remetimentos permanentes a uma linguagem primeira (que Michelet chamou "crônica"),[107] ele se estabelece como *saber do outro*. Ele se constrói segundo uma problemática de processo, ou de *citação*, ao mesmo tempo capaz de "fazer surgir" uma linguagem referencial que aparece como realidade, e julgá-la a título de um saber. A convocação do material, aliás, obedece à jurisdição que, na encenação historiográfica, se pronuncia sobre ele. Também a estratificação do discurso não tem a forma do "diálogo" ou da "colagem". Ela combina no singular do saber, *citando* o plural dos documentos *citados*. Nesse jogo, a decomposição do material (pela análise, ou divisão) tem sempre como condição e limite a *unicidade* de uma recomposição textual. Assim, a linguagem citada tem por função comprovar o discurso: como referencial, introduz nele um efeito de real; e por seu esgotamento remete, discretamente, a um lugar de autoridade. Sob esse aspecto, a estrutura desdobrada do discurso funciona à maneira de uma maquinaria que extrai da citação uma verossimilhança do relato e uma validade do saber. Ela produz credibilidade.

Implica também um funcionamento particular, epistemológico e literário desses textos clivados. Por um lado, com referência às categorias de Karl Popper, trata-se antes de "*interpretação*" do que de "explicação". Na medida em que o discurso recebe de uma relação interna crônica o estatuto de ser o seu saber, ele se constrói sobre um certo número de postulados epistemológicos: a necessidade de uma semantização referencial, que lhe vem da cultura; a transcritibilidade das linguagens já codificadas, das quais se faz o intérprete; a possibilidade de constituir uma metalinguagem da pró-

---

107 Esse discurso – montagem de outros discursos – se produz graças a dispositivos muito varidos: o estilo indireto (a historiografia diz que um outro disse que...), as aspas, a ilustração etc. Pode-se dizer que o "passado" representado é o efeito da maneira pela qual o discurso administra sua relação com a "crônica". Desse ponto de vista, a crônica pode ser mais ou menos triturada. Existem muitas maneiras de tratá-la, desde o "resumo" que a reduziu a uma série de "fatos" até a extração de dados utilizáveis por uma história real.

pria língua dos documentos utilizados. Sob essas formas diversas, a citação introduz no texto um extratexto necessário. Reciprocamente, a citação é o meio de articular o texto com a sua exterioridade semântica, de permitir-lhe fazer de conta que assume uma parte da cultura e de lhe assegurar, assim, uma credibilidade referencial. Sob esse aspecto a citação não é senão um caso particular da regra que torna necessária, à produção da "ilusão realista", a multiplicação dos nomes próprios, das descrições e do dêitico.[108] Também, para não tomar senão um exemplo, os nomes próprios já têm valor de citação. São imediatamente afiançáveis. Enquanto o romance deve, pouco a pouco, preencher os predicados do nome próprio que ele coloca no seu início (como Julien Sorel), a historiografia já o recebe preenchido (como Robespierre) e se contenta em operar um trabalho com uma linguagem referencial.[109] Mas essa condição externa de um saber do outro, ou de uma heterologia,[110] tem como corolário a possibilidade para o discurso de ser ele mesmo um equivalente de uma semiótica, uma metalinguagem de línguas naturais, logo, um texto que supõe e manifesta a transcritibilidade de codificações diferentes. De fato, essa metalinguagem se desenvolve no próprio léxico dos documentos que ele decodifica; não se distingue, formalmente (ao contrário do que ocorre em toda ciência), da língua que interpreta. Logo, não pode controlar a distância do nível da análise que pretende fazer, nem constituir como campo próprio e unívoco

---

108 Cf., por exemplo, as notas de BACHELIER, J. L., "Sur-Nom", in *Communications*, n. 419, 1972; HAMON, Phillippe, Um discours contraint, in *Poètique*, n. 16, p. 426-427, 1973. Inversamente, o *eu*, marca essencial do discurso fantástico (cf. TODOROV, T. *Introduction à la Litèrature fantastique*), deve ser evitado; ele suprimiria a nominação. Logo, "a ausência de nome (...) provoca uma deflação capital da ilusão realista" (BARTHES, Roland., *S/Z*, Seuil, 1970. p.102).

109 O nome próprio permite um efeito duplo. Por um lado, significa: "Robespierre, você sabe o que é isto". É *afiançável*. Por outro lado, é o objeto de uma decalagem didática: "Robespierre, é outra coisa além daquilo que você sabe, e eu vou lhe ensinar". É a baliza do acréscimo de saber a que se credita *uma competência*.

110 Cf. CERTEAU, M. de. *L'absent de l'histoire*. Mame, 1973. p. 173 ss.

os conceitos que o organizam. Ela se conta *na* linguagem do seu outro. Brinca com ela. O estatuto da metalinguagem é, pois, o postulado de um "querer compreender". É antes um *a priori* do que um produto. A interpretação tem como característica reproduzir, no interior do seu discurso desdobrado, a relação entre um lugar do saber e sua exterioridade.

Citando, o discurso transforma o citado em fonte de credibilidade e léxico de um saber. Mas, por isso mesmo, coloca o leitor na posição do que é citado; ele o introduz na relação entre um saber e um não saber. Dito de outra maneira, o discurso produz um contrato enunciativo entre o remetente e o destinatário. Funciona como discurso didático, e o faz tanto melhor na medida em que dissimule o lugar de onde fala (ele suprime o *eu* do autor), ou se apresente sob a forma de uma linguagem referencial (é o "real" que lhes fala), ou conte mais do que raciocine (não se discute um relato) e na medida em que tome os seus leitores lá onde estão (ele fala sua língua, ainda que de outra maneira e melhor do que eles). Semanticamente saturado (não tem mais falhas da inteligibilidade), "comprimido" (graças a "uma diminuição máxima do trajeto e da distância entre os focos funcionais da narrativa"),[111] e fechado (uma rede de catáforas e de anáforas assegura incessantes remetimentos do texto a si mesmo, enquanto totalidade orientada), esse discurso não deixa escapatória. A estrutura interna do discurso trapaceia. Produz um tipo de leitor: um destinatário citado, identificado e doutrinado pelo próprio fato de estar colocado na situação da crônica diante de um saber. Organizando o espaço textual, estabelece um contrato e organiza também o espaço social. Desse ponto de vista, o discurso faz o que diz. É performativo. Os artifícios da historiografia consistem em criar um discurso performativo falsificado, no qual o constativo aparente não é senão o significante do ato de palavra como ato de autoridade".[112]

---

111 HAMON, Ph., op. cit., p. 440-441.
112 BARTHES, R. *Le discours de l'histoire*. Op. cit.. p. 74.

Um terceiro aspecto do desdobramento não se refere mais nem ao caráter misto, nem à estratificação do discurso, mas à problemática de sua manifestação, a saber, a relação entre o *acontecimento* e o *fato*. A respeito de um assunto tão debatido, eu me contento com uma indicação relativa à construção da escrita. Desse ponto de vista, o acontecimento é aquele que *recorta*, para que haja inteligibilidade; o fato histórico é aquele que *preenche* para que haja enunciados de sentido. O primeiro condiciona a organização do discurso; o segundo fornece os significantes, destinados a formar, de maneira narrativa, uma série de elementos significativos. Em suma, o primeiro articula, e o segundo soletra.

Efetivamente, o que é um acontecimento senão aquilo que é preciso supor para que a organização dos documentos seja possível? Ele é o meio pelo qual se passa da desordem à ordem. Ele não explica, permite uma inteligibilidade. É o postulado e o ponto de partida – mas também o ponto cego – da compreensão. "Deve ter acontecido alguma coisa", *aí*, diante das constatações que possibilitam construir séries de fatos ou transitar de uma regularidade para outra. Bem longe de ser o alicerce ou a marca substancial na qual se apoiaria uma informação, ele é o suporte hipotético de uma ordenação sobre o eixo do tempo, a condição de uma classificação. Algumas vezes ele não é mais do que uma simples localização da desordem: então, chama-se acontecimento o que não se compreende. Através desse procedimento, que permite ordenar o desconhecido num compartimento vazio, disposto antecipadamente para isso e denominado "acontecimento", torna-se pensável uma "razão" da história. Uma semantização plena e saturante é, então, possível: os "fatos" a enunciam, fornecendo-lhe uma linguagem referencial; o acontecimento lhe oculta as falhas através de uma palavra própria, que se acrescenta ao relato contínuo e lhe mascara os recortes. Dito de outra maneira, a arquitetura serial joga com a sua contraditória *événementielle* como com um limite que ela nomeia, *também*, para se construir como discurso didático, sem interrupção e sem lapsos de autoridade erudita. Esses dois elementos são necessários um ao outro: uma estranha reciprocidade coloca cada um dos dois em relação com o seu *outro*. Mas o texto propõe *ao mesmo tempo* o preenchimento do sentido e sua condição; ele os liga e nivela na expansão do discurso. Por isso é global, mas apenas ao preço de uma camuflagem dessa diferença, e graças ao sistema que estabelece previamente, a título de um lugar adquirido, uma autoridade capaz de "compreender" a relação entre uma organização de sentido ("fatos") e o seu limite ("o acontecimento)".

Colocando o estranho num lugar *útil* ao discurso da inteligibilidade, exorcizando o incompreendido para dele fazer o meio de uma compreensão, a historiografia, entretanto, não evita o retorno que ela apaga da manifestação. Sem dúvida, pode-se reconhecer esse retorno no trabalho de erosão que não cessa de minar os conceitos construídos por esse discurso. Na verdade, é um movimento secreto no texto. Nem por isso é menos constante, tal como uma lenta hemorragia do saber. Percebe-se isso, por exemplo, a propósito da ordem que se apresenta em uma organização de unidades históricas. A encenação escriturária está assegurada por um certo número de recortes semânticos. A essas unidades François Châlet dá o nome de "conceitos", mas conceitos "que se poderiam chamar, por analogia com a epistemologia das ciências da natureza, *categorias históricas*".[113] Elas são de tipos bem diferentes, como o *período*, o *século* etc., mas também a *mentalidade*, a *classe* social, a *conjuntura* econômica, ou a *família*, a *cidade*, a *região*, o *povo*, a *nação*, a *civilização*, ou ainda a *guerra*, a *heresia*, a *festa*, a *doença*, o *livro* etc., sem falar em noções tais como a *Antiguidade*, o *Antigo Regime*, as *Luzes* etc. Frequentemente essas unidades provocam combinações estereotipadas. Uma montagem sem surpresas resulta na série: a vida – a obra – a doutrina, ou seu equivalente coletivo: vida econômica – vida social – vida intelectual. Empilham-se "níveis". Encaixotam-se conceitos. Cada código tem sua lógica.

---

113 CHÂTELET, François. *Naissance de l'histoire*. 1962. p. 115. Cf., a esse respeito, PERELMAN, Chaim, in *Les Catégories em histoire,* Ed. de L'Institut de Sociologie, Université Libre de Bruxelles, 1969, p. 11-16.

Não se trata aqui de retornar às imposições sociais[114] ou às necessidades teóricas e práticas de programação[115] que intervêm na determinação dessas unidades, mas antes de apreender o funcionamento escriturário. Diz-se, às vezes, que a organização desses "conceitos" é desencadeada, quase automaticamente, pelo próprio título do texto e que ela não é senão um quadro, mais ou menos artificial (enfim, pouco importa!), no qual se podem acumular os tesouros da informação. Nessa concepção, as unidades formam o tabuleiro de uma exposição onde cada compartimento deve ser preenchido. Em última instância, são indiferentes às riquezas das quais são portadores: no armazém da história, apenas o conteúdo conta, e não a apresentação (desde que ela seja clara e clássica). Mas isso equivale a tornar inerte (ou acreditá-la assim) a composição historiográfica, como se ela simplesmente parasse a pesquisa para substituí-la pelo momento da adição e proceder à soma do capital adquirido. A escrita consistiria em "elaborar um fim". Na verdade, ela não é nada disso desde que haja discurso histórico. Ela impõe regras que, evidentemente, não são iguais às da prática, mas diferentes e complementares, as regras de um *texto que organiza lugares em vista de uma produção*.

Com efeito, a escrita histórica compõe, com um conjunto coerente de grandes unidades, uma estrutura análoga à arquitetura de lugares e de personagens numa tragédia. Mas o sistema dessa encenação é o espaço onde o *movimento* da documentação, quer dizer, das pequenas unidades, semeia a desordem nessa ordem, escapa às divisões estabelecidas e opera uma lenta erosão dos conceitos organizadores. Em termos aproximativos, poder-se-ia dizer que o texto é o lugar onde se efetua um trabalho do "conteúdo" sobre a "forma". Para retomar a palavra mais exata de Roussel, ele "produz destruindo". Através da massa móvel e complexa que ela joga no recorte historiográfico e que aí se move, a informação parece provocar uma *usura* das divisões classificatórias que, entretanto,

---

114 Cf. *supra*, "Um lugar social", p. 56-70.
115 Cf. *supra*, "Uma prática", p. 70-89.

constituem o estabelecimento do sistema textual. Da mesma forma, o discurso não é mais "enunciado" se a organização estrutural se desmorona, mas ele é histórico na medida em que um trabalho movimenta e corrói o aparelho conceitual, entretanto, necessário à formação do espaço que se abre a esse movimento.

Construção e erosão das unidades: toda escrita histórica combina essas duas operações. É necessário propor uma arquitetura econômica ou demográfica para que apareçam as dependências que a enfraquecem, deslocam e finalmente remetem a um outro conjunto (social ou cultural). É necessário recortar uma unidade geográfica (regional ou nacional) para que se manifeste aquilo que, de todo lado, lhe escapa. A constituição de "corpos" conceituais por um recorte é, ao mesmo tempo, a causa e o meio de uma lenta hemorragia. A estrutura de uma composição não mais retém aquilo que representa, mas deve também "enunciar" o bastante, para que com essa fuga sejam verdadeiramente encenados – "produzidos" – o passado, o real ou a morte de que fala o texto. Assim se encontra simbolizada a relação do discurso com aquilo que ele designa perdendo, quer dizer, com o passado que ele não é, mas que não seria pensável sem a escrita que articula "composições de lugar" com uma erosão desses lugares.

A combinação de *recortes* (as macrounidades) e de usuras (o deslocamento dos conceitos) não é, na verdade, senão um esquema abstrato. Ela não se refere, aliás, à estrutura do próprio discurso, e não descreve senão um movimento de escrita, destinado a produzir o sentido autorizado pelo saber. Mas pode-se reconhecê-lo até nos textos mais importantes da historiografia francesa contemporânea.

Para explicar o aparecimento de uma consciência nacional da Catalunha – problema que faz "surgir" um estudo scioeconômico da região –, Pierre Vilar apresenta a conexão do mercantilismo (ao qual está ligada a formação de uma classe dirigente) e do nacionalismo (instrumento utilizado por esta classe para estabelecer uma dominação política). Um "lugar" econômico é a base de uma análise muito rica. Mas ali se produziram infiltrações: como a constatação de que o nacionalismo cresce com a consciência infeliz de uma nação ameaçada.[116] Essa intervenção de um elemento heterogêneo não instaura um outro recorte conceitual, e muito menos uma história "global". Ela desloca a encenação inicial do texto. Exemplo entre mil do trabalho de erosão que se opera numa composição bastante argumentada, exatamente porque ela não é uma moldura inerte.

Erosão, ainda, o movimento que mexe a unidade beauvaisiana firmemente delineada pelo "estudo regional" de Pierre Goubert e que a deixa escapar, ora para a Beauce ora para a Picardia.[117] O trabalho que desloca o lugar e que o associa àquilo de que estava separado esboça, no texto, um desaparecimento (nunca total) dos conceitos, como se ele conduzisse a representação (sempre mantida enquanto exista texto) até a beira da ausência que ela designa.

O lugar do morto e o lugar do leitor

Terceiro paradoxo da história: a escrita põe em cena uma população de mortos – personagens, mentalidades ou preços. Sob formas e conteúdos diferentes, ela permanece ligada à sua arqueologia de inícios do século XVII ("um dos pontos zero da História da França", diz P. Ariès)[118] à "galeria de história" tal como se vê ainda no castelo de Beauregard:[119] uma série de retratos, efígies ou emblemas pintados nas paredes antes de serem descritos pelo texto organiza a relação (o museu) e um percurso (a visita). A historiografia tem essa mesma estrutura de quadros que se articulam com uma trajetória. Ela re-presenta mortos no decorrer de um itinerário narrativo.

---

116   VILAR, Pierre. *La Catalogne dans l'Espagne moderne.* Op. cit. t. I, p. 29-38.

117   GOUBERT, Pierre. *Beauvais et le Beuavaisis de 1600 à 1730.* Sevpen, 1960, p. 123-138, 413-419 etc.

118   ARIÈS, Philippe. *Le gemps de l'Histoire.* Op. cit. p. 255.

119   Cf. ARIÈS, P. Op. cit., p. 195-214, sobre essas "galerias de história" ou coleções de retratos históricos.

Muitos indícios atestam, na história, essa estrutura de "galeria". Por exemplo, a multiplicação dos *nomes próprios* (personagens, localidades, moedas etc.) e sua reduplicação no "Index dos nomes próprios": aquilo que dessa maneira prolifera no discurso histórico são esses elementos "com os quais não se faz nada além de mostrar"[120] e através dos quais o *dizer* está no seu limite, o mais próximo do *mostrar*. O sistema significante, com esses nomes próprios, cresceu desmesuradamente, em sua margem dêitica extrema, como se a própria ausência, da qual trata, o fizesse extravasar para o lado em que o "mostrar" tende a se substituir ao "significar". Mas existem muitos outros indícios: o papel do mapa da imagem ou do gráfico; a importância das vistas panorâmicas e das "conclusões" recapituladoras, paisagens que balizam o livro etc., e que são elementos estranhos ao tratado de sociologia ou de física.

Será novamente necessário reconhecer nesses traços uma inversão literária de procedimentos próprios de pesquisa? Com efeito, a prática encontra o passado sob a forma de um desvio relativo a modelos presentes. Na verdade, a função específica da escrita não é contrária, mas diferente e complementar com relação à função da prática. Ela pode ser particularizada sob dois aspectos. Por um lado, no sentido etnológico e quase religioso do termo, a escrita representa o papel de um *rito de sepultamento*; ela exorciza a morte introduzindo-a no discurso. Por outro lado, tem uma função *simbolizadora*; permite a uma sociedade situar-se, dando-lhe, na linguagem, um passado, e abrindo assim um espaço próprio para o presente: "marcar" um passado é dar um lugar à morte, mas também redistribuir o espaço das possibilidades, determinar negativamente aquilo que está *por fazer* e, consequentemente, utilizar a narratividade, que enterra os mortos, como um meio de estabelecer um lugar para os vivos. A arrumação dos ausentes é o inverso de uma normatividade que visa ao leitor vivo, e que instaura uma relação didática entre o remetente e o destinatário.

---

120 LÉVI-STRAUSS, Claude. *La pensée sauvage*. Plon, 1962, p. 285, a propósito dos nomes próprios.

110 A Escrita da História • Michel de Certeau

No texto, o passado ocupa o lugar do assunto-rei. Uma conversão escriturária se operou. Lá, onde a pesquisa efetuou uma crítica dos modelos presentes, a escrita construiu um "túmulo"[121] para o morto. O lugar feito para o passado joga, pois, aqui e lá, com dois tipos de operação, uma técnica e outra escriturária. É apenas através dessa diferença de funcionamento que pode ser reencontrada uma analogia entre as duas posições do passado – na técnica de pesquisa e na representação do texto.

A escrita não fala do passado senão para enterrá-lo. Ela é um túmulo no duplo sentido de que, através do mesmo texto, ela honra e elimina. Aqui a linguagem tem como função introduzir no *dizer* aquilo que não se *faz* mais. Ela exorciza a morte e a coloca no relato, que substitui pedagogicamente alguma coisa que o leitor deve crer e fazer. Esse processo se repete em muitas outras formas não científicas, desde o elogio fúnebre, na rua, até o enterro. Porém, diferentemente de outros "túmulos" artísticos ou sociais, a recondução do "morto" ou do passado, num lugar simbólico, articula-se, aqui, com o trabalho que visa a criar, no presente, um lugar (passado ou futuro) a preencher, um "dever-fazer". A escrita acumula o produto desse trabalho. Através dele, libera o presente sem ter que nomeá-lo. Assim, pode-se dizer que ela faz mortos para que os vivos existam. Mais exatamente, ela recebe os mortos, feitos por uma mudança social, a fim de que seja marcado o espaço aberto por esse passado e para que, no entanto, permaneça possível articular o que surge com o que desaparece. Nomear os ausentes da casa e introduzi-los na linguagem escriturária é liberar o apartamento para os vivos, através de um ato de comunicação, que combina a ausência dos vivos na linguagem com a ausência dos mortos na casa. Dessa maneira, uma sociedade se dá um presente graças a uma escrita histórica. A instauração literária desse espaço reúne, então, o trabalho que a prática histórica efetuou.

Substituto do ser ausente, prisão do gênio mau da morte, o texto histórico tem um papel performativo. A linguagem permite a uma prática situar-se com relação ao seu *outro*, o passado. Com

---

121 Desde o século XVII, o "tombeau" é um genêro literário ou musical. É também a esse genêro que pertence o relato historiográfico.

Capítulo II • A Operação Historiográfica 111

efeito, ele mesmo é uma prática. A historiografia se serve da morte para articular uma lei (do presente). Ela não descreve as práticas silenciosas que a constroem, mas efetua uma nova distribuição de práticas já semantizadas. Operação de uma outra ordem que a da pesquisa. Pela sua *narratividade*, ela fornece à morte uma representação que, instalando a falta na linguagem, fora da existência, tem valor de exorcismo contra a angústia. Mas, por sua *performatividade*, preenche a lacuna que ela representa, utiliza esse lugar para impor um querer, um saber e uma lição ao destinatário. Em suma, a narratividade, metáfora de um performativo, encontra apoio, precisamente, naquilo que oculta: os mortos, dos quais fala, se tornam o vocabulário de uma tarefa a empreender. Ambivalência da historiografia: ela é a condição de um fazer e a denegação de uma ausência; age ora como discurso de uma lei (o dizer histórico abre um presente a fazer), ora como álibi, ilusão realista (o efeito de real cria ficção de uma outra história). Oscila entre "fazer a história" e "contar histórias", sem ser redutível nem a uma nem a outra. Sem dúvida pode-se reconhecer o mesmo desdobramento, sob outra forma, que leva a efeito a operação histórica, ao mesmo tempo, crítica e construtora: a escrita caminha entre a blasfêmia e a curiosidade, entre aquilo que elimina, constituindo-o como passado, e aquilo que organiza do presente, entre a privação ou a desapropriação postulada pela normatividade social que ela impõe ao leitor, à sua revelia. Por todos esses aspectos, combinados na encenação literária, ela simboliza o desejo que constitui a relação com o outro. Ela é a marca dessa lei.

Não é surpreendente que esteja em jogo, aqui, algo diferente do destino ou das possibilidades de uma "ciência objetiva". Na medida em que nossa relação com a linguagem é sempre uma relação com a morte, o discurso histórico é a representação privilegiada de uma "ciência do sujeito", e do sujeito "tomado numa divisão constituinte"[122] – mas com a representação das relações que um *corpo* social mantém com a sua *linguagem*.

---

122 LACAN, Jacques. *Écrits*. Seuil, 1966, p. 857. Cf. op. cit., p. 859: "Não existe ciência do homem, porque o homem da ciência não existe, mas apenas seu sujeito".

Segunda Parte

A PRODUÇÃO DO TEMPO: UMA ARQUEOLOGIA RELIGIOSA

Introdução

QUESTÕES DE MÉTODO

Constata-se uma derrocada da prática religiosa na França inteira durante e após a Revolução. Essa mudança brusca, naturalmente, pede uma explicação: *deve ter ocorrido alguma coisa* antes para que essa ruptura *pudesse* se produzir. "O fato de essa modificação ter-se operado muito rápido, sob o abalo da Revolução", escrevem E. Gautier e L. Henry, "faz pensar que os espíritos estavam preparados para aceitá-la".[1] Quando se é historiador, que fazer senão desafiar o acaso, propor razões, quer dizer, compreender? Mas compreender não é fugir para a ideologia, nem dar um pseudônimo ao que permanece oculto. É encontrar na própria informação histórica o que a tornará pensável.

Aquilo que torna pensável

Essa pesquisa tem vários efeitos. Permite levantar uma série de indícios, até então inobservados, e, daí por diante "notáveis", porque se sabe aproximativamente a que funções devem corresponder. Mas pode também recolocar em questão os conceitos, as "unidades" históricas ou os "níveis" de análise adotados até então. Assim, chega-se a revisar a ideia de uma "cristianização" no século XVII,[2] ou o isolamento de um "Antigo Regime" como totalidade

---

1 GAUTIER, E.; Henri, L. *Lapopulation de Crulai, paroissenormande*, Paris, 1958, p. 119. A conclusão deste estudo, que é um modelo do gênero, é citada e sublinahda, com justeza, como "capital" por DELUMEAU, J. Le Catholicisme entre Lutheret Voltaire, Paris, 1971, p. 322.

2 "Para serem descristianizadas, é necessário que elas [as populações] tenham sido um dia cristianizadas! É a medida desta *cristianização* que nos

distinta daquilo que se lhe segue,[3] ou o alcance dos resultados que a análise "quantitativa" das práticas fornece.[4] Necessários à historiografia, esses recortes (de tipos diferentes) são constantemente erodidos no seu limite pelas próprias questões às quais permitem chegar. As coerências da análise são tomadas ao revés, a partir de seu deslocamento, de suas extremidades e de suas consequências. Elas são frágeis em suas fronteiras avançadas. Um trabalho em suas "bordas" provoca a modificação ou o deslocamento delas. Ali se operam as passagens de um modelo para outro.

Chega-se então a um corte que não envolve mais apenas a evolução de uma sociedade (por exemplo, a derrocada das práticas religiosas), mas também a evolução dos instrumentos de sua análise (por exemplo, o questionamento de uma descrição quantitativa) – tampouco a passagem de um período a outro, mas a modificação dos modelos em função dos quais esse corte histórico foi estabelecido. Entre essas duas espécies de informação existe uma conexão estreita. A historiografia mexe constantemente com a história que estuda e com o lugar onde se elabora. Aqui, a pesquisa *daquilo que deve ter ocorrido*, durante os séculos XVII e XVIII, para que se produzissem os fatos constatados em fins do século XVIII, normalmente pede uma reflexão a respeito *daquilo que deve ocorrer* e mudar hoje, nos procedimentos historiográficos, para que tais ou quais séries de elementos, que não entravam no campo dos procedimentos de análise empregados até então, apareçam.

---

revelará a medida da *descristianização*", escreve J. Delumeau, op. cit., p. 326. Inversamente, se retornarmos do esboramento da prática religiosa às suas causas (o caráter superficial das práticas cristãs), mediremos melhor a "cristianização", e talvez mesmo renunciaremos a esta noção.

---

3   O corte entre a história *moderna* e a história *contemporânea* é cada vez mais relativizado, sabe-se, pela análise de *continuidades* econômicas, demográficas, culturais etc., ou pela evidenciação de *descontinuidades* que não correspondem à cesura do fim do século XVIII.

4   Sobre a ambivalência dos dados quantitativos que concernem às práticas religiosas, cf. *infra*, "A inversão do pensável", p. 117 ss.

Um caso particular dessa conexão se apresenta através de um problema histórico bem conhecido: a divergência crescente, durante o século XVII e mais ainda durante o século XVIII, entre a rápida autonomia dos "filósofos" com relação aos critérios religiosos e, por outro lado, a calma persistência, talvez mesmo a extensão objetiva, das práticas religiosas na maior parte do país durante o mesmo período. Pode-se perguntar que relação mantém as ideologias das Luzes com essa latência dos comportamentos sociais contemporâneos. Está claro que essa distorção tem um fundamento social e econômico no enriquecimento de uma alta "burguesia" que se separa cada vez mais das "massas" rurais. Mas é necessário interrogar-se, igualmente, a respeito das consequências, para a nossa interpretação, dos métodos distintos que utilizamos nesses dois setores: um ideológico e literário, naquilo que concerne aos sistemas de pensamentos; o outro, sociológico, naquilo que concerne às práticas. Com efeito, talvez nossa dificuldade em denunciar uma relação entre as ideologias "progressistas" e as "resistências" socioculturais se prendam à heterogeneidade que dois métodos nascidos em reação um ao outro colocam *a priori* quando a qualificação dos "fatos" *positivos* foi promovida por Gabriel Le Bras frente à história *doutrinal* francesa[5] (literária ou teológica) ou às tipologias teóricas alemãs.[6]

Exatamente através das renovaçoes que tornou possíveis, essa análise sociológica revela seus próprios limites. Para encurtar, digamos que ela torna *impensável* a *especificidade* das organizações ideológicas ou religiosas. Transforma-as em "representações" ou "reflexos" de estruturas sociais. Dito de outra maneira, ela as elimina como fatores reais da história: estes são acréscimos e efeitos secundários, preciosos apenas enquanto permitem ver, por transparência, aquilo que os provocou.

---

5   Cf. *supra*, "Fazer história", p. 21-54.
6   Cf., a propósito de G. Le Bras, os estudos de Henri Desroche, in *Revue d'Histoire et de Philosophie Religieuses*, t. II, 1954, p. 128-158, e de François Isambert, in *Cahiers Internationaux de Sociologie*, t. XVI, 1956, p. 149-169.

Formalidades em historiografia

Assim, por exemplo, procede G. E. Swanson no novíssimo estudo em que pretende demonstrar a dependência das transformações e das doutrinas religiosas do século XVI com relação às estruturas do poder político.[7] As divisões regionais em matéria religiosa, assim como as teologias, são para ele, afinal, a projeção – ou o "reflexo" – das formas de governo das quais ele previamente estabeleceu o repertório e a classificação. A tese de Swanson a respeito das doutrinas reformadas possui a clareza de uma posição que aborda francamente um problema fundamental. Ela permite determinar alguns princípios que também existem em muitos de nossos trabalhos históricos, mas são geralmente obliterados pela erudição.

1) *A história fornece "fatos"* destinados a preencher os quadros formais determinados por uma teoria econômica, sociológica, demográfica ou psicanalítica. Esa concepção tende a situar a história ao lado dos "exemplos" que devem "ilustrar" uma "doutrina" definida noutro lugar.

A afirmação inversa pode chegar ao mesmo resultado. Na sua piedade pelos "fatos", o erudito reúne elementos necessários à pesquisa, mas enquadrados e mobilizados em uma "ordem" do saber que ele desconhece e que funciona à sua revelia. *A apologia dos fatos repete* as formas de sua identificação. Ela tem como corolário implícito a *preservação das normas e das ideologias* que lhe determinam o recorte, a classificação e a organização, a serviço dos *próprios* postulados. Portanto, ela "ilustra" também uma doutrina, mas uma doutrina que não se mostra e da qual não são dados senão os "exemplos" – os "fatos".

---

7   SWANSON, Guy E. *Religion and regime: A sociological Account of the Reformation*, Ann Arbor, 1967. A obra de Swanson (professor de sociologia em Berkeley) deu lugar a um debate metodológico muito interessante (com N. Z. Davis, T. V. Brodek, H. G. Koenigsberger e G. E. Swanson), Reevaluating the Reformation: A Symposium, publicado em *The Journal of Interdisciplinary History*, vol. III, 1971, p. 379-446. Os problemas levantados por Swanson não deixam de ter analogia com aqueles mostrados, recentemente, por Lucien Goldman, em *Le Dieucaché*, Gallimard, 1956.

2) A *taxonomia*, em Swanson, provém de uma socioetnologia das formas políticas.[8] É daí que ele tira os critérios de seu estudo histórico sobre as raízes sociais das doutrinas religiosas – posição normal, já que os códigos interpretativos do passado nunca nos vêm desse passado. Mas ele supõe também que essa grade sociológica se confunda o mais possível com a realidade de toda a sociedade, e que introduza o próprio referente na análise. Ele lhe atribui a capacidade de corresponder à "verdade" social, de maneira que as outras taxonomias devem ser reduzidas a esta, por uma série de transformações. Isso significa esquecer que nenhum código é, como tal, mais fiel ao real senão a título do seu poder operatório, quer dizer, como instrumento de uma operação na sociedade sobre ela mesma. Ora, mesmo supondo que nas sociedades contemporâneas a mudança se efetue e se pense a partir de um modelo sociológico, isso nem sempre foi assim. Uma perspectiva histórica deve levar em consideração as substituições sucessivas desses códigos de referência e, por exemplo, o fato de que o código "teológico" representou durante o século XIII o papel que hoje pode ter o código "sociológico" ou "econômico". Não se poderia sustentar como insignificante a diferença entre os quadros de referência em função dos quais uma sociedade organiza as ações e os pensamentos. Reduzir um ao outro seria, precisamente, negar o trabalho da história.

3) Finalmente, parece a Swanson, assim como a muitos outros, que *um modelo único* (neste caso, político) poderia, na verdade, dar conta da sociedade globalmente. Um único sistema de explicação deveria, em princípio, integrá-la e dar conta de sua complexidade. Esse seria, pois, o objetivo de uma análise científica, levar à unicidade de um modelo científico a multiplicidade fugidia das organizações sociais. Essa convicção tem, pelo menos, duas origens que se reforçam: por um lado, um postulado *etnológico*, segundo o qual as sociedades "selvagens" são redutíveis a um sistema; por outro lado, fundamentado na operação que transpõe

---

8   Swanson não distingue menos de 41 formas de governo, das quais cada uma engendra um tipo religioso que lhe é proporcional.

a relação civilizado-selvagem, como relação interna às sociedades modernas, um postulado *hierárquico* segundo o qual algumas das forças ou valores em circulação numa sociedade se atribuem o privilégio de representar o "fator predominante", o "progresso" ou o "essencial" e servem para classificar todos os outros. O lugar "central" dado a uma categoria de signos fundamenta a possibilidade de classificar os outros como "atrasos" ou "resistências" e fornecer a base – parcial – de uma "coerência", de uma "mentalidade" ou de um sistema ao qual todo o conjunto está referido.

Está claro que o lugar dado aos signos remete ao lugar social dos historiadores.[9] Qualquer que seja a referência a uma "coerência" capaz de envolver a totalidade dos dados de uma época ou de um país, esta se choca com a resistência dos materiais. Aquilo que eles questionam não é mais apenas a mudança do modelo interpretativo, é a ideia de que seja possível pensá-los *no singular*. Encara-se a possibilidade de que uma mesma sociedade apresente *uma pluralidade de desenvolvimentos heterogêneos, mas combinados*. Por exemplo, segundo J. Berque, ela se caracterizaria por uma relação específica entre uma "base" ou um "fundo" (um x referencial, quer dizer, aquilo "*a partir de que*" situar a multiplicidade) e o *jogo entre uma pluralidade de "predicados"* apreensíveis somente pela análise (a "dimensão" – ou predicado – política, a "dimensão" – ou predicado – artística ou literária, o predicado industrial etc.).[10] Seria necessário, pois, elaborar o modelo de uma evolução "pluridimensional" que permitisse conceber essas "dimensões" como articuladas e compensadas,

---

9   Por exemplo, o lugar ocupado numa sociedade pelos próprios historiadores, enquanto grupo de intelectuais, determina em grande parte o privilégio que eles concedem a uma categoria particular de signos como sendo, ao mesmo tempo, os indícios do "progresso" e o princípio da compreensão sintética de uma época. Existe uma relação entre o lugar social dos "letrados" e o papel epistemológico de critérios de sua escolha. Cf. *supra*, p. 64 ss.

10   BERQUE, Jacques. *Logiques pluralesduprogrès*, op. cit., p. 6-7 e 10, que emprega, alternadamente, "predicado" e "dimensão".

obedecendo, no entanto, a "lógicas próprias" e a diferentes ritmos de crescimento.[11]

Mencionado a título de exemplo, esse esquema responde ao problema que encontra toda historiografia. Ela combina, com efeito, dois elementos aparentemente contraditórios: 1) a *singularidade de um nome próprio*, unicidade do referente, ao mesmo tempo inevitável (faz-se a história da França ou do Maghreb, do século XVII etc.) e inapreensível (o nome próprio designa o postulado da análise, e não o seu conteúdo); 2) a *pluralidade de sistemas* de desenvolvimento, eles próprios relativos a uma pluralidade de níveis, métodos e materiais de análise. Entre esse singular e esse plural, L. Berque postula uma relação análoga à que um "sujeito" invisível estabelece com "predicados" visíveis.

Mesmo sem particularizar as dificuldades que representa esse ancoradouro das "dimensões" ou dos "predicados" num x quase místico "a partir de que" um suporte real, mas desconhecido, lhe é dado,[12] pode-se notar que este último vestígio de um ontologismo de linguagem, tão frequente em história, tem como consequência supor para essa repartição em "dimensões" uma validade universal e constante. Ora, essa distinção não é estável. Por exemplo, a dissociação do "político" e do "sacro" ou do "estético" é uma produção histórica; ela resulta do aparecimento de um tipo moderno de civilização que não existiu sempre. Além disso, os sistemas de desenvolvimento, aqui qualificados de "dimensões", não correspondem a áreas homólogas: as unidades políticas, religiosas ou intelectuais não coincidem; elas não têm a mesma extensão no tempo e no espaço, de maneira que supor-lhes uma mesma "base" (a França, o século XVII etc.) é uma operação que

---

11 Ibid., p. 19.
12 J. Berquer fala da "ambiguidade estatutária" a propósito daquele "fundo de indistinção prévio a toda diferenciação" (ibid., p. 6). Ele desejaria economizá-la, sem crer a coisa possível. É, na verdade, um limite, ao mesmo tempo que um resto, do realismo científico. Além começa uma epistemologia que renuncia a tomar a *realidade* nas redes da *linguagem*, mesmo a título de um sujeito incognoscível que sustente atributos cognoscíveis.

122 A Escrita da História • Michel de Certeau

consiste, simplesmente, em tomar um *código* (político, religioso, cronológico etc.) como base da análise de suas relações com os outros. O historiador está deveras obrigado a passar por aí; não há ponto de vista universal. Mas esse *referente resulta* também de sua operação. Ele não está, pois, mais próximo do real, mesmo quando é a condição de uma análise que extrai dos materiais um conhecimento real, ainda que relativo a uma grade de interpretação.

Parece que se deve conceber, conforme demonstram as pesquisas atuais em ciências humanas,[13] a possibilidade de sistemas distintos e combinados, sem ter que introduzir na sua análise o suporte de uma realidade originária e unitária. Isso implica: que se possa pensar numa pluralidade de sistemas especificados por tipos e superfícies de funcionamento heterogêneos; que a própria natureza desses sistemas varie (o sistema religioso, por exemplo, não foi sempre estável nem distinto daquele que se tornou sistema político); que compatibilidades, relações e compensações recíprocas entre esses sistemas diferentes especifiquem as unidades recortadas pela história; que, enfim, o processo através do qual essas unidades se desfazem ou mudam para dar lugar a outras possa ser analisado como o encaminhamento dessas combinações no sentido de limiares de compatibilidade ou de tolerância entre os elementos que conjugam.

A identificação desses sistemas, evidentemente, é relativa às condições e aos modelos de investigação. Mas isso é dizer, simplesmente, que as análise científicas intervêm, classificam e operam sem nunca poderem integrar, nem ultrapassar através do discurso, a história, o real do qual falam; elas fazem parte dele, e dependem dele como de um solo cujos deslocamentos comandam a sua movimentação.

---

13   Assim, em urbanismo, procura-se pensar numa pluralidade de sistemas imbricados que se compensem, mas não possam ser reduzidos ao modelo teórico (integrador) de árvore. Cf. ALEXANDER, Christopher, *De lasynthèse de la forme*, Dunod, 1971, e seu artigo Une villen'est pás um arbre, in *Architecture Aujourd'hui*, 1967.

Pareceu interessante examinar, segundo esse esquema global, o movimento que se produz no nível das práticas religiosas durante os séculos XVII e XVIII. Esse movimento questiona, simultaneamente, as modificações sociais e as mudanças na aximática do agir:

– Aí vemos *constituir-se como distinto* do sistema "religioso" um sistema político, depois econômico, conquanto, conforme demonstrou R. R. Palmer,[14] o cristianismo ainda condicione o curso geral da filosofia. Uma outra combinação social de sistemas distintos, ao mesmo tempo que um outro modo do pensável, insinua-se, pouco a pouco, no elemento ainda maciçamente religioso (o que não quer dizer, necessariamente, cristão) da população francesa.

– *Uma nova formalidade das práticas* permite apropriar essas transformações estruturais, no nível das condutas religiosas e de seu funcionamento, sem ter, necessariamente, que passar pelas ideologias que uma elite intelectual elabora.

– Através desse fato, da possibilidade de isolar essas duas séries, talvez se tenha o meio de analisar como, por um lado, *práticas e ideologias se articulam* num caso particular, e, por outro, como se opera *a passagem de um tipo social* de articulação *a um outro*.

---

14   PALMER, Robert R. *Catholics and Unbelievers in Eighteenth Century France*. Princeton University Press, 1970.

Capítulo III

A INVERSÃO DO PENSÁVEL[1]

A história religiosa do século XVII

Encarada inicialmente a partir daquilo que se chama de "vida espiritual" e, portanto, num campo relativamente estrito, nem por isso a história religiosa do século XVII francês deixa de apresentar um número menor de problemas que dizem respeito aos seus métodos e à sua própria definição.[2]

Apresentando-as aqui sob a forma de questões, distingo, um tanto arbitrariamente, nas determinações características das pesquisas que fazemos: 1. as que aparecem inicialmente como ligadas ao *conteúdo* da história, à sociedade eclesiástica ou aos fenômenos religiosos que estudamos; 2. as que se prendem à sua *organização científica*, quer dizer, à nossa maneira de "compreender" a história e, portanto, à relação que a nossa ótica presente de historiadores mantém com seu objeto religioso. Do primeiro ponto de vista, coisas que são analisáveis se movem diante de nós; do segundo, nós é que nos movemos com relação à maneira pela qual elas foram vividas e pensadas pelos contemporâneos ou por nossos predecessores na historiografia. Não se pode eliminar nem um nem outro desses aspectos. Sua conjunção define o trabalho do historiador.

---

1   Estudo publicado nas *Recherches de Science Religieuse*, t. LVII, p. 231-250, 1969.

2   Para a bibliografia, remeto aos dois quadros que traçaram René Taveneuax, La vie religieuse en France de l'èvènement d'Henri IV à la mort de Louis XIV (1589-1715), em *Historiens et Géographes*, n° 200 (outubro de 1966, p. 119-130), e Pierre Chaunu, Le XVII siécle religieux. Réflexions préalables, em *Annales E. S. C.*, XXII, 1967, p. 279-302.

I. A RELIGIÃO DURANTE A IDADE CLÁSSICA

As fontes da história religiosa determinam a paisagem que nós "reconstituímos" com a ajuda da documentação que ela nos forneceu. As opções quanto ao tipo de história que produziremos são feitas de início, com as fontes que selecionamos e com o que escolhemos para nelas pesquisar. Deixo essa questão fundamental para a segunda parte, para não reter, inicialmente, senão história *feita*, o relato que já resulta de abundantes messes da erudição. Esse "conteúdo" se apresenta sob tipos diferentes de *organização*. Por esse ângulo, os fatores dinâmicos e estruturais podem ser diferenciados conforme sejam referentes ao funcionamento *interno* da sociedade religiosa e da experiência cristã (por exemplo, a designação da heresia, a relação "elite" – "massa", o estatuto e o papel da doutrina etc.), ou segundo permitam a essa sociedade definir-se com relação a uma *exterioridade* (um passado, um presente hostil ou diferente, a "assunção" religiosa de elementos não religiosos etc.). Será necessário ultrapassar essa divisão. Mas ela nos ajuda a assinalar e a classificar alguns problemas.

A. Equilíbrios e tensões internas
(dinâmica da sociedade religiosa)

Dentre as tensões próprias do século XVII, eis aqui algumas, apresentadas sob uma forma antinômica, necessariamente simplificadora. Evidentemente, elas estão ligadas a uma percepção contemporânea (até que ponto? está por discutir); mas este é o signo de que elas indicam novos "lugares" para a pesquisa e que é necessário particularizar os elementos para analisar melhor os problemas nascidos de nossas questões.

A heresia

Conforme demonstrou Alphonse Dupront, "um primeiro dado bruto, tão evidente quanto capital para o espírito moderno, é a promoção progressiva da heresia à confissão e de confissão à igreja... Este, do meu ponto de vista, é o grande fato moderno: o

Capítulo III • A Inversão do Pensável **127**

herético notório tornou-se, publicamente, oficialmente, ministro de igreja, de uma outra igreja".[3]

Indício capital, com efeito, pois, de agora em diante, o estatuto do conforme e do não-conforme, do ortodoxo e, como diz Bossuet, do "extraviado" se torna *problemático*, neste sentido em que os critérios doutrinais se desacreditam pela sua própria oposição, e que se impõe como critério substituição, progressivamente, a adesão ao grupo religioso. A partir do momento em que os princípios se relativizam e se invertem, a *pertença* a uma Igreja (ou a um "corpo") tende a fundamentar a certeza, mais do que o conteúdo (que se tornou *discutível* porque parcial, ou comum mas oculto, "místico") das verdades próprias de cada um. A antinomia (talvez agressividade) entre grupos vence as disputas entre "verdades"; provoca um ceticismo constatável em toda parte;[4] prepara também (e já esboça) um tipo *não-religioso* de certeza, a saber, a participação na *sociedade* civil. Os valores investidos na Igreja se encontram, pelo seu parcelamento em Igrejas coexistentes e mutuamente contestadoras, entregues à responsabilidade da unidade política ou nacional. Uma Igreja que abandonou o hábito privilegia mais a estrutura que a mensagem, e a unidade geográfica mais que qualquer forma de "catolicidade". Então surge a nação.[5]

Desse ponto de vista, a multiplicação das representações iconográficas e das elucidações doutrinais consagradas à "vitória" da Fé sobre a Heresia provavelmente, anuncia, em cada Igreja, o contrário daquilo que elas tentam provar e demonstrar. Pois a intransigência está ligada à estrita pertinência ao grupo. A suspeita que atinge os dogmas torna a rigidez e a defesa do grupo mais neces-

---

3   DUPRONT, Alphonse. Réflexions sur l'hérésie moderne. In: ____. *Hérésies et sociétés dans l'Europe pré-industrielle, XI-X-XVIIIe siècles.* Moutain & Co, 1968. p. 291.

4   Conforme, particularmente, BUSSON, Henri, *La pensée religieuse em France de Charron à Pascal,* Vrin; PINTARD, René, *Le Libertinage érudit,* Boivin, 1973; e, sobretudo, POPKIN, Richard, *The History of Sceticism from Erasmus to Descartes,* Assen, Van Gorcum, 1960.

5   Cf. CHABOD, Frederico. *L'idea di Nazione.* Bari, 1961.

sárias. Daí o novo significado da educação, instrumento de coesão numa campanha para manter ou restaurar a unidade. O saber se torna, para a sociedade religiosa, na sua catequese ou nas controvérsias, um *meio* de se definir. A ignorância designa uma indecisão ou um *no man's land*,[6] de agora em diante intolerável, entre os "corpos" em conflito. A verdade aparece menos como aquilo que o grupo defende do que aquilo *através do que* ele se defende: finalmente, é o que ele *faz*, sua maneira de representar, de difundir e de centralizar o que é. Opera-se uma mutação que inverte os papéis recíprocos da sociedade e da verdade. Ao final, a primeira será o que estabelece e determina a segunda. Dessa maneira se prepara uma relativização das "verdades". Mais precisamente, elas funcionam de um modo novo. As doutrinas logo serão consideradas como efeitos, depois como "superestruturas" ideológicas ou instrumentos de coerência *próprios e relativos* às sociedades que os *produziram*.

Essa heresia global substitui um critério *religioso* por um critério *social*. Sem dúvida, ela corresponde ao fenômeno histórico, até agora situado na categoria (religiosa) de "descristianização)". É analisável através do reemprego, em meados do século XVII, das regras que permitiram até então qualificar como "heréticos" os movimentos que romperam a solidariedade com a *única* sociedade religiosa, ou que a ameaçaram. Essas regras (de discernimento) funcionam de forma diferente, segundo sua inscrição numa situação nova. Por exemplo, servem para restaurar as fronteiras que separam os "corpos" institucionais, no momento em que parece esfumar-se deles uma vida "mística" (escondida sob as divisões visíveis) cada vez mais homogênea entre os membros desses grupos opostos e como que "estranha" a essas determinações de superfícies: as "figuras espirituais" protestantes ou católicas, jansenistas ou jesuítas etc. se distinguem muito menos pela *natureza* de sua experiência do que pelo fato de se ligarem a grupos contrários. Frequentemente, aliás, elas têm essa característica comum de serem suspeitas (às vezes tanto a si mesmas quanto à sua religião) porque

---

6   NT – em inglês no texto.

Capítulo III • A Inversão do Pensável **129**

traem, em nome de uma "interioridade", as instituições tradicionais de sua sociedade (cf. o antimisticismo). Por aí se deslocam, ousar-se-ia dizer, uma utilização *social* dos critérios religiosos e uma reinterpretação *mística* (levemente pessoal, "oculta" e muito semelhante entre indivíduos pertencentes a grupos opostos) das mesmas estruturas religiosas.[7]

A recuperação do *visível*, que o concílio de Trento tinha assumido como tarefa assegurar, pastoral e doutrinariamente,[8] parece chegar, na verdade, a dois efeitos contrários. Por um lado, as instituições religiosas se "politizam" progressivamente e terminam, à sua revelia, por obedecerem às normas de sociedades ou nações que se confrontam. Por outro lado, a experiência se aprofunda num "avesso" oculto ou se marginaliza, localizada num "corpo místico" ou em "círculos devotos". Entre os dois, conservando por algum tempo a estrutura e o vocabulário mental de uma hierarquia "eclesiástica", a "razão do Estado" impõe sua lei[9] e faz funcionar de um modo novo os antigos sistemas teológicos: por exemplo, a ideia de cristandade ressurgiu em sociedades privadas (como a Companhia do Santo Sacramento) sob a forma de um projeto totalitário, utopia cuja bagagem mental é arcaizante (mesmo que certas ideias sejam reformistas) e cujo sustentáculo não é senão um grupo secreto. Ou a ideia de uma ordem cristã se opõe, como sua antítese, à realidade política; uma espiritualidade se formula como o reverso,

---

7   O fato está patente em ORCIBAL, Jean. *La Rencontre du Carnel thérésien avec les mystiques du Nord*, P. U. F., 1950; e em J. B. Neveux, *Vie Spirituelle et vie sociale entre Rhin et Danube au XVII siécle*, Klincksieck, 1967, p. 361-524.

8   Cf. DUPRONT, Alphonse. Du Concile de Trente... *Revue Historique*, 206, out-dez. 1951, e Le Concile de Trente, em *Le concile et les conciles*, Chevetogne, 1960, p. 195-243.

9   Homologias e rupturas entre a sociedade eclesial e a nova sociedade política aparecem claramente no estudo de Étienne Thuau, *Raison d'État et pensée politique à l'époque de Richelieu*, A. Colin, 1966. A insinuação do critério político na eclesiologia do século XVII é, também, evocada por Jean Orcibal: L'idée d'Église chez les catholiques Du XVII siècle, in *Relazioni del X Congresso Internazionale di Scienze Storiche*, vol. IV, p. 111-135, 1955.

inicialmente "místico", depois "louco", "idiota", da nova ordem das coisas, que é "leiga". Ou então a reflexão cristã deixa de lado a "intenção", as leis e as regras que antes organizavam a vida social.

Consciência religiosa coletiva e representações doutrinais

Ao mesmo tempo se avisa uma diferença (tida como intolerável) entre a *consciência* religiosa dos cristãos e as *representações* ideológicas ou institucionais de sua fé. Fato verdadeiramente novo? O que sobretudo chama a atenção nos textos é menos o *fato* da diferença (sempre muito difícil de apreciar) do que o *sentimento* explícito de uma distância entre as crenças e as doutrinas, ou entre a experiência e as instituições.

Muitos signos tendem a sugerir essa hipótese. A feitiçaria, por um lado, e o ceticismo, por outro, são os indícios convergentes (um popular e outro intelectual)[10] da imensa contestação das instituições. Os melhores entre os teólogos recorrem à experiência do "iletrado", da "moça" dos campos ou dos bairros urbanos populares.[11] O retorno dos missionários para o interior (meta de

---

10 Os historiadores hoje deixam de bom grado o primeiro por conta da ignorância; mas, assim, eles adotam a interpretação que já era, exatamente, a dos missionários ou dos juízes do século XVII. Por aí, uns e outros não atestam o *a priori* social (novo, eu creio, no século XVII) que faz da *participação no saber* (definido por uma elite) a condição de pertença à sociedade, e deste próprio saber o meio de que dispõe uma sociedade para hierarquizar seus membros ou para eliminar os "errantes", não conformes à razão comum? Questão aberta. Cf. CERTEAU, M. de. L'absent de l'histoire, Mame, 1973, p. 13-39, "Une mutation culturelle et religieuse. Les magistrats devant les sorciers du XVII siècle"; SORIANO, Marc. *Les contes de Perrault*, Gallimard, 1968, p. 90-92.

11 Este traço já havia tocado bastante a Henri Bremond, e ele o notou frequentemente. Depois, outros casos confirmaram essa intuição. Haveria, sem dúvida, um trabalho mais sistemático a empreender sobre esse tema, ao mesmo tempo anti-intelectual (mas ideológico) e pauperista, do "iletrado", da "moça pobre" etc. É a retomada (em um sentido *novo*) do tema que opunha, dois séculos antes (séculos XV e XVI), o *leigo* inspirado ao *padre* teólogo, quer dizer, duas categorias de Igreja (cf. a este respeito, uma

Capítulo III • A Inversão do Pensável 131

uma nova *reconquista*[12] pelo saber, nós o veremos) faz dos campos
franceses o lugar onde a renovação deve nascer, as origens santas
de um recomeço apostólico em terras "selvagens"[13] – movimento paralelo ao que conduz tantos eremitas católicos aos "desertos"
franceses.[14] Mais intimamente, em muitos dos grandes cristãos do
século XVII se insinua a dúvida com relação às expressões da fé ou
à dificuldade em ver nas autoridades outra coisa senão um meio de
praticar a humildade. A referência ao *experimentado* (iluminador
ou desolador) coloca sem cessar o problema de sua relação com o
representado (oficial, recebido ou imposto).

Essa evolução se acompanha por dois fenômenos aparentemente contraditórios, mas eu creio que coerentes – e, em todo
caso, patentes:

Por um lado, a religião é progressivamente dirigida, durante o
decorrer do século XVII, para o terreno da *prática*. Isso quer dizer
que a prática é um fato constatável. Prova que a fé vem dela mesma, é a visibilidade apologética de uma crença que também obede-

---

sondagem: CERTEAU, M. de. L'illetré éclairé. L'histoire de la lettre de Surin
sur le jeune du coche, in *Revue d'Ascétique et de Mystique*, XLIV, 1968, p.
369-412). Toda corrente "espiritual" (cujas localizações variam muito) se
constrói nessa perspectiva. Ela se inicia no século XVII, com a primazia
concedida à "sabedoria dos santos" (frequentemente oposta à teologia "po
sitiva" e, sobretudo, à "escolástica"); ela se fecha com a apologia do "idiota", quando começa o século das "luzes". Os próprios santos são arrolados
nesta campanha anti-intelectual; como São José, místico do silêncio, antes
de patrocinar (no século XIX) as estruturas e as virtudes familiares (cf. LE
BRUN, Jacques. *Nouvelle histoire de l'Église*. Seuil, 1968. t. III, p. 428-430).

---

12   NT – em espanhol no texto.
13   Podem-se ler assim, penso, como afectos a esse duplo sentido todos os
dados reunidos por CHESNAY, Charles Berthelot du, *Les Missions de
Saint Jean Eudes*, Procure des Eudistes, 1967. O Selvagem do interior ou
do exterior é um tema comum a toda literatura missionária; ele se opõe
ao Civilizado. Cf. René Gonnard, *La légende du bom sauvage*, Médicis,
1945, p. 54-70.
14   Cf. os estudos de Pierre Doyère, em particular o verbete "Éremitisme", in
Dictionnaire de spiritualité, t. IV, 1960, p. 971-982.

ce, de agora em diante, aos imperativos da utilidade social através da obliquidade da filantropia e da defesa da ordem. Esses diversos elementos têm uma importância variável. Visam a defender uma originalidade cristã (tendência "jansenista") ou a introduzir o cristão nas leis da moralidade pública (tendência "jesuíta"). Mas têm em comum o fato de que, atestando igualmente uma desconfiança sob o ponto de vista das representações religiosas, substituem um *gesto* social à assimilação interior de uma verdade cristã universalmente reconhecida de direito. No limite, esse gesto consiste antes em constituir a verdade do que em "praticá-la". O lugar decisivo, doravante, são os costumes mais do que a fé. O critério religioso muda lentamente; e o que assim se elabora, no interior da Igreja durante o século XVII, é sem dúvida o que hoje ressalta, promovido ao estatuto de critério científico, na "sociologia religiosa".

O outro fenômeno é a nova função que *o saber adquire na instauração de uma ordem*, servida ao mesmo tempo que justificada pela cruzada pedagógica da Igreja. As grandes campanhas escolares e missionárias da Igreja, durante o século XVII, são bem conhecidas: visam especialmente às "regiões" geográficas sociais, culturais, deixadas sem cultivo até então, por serem tidas como assimiladas a estruturas globais: os campos, a criança, a mulher.[15] Essas "regiões" se emancipam, tornam-se, pois, perigosas com relação a uma ordem nova. Eu me pergunto se a "explicação" que, durante o século XVII, tende a interpretar essas resistências como a consequência da ignorância não é o indício da função que essa "reconquista" pelo saber recebeu progressivamente. Uma unidade nacional é então promovida e delimitada pela aquisição, inicialmente catequética, do conhecimento. O "resto" será rejeitado para o folclore ou eliminado.[16]

---

15   Uma análise análoga àquela feita por Philippe Ariès sobre *L'enfant et la vie familiale sous l'Ancien Régime* (Plon, 1960) deveria ser empreendida a propósito da mulher. Já se encontram pistas sugestivas em Robert Mandrou, *Introduction à la France moderne* (A. Michel, 1961, p. 112 ss.) ou no livro mais antigo de G. Reynier, *La Femme au XVII siècle*, Paris, 1933.

16   Aí não está, evidentemente, senão um aspecto, e como que o inverso, do imenso trabalho pedagógico de que a França foi, então, o terreno.

Talvez, sob esse ponto de vista, na França rural "clássica" ainda por descobrir,[17] fosse necessário individualizar a relação entre as "fúrias camponesas" evocadas por Roland Mousnier,[18] as "rebeliões selvagens" e as festas transformadas em revoltas, a criminalidade dos campos, as feitiçarias remanescentes etc. por uma parte e, por outra,[19] o caráter intelectual do movimento catequético[20] e do esforço de escolarização do qual a Igreja foi a animadora. Como a filantropia dos devotos se aplica em "encerrar" os pobres confortando-os, como com um mesmo gesto ela defende a pobreza evangélica e reprime a pobreza delituosa,[21] da mesma maneira a campanha escolar poderia ter tido esses dois papéis. Ela obedece a imperativos de ordem pública. Uma redefinição nacional divide então o país segundo critérios *culturais* impostos pela conjuntura; estes teriam sido aceitos pelo apostolado cristão, porém não mais determinados por ele, e talvez eficazes apesar dele. Aqui se impõe outra vez a hipótese de um funcionamento novo das estruturas religiosas.

---

17 Cf. JACQUART, J. "L'histoire rurale". *Historiens et géographes* p. 715-721, abril de 1967 (é surpreendente não ver figurar ali VÉNARD, Marc. *Bourgeois et Paysans au XVII siècle*, Sevpen, 1957) e, sobretudo, GOUBERT. P. *L'Ancien Régime*, A. Colin, 1969, p. 77-144.

18 *Fureurs paysannes. Les paysans dans les révoltes du XVII siècle*. Calmann-Lévy, 196., p. 13-156.

19 LADURIE, Emmanuel Le Roy. *Les Paysans de Languedoc*. Sevpen, 1966, t. I, p. 391-414 e 605-629. Deste livro surpreendente sob tantos aspectos ressalta, também, que no Languedoc ("sociedade fria" segundo as categorias de Lévi-Strauss), a alfabetização (aprendizagem da escrita e da língua do "norte") e a Reforma (primado do Livro e da Escrita) seguem os mesmos caminhos. Aqui, a aculturação é princípio de autonomia.

20 Cf. DHÔTEL, Jean-Claude. *Les origines du catéchisme moderne*. Aubier, 1967, p. 149-278: "La prodigieuse ignorance".

21 Cf. DEYON, Pierre. Peinture et charité chrétienne. *Annales E. S. C.*, XXII, p. 137-153, 1967. Deste ponto de vista, a Société du Saint-Sacrement trabalharia, pela sua atividade, ao contrário de seus projetos utopistas (retorno a uma política "cristã") ou "subversivos" (oposição ao poder).

134 A Escrita da História • Michel de Certeau

Ideologia religiosa e realidade social

A interrogação suscitada por esse funcionamento social da religião remete à questão mais ampla das relações que as representações ou as ideologias religiosas mantêm com a organização de uma sociedade e, secundariamente, a dos critérios de que dispomos atualmente para julgar uma "realidade" social que permitiria apreciar, ou o engano (se são efeitos de superfície), ou a eficácia (se são determinantes), mas, em todo caso, o sentido das expressões religiosas.

Lucien Goldman a propõe brutalmente, sob sua primeira forma, quando mostra uma reação contra o absolutismo real entre os magistrados, mas uma reação que acompanha uma crescente dependência econômica diante da monarquia; a retirada "jansenista" exprimiria a saída fatal para uma oposição desprovida de poder: seria uma demissão sublimada.[22] Para ele, pois, compreender a "ideologia" jansenista é identificar a "infraestrutura econômica e social" que dá conta dela.[23] Hoje esse problema pesa sobre qualquer análise das teologias ou das espiritualidades. Mas a brilhante demonstração de Goldman não resolve, na medida em que ela permanece uma tautologia, quer dizer, na medida em que, recusando as resistências do material histórico, opera nele uma triagem e dele extrai apenas os dados conforme a um sistema de interpretação "marxista" preparado de antemão. Portanto, a questão permanece, mesmo não podendo ser resolvida pela substituição de uma ideologia recente (marxista) por uma outra mais antiga (teológica).

Antes de considerar como uma historiografia religiosa pode definir a relação entre um modo atual de compreensão e a maneira pela qual os homens do passado se compreendiam a si próprios, é possível constatar, *nos* elementos que revelamos no século

---

22 GOLDMANN, L. *Le Dieu caché*, Gallimard, 1955, 115-116: "Jansénisme et noblesse de robe". A ideologia jansenista representa, para esses "funcionários" cujas atribuições são transferidas aos comissários do rei (1635-1640), "a impossibilidade radical de realizar uma vida válida no mundo" (p. 117).

23 Ibid., p. 156.

XVII, uma homologia das estruturas do pensamento com as estruturas sociais. Parece existir uma conexão entre os movimentos intelectuais, que uma história das ideias revela, e as modificações e hierarquizações, que uma história social descreve. Observá-lo é uma primeira tarefa. Qualificar essa conexão (e, talvez, modificar a ideia que se tinha dela no início, ou reconhecer nela o resultado do "olhar" que faz aparecer esse paralelismo) é outra. Eu me contentarei, pois, em assinalar inicialmente alguns dos dados que sugerem um paralelismo entre ideologias e modificações sociais.

a) *A organização das ciências eclesiásticas* muda durante o século XVII. Através de uma nova repartição *dos* conhecimentos e uma redefinição *do* conhecimento, opera-se um deslocamento que tem seus análogos na sociedade: o lugar dado ao saber religioso na cultura geral; a localização crescente do recrutamento social próprio desse gênero de eruditos; a venda, talvez o formato, a ilustração especializada etc. destas diversas obras, e as redes socioculturais que sua circulação permite distinguir na superfície do país ou recortar na sua espessura (os lugares de venda, os preços, as citações ou as menções em outros textos ou nas cartas, toda uma série de indícios esboça, em pontilhado, estratificações mentais e grupos de outra maneira dificilmente determináveis). Esses fatores dispersos bem parecem constituir um fenômeno homogêneo. A uma organização das ciências e dos gêneros litrários corresponde uma geografia social.[24]

Nesse mesmo terreno, definido por uma análise das ideologias, mil signos mostram o laço entre as evoluções particulares e as modificações estruturais.

A divisão das ciências (no caso, religiosas) sempre permite revelar a construção do saber sob seu aspecto formal e global. Ela

---

24 Encontram-se, sob esse ponto de vista, indicações metodológicas muito preciosas em Pierre Jeannin, Attitudes culturelles et stratifications sociales: réflexions sur le XVIIe siècle européen, in *Niveaux de culture et groupes sociaux*, Mouton & Co., 1967, p. 67-145. O autor mostra aí como, sem se identificar, "uma dinâmica cultural e uma dinâmica social reagem constantemente uma sobre a outra" (op. cit., p. 101).

já é perceptível nas "bibliografias" (muito raras, então),[25] nas "Bibliotecas" (muito numerosas), ou nos "Diretórios" para os estudos clericais[26] – documentos *classificadores* por excelência. Comparando-os entre si, remetendo-os uns aos outros, reconhecem-se neles indicativos (geralmente retardatários) de modificações na *ordem* que hierarquiza e distribui os conhecimentos.

Esse movimento reparte diferentemente o mesmo conteúdo ou, ainda, dá novos conteúdos aos mesmos quadros gerais: duas formas opostas de uma mesma evolução, que envolve a *natureza* do saber. Dessa maneira, num setor preciso, se vê uma " teologia mística" dessolidarizar-se da teologia, torna-se "a mística", depois a "piedade" – especialidade que se contradistingue da "teologia-positiva", ela também progressivamente destacada da teologia e deportada para a erudição.[27] Na realidade, o que muda aqui, ao mesmo tempo que a teologia, outrora englobante e vivificadora, se fraciona, é o critério do conhecimento: em lugar de uma interpretação racional espiritual da *tradição*, buscam-se *fatos* constatáveis (psicológicos em espiritualidade, históricos na "positiva"). Os fenômenos "extraordinários", por um lado, e as realidades "positivas", por outro, de agora em diante são tidos como os fun-

---

25 Por exemplo, as *classificações* adotadas pelo Pe. Jacob de Saint-Charles, nas sua *Bibliographia parisiana*, depois *Gallica* (infelizmente efêmera: 1646-1651), são, sob esse aspecto, mais preciosas ainda do que os ensinamentos que ele nos proporciona sobre as datas de publicação. Cf. MALCLÈS, L. N. Le fondateur de la bibliographie nationale en France. Le R. P. Louis Jacob de Sain-Charles (1608-1670), in *Mélanges Frantz Calot*, d'Argences, 1960, p. 245-253.

26 Pode-se remontar o século XVII a partir do Diretório muito elaborado (uma realização: data de 1713-1717) que Raymond Darricau publicou, *La formation des professeurs de Séminaire au début du XVIII sièlce d'apres un Directoire de M. Jean Bonnet (1664-1735)*. Piacenza: Collegio Alberoni, 1966.

27 Cf. GUELLUY, Robert. L'évolution des méthodes théologiques à Louvain d'Erasme à Jansénius. *Revue d'Histoire Ecclésiastique*, XXXVII, 1941, p. 31-144; CERTEAU, M. de. Mystique au XVII siècle. Le problème du langage mystique, in *Mélanges de Lubac*, Aubier, 1964, t. II, p. 267-291 etc.

Capítulo III • A Inversão do Pensável **137**

damentos da ciência religiosa (de uma maneira análoga à que ocorre nas outras ciências).

A *experiência* constitui essas ciências e lhes fornece o título em nome do qual adquirem o direito de "verificar" o dado recebido:[28] o mesmo recurso funciona, de maneiras diferentes, é verdade, mas já orientadas para as ciências (a psicologia, a história), das quais a vida religiosa será cada vez mais o objeto e cada vez menos o princípio. A ciência impõe seus critérios a todos, crentes ou não. Lança o fato religioso para fora do procedimento científico: ele está, quer diante dela como um *objeto*, quer atrás dela com o estatuto de uma *motivação* interior ("a intenção piedosa" do erudito) ou de um lugar na sociedade (o erudito não é cristão senão quando "solitário" ou monge). Uma geografia das ideias esboça uma geografia sociocultural e, sem dúvida, é preciso reconhecer o sintoma de um movimento global, na lógica que divide a linguagem da espiritualidade entre o psicologismo e a casuística, ou que espanta a "mística" para os campos distantes e para as seitas, e que traz a "positiva" para um certo racionalismo histórico".[29]

Uma análise mais limitada, porém mais cuidadosa, pode revelar outros fenômenos da mesma ordem. Entre 1630 e 1660, ciências e técnicas (astronomia, tecelagem etc.) substituíram as realidades naturais (água, fogo etc.) e "referências urbanas ou cortesãs" tomaram o lugar das imagens rurais ou medievais no material de comparação de que se serve a literatura espiritual. Os tratados espirituais se organizam, então, segundo os "estados de vida", quer dizer, segundo um modelo social e classificações profissionais, e não mais segundo as determinações próprias da Igreja (clérigos-leigos, regulares-seculares, paróquias, missões etc.).

b) Nesse conjunto, sem dúvida, compreendem-se melhor *as opções intolerantes e as divisões internas*, às quais os crentes do sé-

---

28   NEVEU, Bruno. Sebastien Le Nain de Tillemont (1637-1693). In: *Religion, érudition et critique...* P.U.F., 1968, p. 30.

29   NEVEU, Bruno. La vie érudite à Paris à la fin du XVII siècle. In: *Bibliothèque de l'École des Chartes*, CXXIV, 1967. p. 510.

culo XVII parecem levados tão frequentemente. O galicanismo e o quietismo se enfrentam como se a nova "razão", que coloca a ação eclesial no quadro da política nacional e da positividade, tivesse por contrário e correspondente uma espiritualidade do abandono e da passividade, tanto mais estranha às fronteiras institucionais (inclusive as religiosas) quanto mais "interior".[30] Ainda por aí, na segunda metade do século XVII, as posições doutrinais revelam mudanças socioculturais e remetem a elas. Mais cedo, em meados do século, um fenômeno semelhante é encontrado, por exemplo, não sob a forma de uma oposição, mas de uma justaposição: em tal intendente,[31] uma ética inteiramente comandada pela fidelidade ao rei é acrescentada, sem interferir com ela, a uma docilidade mística ao Criador universal. O que mais tarde se vai extrapolar já está, aqui, dissociado na experiência pessoal.

c) Muitos outros campos se abrem ao estudo. Como *a localização sociocultural das ideologias religiosas*. Ela é perceptível, creio, sob diversas formas: redes mais ou menos secretas onde circulam as mesmas ideias – as dos jansenistas,[32] "dos devotos",[33] ou dos "espirituais";[34] "círculos" libertinos ou eruditos, cujo recrutamento

---

30   Sob este aspecto é necessário conjugar a leitura das obras de A. G. Martimort (1953), de J. Coudy (1952) ou de P. Blet (1959) sobre o clero, e a de L. Cognet sobre o *Crépuscule des mystiques* (1958).

31   Cf. CERTEAU, M. de. Politique et mystique, René d'Argenson (1596-1651). *Revue d'Ascétique et Mystique*, XXXIX, p. 45-82, 1963.

32   Cf. TAVENEAUX, René *Le Jansénisme em Lorraine, 1640-1789*. Vrin, 1960.

33   Cf. a literatura consagrada à Société du Saint-Sacrement a partir de *La Cabale des dévots d'Allier* (1902): J. Aulagne (1906), Begouen (1913), A. Bessières (1931), J. Brucker (1913), J. Calvet (1903), F. Cavallera (1933-1935), J. Croulbois (1904), P. Emard (1932), A. Féron (1926), M. Formon (1953-1954), G. Guigues (1922), L. Grillon (1957), A. Lagier (1916), G. Le Bras (1940-1941), B. Pocquet (1904), N. Prunel (1911), A. Rebelliau (1903-1908), L. C. Rosett (1954), M. Souriau (1913), E. Stanley Chill (1960), F. Uzureau (1906) etc. Toda uma literatura sobre o assunto pede uma nova síntese histórica.

34   Por exemplo, os Aa; cf. estudo muito aprofundado de Y. Poutet e J. Roubert, "Les 'Assemblées secrètes' des XVII-XVIII siècles en relation avec l'Aa de Lyon", extrait de *Divus Thomas* (1968).

Capítulo III • A Inversão do Pensável 139

é relativamente homogêneo e cuja atividade é igualmente oculta;[35] especialização social e profissional de congregações religiosas que se definem progressivamente na escala de uma hierarquia social e numa organização mais rígida dos ofícios. Logo, os fechamentos se reforçam, quer seja em pequenos círculos privados (eles mesmos dissociados da "razão" pública), quer seja entre grupos de agora em diante mais determinados por tarefas objetivas, pelo meio onde se recrutam, e pelas ideologias que se tornam o signo dessa particularização. Desse ponto de vista, o estudo de R. Taveneaux sobre o jansenismo da Lorena parece um "modelo" científico suscetível de fazer "surgir" problemas referentes a uma organização da vida religiosa.[36]

B. A vida religiosa na sociedade do século XVII

As relações internas entre grupos, doutrinas ou níveis de expressão já colocam em questão as relações das comunidades crentes com o que se poderia chamar de seu "exterior", o que elas designam como a alteridade ("pagã", "ateia", "natural") e aquilo em função de que elas próprias se definem. Isso pode ser encarado sob diferentes aspectos, que parecem permitir a análise de *estruturações* globais, suscetíveis de caracterizar a experiência religiosa da época. Dessa maneira, a título de exemplo, podem-se assinalar algumas categorias gerais da linguagem.

O oculto

Existe um traço fundamental do século XVII, ao mesmo tempo religioso e cultural: uma *não-visibilidade* do sentido (ou mesmo de Deus). Ela se traduz inicialmente pela dissociação entre o

---

35 O papel das Academias cresce não apenas em Paris (cf. J. Le Brun in *Revue d'Histoire Littéraire*, LXI, 1961, p. 153-176), mas também na província, ainda que, até o presente, para o século XVII, apenas os estudos regionais apresentem este fato; por exemplo, L. Desgraves sobre a Assembleia do presidente Salomon em Bordeaux (in *Histoire de Bordeaux*, 1966, t. IV, p. 425 ss), J. Brelot sobre a Biblioteca Boisot em Besançon (in Claude Fohlen, *Histoire de Besançon*, 1965, t. I, p. 122 ss.) e outros.

36 Cf. TAVENEAUX, René *Le Jansénisme em Lorraine, 1640-1789*. Vrin, 1960.

cenário e aquilo que existe "atrás",[37] pela insegurança (necessariamente agressiva) que atinge qualquer expressão; pelo deslocamento do "inefável" e do "positivo" etc. Comanda o "estilo", a retórica, quer dizer, esta arte de falar, na qual a alegoria representa um papel decisivo e que consiste em dizer uma coisa dizendo *outra coisa*: a pintura e a literatura empregam a mitologia ou as representações religiosas para enunciar um "por debaixo" que uma aprendizagem (desde a escola até a Corte) permite pouco a pouco perceber e sugerir. Essa linguagem se define por: "Para bom entendedor, meia palavra basta". Existem muitos entendedores, bastante entendidos e "policiados" para jogar o jogo de toda uma sociedade. Enigmas, alegorias, medalhas etc.; é necessário revelar os indícios mais perceptíveis, pois eles remetem a uma estrutura muito geral, legível também na forma das "academias" libertinas ou das "associações" devotas, grupamentos privados que constituem um trabalho e uma linguagem abaixo da superfície oficial do país.

Dir-se-ia que uma sociedade inteira diz o que está construindo com as representações do que está perdendo. O sagrado se torna a alegoria de uma cultura nova no momento em que, inversamente, as aventuras do corpo fornecem à experiência espiritual sua nova linguagem.[38]

---

37   Os estudos sobre o barroco, *espetáculo* de metamorfoses que não cessam de *esconder* aquilo que mostram, esclarecem singularmente a literatura consagrada à experiência *mística*. Para compreender a "espiritualidade" da primeira metade do século XVII, é necessário compará-la a uma arte (uma expressão) em que o reflexo das aparências fala a inacessibilidade do "real". A bibliografia sobre o assunto é imensa, de J. Rousset a P. Charpentrat.

38   A vida do corpo se torna, com efeito, a alegoria (o teatro) da vida espiritual. Esta é a corrente que se qualificou como "psicológica". Uma linguagem escrita em termos de doenças, de levitações, de visões, de odores etc., quer dizer, em termos corporais desloca o vocabulário "espiritual" forjado pela tradição medieval. Isso não é uma decadência, mas uma outra situação cultural da experiência cristã.

Deslocamentos de uma estrutura bipolar

Uma outra lei (existe uma?) parece comandar a evolução da sociedade religiosa e tornar-se própria dela, enquanto vai deixando de caracterizar a sociedade civil: a estrutura bipolar que constitui sempre como *unidade* exterior o que *não é* a Igreja. Esta será, por exemplo, o Infiel, o Ateu, o Herético, ou o "mundo". Essa lei regia a cristandade medieval; tinha sua expressão simbólica na Cruzada. Mas o nascimento da Europa fez de cada Estado uma unidade nacional entre *várias* outras. A catolicidade se esboroa numa organização *plural*. Talvez por ser de tipo ideológico, a sociedade religiosa continua a considerar como um todo *único* o conjunto daquilo a que ela se opõe ou daquilo de que ela se distingue, definindo-se. Constata-se, através da mobilidade das ideias e dos grupos durante o século XVII, a permanência dessa estrutura apesar da diversidade das doutrinas ou das situações em função das quais ela se exprime. As relações bipolares se mantêm, ainda que seus termos mudem.

É importante analisar, sob esse ponto de vista, os conteúdos sucessivos de um mesmo binômio. Por exemplo, o "posto" ideológico de *ateu* é, pouco a pouco, "preenchido" pelos *alhumbrados*[39] ou "espirituais", pelos protestantes ou pelos católicos, pelos jansenistas ou pelos jesuítas, pelos teístas etc. Essas definições manifestam ao mesmo tempo os deslocamentos de uma fronteira (os recuos ou as novas modalidades do cristianismo), e a rigidez do princípio segundo o qual uma sociedade organiza o acontecimento para se definir.[40]

---

39 NT. – em espanhol no texto.
40 Outro efeito ou signo desta estrutura: o novo estatuto do padre. A partir do momento em que a sociedade cristã não é mais totalizante e não pode mais, portanto, se definir apenas se diferenciando de outras totalidades (o Turco etc.), a partir do momento em que ela se torna uma unidade particular na nação, a diferenciação se coloca na distinção entre o padre e o leigo. Durante muito tempo artesão, homem de profissão rural, dependente do senhor na organização da cristandade até o século XVI (e, frequentemente, bem mais tarde), o padre se *torna* aquele graças a quem a Igreja se *distingue*, como sociedade religiosa, da sociedade "civil". Ele tende a constituir a nova fronteira do sagrado ao mesmo tempo que está definido por ela na prática ou na teoria.

O problema se apresenta sob formas múltiplas e às vezes invertidas. Por exemplo, atribui-se aos Selvagens americanos ou aos Sábios chineses o papel de representar uma verdade ("natural", mas ligada à revelação por uma retomada da cronologia bíblica), que se teria corrompido entre os colonizadores. O polo "positivo" é, aliás, oposto à Europa corrompida e "infiel". Por aí se encontra uma outra forma de "oculto", já que as civilizações adquirem assim um sentido "místico" e constituem a imensa alegoria do Deus que se vela no Ocidente. Assim surge a nostalgia, logo filosófica, de uma verdade que se levanta, mascarada, no Oriente e que se obscurece nos espelhos em que o Ocidente acreditou apreendê-la: forma própria da estrutura bipolar nas mitologias do século XIX.

A relação com o passado

Fato igualmente característico, a relação com a tradição muda. O "retorno às fontes" enuncia sempre o contrário daquilo em que crê, pelo menos neste sentido que supõe um *distanciamento* com relação a um passado (espaço que define exatamente a história: através dela se opera a mutação da "tradição" vivida da qual se faz um "passado", ob-jeto de estudo) e uma vontade de *recuperar* aquilo que, de um modo ou de outro, parece perdido na linguagem recebida. Dessa maneira o "retorno às fontes" é, também, sempre um modernismo.[41]

Como quer que seja, os métodos "exegéticos" da época, suas diferenças ou suas analogias com os métodos "históricos", a homologia progressiva entre os dois – mas compensada por uma distinção (frequentemente inacessível) entre os terrenos examinados ("profano" ou "santo") – a lenta substituição da época patrística pela época "apostólica", no interesse dos historiadores, o terrorismo sutil que a erudição exerce sobre a teologia ou a apologética, a triagem operada na história (que se "latiniza" cada vez mais):

---

41 Cf., a esse respeito, as observações metodológicas de QUEIROZ, Maria Isaura Pereira de. *Réforme et révolution dans les sociétés traditionelles*, Anthropos, 1968, p. 162-163, 262, 338-342.

todos esses elementos estariam por estudar (sendo o modelo do gênero a obra de A. Dupront sobre Huet).[42] Eles caracterizam a sociedade religiosa de três maneiras igualmente históricas, a saber, a que tem a consciência de *faltar* (a tradição perdida), a que *rejeita*, para criar uma "lenda" ou para "esquecê-la", a que fala de si mesma, reinterpretando seu passado, quer dizer, seu outro (o que não é mais). Cada questão particular é o espelho dos grandes problemas de conjunto propostos à Igreja. Tudo que diz respeito à interpretação tem aqui uma significação social. E a exegese do passado deve ser incessantemente comparada com a forma que toma diante do "outro" com o qual coexiste – o Selvagem, o Chinês, as culturas diferentes.

Conforme observa uma relação da Unesco,[43] "o conhecimento do passado é 'estrutural' no sentido de que também faz parte integrante dos modos de pensamento de cada povo"; é necessário acrescentar: e de cada época. A reinterpretação do passado, o tipo do "compreender" histórico e do reemprego de elementos antigos têm um alcance suplementar na vida religiosa cristã, quer se dê o papel da referência ao histórico original, quer à remanescência da estrutura bipolar – sinais de uma triagem entre o que é proposto como homogêneo ao presente, ou "fundamental", quer dizer, entre o que se *tornou* impensável, e o que se *tornou* pensável.[44]

---

42   DUPRONT, Alphonse. *P. D. Huet et l'exégèse comparatiste au XVIIe siècle*, E. Leroux, 1930. O autor mostra como, pela inquietação apologética e pela própria imposição do método comparatista e erudito que ele utiliza, Huet, afinal, inscreve a Bíblia no "prodigioso trabalho de fabricação que preenche toda a antiguidade" (op. cit., 161). Por aí o exegeta é vítima de sua historiografia; ele afoga a revelação na fabulação. Aquilo que ele combate como cristão o sábio genial confirma pela própria lógica de seus métodos científicos.

43   SHC/CS/90/7.

44   Daí a importância dos estudos consagrados às concepções e à organização da historiografia religiosa clássica. Cf. DUPRONT, A. Clairvoyence de Vico, in *Les Études philosophiques*, 1968, p. 271-295; VIVANTI, Corrado, Lotta politica e pace religiosa, in *Francia fra Cinque e seicento*, Turim: Einaudi, 1963; e a bibliografia de BERCÉ, Y. M., in *Bibliothèque de l'École de Chartes*, t. 214, p. 281-295, 1966.

II. A INTERPRETAÇÃO HISTÓRICA

Que o conhecimento histórico faça parte integrante de um presente é também um problema que *nos* afeta, e que exige uma elucidação da relação entre as nossas maneiras de pensar e aquelas das quais ouvimos falar. Dito de outro modo, não existe historiografia sem filosofia da história – explícita ou oculta. Eu me contento com algumas considerações gerais sobre dois pontos.

A. História "social" e história religiosa

"A história social" exerce muitas imposições das quais a história religiosa é tanto a vítima quanto a beneficiária. Vou-me demorar no primeiro aspecto, já que o segundo é bastante evidente.

1. Os "modelos" sociológicos ou ideológicos tendem a configurar um imperialismo e a definir uma nova ortodoxia. Eles são necessários, pois determinam um processo da pesquisa, e, portanto, uma inteligibilidade da história. Mas, para nós, são aquilo que a história deve oferecer, uma resistência. Do contrário, toda sociedade diferente apareceria conforme a nossa ideologia ou a nossa experiência, e, sem esse "desvio", não se poderia mais falar, verdadeiramente, de historiografia. Dito de outra maneira, não podemos esquecer, como dizia Maurice Crubellier, citado por Pierre Goubert, que a história social é ainda "um projeto e uma maneira de ver" – um método, e não uma verdade.

2. Mais fundamentalmente, o historiador estabelece, espontaneamente, como tarefa, determinar o que um setor definido como "religioso" lhe ensina de uma sociedade (assim o fazemos todos). O que ele situa pelo termo "sociedade" não é um dos polos de um confronto com a religião, mas é o eixo de referência, o "modelo" evidente de toda inteligibilidade *possível*, o postulado atual de toda a compreensão histórica. Nessa perspectiva, "compreender" os fenômenos religiosos é, sempre, perguntar-lhes outra coisa do que aquilo que eles quiseram dizer; é interrogá-los a respeito do que nos podem ensinar a respeito de um estatuto social através das formas coletivas ou pessoais da vida espiritual; é entender como

representação da sociedade aquilo que, do seu ponto de vista, *fundou* a sociedade. Nós pretendemos compreender, referindo-os à organização de sua sociedade, o que eles disseram, não apenas para justificar, mas para explicar esse estatuto social. Aquilo mesmo que eles tinham que explicar, através de uma verdade (Deus, a Providência etc.), veio a ser aquilo que torna as suas explicações inteligíveis para nós. Do tempo deles ao nosso, o significante e o significado foram rocados. Postulamos uma codificação que inverta a do tempo em que estudamos.[45]

A história religiosa do século XVII, por exemplo, questiona uma diferença entre dois sistemas de interpretação, um social (se quisermos) e outro "religioso", quer dizer, entre duas épocas da consciência ou entre dois tipos históricos de inteligibilidade: o nosso e o deles. Também é necessário perguntar-se qual é o sentido do empreendimento que consiste em "compreender" um tempo organizado em função de um outro princípio de inteligibilidade do que o nosso.

3. Por causa disso mesmo o aspecto "religioso" da história religiosa parece, hoje, passar de "objeto" histórico para o "sujeito" historiador. O *objeto* religioso (por exemplo, os padres, a prática sacramental, a espiritualidade) sendo doravante tratado *em função* de uma sociedade (segundo critérios hoje comuns a todos e que não são mais "religiosos"), o historiador crente não pode fazer mais do que introduzir sub-repticiamente convicções *subjetivas* no seu estudo científico. Essas motivações intervêm na *escolha* do objeto (relativo a um interesse religioso) ou na *finalidade* do estudo (em função de preocupações presentes, por exemplo: a descristianização e suas origens, a realidade de um cristianismo popular etc.). Elas enquadram, como um antes e um depois, o trabalho histórico, sem ter relação intrínseca com ele. Por um lado, faz-se história re-

---

45   Assim, modelo do gênero, o notável estudo de Pierre Vilar, Les primitifs espagnols de la pensée économique (in *Mélanges Marcel Bataillon*, p. 261-284), que tira partido, para uma história das teorias econômicas, dos grandes teólogos moralistas espanhóis dos séculos XVI e XVII.

ligiosa *porque se é* cristão (ou padre, ou religioso), mesmo quando não se pode mais fazê-la *como* cristão. Por outro lado, com outra finalidade, mobilizam-se os resultados *a serviço da* crença, e esta intenção (mais ou menos "apologética") provoca um certo número de distorções na pesquisa, porque o fim visado modifica o processo que leva a ele.

Em outros termos, a convicção do crente não tem uma relação interna com os postulados que seus métodos de trabalho implicam; ela tende a se tornar uma pressão que busca apenas se "utilizar" dos resultados. Essa pressão também se reconhece, por exemplo, na ilusão que consiste em se acreditar cristão apenas por ter aberto um canteiro em terreno objetivamente "religioso", e que cobre com o véu das "intenções" cristãs a lógica de uma compreensão histórica que deixou de ser religiosa. Por uma espécie de ficção chega-se a pensar que uma história é religiosa porque nossas motivações o são.

B. Fato religioso, determinação religiosa, sentido religioso

Essa relação entre as intenções cristãs e um tipo de "compreensão" histórica já coloca, no presente da pesquisa, o problema que deve ser igualmente elucidado no seu objeto, no passado. Sob a forma do trabalho historiográfico, como sob a forma daquilo que ele nos ensina a respeito de um período (ou mais exatamente sob a forma de uma relação a estabelecer entre nosso presente e nosso passado), coloca-se um mesmo problema: o que é "religioso"? O que é apreendido como tal?

O fato religioso

Um exemplo tornará a pergunta mais precisa. Uma pesquisa de sociologia religiosa histórica pode fornecer um certo número de indicações a respeito das práticas cristãs. Mas ela deixa em aberto (mesmo quando se considera a coisa evidente) a interpretação que lhe vai ser dada. Dessa maneira, como saber se o resultado não situará o historiador antes ou depois do momento religioso do qual pretende prestar contas? Uma prática florescente poderia muito bem ser apenas a *sobrevivência* de convicções que se esboroam, ou, bem ao contrário, a adoção precoce de uma linguagem cristã que ainda *não teria sido vivida*. Por exemplo, quem nos dirá, a propósito da Bretanha do século XVII, qual é a relação exata entre uma retração das práticas cristãs e uma vitalidade espiritual que talvez se tenha investido noutras maneiras de expressão (não-cristãs ou não-"religiosas", quer dizer, não conformes ao que nós definimos como tal) – ou ainda entre a sacralização das multidões em função das missões populares e o fundo "pagão" do qual ela não pode ser senão a cobertura? A imagem fornecida pela historiografia sociológica arrisca-se a ser retardatária (no primeiro caso) ou prematura (no segundo), conforme os fenômenos inventariados que a delineiam, representem para nós um *resto* do passado cristão ou um *verniz* superficialmente lançado sobre um sistema religioso não-cristão e florescente. Como tirar a dúvida?

Aqui o problema é o da relação entre o *sentido vivido* e o *fato observado*. O historiador não pode nem se contentar com descrever o fato, postulando cegamente a sua significação, nem admitir como incognoscível uma significação que seria suscetível de uma expressão qualquer (neste último caso, a experiência religiosa seria a noite, em que todos os gatos são pardos, já que, finalmente, se admitiria um corte total entre o sentido vivido e as expressões religiosas). Existe, pois, entre significante e significado, uma relação a elucidar. Mas isso não pode ser feito no próprio nível do fato.

Determinação religiosa e determinação social

Outro exemplo. O erudito do século XVI, tal como Van Helmont, de cuja obra retemos apenas uma parte "científica", recortando-a conforme a nossa concepção de ciência, organiza todo o seu trabalho de acordo com uma ótica religiosa que consiste em

148 A Escrita da História • Michel de Certeau

decifrar a Verdade inscrita no cosmo e no microcosmo.[46] Inversamente, o beneditino erudito do século XVIII será classificado, por nós, no setor "religioso", ainda que empreenda um estudo definido pelas finalidades científicas que lhe impõe a epistemologia das Luzes. A determinação da pesquisa do primeiro é religiosa, mesmo que ela se exprima num domínio "científico"; com o segundo ela já não o é mais, mesmo que a sua posição social (numa Ordem) ou as suas motivações sejam religiosas.

Podemos abordar dois tipos de questões, agora abertas, em torno das quais giram opções metodológicas e teológicas:

a) Ou bem se dirá que o objeto da história *religiosa* deve ser procurado, não no nível de uma localização objetiva (relativa ao nosso próprio recorte daquilo que é "religioso" e daquilo que não é), e muito menos no nível das motivações (atestadas no passado), mas no nível de uma *ordem* ou de uma *organização mental*. Por exemplo, nós o vimos, é evidente, na segunda metade do século XVII, que os tratados espirituais se organizam segundo "os estados de vida", quer dizer, segundo um modelo *social*. Uma configuração social, e não mais uma hierarquização religiosa, é a lei que determina as repartições e define o "reemprego" dos elementos cristãos retirados do passado. O fato é ainda mais notável durante o século XIX, a propósito da ciência ou da questão social: uma sociedade que não é mais religiosa impõe às formulações religiosas *sua* racionalidade, *suas* categorias próprias, *seus* problemas, seu tipo de organização. É, sem dúvida, o que constatamos no lugar que a religião ocupa no interior da historiografia contemporânea. Nesta

---

46 VAN HELMONT, J. B. *Ortus medicinae*, Amsterdã, 1652. De quantos outros "eruditos" não se deve dizer o mesmo, em cujas obras se omite, como um "resto" insignificante, tudo aquilo que é "teológico". Cf., reagindo contra essas divisões abstratas impostas por classificações contemporâneas: FISCH, H., The Scientist as Priest. A Note on Robert Boyle's Natural Theology, in *Isis*, 1953, p. 252-265; KOYRÉ, A., sobretudo, por ex., *Du monde clos à l'univers infini*, P.U.F., 1962; LENOBLE, R., *Histoire de l'idée de nature*, A. Michel, 1969, p. 309-337; WOLF, A., *History of Science, Technology and Philosophy in 16th and 17th Century*, Londres: Allen, 1935 etc.

perspectiva não haveria de história religiosa senão a história das *sociedades* religiosas.

b) Pode-se perguntar também: tratar-se-ia do mesmo tipo de "religião", a da Idade Média, a do século XVII ou a do século XIX? O conceito e a experiência da religião não se referem à mesma coisa. Trata-se de sistemas entre os quais o termo comum de "religião" seria equívoco. Dessa perspectiva, a história social desmistifica a história religiosa no singular (e, portanto, a univocidade dos seus instrumentos conceituais), mas não suprime a necessidade de histórias religiosas. Pelo menos, as que teriam como papel impedir que um tipo de interpretação se proponha como único. Deste ponto de vista, elas se tornariam *críticas* com relação a modelos explicativos (contemporâneos) e assegurariam a resistência de *outros* passados: defenderiam a própria *história* e, por essa distância entre sistemas explicativos nunca verdadeiramente globais, a *possibilidade* de uma opção quanto ao sentido dessa história.

Tanto num caso como no outro será preciso, pois, inicialmente, *diferenciar* as maneiras pelas quais os "fatos" religiosos (supondo-se que esses fatos sejam idênticos) funcionam, quer dizer, *distinguir* as ordens que determinam os reempregos desses fatos e, portanto, suas significações sucessivas – isso antes e a fim de poder apreender qual é a relação histórica entre essas formas e, assim, nosso meio de "compreendê-las" ou de interpretá-las "fielmente".

Capítulo IV

A FORMALIDADE DAS PRÁTICAS[1]

Do sistema religioso à ética das Luzes
(XVII-XVIII)

Este trabalho nasceu de uma pergunta: como articular uma sociologia dos comportamentos e uma história das doutrinas? A análise dos documentos que se referem às práticas religiosas nos séculos XVII e XVIII deve ter uma relação com a dos discursos ideológicos ou simbólicos. Ainda é necessário tornar essa relação mais precisa. Ela não é, evidentemente, redutível a uma causalidade imediata e unívoca. Numa sociedade, os símbolos coletivos e as "ideias" não são nem a "causa" nem o "reflexo" das mudanças.[2] Não se postulará mais que as condutas são organizadas, à sua revelia, por um implícito ou um inconsciente: identificado ao "não-dito" das teorias e ao "não-mostrado" das práticas, logo creditável com uma virtude explicativa indefinida; de fato, esse desconhecido preencheria com a própria ideologia do historiador o buraco vazio deixado pelos seus conhecimentos ou pelos seus métodos.

Os deslizamentos socioculturais que se operam nos séculos XVII e XVIII se referem aos quadros de referência. Eles levam de uma organização *religiosa* a uma *ética* política ou econômica. É um terreno privilegiado para a análise das mutações que afetam ao

---

1   Estudo publicado em *La società religiosa nell'età moderna*, Nápoles, Guida Ed., 1973, p. 447-509.

2   Jacques Berque o lembrou, ainda recentemente, em Logiques plurales du progrès (in *Diogène*, n. 79, p. 3-26, 1972), analisando os desenvolvimentos desiguais, mas compensados, de "dimensões" distintas (morfológica, tecnológica, estética, sacra etc.) numa sociedade.

mesmo tempo as estruturas e o "crível"[3] em uma sociedade. Ora, essas mudanças parecem se manifestar, no nível das práticas, por uma série de *funcionamentos* novos que ainda não são acompanhados de expressões teóricas adequadas nem de esboroamentos espetaculares. Entretanto, já as peças do conjunto começam a "girar" de outra maneira. O conteúdo das práticas não muda, mas muda o que eu chamo de sua *formalidade*. Deste ponto de vista, parece que se pode apreender: 1) processos de transição e *tipos de mobilidade "ocultos" no interior de um sistema* (neste caso, religioso) que, entretanto, se mantém objetivamente; 2) uma *articulação possível entre os princípios investidos na prática e as teorias que se elaboram na produção "filosófica"*; 3) finalmente, de um modo mais geral, relações entre *sistemas* (momentaneamente ou por muito tempo) *coexistentes, não redutíveis* um ao outro, nem localizáveis em um dos níveis de uma estratificação social,[4] nem suscetíveis dessa hierarquização maniqueísta que classifica uns ao lado do "progresso" e outros entre as "resistências".

Da religião à ética. Um deslocamento nos quadros de referência

Nos séculos XVII e XVIII ocorreu uma ruptura depois declarada,[5] entre religião e moral, que tornou efetiva sua distinção e problemática sua conexão ulterior. Mudou a experiência e as concepções que delas haviam tido as sociedades ocidentais. Ao sistema que fazia das *crenças* o quadro de referência das práticas, se substituiu uma ética social que formula uma "ordem" das práticas sociais e relativiza as crenças religiosas como um "objeto" a

---

3   A noção de *crível* questiona os quadros de referência e aquele sobre o que uma sociedade apoia sua possibilidade de pensar. Cf., p. ex., CERTEAU, M. de, *La culture au pluriel*, coll. 10/18, 1974: "Les Révolutions du croyable".

4   Quer dizer que não é possível identificar sistemas *mentais* em níveis *sociais*. Existem dois tipos de recortes que frequentemente se cruzam, mas que não são redutíveis um ao outro.

5   "No decurso do meio século transcorrido entre 1700 e 1750, a religião e a moral acabam a transformação pela qual tomaram o homem como centro, no lugar de Deus", escreve Roger Mercier, *La réhabilitation de la nature humaine, 1700-1750*, Villemomble, éd. de La Balance, 1960, p. 441.

152 A Escrita da História • Michel de Certeau

utilizar. Colocando-se o problema nos tempos que se tornaram os nossos, o que se inverte, pois, é ao mesmo tempo a relação entre a moral e a religião e a relação que a prática mantém com a teoria.

Para esboçar inicialmente essa trajetória de uma maneira global, e tal como se anuncia, pode-se dizer que os séculos XVII e XVIII mostram a história de um divórcio. Não que as relações entre "moral" e "religião" tenham sido harmoniosas ou fáceis anteriormente. Muitos trabalhos o demonstram: elas foram tempestuosas, nunca estabilizadas, por exemplo, naquilo que se refere à usura, à sexualidade e ao poder temporal,[6] mas o princípio referencial de sua união não fora posto em causa. No decorrer da Idade Média, e ainda no século XVI, continua-se admitindo que a moral e a religião *têm uma mesma fonte*: a referência ao Deus único organiza, em conjunto, uma revelação histórica e uma ordem do cosmo; ela faz das instituições cristãs a legibilidade de uma lei do mundo. A sociedade se articula nos termos de uma crença integrativa. No nível da prática, que se explicita na superfície visível da sociedade (quaisquer que sejam as "profundidades" rurais que parecem ter escapado ao cristianismo), a vida privada, assim como a vida profissional e pública, se movem num quadro cristão:[7] a religião envolve as condutas.

Nos séculos XVII e XVIII essa unidade se fende, depois se esboroa. As Igrejas se dividem e se vê romper a aliança institucional entre a *linguagem* cristã, enunciando a tradição de uma verdade revelada, e as *práticas* proporcionadas a uma ordem do mundo. A vida social e a investigação científica, pouco a pouco, abandonam as infeudações religiosas. As dependências eclesiais, opondo-se, se relativizam: elas se fazem de determinações contingentes, locais, parciais. Torna-se necessário e possível encontrar uma *legalidade* de outro tipo. Instala-se, inicialmente, uma axiomática nova do pensamento e da ação como terceira posição, no intermédio das duas Igrejas

---

6   Cf., sobretudo e evidentemente, os trabalhos de NOONAN, John T., *The Scholastic Analysis of Usury*. Cambridge, Harvard University Press, 1957, e *Contraception. A History of its Treatment by the Catholic Theologians and Canonistis*, ibid., 1965 (trad. fr.: *Contraception et mariage*, Cerf, 1969).

7   Cf. FEBVRE, Lucien, *Le problème de l'incroyance au XVI siècle*, A. Michel (1942), 1968. p. 307-323: "Prises de la religion sur la vie".

adversas (católica e protestante). Progressivamente, ela define o próprio solo que se descobre sob a fragmentação das crenças. Assim se constitui uma ética autônoma, que tem por quadro de referência a ordem social ou a consciência. Jean-Jacques Rousseau designa a mutação que se completou quando escreve a Voltaire: "O dogma não é nada, a moral é tudo".[8] Da mesma forma, para a *Enciclopédia*, "a moral prevalece sobre a fé... porque quase toda a moral (...) é de natureza imutável e permanecerá por toda a eternidade, enquanto a fé não mais subsistirá e será transformada em convicção".[9]

Com a ética, a prática social se torna o lugar em função do qual se elabora uma teoria das condutas. Ao mesmo tempo, a doutrina de ontem se transforma num fato de "Crença"; é uma "convicção" (quer dizer, uma opinião combinada com uma paixão), ou uma "superstição", em suma, o objeto de uma análise articulada por critérios autônomos. Dito de outra maneira, a ética representa o papel antigamente outorgado à teologia. Uma "ciência dos costumes", de agora em diante, *julga* a ideologia religiosa e seus efeitos, lá onde a "ciência da fé" classificou os comportamentos em uma subseção intitulada "teologia moral", e hierarquiza as condutas segundo os códigos da doutrina. Dessa evolução existem vários sinais: o primado epistemológico da ética na reflexão sobre a sociedade; a apreciação da religião segundo "valores" que não são mais os seus (o bem comum, a exigência da consciência, o progresso etc.); a retirada da religião para as "práticas religiosas" ou o seu alinhamento com as categorias impostas por uma sociedade; a marginalização do culto com relação à lei civil ou moral etc.

É interessante confrontar com esse esboço geral de uma trajetória, uma análise das práticas enquanto enunciadoras de sentido. Numerosos estudos autorizam formular, a esse respeito, algumas

---

8   Rascunho de uma carta, cit. in MASSON, Pierre-Maurice, *La Religion de Jean-Jacques Rousseau*. Paris: Hachette, 1916. t. II, p. 48. "Nós temos a mesma fé, acrescentou Jean-Jacques; nós temos pelo menos a mesma moral". A moral fornece os princípios universais, enquanto os dogmas e as crenças pertencem ao domínio da particularidade.

9   *Encyclopédie ou Dictionnaire raisonné des sciences, des arts et des métiers*, nova ed., t. XVII, Genebra, 1778, verbete "Foi", p. 1.019.

hipóteses, que investigações particulares poderão invalidar, particularizar ou confirmar. Elas estão classificadas aqui em etapas destinadas a ressaltar algumas conexões apreensíveis a partir das práticas religiosas: 1) Da divisão das Igrejas à "razão de Estado" (século XVII); 2) A politização dos comportamentos: uma nova formalidade das práticas; 3) O "praticante": uma alternativa entre o dever de Estado e o profetismo; 4) A emancipação de uma ética: "legalidade" e "utilidade" no século XVIII; 5) A redução ao cultural: as leis do grupo religioso.

I. DA DIVISÃO DAS IGREJAS À "RAZÃO DE ESTADO" (SÉCULO XVII)

Em fins do século XVI e início do XVII, a divisão das Igrejas não foi apenas o agente revelador de uma "desagregação dos princípios e das estruturas de base da Idade Média".[10] Ela acelera essa desagregação. Tem um efeito de dissuasão. Seu impacto é, aliás, multiplicado pela descoberta de outras religiões: no Novo Mundo, na África ou na Ásia.

Antes, uma *unicidade* de quadro de referência impunha seu próprio sistema teo-lógico à própria heresia ou à defesa de uma autonomia dos direitos reais. Por isso as *manifestações sociais* das heresias medievais são *teológicas*, precisamente por não terem outra indicação e porque a teologia, equivalente medieval dos nossos códigos sociológicos ou econômicos, era o único modo pelo qual uma diferença podia *se indicar*. A alteridade, portanto, se encontrava eliminada, apagada ou integrada, não apenas sem bases políticas ou sociais bastante fortes, mas da mesma forma ou, talvez, mais ainda, por falta de poder se articular como diferente com relação ao sistema de referência sem ter, para indicar sua prática, outro código senão aquele, doutrinal, que ela questionava.

A divisão e a incerteza

Com a pluralização desses sistemas se cria um novo espaço social. A *heresia* se torna a alteridade que se insinua, *ao lado* da lei

---

10   LORTZ, Josef. *La Réforme de Luther*, trad. fr., Cerf., 1970. t. I, p. 22.

comum,[11] num espaço próprio, que não se pode reduzir a uma antilei. Essa situação é sempre dificilmente tolerável, pois questiona a coerência do grupo. Com efeito, no século XVI, ela é vivida na agressividade mútua entre os grupos. Portanto, não pode ser senão transitória, antes que se instaure uma outra lei. Durante esse período se multiplicam as terapêuticas violentas contra a hemorragia dos sistemas integradores (guerras de religião, lutas sangrentas contra a feitiçaria etc.) e as pesquisas que tentam reconstituir uma "ordem" nova.

As referências englobantes e os discursos dogmáticos que vêm da tradição aparecem como particularidades. Estão lá, na própria experiência dos crentes, elementos entre outros, num quadro onde tudo fala de uma unidade desaparecida. O que era *totalizante* não é mais senão uma *parte* nessa paisagem em desordem que requer um outro princípio de coerência. Os critérios de cada comunidade crente se encontram, por isso, relativizados. Ao lado dessas formações religiosas parcializadas se descobrem zonas inteiras (como os Novos Mundos) impossíveis de enquadrar nos balizamentos tradicionais. Dessa maneira, massas populares sem âncoras e como que errantes através dos enquadramentos sociais e simbólicos são entregues a alucinações feiticeiras que essa ausência cria. O ceticismo que se estende atesta a mesma ausência, mas nos meios cultivados.[12] Feitiçaria e ceticismo, com efeito, esboçam o vazio que uma Razão universal ou uma Lei natural irão preencher.

De um ponto de vista religioso, a *incerteza*, grande problema da época, está sempre ligada à divisão. De Montaigne a Pascal, a reflexão é invadida pela dúvida que faz nascer a pluralidade. "Vejo muitas religiões contrárias, e, portanto, todas falsas...,[13] escreveu Pascal.

---

11   Cf. DUPRONT, Alphonse, Réflexions sur l'hérésie moderne, in LE GOFF, J. (Ed.), *Hérésies et sociétés*, Mouton, 1968, p. 291-300, a propósito deste fenômeno novo que é "a história em praça pública".

12   Cf. POPKIN, Richard H., *The History of Scepticism from Erasmus to Descartes*, Harper Torchbooks, 1968, e os numerosos artigos do autor sobre o assunto.

13   PASCAL, Blaise. *Pensées*. Brunschvicg frag. 693, Pléiade, 1954, p. 1.191.

Uma apologética prolifera numa atmosfera onde as violências e as "controvérsias" entre grupos religiosos crescem com a suspeita que atinge seus imperativos particulares. Mesmo a filosofia cristã é mobilizada pela tarefa que Malebranche definiu como: "Descobrir através da razão, entre todas as religiões, aquela que Deus estabeleceu".[14]

Essa apologética se inscreve sobre um fundo de "perplexidade e angústia": Calvino já lhe faz eco sublinhando que o objeto dessa angústia não é a resistência dos "Turcos" ou dos "Pagãos" ("não ficaríamos espantados com isso", diz ele), mas a multiplicação daqueles que "vêm desmanchar peça por peça a união de nossa fé para perverter a verdade de Deus".[15] O escândalo está do lado de dentro. Ele nasce da in-coerência interna. Não é a religião, escreve Du Plessis Mornay em 1581, o "meio de reunir e de reconciliar"? Ora, eis que o meio de unir está dividido: "Existe um ou vários?"[16] Para retomar uma imagem cara a esse autor, a ponte se fragmentou em uma pluralidade de religiões![17]

Para reencontrar a certeza através da unidade é preciso, pois: ou remontar a uma religião *natural*, mais fundamental que as religiões históricas, todas contingentes; ou tentar levar para uma dessas religiões todas as suas rivais, que se hão de considerar "falsas", graças ao estabelecimento de "marcas" garantindo a "verdadeira",[18]

---

14   MALEBRANCHE, *Entretiens sur la métaphysique et la religion*. Vrin, 1964. t. II, p. 178.

15   "Ei-nos em tal perplexidade e angústia, acrescentou Calvino, que não sabemos o que fazer. E é isto que perturba hoje tanta gente simples. Que faremos? Pois vemos tantas disputas na Igreja, tantas opiniões diversas: é melhor não indagar nada". Calvino se dedicou a acalmar esta inquietação. Cf. Comentário sobre o capítulo 13 do Deuteronômio, in *Corpus Reformatorum*, vol. LV, J. Calvin, *Opera...*, Brunswick, 1884, c. 229.

16   MORNAY, Philippe Du Plessis. *De la vérité de la religion chrétienne*. Paris, 1591, cap. 20.

17   Cf. LA MOTHE LE VAYER, *Cinc dialogues...* (Mons, 1671), o diálogo "De la diversité des religions".

18   Cf., por exemplo, VOELTZEL, René. *Vraie et Fausse Église selon les théologiens protestants français du XVIIe siècle*, P.U.F., 1956, p. 99 ss, sobre a pesquisa das "marcas da verdadeira Igreja".

Capítulo IV • A Formalidade das Práticas 157

– ou buscar na política, ou mesmo na ciência, alhures ainda, um outro "meio de unir" que desempenhará, daí por diante, o papel até então representado pela religião; – ou ainda, finalmente, com Descartes, instalar-se durante o tempo da pesquisa, nessa "moral por provisão" cuja primeira regra era para ele "obedecer às leis e aos costumes do meu país, guardando sempre a religião na qual Deus me fez a graça de ser instruído desde minha infância".[19]

Através desses deslocamentos a religião começa a ser percebida do exterior. Ela é classificada na categoria do *costume*, ou na das contingências *históricas*. A esse título se opõe à Razão ou à Natureza.[20] No século XVIII será considerada com um olho já etnográfico pelos *"Observateurs de l'homme"*.[21] O próprio termo que a designa muda de sentido. *Religião* não significa mais uma Ordem religiosa ou a Igreja no singular: "religião, de agora em diante, se pode dizer no plural".[22] É uma positividade sócio-histórica ligada a um *corpus* de hipóteses abstratas. Aquilo que Bayle ou Fontenelle chamam "o sistema da religião cristã":[23] existe aí um conjunto que é preciso compreender, criticar ou situar segundo critérios que não são os

---

19 DESCARTES, René *Discours de la méthode*, 3ª parte; ed. *Oeuvres complètes*, Garnier, 1963, p. 592.

20 LENOBLE, Robert (*Histoire de l'idée de nature*, A. Michel, 1969, p. 283) resume assim de muito a posição: "Nós seguimos *costumes*, mas a Razão e a Natureza estão alhures."

21 MORAVIA, Sergio. *La scienza dell'uomo nel Settecento*. Bari: Laterza, 1970. p. 80-112.

22 GUSDORF, Georges. *Dieu, la nature, l'homme au siècle des Lumières*. Payot, 1972. p. 45.

23 Já em Pascal a palavra tem um sentido pejorativo (cf. *Pensées*, Br. fr. 194 nota). No século XVIII, na *Encyclopédie*, "sistema" designa um conjunto de princípios *abstratos*, na realidade *hipotéticos*, que antecipa muito rápido "as experiências e as observações". Mais geralmente, escreve o autor do verbete *Sistema*, "o cartesianismo que sucedeu ao peripatetismo pôs na moda o gosto pelos *sistemas*. Hoje, graças a Newton, parece que se abandonou este preconceito". (*Encyclopédie...*, nova ed. op. cit., t. XXXII, 1779, p. 305. Jean François Delamare (*La Foi justifiée de tout reproche de contradiction avec la raison*, Paris, 1762) via no uso da palavra por Bayle o sinal da incredulidade: para os utilizadores deste termo, escreve ele, "tudo é sistema em

158 A Escrita da História • Michel de Certeau

seus. O *quod creditur* (o que é acreditado) é dessolidarizado da *fides qua creditur* (a fé que faz crer), ele se transforma em "crença" no sentido objetivo do termo. O conteúdo da crença se oferece à análise, a partir de um distanciamento com relação ao ato de crer. A religião tende a se tornar um *objeto* social e, portanto, um *objeto* de estudo, deixando de ser para o *indivíduo* aquilo que lhe permite pensar ou se conduzir.

"Ateísmo", feitiçaria, mística

Um "ateísmo"[24] se desenvolve durante o segundo terço do século XVII: os "Libertinos eruditos".[25] Na verdade ele desaparecerá breve, diante da ordem política que Luís XIV estabeleceu, mas não foi senão parcialmente oculto e recoberto pelo poder; sairá da sombra no início do século XVIII. Essa irrupção "libertina" de uma moral sem religião, no coração do século XVII, deve ser ligada a outros sintomas contemporâneos: a explosão da feitiçaria nos meios populares, ou as "possessões" diabólicas nas cidades;[26] "a invasão mística" nesses mesmos anos.[27]

---

fato de religião" porque "tudo é problemático nesta matéria" (in MIGNE, *Démonstrations évangéliques*, t. II, 1843, col. 861).

---

24 Sabe-se que, no século XVII, *ateu, ateísmo* remetiam, inicialmente, à divisão das Igrejas. Protestantes e católicos tratavam-se mutuamente por *ateus*: à "ateia" a religião do outro. No sentido do século XVIII, o ateu do século XVII é o "Libertino".

25 Cf. o livro, sempre fundamental, de PINTARD, René, *Le Libertinage érudit dans la première moitié du XVIIe siècle*, Boivin, 1943.

26 Cf. MANDROU, R., *Magistrats et sorciers en France au XVIIe siècle*, Paris, 1968; M. de Certeau, *La Possession de Loudun*, Paris, 1970; MacFARLANE, A. *Witchcraft in Tudor and Stuart England*, Londres, 1970; THOMAS, Keith, *Religion and Decline of Magic*. Londres, 1971; BAROKA, Julio Caro, *Les Sorcères et leur monde*. Paris, 1972 e outros.

27 Cf., evidentemente, BREMOND, Henri, *Histoire littéraire du sentiment religieux* , e ORCIBAL, J. *La rencontre du Carmel thérésien avec les mystiques du Nord*, Paris 1959; COGNET, L., *La Spiritualité moderne*, Paris, 1966; CERTEAU, M. de, Mystique au XVII siècle, in *Mélanges de Lubac*, Paris,

Ateísmo, feitiçaria, mística: estes três fenômenos sincrônicos traduzem igualmente o fato de que as Igrejas se tornam inaptas para prover referências integrativas à vida social. Divididas entre si e em si mesmas, as Igrejas se *localizam*. Não mais fornecem ao pensamento ou à prática o enunciado de leis gerais. Também com os fenômenos que tomo como três variantes de uma nova estruturação social, se produzem dois movimentos recíprocos. Por um lado, elementos doutrinais até então organicamente combinados se *desarticulam*: entre os libertinos as condutas do saber se dessolidarizam da "razão" unitária, da qual a fé era o princípio: na feitiçaria, os símbolos coletivos de dependência religiosa se destacam das Igrejas para formar o léxico imaginário de uma antissociedade; entre os "espirituais", a experiência pessoal aprofunda itinerários biográficos ou psicológicos estranhos às linguagens institucionais e teológicas que até então organizaram seu desenvolvimento. Por outro lado, essa desarticulação obedece a *clivagens* sociais que se acentuam (mesmo que as "fidelidades" religiosas continuem a representar um papel importante, elas se sobrepõem e se repartem segundo categorias sociológicas): os libertinos são cidadãos senhores da escrita, já dotados do lugar social e do instrumento técnico através dos quais irá se formar o novo poder burguês: a feitiçaria se recruta nos meios rurais, menos enquadrados e como que massificados pelas próprias mobilidades que subvertem as hierarquias locais; os místicos se encontram, frequentemente, entre esses magistrados submetidos à contradição entre a fidelidade a uma tradição cultural e a diminuição de seu poder econômico ou político.

Tudo ocorre como se os elementos doutrinais *desorbitados* de um sistema integrador sofressem, então, *gravidades sociais* diferenciadas. Os lugares sociais se tornam determinantes, mas a linguagem religiosa ainda serve para designá-los. A distribuição da sociedade adquire uma capacidade classificatória. Pouco a pouco modela uma ordem nova, mesmo que essa evolução permaneça

---

1964, t. II, p. 267-291, e *Le language mystique, expérience et société au XVII siècle*, no prelo.

oculta sob os símbolos culturais e seja traída apenas pelas reorganizações que neles opera. Já a verdadeira eclesiologia tem a forma de uma política antes de se tornar, mais tarde, uma sociologia.

Pelo fato de se efetuar segundo repartições cada vez mais *sociais*, a fragmentação em curso designa algo que está nascendo. Ela se organiza, também, em torno de alguma coisa que está desaparecendo, isto é, a virtude integrativa que a referência religiosa representou até aí. Eis que esse princípio de unidade se verifica falho. Sua incerteza é marcada, em cada grupo, pela dúvida crítica "libertina", ou pelos retornos do recalcado "pagão" na feitiçaria, ou pelas viagens para os segredos invisíveis da linguagem recebida, provocados pela ausência de Deus. A *perda do objeto absoluto* está inscrita nesses três movimentos, ainda que em caracteres relativos ao que especifica cada um desses grupos. É a questão à qual eles respondem diferentemente.

A razão de Estado

Por não serem ainda senão sintomas, essas correntes vão desaparecer quase simultaneamente: cerca de 1650-1660[28] – à medida que se impõe a lei política em substituição à ordem da qual elas manifestavam o estilhaçamento. A partir de meados do século o poder real não se equivoca quando reprime igualmente os ateus, os feiticeiros e os místicos, tendo em vista defender não mais uma ortodoxia religiosa, mas a "razão de Estado": esses movimentos eram sintomas de *uma ordem se desfazendo*. Não podem mais ser tolerados pela política de uma ordem que irá substituir a religião no seu papel de quadro de referência de uma sociedade.

---

28   Cerca de 1660, assiste-se a uma retomada geral das expressões ou das formas de intransigência *doutrinal*. Então, elas se politizam, ou, mais geralmente, cedem diante da lei de coesões políticas ou sociais. É por esta data que o jansenismo assume um aspecto mais erudito ou mais social, ou que aparecem entre as Igrejas opostas os "moderadores de religião". Christopher Hill fixa, também em 1660, a queda do milenarismo inglês (*Antichrist in Seventeenth-Century England*, Oxford, 1971, p. 164). Parece ocorrer aí um fenômeno comum a toda Europa ocidental.

Capítulo IV • A Formalidade das Práticas   161

Inaugurado sob Richelieu em meio a "dilaceramentos", e no contexto do ceticismo que envolve todas as doutrinas, o fortalecimento do Estado "altera as antigas estruturas mentais"[29] fundamentalmente porque reorganiza as *condutas* sem lastros de critérios e de quadros. Quaisquer que sejam as crenças consagradas à incerteza, o que é, então, percebido como ausente e necessário é uma razão *da prática*. É preciso uma axiomática da ação. A ciência moderna irá se formar buscando uma ordenação dos procedimentos.

Problemas das paixões, isto é, da ação impulsionada pelas irrupções de um querer insondável, desarticulado da linguagem intelectual ou social. Daí, durante algum tempo, a moral excepcional, ambiciosa, instável e arriscada do homem "nobre", do "herói", do estoico ou do místico, em suma, do sublime "selvagem" e "raro": a moralidade reflui para o ato individual, como cada vez que as referências normativas de uma sociedade se enfraquecem.

A razão de Estado vem preencher o vazio arrumando os comportamentos. Apoiada em Tácito e Maquiavel – "o país de Maquiavel e de Tácito", dizia Balzac – ela ultrapassa, *de fato*, no terreno *das práticas*, a contradição entre razão e violência. Gestionada pelos Grandes (é apenas a eles que "compete arrazoar"[30] a respeito dos negócios). Uma ordem se impõe com o poder real, acompanhada desse humanismo "clássico" que, cético em matéria de ideologias, cínico a propósito do poder, "lúcido em esquadrinhar as taras da natureza", deve mais à filosofia do que à religião".[31] "Rainha de todas as virtudes",[32] a força funda uma ordem. Como pensa Hobbes, essa legitimidade se origina na ilegitimidade de uma violência. Ela constrói o círculo do Estado sobre os três pontos que vão organizar a escrita de uma sociedade – os "negócios" (uma prática), os

---

29   THUAU, Étienne. *Raison d'État et pensée politique à l'époque de Richelieu*. A. Colin, 1966. p. 10.

30   Esta expressão de Jérémie Ferrier, um espírito religioso, em *Catholique d'État* (1625), tem mil equivalentes: apenas o poder "raciocina", exercendo a razão que ele criou.

31   BÉNICHOU, Paul. *Morales du Grand Siècle*. Gallimard, 1948. p. 223.

32   Cit. in THUAU, E., op. cit., p. 185.

"Grandes" (um poder), uma "ordem" (uma razão) – e cuja certeza se representa em um "Deus mortal", o Rei.

Assim, "a razão do século XVII, numa ampla medida, nasce da ação coletiva das necessidades práticas da empresa estatal". Ela desenvolve, no campo das atividades nacionais ou científicas, uma vontade de se tornar senhora e possuidora da natureza social. A razão de Estado já reordena o país como empresa capitalista e mercantilista.[33] Ela também enquadra as crenças: "Governar é fazer crer".[34] Nessa racionalização política das convicções e das mentalidades, Mersenne via como legítima uma "manutenção dos espíritos"; Campanella, uma "guerra espiritual", uma cruzada, o equivalente do "combate espiritual". Ela mobiliza os pregadores e os homens de letras a serviço do poder; orienta a instrução do "público" como batalha pedagógica; agrava os "delitos de opinião". O que existe de tão espantoso no fato de as tarefas que se referem à moral e ao saber serem recentradas no Príncipe, lugar estratégico do sentido? O que existe de espantoso no fato de a "instrução do Príncipe" se tornar a prática por excelência, aquela em que a ordem política nova focaliza a formação de uma linguagem social referencial? A instrução do Príncipe é o emprego a propósito do qual "frequentemente se ouviu dizer" do próprio Pascal "que não havia nada para o que desejasse mais contribuir, se nela estivesse engajado, e que sacrificaria, voluntariamente, sua vida por uma coisa tão importante".[35]

---

33   THUAU, E., op. cit. p. 146. Cf. ibid., p. 406: "A transformação que a razão de Estado opera no pensamento político está ligada à transformação da sociedade e à passagem de uma França rural a uma França mercantil e burguesa. O Estado de Richelieu, conquistador e organizador, moderno e mercantilista aparece, sob certos aspectos, como uma das primeiras formas da empresa capitalista. Seu racionalismo e sua política de intervenção a mais não poder, a busca do lucro erigida em lei, sua concepção da vida internacional como competição permanente, sua semimoral que se justifica pela preocupação com o bem comum são outros tantos traços da empresa capitalista nascente."

34   THUAU, E., op. cit., p. 169 ss.

35   PASCAL, B. *Oeuvres complètes*, Grands Écrivains de la France, Hachette, t. IX, p. 369 (à frente os "Discours de feu, M. Pascal sur la condition des Grands").

II. UMA NOVA FORMALIDADE DAS PRÁTICAS: A POLITIZAÇÃO DOS COMPORTAMENTOS

Uma coisa é a constituição de uma razão prática com o fortalecimento do poder monárquico; outra é o reajustamento das formações religiosas cuja divisão interna foi "compensada" pelo fortalecimento do Estado, mas que por outro lado não desapareceram. Elas funcionam muito bem. Mas como esses dois sistemas se comunicam um com o outro? Onde buscar as conexões que se estabelecem – desde que não se suponha no poder político a capacidade de estender por toda parte a razão que funda e de retirar sua pertinência ou sua existência das condutas e das crenças que continuam a se propor como religiosas? As práticas permitem apreender os modos de uma nova combinação: elas definem, com efeito, o campo onde se efetua o deslocamento que irá refluir sobre as ideologias. Sua *formalidade* diferente manifesta seu *reemprego* com um outro funcionamento.

A formalidade das práticas

A nação se normaliza como uma sociedade de ordens em torno da casa real, que lhe fornece ao mesmo tempo seu centro e, como um espelho, a possibilidade de se representar a si mesma.[36] Ocorre uma retomada das estruturas religiosas, mas *em outro regime*. As organizações cristãs são reempregadas em função de uma ordem que elas não mais determinam. Traço significativo, reconhece-se ao rei o privilégio de "ter Deus a seu lado" e "perto de si"[37]. As Igrejas se encontram, como Deus, ao lado do Rei. Se Luís XIV se inscreve no movimento da Contrarreforma, ele lhe inverte o princípio por sua *maneira* de fazê-lo desabrochar.[38] Certamente, ele é cada vez

---

36 Cf. a análise aguda que Michel Foucault fez das *Meninas* de Velasquez (*Les mots et les choses*, Gallimard, 1966, p. 19-31), quadro que organiza o "reflexo do rei".

37 Cit. in E. Thuau, op. cit., 184.

38 A data de 1685 (revogação do Edito de Nantes pelo Edito de Fontainebleau) marca na França, ao mesmo tempo, o sucesso *objetivo* e o fracasso

164 A Escrita da História • Michel de Certeau

mais "conservador" em matéria religiosa, à medida que seu poder se afirma. Seu "grande desígnio" parece visar a uma "restauração" da Igreja fendida, mas na realidade tem por fim "dar ao Estado sua tranquilidade e à autoridade seus direitos".[39] Revolução sub-reptícia: o fim transformou-se em meio. As instituições políticas *utilizam* as instituições religiosas, infiltram nelas seus critérios, *dominam*-nas com sua proteção, destinam-nas aos seus objetivos.

O que é novo, portanto, não é a ideologia religiosa (o poder impõe um retorno à ortodoxia católica); é a prática que, de agora em diante, faz a religião funcionar a serviço de uma política da ordem. A investidura religiosa, de que essa ordem é credora, está destinada a captar as organizações existentes e consolidar a unidade política. Nesse nível, o "sistema" cristão, enfraquecido, se transforma em teatro sagrado do sistema que lhe sucede. Assegura também o trânsito das consciências cristãs para uma nova moralidade pública.

Essa insinuação da razão de Estado sob a cobertura daquilo que ela substitui aparece com uma politização dos comportamentos – se entendermos por "politização" o movimento para um sistema que articula as condutas em termos de *forças* presentes, de *contratos* sociais que hierarquizam essas forças, e de *valores* comuns postulados por esses contratos. Mas para notar as modificações que se efetuam nessa *razão prática*, para revelar a ordem nova que se inscreve nos comportamentos tradicionais, a análise de seus conteúdos não é suficiente: as mesmas ideias ou as mesmas instituições podem se perpetuar no momento em que mudam de significação social. Assim acontece com as concepções ou com as organizações religiosas no final do século XVII. Elas prosseguem seu caminho. Mantêm-se, acrescidas de alguns elementos que já são o indício de um outro conjunto. Entretanto, da mesma forma

---

religioso dos esforços da Contrarreforma. Cf. a peremptória "conclusão" de Jean Orcibal, *Louis XIV et les protestants*, Vrin, 1951, p. 159-167.

---

39   Uma palavra de Luís XIV, citada em ORCIBAL, J., op. cit., p. 94, n. 13.

que um sistema de pensamento, se especifica, sem dúvida, pela invenção de algumas noções a mais, fá-lo mais ainda por uma organização diferente das ideias que recebe de fora, quer dizer, por uma maneira própria de "encaminhá-las" na totalidade de um discurso. Também as crenças e as instituições se põem a "caminhar" diferentemente, denunciando assim uma dinâmica de outro tipo, da qual uma recapitulação ulterior poderá apreender os princípios para fazê-la aceder ao estatuto da teoria.

Mesmo intactas em si mesmas, as condutas se inscrevem em outras trajetórias sociais. Obedecem a *critérios*, classificam-se segundo *categorias*, visam a *objetivos* que mudam. Essas questões revelam uma *formalidade das práticas* (práticas da linguagem, práticas profissionais ou crentes etc.) – análoga ao que P. Bourdieu chama uma "lógica em estado prático".[40] Essa formalidade está mais ou menos de acordo com os discursos oficiais ou teóricos; ela os questiona, já que organiza também uma prática da leitura ou da audição, dito de outra forma, uma prática *desses* discursos, sem falar das práticas que eles esquecem ou exilam. Uma das tarefas da história consiste em medir a distância, ou as relações, entre a formalidade das práticas e a das representações; por aí se pode analisar, com as tensões que trabalham uma sociedade na sua espessura, a natureza e as formas de sua mobilidade.

Reempregos

Sob o Antigo Regime, e particularmente no século XVII, as condutas e as concepções religiosas apresentam um terreno privilegiado para esta análise. As estruturas religiosas começaram a "girar" diferentemente, como que tomadas por massas no elemento

---

40   BOURDIEU, Pierre, Genèse et structure du champ religieux, in *Revue Française de Sociologie*, t. XII, p. 310 ss, 1971. S. J. Schmidt (Sprachliches und soziales Handeln. Überlegungen zu einer Handlugstheorie der Sprache, in *Linguistische Berichte*, t. II, p. 64-70, 1969) se interessa, na perspectiva de uma sociolinguística, pela "formalidade dos atos sociais" e pelos "sistemas normativos da ação". É uma maneira de notar o problema que colocamos aqui.

político. É necessário ater-se à erosão dessas estruturas e mais ainda a seus novos movimentos para apreender a transformação em curso. No interior das condutas religiosas existe toda espécie de indícios que permitem tornar precisos os modos, mais ou menos explícitos, mais ou menos novos, sob os quais pode-se apresentar a "formalidade de uma prática".

Uns são de tipo diretamente político. Estes são os mais evidentes. Assim, o "culto monárquico" e a "religião do rei" entre os protestantes[41] têm seu equivalente, mais sólido, entre os católicos, com a "docilidade" eclesiástica diante do poder, com o sentimento realista que relativiza a dependência romana (qualificada de ultramontana) e impulsiona a Igreja de França para um "galicanismo político"[42] muitas vezes próximo do cisma, enfim, com o fato de que a partir de 1675 as Assembleias do Clero estão "completamente na mão da Corte":[43] um *funcionamento idêntico* ultrapassa a divisão entre Igrejas e as "faz caminhar" segundo o sistema político que denegam, em vão, suas teologias que permaneceram diferentes. As religiões opostas seguem trajetórias idênticas. As operações obedecem a "direções obrigatórias" traçadas pelo espaço político em que as Igrejas se movem. Isso não é fraqueza ou defeito de lu-

---

41   Cf., por exemplo, LÉONARD, Émile, *Histoire générale du protestantisme*, t. II, P. U. F., p. 362 ss, 1961.

42   A expressão é de Victor Martin, que caracteriza assim o conteúdo do primeiro dos quatros Artigos aprovados pela Assembleia do Clero em 1682, a saber, a independência absoluta do rei no temporal (*Le Gallicanisme politique et le clergé de France*, Paris, 1929). Cf. também ORCIBAL, Jean, L'Idée d'Église chez les catholiques du XVIIe siècle, in *Relazioni del X Congresso Internazionale di Scienze Storiche*, Roma, 1955, vol. IV, p. 111-135. É necessário acrescentar que a eclesiologia ultramontana obedece aos mesmos critérios. Assim, para Bellarmin, a *segurança* e a *garantia* da autoridade pontifical se fundam na sua conformação visível aos "modelos políticos"; cf. EYT, Pierre, L'ordre du discours et l'ordre de l'Église, Hypothèse sur les structures profondes d'un texte des *Controverses de Bellarmin*, in *Mélanges d'histoire religieuse offerts à Mgr. E. Griffe* (Bulletin de Litt. Ecclésiastique, t. LXXIII, 1972), Toulouse, 1972, p. 230-249.

43   ORCIBAL, J. *Louis XIV et les protestants*, op. cit., p. 93.

Capítulo IV • A Formalidade das Práticas 167

cidez dos homens. Ver-se-á que a posição da "recusa" ou do "Refú-gio" sofre e manifesta a mesma lei, ainda que de um outro modo. Trata-se, inicialmente, das atrações e deslocamentos que sua combinação com um outro mais forte provoca num sistema.

Se passarmos a práticas particulares, constatamos o mesmo tipo de disfunção. Nos *Bureaux de Charité*, o critério segundo o qual se escolhem os pobres a socorrer não é apenas a pertença à municipalidade ou ao mesmo meio social (nobres empobrecidos), como já era o caso no século XVI, mas a possibilidade ou a efetividade de uma "conversão" ao catolicismo, instrumento de unidade nacional.[44] As doações feitas pelos particulares e pelas coletividades leigas aos colégios ou missões parecem organizar uma geografia de interesse políticos e de alianças sociais.[45] Existe um controle crescente dos tribunais reais sobre as questões religiosas, e uma "pertinência" nova dos negócios de Estado nos processos eclesiásticos.[46] A obediência religiosa se submete a um lealismo mais

---

44 Assim, exemplo entre mil, os *Bureaux de Charité* são, para o abade du Chaila, um meio de conversão (cf. ARMOGATHE, Jean-Robert. *Missions et conversions dans le diocèse de Mende au XVIIIe siècle*, tese de E. P. H. E., 1970, dat., p. 134 ss.); e a conversão, um *meio* de unidade.

45 Por exemplo, indicações a esse respeito são fornecidas por CHESNAY, Ch. Berthelot du (*Les missions de Saint Jean Eudes*, Paris, 1968), ou Venard, M. (Les missions des Oratoriens d'Avignon aux XVIIe et XVIIIe siècles, in *Revue d'Histoire de l'Église de France*, t. LVIII, 1962, p. 16-38): frequentemente (não sempre) o lugar e o tempo são fixados pelos doadores, assim como os objetos (associando a instrução à luta contra "a licença e o crime"). Um estudo sistemático das atas de doação revelaria, sem dúvida, uma geografia mental e política, tanto no caso das missões como no dos colégios, apesar das condições propostas pelas Congregações religiosas interessadas. Sobre os dons e legados feitos às Escolas, cf. as preciosas indicações de AROZ, F. Léon de Marie, *Les Biens-fonds des Écoles chretiennes et gratuites pour les garçons pauvres de la ville de Reims au XVIIIe siècle*, 1970, t. I, Reims, p. XXV-XXVI, e 1-57.

46 Desde os processos de feitiçaria até os debates doutrinais (sobre o jansenismo, por exemplo), os assuntos religiosos manifestam todo esse desenvolvimento.

fundamental, que baseia a obediência ao rei[47] num "direito divino e humano" ou num "direito natural" e que divide os religiosos segundo a clivagem entre "rebeldes" e "clientes" do rei. As querelas teológicas teatralizam os conflitos entre "partidos" e seguem sua lógica mais do que a determinam.[48] A educação, desde há mais de um século instrumento de propaganda religiosa, torna-se uma imensa campanha social contra o mal, do qual mil documentos contemporâneos mostram que as três cabeças – ignorância, delinquência, divisão – pertencem ao mesmo inimigo[49] etc.

Outros indícios atestam até que ponto as práticas religiosas se curvam às formas sociais. Alguns exemplos apenas. Na disciplina do ensino dos colégios, o que se impõe cada vez mais são as "virtudes" socioculturais e econômicas – a polidez, a postura, o "porte" e, mais ainda, a higiene (ligada a um domínio da vida), o rendimento (o estado de escolar visa a uma utilidade social), a competição (o saber se organiza em luta pela promoção), a "civilidade" (a ordem estabelecida das convenções sociais) etc. –, enquanto as "virtudes cristãs" cujos elementos estão estabelecidos numa lista estável são simplesmente reclassificados nessa reestru-

---

47   Mesmo entre os "ultramontanos" tradicionais que são os jesuítas, a "submissão política" se torna uma "verdadeira obrigação de consciência": ela leva vantagem sobre a obrigação religiosa porque é "mais antiga e mais forte". O Padre de La Chaise escrevia em 1681 a seu superior geral, o Pe. Oliva, que as ordenações reais "pelo direito mais antigo, divino e humano, natural e positivo, obrigam em consciência" e prevalecem sobre as ordens do superior geral, que obrigam apenas "em virtude da piedade e de votos contratados espontaneamente" (cit. in GUITTON, Georges, *Le Père de La Chaise*, Beauchesne, 1959, t. I, p. 91). Alguns anos mais tarde, um memorial jesuíta coletivo declarava: "Na concorrência de duas ordens opostas, dadas a um religioso francês, uma pelo Rei e outra pelo superior legítimo..., é um pecado grave contra a religião, contra a fidelidade e contra a justiça obedecer ao [superior] geral ou ao superior local em prejuízo da ordem do Rei" (cit. in BLET, Pierre, Jésuites gallicans au XVIIe siècle?, in *Archivum Historicum Societatis Iesu*, t. XXIX, 1960, p. 75-76).

48   Cf. por exemplo, *infra*, a propósito dos jansenistas e dos jesuítas.

49   Cf. algumas notas a esse respeito, *supra*, "A inversão do pensável."

turação social das práticas.[50] Da mesma forma, uma reorientação se produz nas instituições e fundações religiosas com a lógica que aí introduzem a preocupação com a eficácia, a racionalização, visando a uma "ordem", ou o espírito de método e que, na própria prática da oração, substitui as "inspirações" pela "utilidade dos bons pensamentos", ou as "afeições" do coração pelas "razões" e "métodos".[51] As novas congregações religiosas, aliás, se criam – e frequentemente as antigas se especializam (tal como os Beneditinos) – em conformidade com uma topografia de urgências ou de tarefas fixadas pela sociedade (o combate contra a ignorância das massas populares, o socorro aos acidentados ou às crianças abandonadas, o internamento dos doentes, a educação das moças, a erudição etc.); a determinação segundo *funções sociais* é mais decisiva do que a antiga repartição das Ordens segundo funções *eclesiais* ("contemplativos", "ativos", "pregadores" etc.).

---

50   Cf. por exemplo, naquilo que concerne aos colégios jesuítas, DAINVILLE, François de, *Naissance de l'humanisme moderne*, Beauchesne, 1940, cap. III, 4, "De la vertu", p. 247-275, ou, trabalho antigo mais rico em documentos sobre um assunto pouco retomado depois, SCHIMBERG, André, *L'Éducation morale dans les collèges de la Compagnie de Jésus em France*, Champion, 1913. Fica-se impressionado, lendo os manuais da época (trata-se, frequentemente, de manuais de *Civilidade*), de ver a que ponto os regulamentos e os usos sociais constituem a ossatura da educação. As virtudes cristãs parecem conformar-se ali e confirmá-los como uma razão *a mais* com relação a uma situação de fato (a ordem estabelecida) que tem valor de *lei*. Mas é que, num segundo nível, a ordem estabelecida é percebida como ordem divina, mesmo que ela deixe de sê-lo na prática social.

51   Sobre a insinuação de "o espírito de método" nas Congregações e nas missões, cf. as observações de J. Delumeau, *Le Catholicisme...*, cit., p. 104-109 e 278-280. Na piedade, o intelectualismo triunfa com o *Traité de l'oraison* de Nicole (1678), mas esta apologia da prece discursiva tem inúmeros paralelos. Simples indícios: a multiplicação do termo *método* nos títulos de obras de devoção. Infelizmente, não existe para o século XVII o equivalente da análise de Alessandro Fontana para o século XVIII (L'ensemble *méthode*, in FURET, F. (ed.), *Livre et société dans la France du XVIIIe siècle*, t. II, Mouton, 1970, p. 151-228). Ela mostra a importância do fenômeno: depois da gramática e da medicina, é a devoção que apresenta, nos títulos, as ocorrências mais numerosas de *método*.

170 A Escrita da História • Michel de Certeau

Esses funcionamentos, dos quais seria possível multiplicar os exemplos, têm como recíproca a privatização e a interiorização da vida cristã. As "santidades" esboçam itinerários "subjetivos" e "psicológicos" que não se podem mais traçar no tabuleiro de xadrez de uma organização civil e política. A retirada, para fora do corpo, para o "refúgio" do coração, arremeda uma incompatibilidade com o corpo social: antes de ser uma doutrina, a ruptura é uma situação. Os "espirituais" da época são lúcidos quando recuam das práticas aos "motivos" da ação e quando situam a opção cristã aquém da linguagem e das "obras", fora do texto social, na "pureza de intenção" no "propósito" do coração, no "formal" da ação.[52] Mas não é também verdade que essa opção, privada de seus balizamentos sociais, se perde numa noite insondável – ou que ela é obrigada a se identificar com os fenômenos "extraordinários" que o olhar científico já transforma em *objetos* psicológicos ou médicos? De fato, "a experiência mística" vacila entre esses dois polos.

Parece que, sob o aspecto de suas formalidades, as condutas cristãs são todas atingidas pela mutação que, por um lado, levou o problema da ordem para o terreno das práticas e, por outro, lhe dá uma solução sociopolítica. Não é surpreendente que um dos signos mais claros dessa lenta revolução nas estruturas religiosas da ação seja, precisamente, o lugar que nela ocupa a figura do praticante.

III. A LÓGICA DO "PRATICANTE": UMA ALTERNATIVA ENTRE O DEVER DE ESTADO E O PROFETISMO

Entre a lei do agir e o lugar da enunciação

O agir se socializa: ele segue critérios proporcionados à ordem social que se apresenta. Tal é o deslocamento global que se

---

52 Sobre a "intenção" ou o "motivo" que é o "formal" da ação (distinto de seu "material"), e sobre a significação histórica deste recurso, cf. SURIN, J. J., *Guide spirituel*, Desclée de Brouwer, 1963, *Introduction* por M. de Certeau, p. 23-27 e 31-36. Deste ponto de vista, a noção de "instinto" é igualmente fundamental; cf. DUPUY, Michel, art. Instinct, in *Dictionnaire de spiritualité*, t. III, c. 1803-1805.

opera – um deslocamento difícil de designar, já que a distinção entre *política* e *religião* (e não apenas entre *temporal* e *espiritual*) é precisamente o que está se produzindo: é, pois, impossível contar com esses dois conceitos como pilares sólidos e permanentes, em função dos quais uma análise histórica poderia julgar a mudança em curso. Alguma coisa estranha ocorre, entretanto. Os comportamentos religiosos que manifestavam um *sentido* crítico numa *prática* social se quebram. Existe uma dissociação entre a exigência de *dizer* o sentido e a lógica social do *fazer*. A afirmação de um sentido cristão se isola num dizer e parece cada vez menos compatível com a axiomática das práticas.

A vontade de "dizer" uma fé se acompanha se houver um recuo para o "interior" ou para "fora do mundo". Traduz-se pela fundação de um lugar à parte, de onde seja possível falar. Nas representações o "coração" desempenha esse papel; ele exprime um espaço fechado, separado do resto; um retiro. No mapa da França, a multiplicação dos refúgios, dos eremitérios, das associações secretas etc. é o equivalente social desses "corações" fechados e defendidos do mundo. Um *profetismo* de tipo novo se constitui nessas marginalidades.

A esse profetismo corresponde um fenômeno inverso. A exigência do "fazer" (não existe fé sem obras) submete, necessariamente, a ação empreendida à organização de tarefas civis e políticas, que são as primeiras a serem transformadas pela nova ordem das práticas (as atividades profissionais ou familiares parecem ter se "laicizado" mais tardiamente). O "fazer" deixa escapar, insensivelmente, aquilo mesmo que ele queria produzir, a saber, os gestos formalmente cristãos. Termina naquilo que os contemporâneos chamam, com razão, "compromissos" – mas esses compromissos dizem respeito menos a uma doutrina do que à lei que se impõe, desde que se escolha agir na sociedade. Sob esse ponto de vista, "o humanismo" conciliador e mesmo a "frouxidão" moral são, inicialmente, os reveladores de uma situação. A ordem que revelam pode ser compensada apenas (segundo modos que remetem também à mesma situação) por corretivos proporcionados ao detalhe de cada conduta social (em vista de introduzir nelas um desvio "especificamente" cristão) e, sobretudo, por um reforço das "marcas" de diferenciação que constituem as práticas ditas *"religiosas".*

Esse corte do agir cristão separa *o lugar de sua significação* (isto é, a possibilidade de encontrar um lugar de enunciação) e o *trabalho da produção social* (isto é, o trabalho efetivo pelo qual uma sociedade se constrói).[53] Sem dúvida, pode-se dar conta dos grandes debates do fim do século por essa tensão entre a necessidade de re-constituir um *lugar* de enunciação e a lógica do trabalho que uma sociedade opera em si mesma. As opções divergem. Ora privilegiam a urgência *profética*, ora ratificam a *politização* de fato para corrigi-la. Cruzando-se ou invertendo-se, elas não atestam menos a situação comum em função da qual se enfrentam as doutrinas e as escolhas.

As "marcas"

Sob a imagem de *retiros* coletivos que o profetismo efetua, ou com a série de *decretos* (ou de retificações), que a casuística coloca ao longo das trajetórias da ação, surge uma mesma necessidade, a das "marcas", uma palavra de inumeráveis ocorrências nos textos da época. Por *"marca"* é preciso entender uma combinação objetiva entre uma *prática* e um signo, um ponto de inserção entre a linguagem da sociedade e a enunciação de uma fé – em suma, uma maneira efetiva de ultrapassar a ruptura entre uma e outra. A "marca" por ser um milagre, um "refúgio", um personagem sacerdotal ou carismático, uma devoção, um gesto sacramental etc. De qualquer modo, ela focaliza a expressão religiosa em gestos particulares. Tudo se concentra nas práticas. Através delas um grupo religioso provoca sua coesão. Nelas se encontram sua âncora e sua diferença com relação a outras unidades sociais – religiosas

---

53 Esta dicotomia é análoga, no agir social, àquela, fundamental, que Mme. David revelou nas pesquisas do século XVII sobre a linguagem, a propósito da egiptologia; ao *símbolo* (ou à alegoria) que exprime uma verdade se opõe a cifra que produz um saber. Cf. V. DAVID, Madeleine, *Le débat sur les écritures et l'hiéroglyphe aux XVIIᵉ et XVIIIᵉ*, Sevpen, 1965, p. 11-30.

ou não. Recebe delas uma segurança que as próprias crenças dão cada vez menos. Logo Montesquieu dirá dos cristãos que eles "não são mais firmes na sua incredulidade do que na sua fé; vivem num fluxo e refluxo que os leva sem cessar de uma à outra".[54] Humorística talvez, lúcida em todo caso, sua observação indica a dificuldade desses cristãos de encontrar balizas sociais para sua fé; ela faz compreender o papel decisivo, sob certos aspectos fetichista, que na sua vida assume tal ou qual prática religiosa.

Jansenistas e Jesuítas

As escolhas entre cristãos se efetuam em termos de práticas. A oposição entre as correntes que se designam a si mesmas como "Jansenistas" e "Jesuítas" é bem reveladora de escolhas necessariamente efetuadas em termos de práticas. O campo fechado é o da *Moral prática*.[55] Se deixarmos de lado os "espirituais" cujas reações, de Port Royal à Cia. de Jesus, são cada vez mais comuns apesar das fronteiras sociais entre os dois "partidos",[56] ocorre rapidamente, de

---

54 *Lettres persanes*, carta 75. Sob Luís XIV, as perseguições, as conversões e as comunhões forçadas já haviam trazido um "desmentido cruel" a todos aqueles que haviam preconizado a importância das disposições interiores. Percin de Montgaillard, por exemplo, sublinhava, então, que os "antigos católicos... se escandalizavam em ver o que se fazia sob o pretexto da religião" e que as comunhões forçadas "abalam sua fé vacilante" (cit. in ORCIBAL, J. *Louis XIV et les protestants*, op. cit., p. 166, n. 27).

55 Cf. *La morale pratique des Jésuites*, 8 vol., 1669-1695, por Perrault, Pontchâteau e Vanet, com a colaboração d'Arnauld e de Nicole. Trata-se da "pureza da moral", das "máximas da moral", das "condutas", de uma "política" (cf. o Prefácio do primeiro volume). Toda uma literatura ilustra esta temática a respeito das *práticas* morais, até as *Réflexions morales* de Quesnel. Mesmo as discussões dogmáticas são colocadas sob este signo, como em *La défense de la morale et de la grâce...*, Cologne, 1698.

56 Assim, a rede formada pelas correspondências e pela difusão dos manuscritos do jesuíta Surin não recorta aquelas que constituem as *pertinências* (contavam-se!) ou jesuítas ou jansenistas. Completamente deslocada com relação a esses círculos de "partido" e julgada com desconfiança pelo conjunto dos jesuítas, esta rede é, por outro lado, em grande parte idêntica àquela mesma em que circulam os textos e as ideias reformistas dos espiri-

parte a parte, redução ou pelo menos identificação da fé cristã com as práticas. Mas *não se trata das mesmas práticas*: é essa diferença que comanda as divergências doutrinais. Os Jansenistas acentuam as práticas *cultuais*; preconizam um retorno às observâncias litúrgicas ou sacramentárias, cuja própria importância exige um acréscimo de preparação interior; lutam especialmente contra as instituições sociais que mais ameaçam a observância (desde o cabaré até a Corte).

Em contrapartida os Jesuítas se colocam, deliberadamente, no campo das práticas civis. Partidários da adaptação, princípios introdutores da "civilidade",[57] da "honestidade", do "dever de Estado", e logo também – no século XVII – da "honra" ou de um "amor-próprio" legítimo"[58] na moralidade cristã, empenham-se em proporcionar a essas práticas um *desvio* cada vez mais relativo a uma tarefa social. É o trabalho indefinido da casuística, incansável em corrigir as situações que ela inicialmente ratificou. A longo prazo essa ta-

---

tuais ligados ao *espírito* de Port-Royal. Cf. SURIN, Jean-Joseph, *Correspondance*, éd. M. de Certeau, Desclée de Brouwer, 1966, Introdução, p. 27-94.

---

57 A "civilidade" nasceu de uma predominância das relações humanas sobre a relação com a natureza ou o mundo. Ela tem por modelo a Corte ("o serviço dos cortesãos é a civilidade perfeita", escreve J. J. Surin, *Fondements*, I, 8; Spes, 1930, p. 87) e por antítese a sociedade "selvagem". Já implica, como diz ainda Surin, práticas "sem outro fim que a sociedade civil" (*Guide spirituel*, V. 7; Desclée De Brouwer, 1963, p. 228). Daí a importância da nobreza civil que resulta da "opinião dos homens" e do "sucesso nos negócios" (MOULIN, Pierre du, *La Philosophie mise em français...*, Paris, 1644, Éthique, livro 8, cap. 7, p. 272-275). Mesmo crítica e contestadora, a ética cristã é obrigada, daí por diante, a se inscrever nesta dialética dos poderes e dos olhares; cf. NICOLE, Pierre, *De la civilité chretiènne*, Paris, 1670; COURTIN, Antoine de, *Nouveau traité de la civilité*, p. 1.671 e outros. Em muitos dos manuais escolares, como para o Pe. La Cerda, a civilidade é "A soma de todas as outras" virtudes (cit. in DAINVILLE, F. de, *La Naissance de l'humanisme moderne*, op. cit., p. 271).

58 Cf. *Mémoires de Trévoux*, nov. 1740, p. 2.131. Citando este texto, Jean Ehrard acrescenta com justeza: "Nela mesma a ideia não é, absolutamente, uma novidade" (*L'idée de nature em France dans la première moitié du XVIIIe siècle*, Paris, 1963, p. 382, n. 4). Ela o é da parte de religiosos.

refa se tornará cada vez mais difícil. Será necessário fazer uma escolha: revela-se uma crescente incompatibilidade entre uma *ética* que se funda na lei efetiva da "sociedade civil" e os *lugares* onde a vida cristã se fixa, na falta de poder corrigir as normas da vida social – práticas de devoção (o *Sacré-Coeur*), as Associações secretas (as Congregações de Senhores, por exemplo), retiros espirituais etc. Uma forma nova de "refúgio" aparece, entre os próprios Jesuítas, com esses signos que se tornam polarizadores, precisamente porque isolados de uma ética considerada como "ateia".

Assim, no século XVIII, Jansenistas e Jesuítas se reencontrarão na área do cultural. Suas opções contrárias se miniaturizam no interior dessa esfera. A uma polarização *sacramentária* (que acompanha um reforço da autoridade sacerdotal ou da severidade das medidas relativas às faltas do seu ponto de vista) se opõe, de agora em diante, uma polarização *devocional* (que vem junto com uma supervalorização do "diretor espiritual" ou dos imperativos que se referem à execução de gestos e à fidelidade literal às fórmulas[59]). É óbvio que essas duas tendências se cruzam e se misturam frequentemente. São, aliás, muitas vezes englobadas num mesmo termo: a *piedade*. O verdadeiro problema é, antes, o relacionamento da *piedade* com a *moral* que separou dela e que se explicita em função das práticas sociais. Os inumeráveis títulos em que aparece o binômio piedade e moral revelam, pela própria conjunção, o endereço do corte.

---

59   Sabe-se, por exemplo, das dificuldades sofridas por Fénelon quando ele trabalhou com quatro jesuítas em Saintonge, porque ele "se entregava muito facilmente à Invocação dos Santos e das Imagens" ou porque ele não dizia a Ave-Maria em seus sermões (cf. HILLENAAR, Henk *Fénelon et les Jésuites*, Haia, Nijhoff, 1967, p. 40-43). Fénelon teve que se corrigir e escreveu ironicamente a Bossuet: "Nós somos católicos, autenticamente reconhecidos pelas Ave-Marias com as quais preenchemos nossas conferências" (carta de 8 de março de 1686; in BOSSUET, *Correpondence*, ed. Urbain-Levesque, t. VII, p. 494). Este não é senão um indício do papel que vão representar as "marcas" visíveis de uma *piedade destacada da moral*.

176 A Escrita da História • Michel de Certeau

O dever de Estado

Apesar de tudo, os debates entre Jansenistas e Jesuítas permanecem um "teatro". As mudanças e as tensões de uma sociedade se representam nele como imagens antinômicas.[60] Também apaixonam o mundo erudito como uma tragédia. Mas essa encenação dramática remete a um trabalho mais obscuro. Um dos indícios mais surpreendentes é o papel que a apologia do dever de estado começa a representar na moral cristã. Toda uma literatura religiosa lhe é consagrada, obras de vulgarização em geral, a meio caminho entre as obras literárias e os panfletos distribuídos. Ela circunscreve alternadamente os "deveres dos príncipes", das pessoas do mundo, dos senhores, dos soldados, dos artesãos, dos camponeses, dos domésticos, dos "pobres", ou ainda dos esposos, dos pais de família, das viúvas, dos escolares etc.[61]

Nessa literatura, "estado"[62] vem carregado de uma tradição teológica e espiritual em que o termo designa uma habitual "disposição de alma",[63] um "grau" ou uma "ordem" da graça,[64] uma das etapas ou das "vias" que se distingue num itinerário cristão ou

---

60 Cf. CERTEAU, M. de, De Saint-Cyran au Jansénisme, in *Christus*, t. X, 1963, p. 399-417, e *Les Jésuites. Jalons d'une histoire*, Beauchesne, 1974, p. 53-110.

61 R. Dognon, P. Collet, Cl. Fleury, J. Girard de Villethierry e outros são, então, os especialistas dessa literatura. Seriam necessários, a este respeito, muitos estudos como aquele que R. Darricau consagrou a "La spiritualité du prince" (in *XVIIᵉ Siècle*, n° 62-63, 1964, p. 3-36): existe uma espiritualidade do doméstico, do soldado etc. Sobre os antecedentes mais doutrinais, cf. PUENT, Luis de la, *De la perfección del cristiano en todos sus estados*, 4 vol., Valladolid, 1612-1613, e Pamplona, 1616; SALES, Francisco de, *Introduction à la vie dévote*, Lyon, 1619 e outros.

62 Cf. CARPENTIER, René, verb. Devoir d'État, em *Dictionnaire de spiritualité*, t. III, c. 672-702; JETTÉ, Fernand, verb. "état", ibid., t. IV, c. 1372-1288; etc. e a síntese de PRECKLER, Fernand Guillen, *"État" chez le cardinal de Bérulle*, Roma, 1974.

63 Cf. JETTÉ, F., op. cit., c. 1378.

64 "Estado de natureza pura", "estado de inocência", "estado de pecado", "estado de graça", "estado de danação", "estado passivo", "estado de aniquila-

místico, repartido em três,[65] quatro,[66] cinco[67] ou mais "estados". A análise dos "estados" de oração ou dos "estados" de perfeição ocupa, no início do século XVII, um lugar que nunca havia ocupado: uma escolástica do itinerário espiritual se substitui à dos seres ou das noções. Participa do trabalho de uma sociedade em *trânsito*, da pesquisa de uma *ordem* nova. Como o diz Loyseau, *estado* é "o nome verbal do verbo ser"; por isso a palavra é atribuída às *funções* "porque sua verdadeira natureza é de ser uma qualidade permanente e inerente à pessoa".[68] Ele atribui as dependências da práxis a estabilidades. Coloca o intermediário de uma disposição entre atividades múltiplas e o *ser* ou a *essência* única da antiga filosofia.

Ora, é sintomático que a ordem social forneça, de agora em diante, à moral e à espiritualidade cristãs o princípio de sua nova estabilidade, e que a hierarquização dos "estados" socioprofissionais assuma, pouco a pouco, o papel até então representado por uma hierarquia das funções eclesiais ou dos graus espirituais.[69] A ordem estabelecida se torna, assim, a base de uma redistribuição das próprias virtudes religiosas: a obediência irá para o doméstico; a justiça para o senhor etc. O recorte social de uma "situação" num conjunto indica as virtudes a cultivar. Tem valor classificatório. Substitui também, com o *estado*, aquilo que representava o *ser*

---

mento", "estado de consolação" etc., dizem Molina, Suarez, Vasquez e cem outros teólogos.

65   Por exemplo: *incipientes, proficientes, perfecti*, em Tomás de Aquino (*Summa theologiae*, Iia-IIae, q. 183, a4).

66   Em Theresa d'Ávila, *Libro de la Vida...*, cap. XI.

67   Em São Boaventura, por exemplo: "De quinque statibus humanis", P. L. 177, c. 511.

68   *Oeuvres de Maître Charles Loyseau, avocat en Parlement*, Paris, 1678, p. 4 ("Du Droit des offices", liv. I, cap. 1).

69   Certamente, o *estado* já qualificava, antes, uma situação civil: "*Status pertinet proprie ad libertatem vel servitutem sive in spiritualibus sive in civilibus*", escrevia Tomás de Aquino (*Summa theologiae* Iia-IIae, q. 183, a. 1c). Mas essas diversas espécies de *status* tomavam lugar no interior de uma hierarquização religiosa mais fundamental.

nas metafísicas anteriores (*operario sequitur esse*, dizia-se), a saber, um fundamento e uma ordenação das operações. A organização social, dessa maneira, se torna uma espécie de código fundamental para as práticas; ela é o lugar (filosófico *avant la lettre*) de sua estabilização e de sua repartição. Essa evolução, aliás, é paralela àquela que, no nível político, recorta as Igrejas sobre as nações (com o anglicanismo, o galicanismo, logo o josefismo etc.) e faz das nações ao mesmo tempo os "modelos" e as herdeiras das Igrejas.

O acesso ao sentido cristão se encontra aí ligado ao lugar que se ocupa e à função que se exerce na sociedade. Alguma coisa de mais decisivo ainda para o futuro se esboça, praticamente, nessas apologias do "dever de estado" (à sua revelia e sem elaboração teórica): o ajustamento do *sentido* (cristão ou não) ao *lugar social*. O que assim se instala na história ocidental é uma ética enunciada em termos de repartições sociais e relações econômicas. Essa articulação se torna uma estrutura das sociedades modernas e contemporâneas. Com respeito a essa determinação das categorias morais em virtude de uma organização socioeconômica, "as práticas de piedade" se apresentam como um acréscimo. Ao primeiro abalo elas cairão, sem que o essencial seja atingido – a menos que se tornem para os cristãos, encurralados pela alternativa, tudo o que lhes reste.

A ética que irá organizar o sentido da existência em torno dos trabalhos, dos estatutos e, portanto, também dos conflitos sociais tem aqui um dos seus pontos de emergência. Inauguram-se, então, dois séculos e meio de identificação – alternadamente "burguesa", liberal, patriótica, socialista ou cientificista – entre a *tarefa* social e o *sentido* do homem. Talvez o "sentido da história" se reduza a essa combinação. Será necessária, em meados do século XX, a extensão dos lazeres e da racionalização socioeconômica para que se rompa essa aliança estabelecida desde o final do século XVIII, para que unidades sociais deixem de recortar crenças, valores e virtudes, e para que as significações, transformadas em interrogações, passem para o lado onde nos liberamos do trabalho.

Capítulo IV • A Formalidade das Práticas **179**

Do profetismo ao radicalismo: a prática do corte

Existe também, no século XVII, um profetismo contestatório, deliberadamente marginalista. Uma fé "íntegra" sustenta sua capacidade de determinar critérios de conduta que lhe sejam próprios. Port Royal é o caso mais célebre. Mas as resistências "espirituais", as "seitas", os "partidos" devotos, as "Companhias" retiradas, as "Associações" secretas ou de "pequenas igrejas" pululam por todas as partes, tendo como acompanhamento a multiplicação das ermidas ou dos grupos ocultistas, Rosa-Cruz etc.[70] Nessa floração de *ecclesiolae,*[71] um elemento comum ultrapassa e atravessa as diferenças entre Igrejas; ele distingue todos esses novos recuos das heresias ou das seitas antigas: por toda parte, uma *prática do corte* se sobrepõe a uma "gnose". Essas formações isolacionistas (fechadas em ilhas ou distendidas em redes paralelas) se definem menos por conhecimentos ou por um tipo de iniciação do que por um modo *prático de resistência* ao meio ambiente. Para dizer de outra maneira, a demarcação da diferença é mais de ordem moral do que teológica. É através das condutas que o corte se manifesta, e não essencialmente (como nos séculos XII ou XIII) por concepções e ideologias.

O ato de se diferenciar do mundo faz proliferar uma multidão de arestas práticas; mais do que uma consequência da teoria, ele é, enfim, o que as doutrinas contam. O gesto se sobrepõe ao

---

70 Cf. KOLAKOWSKI, Leszek. *Chrétiens sans Église*, 1969 (e CERTEAU, M. de, *L'Absent de l'histoire*, Mame, 1973, p. 109-115). Sobre o eremitismo, sintomático porque é a face interna do movimento geral de escapismo que tem uma face externa nas partidas para o estrangeiro, e do qual ele é uma forma extrema e individual, cf. os trabalhos de Pierre Doyère, em particular o verb. "Érémitisme", in *Dictionnaire de spiritualité*, t. VI, col. 971-982.

71 Nome dado às pequenas reuniões informais de fiéis, cujo modelo foi criado por Philippe Jacob Spener (1635-1705) em Frankfurt. Essas *ecclesiolae in ecclesia* são *collegia pietatis*. Elas também têm como característica atravessar as delimitações eclesiais (que, assim, perdem sua pertinência "religiosa"): elas se designam como "cristãs", e não luteranas, e reúnem fiéis de todas as procedências. Cf. HIRSCH, Emmanuel, *Geschichte der neueren evangelischen Theologie in Zuzammenahng mit den allgemeinen Bewegungen des europäischen Denkens, Gütersloh*, Bertelsmann Verlag, t. II, 1951, p. 92 ss.

conteúdo. Ele se torna o sinal mais *seguro*. Ao mesmo tempo, coloca e "diz" a crença como conduta. O "sentido espiritual" está, de agora em diante, apoiado numa linguagem de práticas, enquanto durante a Idade Média ele se deslocava num universo cosmológico de ideias e de palavras que eram coisas. A enunciação de uma palavra toma a forma institucional de uma oposição visível e social a outros conjuntos de comportamentos. Ela muda de natureza quando, em lugar de consistir em *dizer verdades*, se transfere para o regime de um *trabalho* de separação que tem valor *ético*.

Aliás, a maior parte dos "espirituais" manifestam, individualmente, o mesmo deslocamento: exatamente como sua doutrina tende para o que Bremond chamava com justeza um "moralismo místico",[72] a escrita que eles inauguram se caracteriza por um tratamento *próprio* da linguagem *comum*. Para os mais lúcidos entre eles não existe outra linguagem do que a linguagem do "mundo". A expressão da experiência religiosa consiste em fazê-la representar contra si mesma; mais do que constituir um *corpus* ideológico ou linguístico autônomo, ela opera um corte no texto social. Na impossibilidade de poder dispor de enunciados que lhe sejam específicos, o místico se exprime por uma *maneira* particular de *praticar* a língua de todo o mundo por um modo de intervenção: um *modus loquendi*.[73] Tanto aqui como nos movimentos de tipo marginalista, o enunciado teológico tem o mesmo estatuto que outros enunciados: são os materiais que remodelam maneiras de agir ou de falar, os únicos verdadeiramente pertinentes.

Esses minoritários e "velhos crentes" frequentemente se defendem com um "retorno às fontes" que é, uma vez mais, a principal referência simbólica de uma prática nova. Eles formam na França, na Inglaterra, ainda alhures e até na Rússia, bolsões de irredutíveis: *Camisards*, Jansenistas, "*Underground Churches*", Pu-

---

72   *Histoire littéraire du sentiment religieux...*, t. V. A expressão, aplicada em Surin e na Escola do Pe. Lallemant, pode ser estendida a muitas outras correntes.

73   Cf. CERTEAU, M. de, *L'Absent de l'histoire*, Mame, 1973, p. 153-167: "Histoire et mystique".

ritanos etc. Sem esquecer o Raskol de Avvakum, e para não falar senão dos mais conhecidos. Apesar de todos os seus antecedentes, pode-se dizer que eles inventam a tradição de um *"radicalismo"* *cristão*.[74] Aí a fé é uma prática, e essa "obra" é, de agora em diante, indissociável de *uma oposição política*. Visa mesmo a uma fundação política quando o exílio é possível.[75] Nessa linha, o que é e irá tornar-se cada vez mais determinante é o bloqueio da consciência religiosa num comportamento ou numa categoria sociopolítica.[76]

Inicialmente o movimento jansenista, *camisard*, puritano, ou mesmo raskol, se distingue pela fronteira de uma prática sacramentária, de uma forma de assembleia e de prece, de gestos litúrgicos etc. Essa aresta social provê de um signo o recuo para fora da sociedade que se acompanha (ou ocupa o lugar) de um recuo "espiritual" para fora da linguagem comum. Mas o que provoca esse recuo é precisamente o que muda a natureza de seus signos; o "mundo" que se deixa socializa os signos de ruptura e, portanto, os traz para si. Os gestos de separação perdem, assim, seu significado religioso. Eles são compreendidos e vividos dentro dos refúgios de maneira diferente do que o são fora deles. Constituem uma mensagem cada vez menos decifráveis por aqueles a quem se destinam.

---

74 Cf., por exemplo, HALLER, William, *Liberty and Reformation in the Puritan Revolution*, New York, 1955; WALZER, Michel, *The Revolution of the Saints*, Londres, 1965; mas também ANSON, Peter F., *Underground Catholocism in Scotland*, 1622-1878, Montrose, 1970.

75 Desde o "refúgio" que os Reformados esperaram fundar no Rio de Janeiro em 1555-1557 e do qual Jean de Léry conta os avatares (*Histoire d'un voyage fait en terre du Brésil*, La Rochelle, 1578; cf. ed. Gaffarel, 1880), a ideia de um exílio fundador de uma Sociedade religiosa não cessou de suscitar partidas para a América durante o século XVII. Sabe-se que, para evitar a perseguição, os Senhores de Port Royal e seus amigos "pensaram numa aquisição na América, para ali se estabelecerem", e que a Corte se opôs (SAINT-SIMON, *Mémoires*, Hachette, t. III, p. 533; cf. MESNARD, Jean, *Pascal et les Roannez*, Desclée de Brouwer, 1965, p. 735.

76 Cf. AHLSTROM, Sydney E. *A Religious History of the American people*, New Haven – Londres, Yale University Press, 1972, p. 785-804, e, naturalmente, o clássico do movimento: RAUSCHENBUSCH, Walter. *A Theology for the Social Gospel*, New York, Macmillan, 1917.

182 A Escrita da História • Michel de Certeau

Os recuos dos *Camisards*, dos Jansenistas ou dos fiéis do Raskol são julgados como atos políticos. Bem mais do que isso, essa interpretação comum reflui para o interior desses grupos. Mesmo aqueles que se propunham signos religiosos começam a pensá-los e a praticá-los como uma resistência sociopolítica. Existem, na verdade, exceções. Dessa maneira os *Camisards* podem defender o sentido que dão aos seus gestos contra essa pressão ambiente, mas isso ocorre menos porque eles se apoiam em relações religiosas internacionais do que em razão de um aprofundamento no *segredo* de uma intimidade (familiar, aldeã, celular)[77] e graças à sua baliza, o *mártir*, que é a marca pública de uma eliminação social (o martírio da testemunha é, na antissociedade "profética", a imagem correspondente à da *virtude* do santo numa igreja estabelecida).

A organização efetiva e visível da sociedade mostra que, na maior parte dos casos, uma transformação de sentido se opera no próprio interior das práticas reformistas e contestatórias. Parece ocorrer aí a substituição de seres dentro da mesma concha. Assim, do jansenismo de Port Royal ao do século XVIII se opera uma mutação:[78] os inícios proféticos dão lugar a uma oposição sociopolítica, como se constata, também antes (entre 1640 e 1644), no puritanismo.[79] A enunciação do sentido se torna resistência ao poder

---

77 Esta preservação e este ocultamento secreto dos tesouros familiares são revelados, no caso de uma aldeia das Cevenas, por Henry Manen e Philippe Joutard, *Une foi enracinée, La Pervenche*, La Pervenche, 1972: é o admirável conjunto dos "documentos" religiosos ocultos durante três séculos, a portas fechadas, por famílias huguenotes de La Pervenche.

78 Cf. ORCIBAL, Jean, *Saint-Cyran et le Jansénisme*, Seuil, 1961, p. 143 ss., e também os trabalhos de J. Appolis, L. Ceyssens ou R. Taveneaux sobre o jansenismo do século XVII. Sobre a evolução que provoca *de fato* uma aliança entre os Jansenistas e os Filósofos, cf., por exemplo, SHACKLETON, Robert, Jansenism and Enlightenment, in *Studies on Voltaire and the Eighteenth Century*, vol. 57, 1967, p. 1387-1397.

79 C. H. George sublinhou fortemente a mutação, cerca dos anos 1640-1644, do pietismo puritano em puritanismo revolucionário e em radicalismo (GEORGE, C. H. e K. *The Protestant Mind of the English Reformation, 1570-1640*, Princeton, 1961, e Puritanism as History and Historiography,

real ou à hierarquia eclesiástica (outra forma de poder). Essa mudança tem como causa menos um afrouxamento ou um abandono dos comportamentos "primitivos" do que a inversão interna de seu funcionamento. A interpretação ambiente modificou a substância "religiosa" dos mesmos signos objetivos.

Também a "heresia tradicional", forma social modelada numa verdade teológica, se torna cada vez menos possível. A ortodoxia em função da qual essa forma se determinava será, de agora em diante, mais civil do que religiosa. Isso quer dizer que, da mesma forma que o agir, a heresia se socializa. O que nasce é a heresia social. Por causa dessa transformação, inicialmente marcada nas práticas, um grupo "profético" poderá cada vez mais dificilmente evitar o deslizamento, seja para a defesa de uma moralidade *cívica*, seja para uma existência *oculta*, seja para organizações *cultuais* logo "folclóricas" e estranhas às verdadeiras paradas decisivas de uma sociedade.

IV. A ÉTICA FILOSÓFICA: "LEGALIDADE" E "UTILIDADE" NO SÉCULO XVIII

Politização ou *folclorização* das práticas religiosas: no limite, esta é a alternativa que a situação anuncia, mesmo quando a evolução é freada pela manutenção dos conteúdos religiosos que ela arrasta e pelos quais duplica e corrói o sistema. Nessa combinação de dois sistemas, a proteção que o poder real ainda fornece às instituições eclesiais representa também um papel importante, porque ao mesmo tempo acelera a politização e preserva as representações católicas. Existe, portanto, uma grande diversidade de posições escalonadas ao longo da mutação em curso.

---

in *Past and Present*, nº 41, 1968, p. 77-104). Certamente, esta descontinuidade "misteriosa" (C. H. George) se inscreve na continuidade de um desenvolvimento, como mostra William M. Lamont (Puritanism as History and Historiography: Some further Thoughts, *in Past and Present*, nº 44, 1969, p. 133-146), mas é uma evolução que determina o funcionamento dos grupos religiosos numa sociedade politizada.

Porém, desde o século XVII, os espíritos mais lúcidos denunciam o controle do "uso" social e da "ordem" pública sobre os comportamentos religiosos. Para muitos deles não existe mais uma ética cristã propriamente dita. Quando Pascal analisa o acesso à fé, a verdade da qual fala não se identifica com nenhuma conduta particular nem com nenhum enunciado doutrinal. Nesse momento ela é o ponto de fuga implicado por realidades civis, mas contraditórias; ela é o intermédio (o entre-dito) ao qual remetem as combinações sociais da violência e da ordem, da legitimidade e da ilegitimidade, dos preconceitos e da razão. Não tem mais lugar próprio no mundo, a não ser o traço que o milagre esboça por cima do martírio dos "santos": é precisamente um fora de lugar. Foram notadas analogias entre seu pensamento e o de Hobbes.[80] De fato, ele tem, da sociedade, uma filosofia bem política e "mundana" que lhe ensinaram sua experiência, a convivência com Roanez[81] etc. Deste ponto de vista, ele é mais moderno e perspicaz que seus adversários casuístas. Ele os precede quando inscreve o crente numa dialética dos "usos" e dos conflitos do poder etc. Não o tenta sequer arrumar a fé em *algum lugar* da linguagem, mas a faz ressaltar das formalidades contrárias da prática social.

No interior da *Compagnie du Saint-Sacrement*, René d'Argenson, embaixador e intendente do rei, já admitia a autonomia da organização política e social. É um verdadeiro místico. Não faz intervir como regras de sua vida pública, entretanto, senão a execução fiel das ordens do rei e o serviço das populações que administra. Essas regras têm para ele valor moral, sem que nenhuma justificação ou referência religiosa lhe sejam necessárias. Menos lúcido que Pascal, situa a experiência espiritual no "particular"

---

80   KODALLE, Klaus M. Pascals Angriff auf eine politisierte Theologie, *in Neue Zeitschrift für systematische Theologie und Religionsphilosophie*, t. XIV, 1972, p. 68-88.

81   Cf. MESNARD, J., Pascal et les Roannez, op. cit., p. 311-382, sobre a "experiência dos negócios" que Pascal adquiriu com o Duque de Roannez, governador de Poitou.

(em todos os sentidos do termo),[82] mas essa privatização religiosa pertence a uma ordem "mística", que para ele é o duplo imperceptível da ordem pública objetiva.[83] Votada a um jogo entre a invisibilidade da sua "ordem" e a marginalidade de algumas marcas particulares (as "obras" da *Compagnie du Saint-Sacrement*, o cumprimento dos "deveres de piedade", algumas devoções privadas), a expressão da vida cristã se dissocia das práticas civis.

Uma razão instauradora de seu folclore

Este tipo de combinação já esboça uma organização que se generaliza no século XVIII. Pode-se dizer também que a reflexão das Luzes exuma os postulados dela e extrai as suas consequências teóricas. Certamente, isso não mais acontece sob a forma belicosa que a politização da moral havia adquirido entre os apologistas da "razão de Estado" sob Richelieu. Seu lugar, entretanto, permanece o mesmo: uma "razão" política de práticas articuladas entre si. Mas ele não é mais feito apenas pelos juristas ou clientes do rei; é construído durante os anos decisivos de 1660-1680. O Estado se torna o centro poderoso da administração nacional, a grande empresa de racionalização econômica, financeira e estatística. "Pertence quase todo ao domínio do voluntário, do deliberado": é o arco da nova aliança entre a razão (o *Logos*) e o *fazer* (as práticas que fazem a história). O século XVIII é "por excelência o século da política, logo, o século do Estado".[84] Frederico é o seu modelo, da mesma forma que Luís XIV o é para o século XVII.

---

82   O *particular* se distingue ao mesmo tempo do *público* e do *geral*, quer dizer, da *política* e da *razão*. A propósito do corte (que atravessa a própria religião) entre a moral privada e a moral política, o autor *do Catholique d'État* já escrevia: "A Justiça dos Reinos tem outras leis que a Justiça que se exerce entre particulares" (cit. in THUAU, E. *La Raison d'État...*, op. cit., p. 174).

83   Cf. CERTEAU, M. de, Politique et Mystique, René d'Argenson (1596-1651), in *Revue d'Ascétique et de Mystique*, t. XXXIX, 1963, p. 45-92.

84   CHAUNU, Pierre. *La Civilisation de l'Europe des Lumières*. Arthaud, 1971, p. 217 (citando S. Moscovici).

186 A Escrita da História • Michel de Certeau

Essa razão está ligada ao *poder* de organizar as *práticas*. Ela distingue de si, como o campo de suas conquistas, o imenso espaço dessas "crenças" irracionais e a extensão inerte dessa Natureza oferecida à posse daqueles que conhecerão as suas leis até então silenciosas. As expressões não dotadas dessa capacidade operatória não mais merecem o nome de discurso, porque se dissociam dos "negócios". Um setor *passivo* da linguagem, no qual as ideologias e as superstições se encontram reunidas, formando aí um bolsão isolado da política e da ciência (dois símbolos indissoluvelmente unidos, apesar das fricções, pelo casamento da racionalidade com a eficácia). Evidentemente, as expressões religiosas são o elemento mais importante desse setor inerte (esse lugar será preenchido mais tarde pelo folclore ou pela literatura popular). A sociedade esclarecida se esforça, no século XVIII, por rentabilizá-las, quer dizer, por introduzi-las na sua "ordem". Estabelece assim, como objeto de uma política ou de um saber, essas expressões que ela constitui como *outras* com relação à organização racional do poder ou, o que vem a dar no mesmo, com relação ao poder adquirido graças à racionalização das práticas. Assim se efetua uma clivagem entre a razão e o seu "resto" – ou entre os discursos do *fazer* e a massa mais ou menos explorável dos *dizeres* sem "força", aquilo que Maquiavel, a propósito dos discursos religiosos, já chamava as palavras sem *virtù*.[85]

Ele se reproduz num outro que não lhe é idêntico: o que separa das massas *populares* uma *elite* nobre e burguesa. Os Grandes não são mais os únicos a "raciocinar" sobre os negócios: na França, ainda que mais limitados pela pobreza do que nos países vizinhos,[86] os comerciantes, banqueiros, funcionários, notáveis

---

85 Sem dúvida, é necessário ligar a uma vontade ("discursiva") de *tratar* esta massa de linguagem, e de *racionalizar* esta imensa inércia linguística, os trabalhos sobre os patoás, as línguas "selvagens" ou naturais e logo sobre o folclore durante a segunda metade do século XVIII. Lá existe um equivalente do que será, no século XIX, a exploração de "fontes" inertes da natureza. Cf., por exemplo, CERTEAU, M. de, JULIA, D. e REVEL, J., *Une politique de la langue. La Révolution et les patois (1790-1794)*, Gallimard, 1975.

86 Cf. CHAUNU, Pierre, *La Civilisation de l'Europe des Lumières*, op. cit., p. 194-203.

Capítulo IV • A Formalidade das Práticas **187**

etc. participam dessa razão ambiciosa e calculista que faz do número e da escrita a arma das suas conquistas. O poder de gerar e de produzir é o lugar de onde falam os teóricos. "A afirmação central das Luzes é a da legalidade e da inteligibilidade".[87] Mas quem sustenta essa afirmação? De onde vem ela? De uma burguesia que se dá o poder de ser a "civilização", distinguindo-se de um povo supersticioso e selvagem. De cidades constituídas como centros e pontos de partida das cruzadas para os "desertos" do mundo rural: produz-se a migração urbana em direção ao campo, bem como para o Leste.[88] A "cultura" se elabora lá onde se constrói o poder de *fazer* a história e se opõe às regiões sociais que estabelece na inércia de uma espécie de "Natureza" originária, passiva e insondável.

Segundo esse movimento, a religião, ainda maciçamente aceita, se parcela. Onde participa das práticas do poder, ratifica uma razão que não define mais e que inverte, pouco a pouco, seus próprios princípios. Por outro lado, ela se inclina para as linguagens *não operatórias* e para as *massas populares*. Na verdade, essa localização foi também preparada pela própria Igreja, que não cessou, durante um século, de trabalhar por um "retorno" ao povo (missões populares, educação primária, literatura de devoção etc.) no momento em que ela perdia a elite ascendente. As consequências serão numerosas. Não se pode reduzi-las a problemas sociais. Em particular, por se ter construído através de uma relação com o seu outro "selvagem", a cultura estabelece uma linguagem dupla: uma, confessável, produtora de uma razão "esclarecida" que organiza uma *axiomática da utilidade social*; outra, das crenças desautorizadas mas ainda existentes e que, denegadas no presente, tomam o aspecto de uma origem obscura, passado "obscurantista" dos sistemas pelos quais são substituídos. Esse conjunto de "fábulas" é um imenso conglomerado de signos que remetem ao povo, sustentáculo da nação. É uma "língua desconhecida" que traz em si mesma

---

87   Ibid., p. 289.
88   Cf. o belo mapa de P. Chaunu (op. cit., p. 64) sobre essa *conquista** urbana através da Europa e em direção ao Leste.
      *NT. – Em português/castelhano no original.

o segredo de que fala a razão. Não é apenas um espaço a ocupar para nele plantar a "cultura"; diz também, mas em termos inaceitáveis, a verdade a que as categorias "filosóficas" de "bem comum", de "utilidade pública", de universalidade etc. visam. É o apólogo da realidade. Essa língua a decodificar é o *folclore de um essencial*. Assim, a partir de meados do século XVIII, se forma uma combinação durável – quase estrutural, durante pelo menos cem anos – entre um fundo "popular" a decifrar e uma racionalidade científica, cujo conteúdo efetivo está colocado fora dela. A razão tem o seu próprio tesouro guardado no *povo* e inscrito na *história*. Ela o transforma, mas recebendo-o daquilo que a precedeu. Um fluxo popular, de onde tudo provém, ascende; finalmente, dizendo-se sua cabeça de ponte, a ciência esclarecida confessa, também, não ser senão a metáfora dele.

Uma literatura antropológica tenta esboçar, talvez mesmo exumar, esse segredo oculto na intimidade obscura da língua vulgar. Faz vacilar a relação entre a *razão* e a *fabulação*. Ocorre ao mesmo tempo que um "distanciamento"[89] do ponto de vista da linguagem erudita, como se na sua aceitação perdesse a presença daquilo que designa, como se instituísse seu próprio segredo, constituindo o objeto indígena. O romance e o tratado filosófico mostram os disfarces pelos quais uma elite situa o sentido, em *retirada*, numa não legibilidade, numa fonte perdida, "fábula" e música.

Ambivalência da "utilidade"

A evolução que faz da religião popular o objeto de uma antropologia esclarecida se apresenta inicialmente como uma triagem que visa a extrair das crenças e das práticas religiosas o que delas é admissível sob forma de uma razão social. Esse trabalho

---

89 Quer dizer, uma interpretação "distanciada", a maneira de um etnólogo diante de uma língua estrangeira. Cf., sobre esse assunto, o estudo tão penetrante de LABROSSE, Claude, Récit romanesque et enquete anthropologique, in *Roman et lumières au XVIIIᵉ siècle*. Ed. Sociales, 1970, p. 73-87; e também COULET, Henri, *La distanciation dans le roman et le conte philosophique*, ibid., p. 438-447.

prossegue desde há muito tempo. Uma de suas formas essenciais consiste em "isolar" da religião uma axiomática, como a física se dá por objetivo isolar corpos "próprios" nos materiais recebidos.

Desde 1624, Lord Herbert of Cherbury propunha, em princípio, que a *virtude* é o essencial do culto.[90] Em 1678, Joseph Clanvil opõe à dispersão histórica das crenças a necessidade de extrair delas algumas regras simples para a prática – *"Religion consist not in knowing many things, but in practising the few plain that we know"*.[91] Existe aí um trabalho de tradução que pretende uma transformação da linguagem religiosa em linguagem social. Trata-se de instaurar uma legalidade articulada em práticas efetivas. A análise *crítica* da religião, desde então, tem o sentido de ser uma tarefa *ética*. Explicar a religião, discernir as leis que tornam compreensíveis tantas formações religiosas discordantes, é explicitar o que pode e deve conduzir às escolhas da sociedade que se constrói.

Montesquieu designa o método dessa hermenêutica (de fundo tradicional desde há um século) quando escreve: "Todas as religiões contêm princípios úteis à sociedade".[92] Essa regra tem um significado científico e um alcance moral: ela indica o que a elite quer fazer das religiões: transformá-las em utilidade social. O aparecimento de uma normatividade investida na multiplicidade dos fatos observados permite explicitar regras de ação relativas a esta "sociedade", que se substitui à Igreja no seu papel de ser o lugar do sentido, o corpo do absoluto, e também um clericato da razão.

Com a urbanização que se acelera e com o comércio, instaura-se uma "moral de comerciantes", ligada ao desenvolvimento do capitalismo. Tratados de moral a celebram.[93] Não se pode dissociá-

---

90 HERBERT OF CHERBURY, Edward Lord. *De Veritate*, 1624: é a terceira das cinco *"notitiae communes circa religionem"* que ele apresenta no seu último capítulo, consagrado a destacar das *particularidades* religiosas alguns valores comuns. Ele retoma este tema na sua *Religio laici*, 1645.

91 GANVIL, Joseph. *An Essay concerning Preaching*. Londres, 1678, p. 33.

92 MONTESQUIEU, *Lettres persanes*, carta 86.

93 Cf. EHRARD, Jean, *L'Idée de nature em France pendant la première moitié du XVIIe siècle*, Sevpen, 1963, p. 382 ss., e também LECLER, Joseph, Li-

los do processo que sustenta esse discurso: a retomada da ascensão burguesa, após uma parada, durante a segunda metade do século XVII, que marcou o "fortalecimento das estruturas aristocráticas de uma sociedade de ordem".[94] Mesmo o imaginário da literatura espiritual fala das práticas burguesas: os símbolos ou as comparações que utiliza não são mais extraídos, principalmente, dos elementos naturais (água, fogo etc.) como durante o século XVI, ou da vida civil e técnica, como durante o último terço do século XVII, mas do comércio.

O que se impõe é o reino do *útil*. Em breve Hegel caracterizará a verdade da *Aufklärung* pela utilidade (*Nützlichkeit*). Então, escreve ele em 1807, "como tudo é útil ao homem, o homem é igualmente útil ao homem e seu destino é igualmente fazer de si mesmo um membro do grupo útil à comunidade, e universalmente serviçal... Ele utiliza os outros e é utilizado".[95] No que diz respeito às crenças e às práticas religiosas, julga-se segundo o critério adotado por Morelly, a saber, segundo o que elas produzem "nos povos":[96] seu *efeito* social, nefasto ou benéfico, permite fazer a triagem entre as "superstições" e os "primeiros úteis". Essa hermenêutica é capaz de explicar, ainda, em acréscimo, o aparecimento dos fatos religiosos por intermédio de leis gerais (o clima, o temperamento, o tipo de sociedade). Mas permanece uma operação. É ainda marcada pelo princípio de onde tira sua força. A *razão* que organiza uma *prática* da sociedade sobre si mesma supõe sempre que sua

---

beralisme économique et libre pensée au XVIIIe siècle, in *Étude*s, 5 março 1937, p. 624-645.

---

94   CHAUNU, P. *La civilisation de l'Europe classique*. Paris, 1966. p. 352.

95   HEGEL, G. W. F. *La phénomenologie de l'esprit*. Trad. J. Hippolyte. Aubier, t. II, p. 112-114: "L'utilité comme concept fondamental de l'Aufklärung". Cf. BESSE, Guy, Philosophie, Apologétique, Utilitarisme, in *Dix-huitième siècle*, n. 2, 1970, p. 131-146. Sobre esse mesmo assunto, FOUCAULT, Michel, *Les mots et les choses*, Gallimard, 1966, p. 209-214.

96   MORELLY. *Code de la Nature* (1755), 3ª parte: o capítulo sobre os "Defeitos particulares da moral vulgar" diz respeito aos efeitos da ideia de Deus. Reed G. Chinard, Paris, 1950, p. 239 ss.

"essência" e sua verdade estejam escondidas no "vulgar", logo, que sejam estranhas a si mesma. Quaisquer que sejam seus sucessos, o método é relativo a um fundo que lhe permanece extrínseco. Ele é *para* outro – toma uma forma "civilizadora" e "pedagógica" – exatamente com este outro popular é destinado *por ele* a reunir a burguesia esclarecida. Cada um desses dois termos não possui verdade senão no seu outro.

A legalidade das Luzes, sistema particular no conjunto do século XVIII francês, propõe uma contradição interna que lhe faz ao mesmo tempo *antecipar* as massas que ela domina mas que lhe permanecem estranhas, e *esperar* que a essência oculta do povo se revele numa sociedade "transparente" – como o deseja o grande mito contemporâneo criado por Rousseau[97] ou a experiência revolucionária. A educação, particularmente, cruzada do século XVIII, é trabalhada por essa ambivalência intransponível. Ela coloniza, é verdade, mas é também uma busca escatológica: espera *que venham* a confirmação e a efetividade daquilo que já anuncia. O povo ignorante, a criança, o selvagem, e também o doente, o louco – deuses enigmáticos de uma sociedade que acredita tê-los expulsado – detêm nas obras de sua linguagem a verificação da razão que lhes impõe a sua lei. A tarefa educadora aperfeiçoará, pois, sem cessar, os seus métodos e estenderá o campo de seus progressos a fim de ultrapassar o corte que a mantém fora de sua verdade e a faz depender do que acontece. Mas esse corte lhe é constitutivo. Ele não poderia ser suprimido sem que se esboroasse a razão, que se define na medida em que o propõe. Através das maneiras antitéticas mas homólogas da dominação ou da sedução, a racionalidade das Luzes mantém com seu outro uma relação necessária.

A partir do momento em que se torna impensável uma fé tautológica que admite os sinais como a presença da verdade que designam, a "cultura" parece destinada a repetir a lei que a impulsiona no sentido de multiplicar as práticas relativas, sempre, ao

---

97 Cf. o grande estudo de STAROBINSKI, Jean, *J. J. Rousseau. La transparence et l'obstacle*. Gallimard, 1971.

192 A Escrita da História • Michel de Certeau

que lhe falta. De agora em diante, a verdade não mais é dada nos signos. A razão tem no seu outro, fora de si, o que indefinidamente a faz produzir: economias das necessidades, expansões científicas, estratégicas escolares, democratizações jacobinas e colonizações civilizadoras se enraízam numa cultura elitista indissoluvelmente ligada ao seu contrário.

Formalidades cristãs das práticas filosóficas?

A ética não pode se apoiar em seus objetos, já que eles significam para a razão a exterioridade de sua verdade. Ela toma, como fundamentos, seus próprios postulados. Do *conatus* espinosista ao "imperativo categórico" kantiano – nas duas extremidades deste século –, muitas filosofias articulam a racionalidade das práticas com um princípio do agir – sobre um *querer fazer* ou um *dever fazer* que organiza a construção da razão. Quaisquer que sejam as formas que esse postulado dinâmico tome, é necessário notar que sua elucidação (*Aufklärung*) envolve cada vez mais a dupla referência à cultura que "se faz" (a das Luzes) e à situação que é um "feito" (ainda religioso). A operação remete ao seu enraizamento num *querer saber* ou *querer fazer*, mas também numa conjuntura geral que a condiciona. Distinguindo entre esses dois elementos, veremos aí, por um lado, a experiência que engendra uma nova filosofia do homem, e, por outro, o objeto da reinterpretação que transforma religião em passado. De fato, os dois empreendimentos não se distinguem tão facilmente, pois é o *trabalho* econômico, político ou científico que permite um afastamento com relação à religião, constituindo-a em um lugar "outro" (que será, por exemplo, o da história ou da etnologia). Por sua vez, esse distanciamento, do ponto de vista dos *conteúdos* religiosos, funciona como se tornasse possível uma transposição que mantém *formalidades* religiosas, mas de acordo com um "regime" filosófico. Assim nasce uma "Religião civil", como diz, com justeza, Rousseau no seu *Contrato Social* (IV, 8). A exegese que exila a literalidade da religião para um passado, ou para o "vulgar", permite um funcionamento novo das estruturas até então características do cristianismo, de agora em diante deslastradas de seus conteúdos ideológicos ou práticos e reinterpretáveis – remanescentes também – na linguagem da "política" da "consciência" ou do "progresso". Esses conteúdos se tornam o *objeto* das ciências religiosas, que se desenvolvem nesse período,[98] enquanto o "sujeito" da ciência se organiza ainda segundo as formalidades próprias das diversas imagens históricas da experiência cristã moderna.

Por isso, sem dúvida, é inexato pensar ainda essas formalidades como "religiosas", já que, precisamente, elas deixam de sê-lo e que, num certo sentido, poder-se-ia considerar o tempo de seu "preenchimento" religioso como um momento da história dessas formas culturais. Em todo estudo que lhe é consagrado, a religião, depois do século XVIII, apresenta essa ambiguidade do seu objeto: por exemplo, seu passado é alternadamente explicado pela sociologia que, entretanto, organizou, e tido como a explicação desta sociologia que se substituiu a ele. Mas, geralmente, toda sociedade nascida e surgida de um universo religioso (existem outros tipos de sociedade?) deve enfrentar a relação que mantém com sua arqueologia. Esse problema está inscrito na cultura presente pelo fato de as estruturas religiosas serem deslocadas dos conteúdos religiosos que organizam as condutas racionais. Sob esse ponto de vista, estudar a religião quer dizer, hoje, pensar o que seus conteúdos *se tornaram* nas nossas sociedades ("fenômenos" religiosos), a título do que as suas formalidades *se tornaram* na nossa prática científica.[99]

O século XVIII apresenta, em todo caso, essa transposição das estruturas religiosas para os discursos filosóficos. É a recíproca do processo que, como vimos, leva a interpretar as formalidades religiosas segundo as formalidades políticas. Dito de outra maneira, parece que a prática "esclarecida" se organiza segundo for-

---

98 Cf. particularmente GUSDORF, G., *Dieu, la nature, l'homme au siècle des Lumières*, Payot, 1972, p. 143-239, "L'évènement des sciences religieuses".

99 Seria necessário citar, a esse respeito, os numerosos trabalhos de KOYRÉ, A, CANGUILHEM, G., KOJÈVE, A. e outros sobre aquilo que o próprio A. Kojève chama "a origem cristã da ciência moderna" (in *Mélanges Alexandre Koyré*, Hermann, 1964, t. II, p. 295-306).

malidades que *foram* religiosas antes de serem retomadas como postulados de uma moral. O que ela produz ainda obedece aos princípios do que ela desloca. Isso acontece dessa maneira para três grandes etapas da ética, que podem ser designadas pela referência privilegiada: o político, a consciência, o progresso. Esses momentos remetem a experiências históricas do cristianismo e trazem a marca de imagens religiosas das quais fazem a arqueologia: seja uma eclesiologia, seja uma espiritualidade ou um pietismo, seja um messianismo do povo eleito por Deus para uma missão universal.

1) Nascida do esforço enorme que permitiu, no século XVIII, a criação de nações e a passagem da cristandade à Europa moderna,[100] uma ética *política* domina inicialmente. Ela credita ao Estado o papel que havia sido até então reivindicado pela Igreja, o de ser a mediação social da salvação comum – o sacramento do absoluto. É uma eclesiologia católica, mas deixada por conta do Estado, que hierarquiza as ordens sociais, suscita as liturgias de seu poder, distribui as graças e racionaliza os interesses particulares. Na teoria, o discurso universal permanece político quando substitui o seu símbolo real pela lei austera do bem comum e do desenvolvimento máximo. O imperativo da razão do Estado comanda ao mesmo tempo a crítica dos interditos cristãos e as novas prescrições. Por exemplo, em Morelly,[101] em Diderot,[102] em muitos outros, a liberdade sexual tem por fim e por critério a produção: não o amor, mas o "aumento" demográfico que, na perspectiva

---

100 Cf. DUPRONT, Alphonse, *Europe et Chretienté dans la seconde moitié du XVIIᵉ siècle*, curso da Sorbonne, mimeo., Paris, 1957.

101 MORELLY, *Code de la nature* (1755), Paris, 1950, 4ª parte, p. 310-313, sobre as "Leis conjugais que prevenirão todo deboche".

102 A utopia política apresentada por Diderot em 1772-1773 no seu *Supplément* (sobretudo no "Entretien de l'aumonier et d'Orou") *au Voyage autour du monde* de Bougainville (1771) ordena as relações sexuais em função de um "crescimento de fortuna" e de "força para a nação". Trata-se, antes de tudo, de "produzir" belas crianças e de fazê-lo o mais possível: uma "Venus fecunda", mais do que "galante", está a serviço da "utilidade pública".

"populacionista" dos economistas da época, faz a força e a riqueza de uma nação.

Um *querer fazer* o Estado funda a racionalização das práticas e, a este título, poder-se-ia comparar esses novos teólogos do século XVIII habitados pela vontade missionária de "estabelecer a Igreja" reorganizando, normalizando e expandindo as condutas cristãs. "Necessitaríamos missionários da razão na Europa", já dizia Leibniz em 1709. Mas essa "missão" das Luzes se desloca para um outro nível. Persegue outras cruzadas. Combinando as noções-chave do século, ela articula *leis* científicas com *energias* que, numa dinâmica imanente, devem ser postas a serviço de uma utilidade pública, em vista de uma criação coletiva.

2) O recurso à consciência se origina antes no liberalismo econômico e num "individualismo burguês". Mas é o lugar que os Reformados haviam circunscrito, aquele que a "palavra" impossível de introduzir no discurso tinha marcado e deixado vazio.[103] À referência ao cristianismo eclesiológico sucede a experiência dos "cristãos sem Igreja",[104] que recusam as mediações da linguagem ou do corpo eclesiásticos, doravante, localizados numa ordem política. O mais próximo possível dessa ética existe uma tradição espiritual: a "luz interior" (*The light within*) dos Quakers; a verdade que fala no fundo do "coração" – em Wesley, nos *Revivals* nórdicos ou na *Aufklärung* mística do Leste europeu (Swedenborg, Franke etc.). Lá mesmo, aliás, na extremidade Leste da Europa ocidental, no final do século, Kant será a grande testemunha religiosa da consciência

---

103 Aqui eu remeto à não-discursividade da palavra salvadora, à "teologia de cruz" na Reforma. Não se trata, pois, da tese de Marx Weber sobre coalescência do capitalismo moderno e do transcendentalismo protestante nos séculos XVII e XVIII, tese, aliás, duramente criticada por Kurt Samuelsson (*Religion and Economic Action*, trad. do sueco, Londres, Heinemann, 1961); cf. GREEN, Robert W. (Ed.), *Protestantism and Capitalism, The Weber Thesis and its Critics*, Boston, Heath, 1959, e BESNARD, P., *Protestantisme et capitalisme. La controverse postwébérienne*, A. Colin, 1970.

104 Cf. KOLAKOWSKI, Leszek. Chrétiens sans Église. *La conscience religieuse et le line confessionel au XVIIᵉ siècle* (Varsóvia, 1965), Gallimard, 1969. Cf. nota 70.

moral à qual remete o conhecimento científico. Mas, diferentemente da maior parte das espiritualidades, essa consciência não é uma gnose, quer dizer, um outro conhecimento (à maneira pela qual o magnetismo se torna em Mesmer um lugar comum à mística e à ciência). Para retomar uma categoria de que gostava Levinas, a "subjetividade" permanece, aqui, um irredutível e uma condição de possibilidade com relação à legalidade política ou científica.

Para Rousseau, "o princípio imediato da consciência independente da própria razão"[105] é um "instinto moral" também chamado "instinto divino" e pensado como um "instinto natural". Ele faz da prática, e não da crença,[106] o caminho pelo qual "o amor-próprio" encontra sua realização na felicidade,[107] desde que se faça uma introspecção: dentro de cada um sobrevive a "bondade natural" dos homens que a sociabilidade altera, pois "o mal é exterior e é a paixão do exterior".[108] Como não reconhecer em tudo isso a organização de uma espiritualidade? Mas, pelo recurso ao poder que tem o homem de "se transformar" e de construir sua felicidade, Rousseau apaga a falta originária (não é isso exatamente o que encontramos nos místicos modernos?), quando este é o ponto nevrálgico das teologias da graça nos séculos XVII e XVIII. A formalidade da prática religiosa escorrega, pois, para um outro terreno. Como dizia, com justeza, Lefranc de Pompignan, Rousseau "raciocina sobre a virtude como os filósofos pagãos que não acreditavam que se devesse pedi-la a Deus".[109] Mas ele vem do cristianismo. A

---

105 ROUSSEAU, J. J. Lettre à M. d'Offreville, 4 octobre 1761, in *Correspondence générale*, t. IV, p. 223-224.

106 Rousseau escrevia a Monsenhor de Beaumont: "Eu penso que o essencial da religião consiste na prática; que não é necessário, apenas, ser homem de bem, misericordioso, humano, caridoso, mas que quem quer que o seja acredite ser o bastante para estar salvo".

107 Cf. DÉRATHÉ, Robert, Les rapports de la morale et de la religion chez Jean-Jacques Rousseau, in *Revue Philosophique*, t. CXXXIX, 1949, p. 143-173.

108 STAROBINSKI, Jean. J. J. Rousseau. *La transparence et l'obstacle*. Op. cit. p. 33.

109 Cf. CASSIRER, Ernst, Das Problem, Jean-Jacques Rousseau, in *Archiv für Geschichte der Philosophie*, t. XLI, 1932, p. 177-213 e 379-413; R. Dérathé,

espiritualidade se transforma na moral de um autogênese – caso típico de uma forma mantida, mas sob um regime que a esvaziou de seu sentido primeiro.

3) A metamorfose do cristianismo em ética e, mais amplamente, em cultura se reencontra, afinal, sob o signo do *progresso*. Na verdade, a aparição dessa problemática essencial de todo o último período do século XVIII é originária de dificuldades e experiências exatamente anteriores. Assim, a impossibilidade de dar à realidade *social* uma coerência estrutural, ou de identificar a linguagem com uma lógica, leva a encarar a razão como a história de um progresso, quer dizer, a classificar os fenômenos constatados na linha de um desenvolvimento da razão. A data torna-se o meio de reencontrar uma ordem, já que a exceção pode ser arrumada entre as resistências e os preconceitos antigos. Além disso, o papel do "meio" sobre os indivíduos é encarado sob a perspectiva de uma produção. O "costume" não é apenas um fato, é um instrumento: uma sociedade adquire, por aí, o poder de "se aperfeiçoar" indefinidamente, de agir sobre si mesma, de modificar sua natureza, de se construir. Do "costume" se passa à *Educação*: no final do século este "mito" dá à *civilização* a imagem de uma conquista[110] que liga a razão à capacidade de transformar o homem pela difusão das Luzes, e que atribui um valor moral a qualquer ação que trabalhe para o progresso.

Messianismo, evangelismo, cruzada: essas estruturas cristãs são reconhecíveis na empresa que associa a sua pregação às Luzes, o poder de mudar a natureza a essa missão civilizadora, e à tarefa de converter a significação de ser e fazer a verdade da história. Hegel será o teólogo desse futuro do espírito. Mas esse

---

Jean-Jacques Rousseau et le christianisme, in *Revue de Métaphysique et de Morale*, t. LIII, 1948, p. 379-414, que cita, p. 414, a expressão de Lefranc de Pompignan.

---

110 Cf. o belo capítulo de EHRARD, J., op. cit., p. 753-767: "Naissance d'un mythe: l'Éducation".

evangelismo novo inverte o princípio de uma Providência que se manifesta na conversão do homem. Ele é missão, mas própria de uma elite que recebe por si mesma o privilégio e o poder que não lhe vem mais do alto.

Paradoxalmente, é necessário que as Luzes se tornem um risco e uma tarefa, que percam a segurança de uma revelação passada, que dependam daquilo que já mostra e promete o trabalho da cultura – é necessário, em suma, que a razão seja ligada à exterioridade de seu futuro, para que se manifeste na sua pureza um funcionamento do cristianismo. Desligado da certeza que o controlava ao mesmo tempo que o fundava, o mecanismo "evangelista" e missionário se exacerba. Torna-se para ele mesmo sua própria essência. Não se mede mais senão nos *limites* que encontra e não na *verdade* que traz. A *des*-cristianização *revela, na sua formalidade, a prática cristã*, de agora em diante, desorbitada do *Logos* que a verificava. A este título também, ela é elucidação – *Aufklärung*. "Trai" o cristianismo no duplo sentido do termo: ela o abandona e o revela. Inaugura-se, assim, uma reinterpretação social do cristianismo que irá refluir para os meios cristãos: desenvolverá, aí, práticas missionárias voltadas para "o outro", bem como para os testemunhos vindouros de uma verdade incerta, no interior; provocará mais tarde a reprodução da ética do progresso sob a forma de uma teologia da história etc.

Quaisquer que sejam os avatares ulteriores e próprios das Igrejas, a sociedade elitista, que desliza das crenças religiosas um funcionamento das práticas cristãs, e que, durante algum tempo, se dá como ética, o progresso indefinido de suas práticas racionalizadas, irá encontrar de novo, com a Revolução, um Deus oculto. O "selvagem" ou o "vulgar" não eram senão o pressentimento dele. Esse deus será o *povo*: revelado no acontecimento revolucionário que anuncia o seu poder; pressentido como uma origem; alternadamente controle e objeto da *intelligentsia* no decurso de uma lenta democratização; mantido, enfim, pela verdade da história – uma verdade existente desde todo o sempre, mas ainda sem palavra, *in-fans*. Feuerbach descreve com muita exatidão o que aconteceu:

"Na prática, o homem substituiu o cristão"[111] – mas um homem dividido, ainda cortado em dois pela distinção que separa os ministros da história do povo a evangelizar, ou o clero burguês das "massas".

V. AS LEIS PRÓPRIAS DO GRUPO RELIGIOSO: REDUÇÃO AO SILÊNCIO E ADMINISTRAÇÃO CULTUAL

Na medida em que a organização prática do cristianismo se "socializa" despojando-se das crenças, o que resta aos grupos cristãos? Conteúdos ideológicos – um discurso – e práticas específicas – um culto. Pelo menos isso é o que se constata no meio eclesiástico. Mas este constitui, entre os crentes, um grupo de letrados. Ele se encontra, precisamente, no terreno onde se opera o deslocamento que acaba de ser assinalado. Concentra-se, pois, para se defender salvando-os, através de uma linguagem e de ritos, bem como de indicações objetivamente cristãs abandonadas pelo exílio das estruturas práticas do cristianismo. Para esquematizar o processo antes de estabelecer diferenças, digamos que esse enrijecimento vai engendrar, simultaneamente, o *silêncio*, naquilo que concerne às convicções efetivas, e o *funcionariato,* naquilo que concerne à "administração" dos ritos. O que dá fé está experimentado não pode mais se dizer numa linguagem, de agora em diante, afeita a uma operação defensiva e transformada em muralha verbal de uma cidade silenciosa. As práticas culturais perdem tam-

---

111   Entre a religião e a "filosofia radicalmente nova" existe, segundo Feuerbach, *substituição*, quer dizer, homologia de estruturas e inversão de sentido: "A incredulidade substituiu a fé, a razão, a Bíblia, a política, a religião e a Igreja; a terra substituiu o céu, o trabalho, a prece, a miséria material, o inferno" etc. Ele também acrescenta: é necessário tornarmos a ser *religiosos*, é necessário que a *política* se torne nossa religião". Daí o Estado, e "é a crença no homem como Deus do homem que dá conta, subjetivamente, da origem do Estado... o Estado é o Deus dos homens, por isso ele aspira, justamente, ao predicado divino da "Majestade". Nós nos conscientizamos daquilo que fez o princípio e o laço inconsciente do Estado: o ateísmo prático" (FEUERBACH, Ludwig. *Manifestes philosophiques*, P. U. F., 1960, p. 99-102).

bém seu alcance simbólico por falta de articulação com as práticas sociais. As análises do clero do século XVIII mostram todos esses ocultamentos do sentido vividos sob a proliferação de medidas administrativas que visavam a proteger ou retomar um discurso e gestos tributáveis.

Entretanto, os letrados não são todos os crentes, ainda que repouse sobre eles cada vez mais, desde há um século, a carga de representar a Igreja. Ao lado desse "refúgio" clerical – redução e miniaturização da Igreja no teatro sacerdotal – existem multidões cristãs. É certo que se encontra neles a dicotomização entre as crenças e as técnicas civis ou científicas, na medida em que *esse corte é engendrado pela capacidade de produzir*, e, portanto, é característico da categoria social que tem o poder de racionalizar práticas e que, assim habilitada *para fazer* a cultura, deixa nas margens de sua atividade as representações associadas a um mundo recebido e a verdade dadas? Seria possível supor as populações francesas inteiramente modeladas por aquilo que uma elite quer que elas sejam?

Duas práticas da linguagem

Pesquisas sobre a "literatura popular" ou sobre a iconografia religiosa nos proíbem supor esse alinhamento. É verdade que elas conduzem, de fato, aos fabricadores desses almanaques, livretos ou imagens "populares" (quer dizer, aos clérigos ou aos artistas especializados neste gênero, e não aos seus leitores[112]). Em acréscimo, referem-se a uma expressão particularmente conservadora ou a temáticas e estruturas cultuais que se mantêm, frequentemente, apesar da evolução ambiente, e não são muito bons testes da mudança.

Segundo esses estudos, a devoção pelas almas do purgatório continua a se difundir na iconografia das igrejas provençais do século XVIII. Constata-se ali, entretanto, que "o purgatório se abranda": a imagem ilustra menos o julgamento de Deus do que a

---

112 Cf., por exemplo, CERTEAU, M. de, *La Culture au pluriel*, 10/18, 1974, p. 55-94: "A beleza do morto. O conceito de cultura popular".

"libertação" das almas.[113] A ideia da felicidade se impõe, aí, como aliás em toda parte, durante as Luzes.[114] Mas esse indício, que nisso está de acordo com muitos outros,[115] abre uma questão mais ampla, na medida em que mostra que a ideia da felicidade se insinua no *interior dos símbolos* coletivos tradicionais, que ela os altera *do interior*, sem dar lugar a um tipo de expressão que lhe seja própria. Ocorre aí uma perversão interna da linguagem e não a criação de uma formalidade nova. Estamos mais próximos da heresia medieval do que do discurso ético ou científico moderno: uma mudança se formula nos próprios termos e segundo a modalidade de um corpo constituído; essa mudança não refunde os símbolos coletivos; não lhes impõe uma organização diferente. A movimentação de um grupo *se inscreve* nesse repertório, mas não o recoloca em questão. Trocam-se somente as variantes relativas de uma estrutura estável. Fica-se à disposição da expressão. O que "se produz" surge e *se diz na linguagem*, sem que se venha *a fazer uma linguagem* para "produzir" acontecimentos (o que é próprio do discurso científico desde os tempos das Luzes). Os deslocamentos de mentalidades se *marcam* apenas *nas representações recebidas*. Aqui, as práticas não são o próprio lugar onde se elabora uma razão ordenadora que, por sua própria gênese, relega os símbolos coletivos ao papel – "ideológico" – de restos adjacentes ou históricos.

Nesse caso, os *discursos* (verbais, icônicos, gestuais) *não têm a mesma função e, portanto, não têm a mesma significação*, segundo sejam contíguos, talvez mesmo estranhos às técnicas do trabalho (social ou profissional) ou segundo organizem essas téc-

---

113 Cf. VOVELLE, Gaby e Michel. *Vision de la mort et de l'au-delà en Provence*. A. Colin, "Cahiers des Annales", XXIX, 1970, p. 37-42. Cf. também TAPIÉ, V. L. LE FLEM, J. P e PARDAILHÉ-GALABRUN, A. *Retables baroques de Bretagne*, P. U. F., 1972, que permite apreender os movimentos da mentalidade religiosa através dos movimentos das representações iconográficas.

114 Cf. MAUZI, Robert, *L'Idée de bonheur dans la littérature et la pensée française du XVIIe siècle*, A. Colin, 1960.

115 Cf. *infra*, p. 185-186, em particular a propósito dos almanaques populares e da Biblioteca Azul.

nicas e se tornem um instrumento de produção nas mãos de um grupo social. Por um lado, eles são operatórios: na ciência ou na cultura das Luzes, a teoria articula práticas. Tem-se "a escrita", no sentido "moderno" do termo, quando a *cifra*[116] visa a uma *operação*. Por outro lado, lá onde as práticas não são articuladas num campo racional por uma ordem do fazer, o discurso constitui um espaço simbólico no qual se traçam diferenças existenciais. Aqui, o *símbolo* permite uma *expressão*.[117]

Os usos da linguagem não são os mesmos, mas pode-se tratar qualquer linguagem segundo procedimentos idênticos, a saber, os nossos, históricos ou sociológicos, que se inscrevem na linha da "cifra"? De que dão conta nossos métodos, quando se aplicam a "expressões" que funcionam de outra maneira do que as nossas "produções"? Questão fundamental em história das mentalidades ou em sociologia cultural. No século XVIII efetuou-se um trabalho de dissuasão entre duas culturas das quais uma, elitista, erudita, "burguesa" se diferencia da outra, "tradicional", da qual ela faz ao mesmo tempo o objeto e o termo de sua ação. Essa combinação leva, desde então, a distinguir uma cultura *prática* e científica de uma cultura *teatral*, e, deste ponto de vista, medieval.[118] Como pode uma dar conta da outra? A diferentes funcionamentos da

---

116 Cf. nota 53, a propósito da distinção entre "cifra" e "símbolo".

117 Pode-se comparar a esta análise de um problema histórico as observações de IRIGARAY, Luce, Langage de classe, langage inconscient (in *Le centenaire du "Capital"*, Décade de Gerisy-La-Salle, Mouton, 1969, p. 191-201), sobre duas "funções divergentes do enunciado" ligadas ao "estatuto do instrumento de trabalho".

118 "Teatral" neste sentido em que, como diz Jacques Le Goff da Idade Média, ela "ignora um lugar especializado para o teatro". "Toda a sociedade medieval se representa a si mesma", acrescenta ele (*La civilisation de l'Occident médiéval*, Arthaud, 1964, p. 444). Ela é *expressão* de si mesma, representação de seu universo. Foi necessário que uma sociedade se tornasse *fabricadora* de si mesma para que o teatro se localizasse nela – ou para que se criasse o binômio da cultura expressiva e da cultura operatória. Sobre os aspectos atuais dessa dicotomia, cf. CERTEAU, M. de, *La culture au pluriel*, op. cit., p. 227-226: "La culture dans la societé".

linguagem devem corresponder interpretações diferentes, já que, na realidade, tanto num caso como no outro, os signos não falam da mesma maneira, mesmo quando dizem a mesma coisa. Os enunciados funcionam como modos de enunciação heterogêneos. Teríamos aí dois sistemas imbricados, mas diferentes, dos quais nenhum modelo de explicação pode ultrapassar a heteronomia, já que remete a um lugar de enunciação e a uma prática da linguagem próprios de um desses sistemas.

A interpretação dessa diferença nos termos de uma oposição entre "elites" e "massas" arrisca ser enganadora quando não explicita que o corte produzido pelas Luzes muda a natureza dessa distinção elite/massas. E reconhecer essa cesura é confessar que a distinção elite/massas, tendo funcionado de maneiras diferentes, não pode ser generalizada sem equívocos; não é, portanto, um bom instrumento de análise. Na verdade, falando genericamente, sempre existem elites e massas. Mas, na Idade Média, a elite intelectual representa um estatuto superior numa hierarquia dos seres; o clérigo tem o poder de *dizer a ordem* universal a qual deixa e faz surgir no seu saber, justificando, assim, o seu lugar no interior do mesmo mundo.[119] A elite do século XVIII não se estabelece sobre o *fato* de uma *diferença* proposta pela ordenação do cosmos, mas sobre uma prática do corte, sobre uma *diferenciação* que ela *produz*: este gesto consiste para ela em se distinguir do resto (as massas) por uma capacidade de "fazer"; transpõe a separação pela qual o Deus judaico-cristão se constituíra como criador.[120] Essa burguesia-deus *fez* o mundo (sua *razão* é o poder de "fazer") e, pelo mesmo movimento, ela *se* dissocia da massa ou do "vulgar" que, no mito ou nos símbolos, *recebe* o mundo como *sentido*.

A "descristianização" – seria melhor falar de uma deterioração do universo religioso (a fé cristã permanece compatível com

---

119   Cf. as análises de Jacques Le Goff, *Les Intellectuels au Moyen Âge*, Seuil, 1956.

120   Cf. BEAUCHAMP, Paul, *Création et séparation*, Bibl. de Sciences Religieuses, Aubier etc. 1970.

esse desaparecimento) – é, na elite esclarecida, a recíproca de sua autogênese. Mas isso é particular dessa elite. O século XVIII é o momento em que duas práticas da linguagem coexistem, se compensam, se alteram mutuamente, sem que se possa reduzir uma à outra, nem supor válidos, para as duas, os métodos de análise nascidos precisamente do discurso que organiza práticas racionalmente e que já é capaz, sob a forma de tantos exames críticos,[121] de interpretar as representações populares ou religiosas como "produções" (do clima, da mecânica etc.).[122] O que ocorre de uma parte e de outra, por causa dessa coexistência nova e das reorganizações recíprocas que ela promove?

Escrita e oralidade

O problema aparece, por exemplo, sob a forma de uma relação nova entre *o escrito e o oral*. A cultura popular, determinada por seu oposto, é oral, mas a oralidade se torna outra coisa a partir do momento em que o escrito não é mais o "símbolo", mas a "cifra" e instrumento de um "fazer a história" nas mãos de uma categoria social. Sabe-se da confiança que o século XVIII e a Revolução depositam no livro: a escrita refará a sociedade, da mesma forma que é o indício do poder que a burguesia esclarecida se confere. Mas, no próprio interior da cultura esclarecida, a oralidade muda de estatuto na medida em que a escrita *se torna* a articulação e a comunicação dos trabalhos pelos quais uma sociedade constrói o seu progresso. Ela se desloca, como que excluída da escrita. Isola-se, perdida e reencontrada, nesta voz que é a natureza, da mulher, da criança, do povo. É a

---

121 Roland Mortier nota justamente que "se vê pulular, após 1700, nas coleções de manuscritos, os *Exames críticos*", e ele analisa alguns desses textos (Burigny, Meslier, ou le *Militaire philosophe*), in La remise en cause du christianisme au XVIIIᵉ siècle, *Revue de l'Université* de Bruxelas, 1971/4, p. 415-443.

122 Tipo novo de interpretação, pois, no século XVI, a crítica radical – a de Henri Estienne, por exemplo – vê no cristianismo a repetição mascarada da religião antiga, e não o resultado de causas naturais (quer dizer, finalmente, a representação inconsciente de leis emitidas pelo saber).

pronúncia desligada da lógica técnica das consoantes-cifras. É o "falar", estranho, porém relativo à língua "artificial" das combinações escritas. É música, linguagem do inefável e da paixão, canto e ópera, espaço onde se desfaz a razão organizadora, mas onde "a energia da expressão" desdobra suas variações no quadro da ficção e fala do indeterminado ou do eu profundo.[123] Não é por acaso que o século das Luzes é ao mesmo tempo o reino da escrita normalizadora e "o império da música".[124] Parece que, na cultura nascida de Gutenberg, a palavra antiga está partilhada entre a *escrita* fabricadora de objetos e o *canto* de uma paixão sem conteúdo, de uma origem fora do texto, ou de um indefinido do desejo que foge, e fascina todos os escritores do fim do século. Uma música se constitui numa relação com a razão que triunfa. Ela é a voz distinta dos conteúdos, de agora em diante instrumentalizados; localiza-se alhures, lá onde escapa *do* e falta *no* discurso das Luzes.

Como se surpreender com o fato de que a religião e a cultura popular se manifestem como Voz? A Palavra, já dessolidarizada do discurso racional pela Reforma, é conduzida à música pela experiência espiritual: "é um Paul Gerhardt e um Johann-Sebastian Bach que marcam o ápice da mística luterana".[125] O apogeu do anti-intelectualismo, ao qual a mística é levada pela nova *intelli-*

---

123 Sobre esta relação da música com o inefável, as paixões ou a natureza, cf. SNYDERS, Georges, *Le goût musical en France aux XVIIe et XVIIIe siècles*, Vrin, 1968, p. 71 ss. e (a propósito de Diderot e Rousseau) 108-134. Não é menos verdade que, pelo fato de sua contiguidade com a escrita no interior da cultura esclarecida, a música é também um campo em que se desenvolve a codificação, a transcrição, o ciframento. Mesmo a dança se torna uma escrita e obedece à cifra: cf., por exemplo, LANCELOT, Francine, *Écriture de la dance. Le système Feuillet*, in *Ethnologie française*, t. I., 1971, nº 1, p. 29-58.

124 É o título do capítulo que Pierre Chaunu consagra à estética das Luzes: *La civilisation de l'Europe des Lumières*, ob. cit., p. 373-426.

125 Cf. JAEGER, Hasso, *La Mystique protestante et anglicane*, in RAVIER, André (Ed.), *La Mystique et les Mystiques*, Desclée de Brouwer, 1965, p. 284. O contraponto de Bach tem, aliás, uma relação estrutural com a ciência medieval; sua música se inspira na teologia mística da Idade Média ou de Tauler, cujos *Sermões* figuravam em sua biblioteca (ibid., p. 279-280).

gentsia, é a música, o poema, a cantata – excetuando que, no século XVIII, estando a tradição católica mais fortemente ligada ao discurso social, a mística musical, poética e oratória, foge para o Leste protestante da Europa,[126] ou se transforma por toda parte em esoterismo e ocultismo. Mais amplamente, toda uma parte da religião reflui para o canto popular, para a festa cultural, para a interioridade familiar, formando assim o contraponto desta outra parte que iremos reencontrar, oficial e superficial, administrativa e organizadora, mas finalmente alienada pelo seu imenso trabalho de política clerical. Antes de sublinhar os perigos de uma localização no cultual, é necessário compreender as imposições que a provocam e ao seu sentido. O movimento que orienta a religiosidade para uma espécie de "história sem palavras" identifica-a com uma festividade, incapaz de se articular com um discurso científico (ao inverso daquilo que ocorria nas relações entre a liturgia e a antiga dogmática). A religião é colocada, pela filosofia das Luzes, neste "vulgar" que conserva uma voz, ainda que supersticiosa, privada de razão, estranha ao saber que dela já possuem os meios esclarecidos. Com relação à elite que se define pelo escrito e circunscreve a "civilização" no interior daquilo que faz a escrita – produções que se estendem desde a ciência até a própria linguagem, identificada com o "bom uso" dos "autores" –, *um segredo se forma com a oralidade*, resto de festa, concerto de vozes, silêncio do sentido na plenitude do som, fundo popular oferecido ao saber elitista que o educa da mesma maneira que explora as minas ou as selvagerias do Novo Mundo.[127]

É esse o indício de que uma cultura perde a palavra fundando a escrita? Sempre acontece alguma coisa do lado da oralidade. Mas como dizer que, uma vez com a historiografia, estamos colocados do lado da ciência escrita? Não é suficiente, para poder falar disso,

---

126 Cf., por exemplo, NEVEU, J. B., *Vie spirituelle et vie sociale entre Rhin et Baltique au XVIIe siècle, de J. Arndt à P. J. Spener*, Klincksieck, 1967, e DEGHAYE, Pierre *La doctrine ésotérique de Zinzendorf*, Klincksieck, 1969.

127 Cf. CERTEAU, M. de; JULIA, D. e REVEL, J., *Une politique de la langue*, Gallimard, 1975.

que a história tenha precisamente como função, desde o final do século XVIII, manter a relação da razão com a globalidade que lhe escapa e de ser o discurso bígamo no qual o saber se casa simultaneamente com a ciência que faz história[128] e com o romance, esta "extenuação do mito",[129] que deixa "o espírito do tempo", o *Zeitgeist*, se exprimir.

Um intermédio: os padres

Se remontamos das zonas ausentes da historiografia ao que emerge nos documentos do século XVIII, constatamos, no interior do cristianismo, uma clivagem análoga àquela que partilha a sociedade entre a escrita erudita e a oralidade popular. Para dizer a verdade, o que se apreende não é a própria ruptura, pois ela não é um objeto analisável a partir de um lugar que escaparia à divisão criada pela observação científica; são seus efeitos e é o seu contragolpe, na região onde uma razão cristã se desenvolve segundo o modelo que lhe impõem, de agora em diante, a ética e a filosofia das Luzes. Ali se efetua um trabalho considerável de organização, mas regido pela "utilidade" social – como nos outros setores do clericato esclarecido – e caracterizado pela rarefação da palavra ou pelo silêncio da expressão cristã; parece que esses clérigos perdem a palavra na própria medida em que fabricam uma Igreja. Eles não podem mais *dizer* e, mais ainda, frequentemente não tem *nada mais a dizer*,[130] porque essencialmente a razão com a qual se alinham, como minoritários na burguesia esclarecida, regula sua atividade com a produção, mesmo que tenham ainda esse utilitarismo na conta de "verdades" cristãs recebidas.

---

128   Cf. *supra*: "Fazer história".

129   LÉVI-STRAUSS, Claude. *L'origine des manières de table*. Plon, 1968. p. 105-106.

130   Cf. JULIA, Dominique, Le prête au XVIIIe siècle. La théologie et les institutions, in *Recherches de Science Religieuse*, t. LVIII, 1970, p. 533-534, sobre "a relação entre um discurso oficial e uma experiência que não se diz": existe uma "clandestinidade", uma "perseverança subterrânea", um "silêncio" dos sentimentos ou das convicções com relação à atividade pública.

No nível de seu funcionamento social, a Igreja do século XVIII é modificada por dois processos que se reforçam mutuamente. Por um lado, por causa da sua marginalização (ainda relativa) numa sociedade onde o cristianismo deixa de ser um quadro de referência totalizante, o *padre se torna* aquele através de quem a Igreja *se distingue* de outros grupos: a prática e a teoria do cristianismo se mobilizam nessa fronteira do sagrado. Desde o final do século XVII existe uma miniaturização clerical da Igreja.[131] Mesmo que muitos leigos sejam crentes, é nos termos do sacerdócio, visibilidade social da diferença, que se formulam os problemas da vida cristã.

Mas, por outro lado, o centro desse novo sistema de defesa ou de missão é precisamente definido pelos *clérigos* que participam pouco ou muito da nova cultura. Eles foram convertidos em homens da escrita pelo trabalho consagrado durante um século à reforma e à formalização do clero, objetivo primeiro da Igreja pós-tridentina. Seminários, conferências eclesiásticas, estatutos sinodais ou visitas pastorais visam, inicialmente, à educação dos clérigos e à normalização de um pessoal administrativo. Essa grande campanha coloca os padres numa situação cada vez mais difícil. Pois, se tem por *alvo* explícito a defesa ou a difusão de crenças religiosas, lhes dá como *meio* uma administração técnica, cuja lógica é contrária ao fim estabelecido. A *organização das práticas será mais forte do que o sistema de representações* ao qual assegura a circulação ou a sustentação. Isso se manifesta, como já se viu, no processo que substitui o primado das crenças pelo das práticas. Mais ainda, *o discurso cristão se torna o objeto e o instrumento de uma produção* – a que constrói um corpo social religioso. Bem longe de articular práticas e de lhes fornecer um quadro de referência, a Palavra verdadeira se transforma num meio, numa axiomática do "fazer a sociedade". Ela se rarefaz como palavra. É congelada num discurso constituído que, é verdade, não explicita a operação da qual é o objeto (nisso ele é inerte e estranho ao discurso ético

---

131   Cf. *supra*, "A inversão do pensável".

das Luzes), mas que funciona segundo a "razão prática" própria de toda a *intelligentsia* da época (e os clérigos fazem parte dela).

Daí a posição particularmente distendida que os padres ocupam. Colocados no intermédio do que vem a ser a Igreja e do que vem a ser a sociedade, vivendo essa contradição num lugar que os prende aos fabricadores da sociedade (quer dizer, aos Educadores), mas a título de representações que devem manter sem que elas lhes permitam pensar o que realmente fazem, são votados a *tarefas* cada vez mais administrativas e, por outro lado, ao *silêncio*, no que se refere ao sentido de sua fé. A solução desse dilema consiste em concentrar o exercício do poder organizador no setor objetivo que é considerado passível de representar a manutenção da fidelidade cristã, a saber, o das "práticas religiosas" do discurso constituído: o culto e a ideologia.

A hermenêutica clerical

Um caráter comum, entretanto, impressiona na elite clerical: o recuo para a linguagem "escriturária". Inspira-se cada vez mais numa nostalgia das origens. O trabalho que leva a história do cristianismo às suas origens, graças à exegese,[132] ou que se esforça por arrancar a moral da casuística probabilista e fundar um rigorismo "mais puro" sobre um retorno ao Evangelho,[133] orquestra a exclamação de um dos padres mais lúcidos da época, Monsenhor Jean Soanen: "Belos dias do cristianismo, quando retornareis?"[134] Mas, de fato, esse trabalho opera uma triagem nos textos antigos; remete

---

132 Cf. GUSDORF, G., *Dieu, la nature, l'homme au siècle des Lumières*, op. cit., p. 207-231.

133 Cf. HAMEL, Édouard, Retours à l'Évangile et théologie morale, en France et en Italie, aux XVIIe et XVIIIe siècles, in *Gregorianum*, t. LII, 1971, p. 639-687, em particular a análise dos trabalhos de Concina (*De locis theologicis seu purioris ethicae christianae fontibus*, 1571), de Zaccharia (*De l'usage des Écritures en théologie morale tirée des sources très pures de l'Écritures et de la tradition...*, 1770), etc.

134 SOANEN, Jean. Sermon sur l'exemple. In: MIGNE. *Orateurs sacrés*. Paris, 1854., t. XL, col. 1370.

210 A Escrita da História • Michel de Certeau

às "superstições" ou à "sensibilidade" de homens "diferentes", "mais simples do que nós" e "mais ignorantes",[135] tudo o que se tornou inacreditável no século XVIII, e extrai deles um conteúdo de acordo com as Luzes. Essa hermenêutica produz um objeto segundo as regras operatórias que não mais dependem de convicções religiosas (mesmo se a prática ainda é nelas submetida a pressões eclesiásticas) e que determinam os resultados obtidos de forma mais segura do que os "motivos" ou as "intenções" investidas nesse trabalho. A lógica das técnicas empregadas prevalece sobre o espírito do qual elas eram consideradas defensoras. Entre os Protestantes, ao lado dessa exegese científica, vê-se ressurgir uma interpretação "espiritual" abandonada desde a Reforma:[136] uma leitura edificante, pietista, popular. A Bíblia se torna uma alegoria que cobre práticas religiosas heterogêneas: é um espaço simbólico onde as experiências individuais encontram com o que se exprimir.

A exegese piedosa se reencontra, também no catolicismo, marginalizada com relação à ciência patenteada. Mas é aí mais suspeita, porque escapa à instituição eclesial. A preocupação clerical se manifesta pela multiplicação das maneiras de emprego e dos "métodos" de leitura: o "bom uso" da Escritura é mais importante do que a sua verdade.[137] O que mais uma vez prevalece *é uma prá-*

---

135 LICHTENBERG, Georg Christoph, in GUSDORF, G. Op. cit., p. 212.

136 Cf. GUSDORF, G., op. cit., p. 204, que se refere ao grande livro de HIRSCH, Emmanuel, *Geschichte der neuern evangelischen Theologie im Zusammenhang mit den allgemeinen Bewegungen des europäischen Denkens*, Gütersloh, Bertelsmann, 1951, t. II, p. 169 ss.

137 Constata-se isso desde o fim do século XVII na famosa Carta de Fénelon ao bispo de Arras, *Sur la lecture de l'Écriture sainte en langue vulgaire* (in *Oeuvres complètes*, Paris, 1848, t. II, p. 190-201), ou nas reflexões que consagra ao mesmo assunto seu *Mandement sur la réception de la Bulle Unigenitus* (ibid., 1851, t. V, p. 140-142): "Ouvir os pastores que as explicam é ler as Escrituras". Com efeito, "os pastores são Escrituras vivas". Também a Igreja usa, frequentemente, o "direito" de "não permitir a leitura do texto sagrado senão às pessoas que ela julgasse suficientemente preparadas para tê-lo com frutos" (*Oeuvres*, op. cit., t. II, p. 193). Essa teologia é tradicional, mas, no século XVIII, funciona como a substituição do *padre*, marco social objetivo,

tica "católica" da Bíblia, que é organizada por esses pastores que Fenelon já chama de "escrituras vivas" – uma palavra que designaria no século XVIII os escribas e os técnicos das práticas religiosas. Enquanto colocados no terreno das instituições eclesiásticas, os pastores católicos efetuam nas práticas uma triagem análoga àquela que a exegese erudita opera nos textos: expulsam-se as "superstições" populares, remetidas a um passado inconfessável, a fim de evitar um "descrédito para a religião".[138] A hermenêutica das práticas e a dos textos obedecem aos mesmos princípios.

Com efeito, esses homens são antes de tudo *letrados*. Maciçamente eles se distanciam da cultura popular, tolerando ou ignorando o que não podem impedir. A ruptura se agrava a partir dos anos 1750. Diminuição dos contatos entre os pastores e a população: recuo do clero para um discurso que foi construído no século XVII como "reformista", mas que se torna o meio formal dos reagrupamentos sacerdotais; desaparecimento quase geral das visitas pastorais: esses fatos, entre muitos outros, atestam, simultaneamente, a atração que exerce a *intelligentsia* das Luzes (nascida de um corte com relação ao "vulgar"), e a paralisia que promove a impossibilidade de introduzir no discurso religioso (congelado no lugar onde a Igreja deve ser defendida por seus levitas) a Revolução epistemológica que constitui a força desta *intelligentsia*. Na verdade, uma lenta mutação transforma esses padres, permanecendo, no entanto, secreta ou marginal. Meslier é um caso extremo, mas não excepcional, quando deixa para além de sua morte a exposi-

---

pelo *texto*, marco literário objetivo. Aí como frequentemente, Monsenhor Soanen responde incisivamente através do vigor com o qual ele apresenta as Escrituras como "linguagem de Deus" e relação com a verdade (cf. seu sermão Sur les saintes Écritures, in Migne, *Orateurs sacrés*, t. XL, col. 1444-1462); mas ele já sabe que essa linguagem não é mais entendida.

---

138   É uma expressão que retorna muito frequentemente nas Conferências eclesiásticas bordalesas que pude analisar (cf. n. 142), sobretudo no tratamento dos "casos" de moral ou de liturgia.

ção do seu verdadeiro pensamento.[139] O conteúdo do discurso e o ato de falar se propõem estrangeiros, estranhos um ao outro como o texto e o autor: quando existe enunciação, o enunciado mente; quando ele diz a verdade, não há mais enunciação. A palavra se desarticula entre uma *voz* sem verdade e uma *escrita* sem voz – uma estrutura que combina – levando-as ao extremo, a posição do vulgar e a das Luzes.

Essa transformação oculta não aparece nos textos ou nos gestos oficiais e não aparecerá à luz do dia senão no momento da Revolução, quando tantos padres representarão um papel decisivo no desvelamento nacional que remete, especialmente, à sua situação particular. Anteriormente presos no intermédio da religiosidade popular e da burguesia esclarecida, somente podem gerar seu discurso ideológico e organizar práticas religiosas aplicando às massas a ética das Luzes em matéria de educação.

Uma política da linguagem e do culto

A "polícia", no século XVIII, designa ao mesmo tempo a cultura (se é *policé*) e a ordem que ela supõe.[140] Ela é indissociável da Educação. Nas instituições propriamente eclesiais, a cultura é a participação numa filosofia civil cujos princípios vêm de alhures. Também tem pouco lugar na atividade ministerial. É, portanto, a proposição de uma ordem que prevalece, tanto no discurso quanto no culto.

---

139 Jean Meslier (1664-1729), *Oeuvres,* ed. R. Desné, Anthropos, 1970-1971, 3 t., A *Memória* de Meslier começa assim: "Meus caros amigos, já que não me teria sido permitido e que teria mesmo tido uma perigosa e desagradável consequência para mim dizer-vos abertamente, durante minha vida, aquilo que eu pensava..., resolvi vo-lo dizer, pelo menos, após minha morte" (*Oeuvres*, op. cit., t. I, p. 1). "Com um exterior muito devoto" (palavras de seu arcebispo em 1716, op. cit., t. I, p. XXVIII), Meslier protege um ateísmo legado por testamento, bem como muitos dos padres publicamente antijansenistas protestam, por testamento, suas convicções contrárias (como mostrou Julien Brancolini, citado por R. Desné, cf. op. cit., t. I, p. XXXVII, n. 1).

140 NT – *Policé*, particípio passado do verbo *policer*, que significa igualmente policiado, civilizado, culto.

Capítulo IV • A Formalidade das Práticas 213

No que se refere à *linguagem*, pode-se concluir das pesquisas, que dizem respeito à maioria dos discursos clericais oficiais, que os clérigos se tornam funcionários de uma *ideologia religiosa*. O que no século XVII era a dinâmica de uma reforma, no século XVIII se transforma num aparelho administrativo de extrema precisão, ocupado em gerar princípios, quer dizer, em defender uma linguagem do grupo. Pode-se julgar isso analisando as impressionantes séries de arquivos constituídos pelas "Conferências eclesiásticas" e as Assembleias dos vigários forâneos, reuniões sacerdotais por distrito, mensais ou bimensais, e consagradas, sempre, a três assuntos ("Explicação da Santa Escritura", "Virtudes eclesiásticas", "Teologia prática" ou "moral"). A erudição dos padres sucedeu à sua ignorância de antanho. Mas ela se extingue a si mesma na repetição dos livros ou das respostas ditadas pela autoridade sob a forma de "deveres" e "corrigidos" pelos vigários-gerais. Esse discurso é uniforme, sem contradições internas, regido pela citação, impermeável à experiência pessoal, dócil ao "neutro" do grupo. Dirige a promoção aos cargos (o sacerdócio é "uma carreira como outra qualquer")[141] e não mais comporta referências à vida local real. Aquilo que se diz respeito à sexualidade ou à violência nos campos está recalcado nele, para ser substituído pelos "casos" abstratos que os livros recebidos expõem.[142] A constatação é a mesma a propósito das regulamentações pastorais ou da literatura sacerdotal. A tarefa de organizar um grupo engendrou essa linguagem administrativa que não é mais permeável à existência dos padres do que à de seus

---

141 JULIA, D. *Le Prête au XVIIIᵉ siècle*, op. cit., p. 525. Cf. também CHESNAY, Ch. Berthelot du , Le Clergé français au XVIIIᵉ siècle et les registres d'insinuation ecclésiatique, in *Revue d'histoire moderne et contemporaine*, 1963, p. 241 ss.

142 Isso ressalta, em particular, de uma análise das conferências eclesiásticas e congregações forâneas da Diocese de Bordéus nos séculos XVII e XVIII, conjunto de documentos que fornece uma série completa (Bordeaux, Archives dép., G. 591-597 – para o século XVIII). Outras sondagens confirmam esta análise, se levarmos em conta que, reformada mais cedo, a diocese de Bordéus apresenta, também, mais rapidamente do que as outras essa evolução para o formalismo.

fiéis. A formalidade de uma prática produtora esvaziou o discurso do seu poder de dizer a realidade. Será necessária a explosão revolucionária para que uma expressão da experiência espiritual ressurja (Grou, Clorivière etc.), ao mesmo tempo que se desvelarão o teísmo latente sob a linguagem clerical e a insignificância religiosa, mascarada pela manutenção dos costumes tradicionais.

Na prática, a grande preocupação é *o culto*. Sob este ponto de vista, as visitas pastorais constituem um documento privilegiado para revelar, de paróquia em paróquia, as reações dos fiéis, dos curas e dos bispos. A observância e a purificação do culto são as preocupações essenciais dos responsáveis, mobilizados, aliás, em duas frentes: a luta contra as concorrências exteriores (em primeiro lugar o taberneiro, este anticura); a eliminação das "indecências" no interior (e inicialmente das tradições populares antigas que povoavam a igreja de santos terapeutas, de imagens familiares e profissionais, de festividades ruidosas). Uma "repressão iconográfica" excluía a nudez e os animais, as representações estão de acordo com a "verdade histórica", enfim, excluía-se tudo aquilo que seria matéria de "escárnio", quer dizer, o que não estivesse de acordo com o "gosto" dessa *intelligentsia* para a qual esses clérigos tinham os olhos voltados.[143] Que esse critério seja importante nas apreciações morais, a opinião dos curas sobre os fiéis o demonstra, já que a "grosseria" dos costumes ocupa aí mais lugar do que os "pecados".[144]

Trata-se de uma "polícia" das práticas. Aliás, o que, por sua vez, o poder mantém na "religião" é exatamente este instrumento limitado mas necessário que é o culto. No seu grande *Traité de la Police* (1705), Delamare, após um "livro primeiro" de generalida-

---

143 Refiro-me à relação sintética apresentada por D. Julia no "Convegno studi di Storia sociale e religiosa" de Capaccio-Paestum (18-21 maio 1972): *La Réforme posttridentine en France d'après les procès-verbaux de visites pastorales: ordre et résistences*, in *La Società religiosa nell'età moderna*, Nápoles, Guida, 1973, p. 311-397.

144 Cf. JULIA, D., Le Clergé paroissial du diocèse de Reims à la fin de l'Ancien Règime, II – Le vocabulaire des curés: essai d'analyse, in *Études ardennaises*, n. 55, out.-dez. 1968, p. 41-66.

des, consagra todo o seu "livro segundo" à religião, "o primeiro e o principal objeto da polícia". Isso para não abordar senão dois assuntos: por um lado, o tratamento dos não católicos; por outro, o respeito ao culto (festas, tempos de penitência, procissões, peregrinagens etc.).[145] Indício, entre muitos outros, de uma "santa aliança" como o diz Holbach,[146] porém mais ainda de uma homologia na ordem das práticas, mesmo que elas veiculem verdades diferentes. Uma mesma lógica localiza a falta lá onde aparece um obstáculo ou um desvio com relação a uma polícia dos costumes. Está claro que a administração eclesiástica não deixa de constituir nela um corpo próprio e que marca essa especificidade através de interditos – limites ou acréscimos – destinados a retificar, nas suas margens, a normalidade comum.[147] Da mesma maneira, mantém "magníficos objetos" de pensamento – "surpreendentes espetáculos" e "tesouros inestimáveis" – que ela "faz ver" ao povo.[148] Existem, portanto, particularidades no agir cristão – essencialmente, práticas cultuais – e uma teatralização das representações. Mas elas se inscrevem numa economia civil. O que essa administração *faz ela mesma,* quando organiza espetáculos ou uma disciplina para o

---

145 DELAMARE. *Traité de la Police.* Paris, 1705, p. 267-378: "De la religion".

146 Em *Essai sur les Préjugés,* citado por MORTIER, Roland, *La remise en question du christianisme au XVIIIe siècle,* op. cit., p. 421.

147 Por exemplo, retomando uma obrigação antiga lembrada pela Bulla Supra Gregem, de Pio V (8 de março de 1566) e pela Sagrada Congregação de 1699, o direito da igreja ainda proíbe ao médico de ir visitar os doentes sem ter visto o atestado do confessor, certificando tê-los ouvido em confissão. Cf. JOSEPH, Erneste de S., *Le Ministère du confesseur en pratique...,* Liège, Barchon, 1718, t. II, p. 395. Ainda que essa medida se inscrevesse numa hierarquização religiosa da sociedade, ela toma o sentido de uma "marca" e de um "decreto" acrescentados à lógica civil de uma profissão.

148 Essas são as expressões de Monsenhor Jean Soanen no seu sermão *Sur l'excellence du Christianisme* (in Migne, *Orateurs sacrès,* t. XL, col. 1.162-1.168). Aos "espetáculos" apresentados pela religião ele acrescenta as "vantagens" e os "tesouros" que ela oferece: "Encontra-se no interior da religião cristã, como no interior destas montanhas que produzem o ouro e o diamante, tesouros inestimáveis" (ibid., col. 1.166; cf. col. 1.172). Mas essas expressões se encontram em muitos outros.

povo, obedece às regras de uma razão "esclarecida", à formalidade das práticas tal como está definida para as Luzes.

Que é feito, então, dessas massas populares que representam na cultura elitista a Voz que ela perde quando fabrica a escrita? Em que se transformam, pois, essas tradições orais de que a análise científica fez o seu exterior, quer dizer, aquilo que ela eliminou para se constituir? Elas escapam à autoridade eclesiástica, mesmo quando aceitam os símbolos e os ritos religiosos. Sem dúvida (mas até que ponto?), elas alegorizam esses signos e esses gestos, exatamente como a experiência individual pietista o faz no caso dos textos escriturários. Esses deslocamentos práticos da interpretação na superfície de textos fixos permanecem desconhecidos para nós, já que não se escrevem. Na verdade, a literatura popular dos almanaques nos fornece um indício, por frágil que seja: substitui as "mentiras" eclesiásticas pela segurança das técnicas da vida doméstica; o temor do julgamento depois da morte, pelas receitas tiradas de uma experiência ancestral e pelos métodos do "bem viver" ou do "saber viver".[149] Trata-se da vulgarização do espírito das Luzes por autores "educadores" ou o atestado de práticas populares que encontram uma linguagem nas margens da tradição religiosa? As duas coisas, provavelmente. Mas, para tornar preciso o segundo aspecto – aquele que no século XIX será recalcado pela escolarização e desenvolvido pela democratização –, seria necessário recorrer à linguagem dos gestos e dos utensílios, a esses discursos que se dizem "tácitos" e que não se fizeram entender, inicialmente, senão no decorrer das revoltas ou das revoluções com a foice, o forcado, a enxada etc. Seria necessário levar a sério *a formalidade de outras práticas* que não as da "escrita".[150] Talvez isso representasse, também, reencontrar na linguagem sua função de falar.

---

149 Cf. BOLLÈME, Geneviève, *Les Almanachs populaires aux XVIIe e XVIIIe siècles. Essai d'histoire sociale*, Mouton, 1969, e *La Bibliothèque Bleue*, Julliard, 1971. Cf. MANDROU, Robert, *De la culture populaire aux XVIIe e XVIIIe siècles*, Stock, 1964.

150 Assim já se pode ler o amplo panorama que Fernand Braudel começou a traçar em *Civilisation matérielle et capitalisme (XVe-XVIIIe siècles)*, A. Colin,

Capítulo IV • A Formalidade das Práticas 217

De toda maneira, um corte tem, de agora em diante, des-feito os mitos organizadores de condutas para dar lugar, por um lado, a uma "razão das práticas" – ideologias ou crenças. Uma nova historiografia nascerá quando uma racionalidade das tarefas "revolucionárias" tiver arrumado as crenças entre as "fábulas" antigas. A partir daí a própria compreensão das épocas anteriores encontrará as representações como um efeito ou um resto, com relação ao que, do passado, *se tornou* homogêneo com o presente, quer dizer, com uma ciência econômica ou política das operações sociais.

1967, t. I, um livro que sem dúvida se aproxima mais do lugar da cultura do que muitas obras sobre "literatura popular".

Terceira Parte

OS SISTEMAS DE SENTIDO:
O ESCRITO E O ORAL

Capítulo V

ETNO-GRAFIA

A oralidade ou o espaço do outro: Léry

A escrita e a oralidade etnológica

Quatro noções parecem organizar o campo científico cujo estatuto se fixa durante o século XVII e que recebe de Ampère o seu nome de *etnologia*:[1] a *oralidade* (comunicação própria da sociedade selvagem ou primitiva, ou tradicional), a *espacialidade* (ou quadro sincrônico de um sistema sem história), a *alteridade* (a diferença que apresenta um corte cultural), a *inconsciência* (estatuto de fenômenos coletivos referidos a uma significação que lhes é estranha e que não é dada senão a um saber vindo de algures). Cada uma delas garante e chama as outras. Assim, na sociedade selvagem, exposta à vista do observador como um país imemorial ("as coisas têm sido sempre assim", diz o indígena), supõe-se uma palavra que circule sem saber a quais regras silenciosas obedece. Corresponde à etnologia articular essas leis numa escrita e organizar esse espaço do outro num quadro de oralidade.

Tomado aqui a título de hipótese (evidentemente parcial), esse quadrilátero "etnológico" dará lugar à transformação em que, da pedagogia à psicanálise, a combinação inicial permanece reconhecível. Ele tem igualmente seu corolário na historiografia mo-

---

1   ROHAN-CSERMAK, G. La première apparition du terme ethnologie. Eth-nologie europea. *Revue Internationale d'ethnologie européenne*, vol. I, n° 4, p. 170-184, 1967.

derna, cuja construção apresenta, na mesma época, quatro noções opostas: a *escrita*, a *temporalidade*, a *identidade* e a *consciência*.

Sob esse ponto de vista, Lévi-Strauss testemunha uma diferenciação já existente desde há quatro séculos, quando acrescenta sua variante pessoal ao gênero literário do paralelo entre etnologia e história. "A etnologia", diz ele, "se interessa sobretudo pelo que *não* está *escrito*". Aquilo de que trata é "diferente de tudo aquilo que, habitualmente, os homens se ocupam em fixar na pedra ou no papel". Para ele, essa distinção dos materiais (escritos ou não escritos) se duplica numa outra que se refere à sua relação com o saber: a história organiza "seus dados com relação às expressões *conscientes*, a etnologia com relação às condições *inconscientes* da vida social".[2]

Conotada pela oralidade e por um inconsciente, essa "diferença" recorta uma extensão, objeto da atividade científica: a linguagem oral espera, para falar, que uma escrita a percorra e saiba o que ela diz. Sobre esse espaço de continentes e oceanos oferecidos, antecipadamente, às operações da escrita, se esboçam os itinerários dos viajantes, cujos vestígios vão ressaltar da história. Desde que se trate de escritos, a investigação não tem mais necessidade de colocar um implícito – uma "natureza inconsciente" – sob os fenômenos. A história é homogênea nos documentos da atividade ocidental. Atribui-lhes uma "consciência" que pode reconhecer. Desenvolve-se na continuidade das marcas deixadas pelos processos escriturários: contenta-se em organizá-los, quando compõe um único texto através dos milhares de fragmentos escritos, em que já exprime o trabalho que constrói (faz) o tempo e que lhe dá consciência através de um retorno sobre si mesma.

Dessa configuração complexa retenho, inicialmente, dois termos. Interrogo-me sobre o alcance dessa *palavra* instituída no *lugar do outro* e destinada a ser escutada de uma *forma diferente* da que fala. Esse espaço da diferença questiona um funcionamento da

---

2   LÉVI-STRAUSS, Claude. *Anthropologie structurale*. Plon, 1958, Introd., "Histoire et ethnologie", p. 33 e 25. Eu sublinho.

Capítulo V • Etno-grafia 223

palavra nas nossas sociedades da escrita – problema muito amplo, mas que torna perceptível a articulação da história e da etnologia no conjunto das ciências humanas.

Uma imagem da modernidade

Esta não é senão uma sondagem. Atravessar a história e a etnologia com algumas questões, eis aí todo o meu propósito. Mesmo a este título não se poderia considerar a palavra e a escrita como elementos estáveis dos quais bastaria analisar as alianças ou os divórcios. Trata-se de categorias que constituem sistema dentro de conjuntos sucessivos. As posições respectivas do escrito e do oral se determinam mutuamente. Suas combinações, que mudam os termos, tanto quanto as suas relações, inscrevem-se numa sequência de configurações históricas. Trabalhos recentes mostram a importância do deslocamento que se opera na Europa ocidental do século XVI ao XVIII.[3] A descoberta do Novo Mundo, o fracionamento da cristandade, as clivagens sociais que acompanham o nascimento de uma política e de uma razão novas engendram um outro funcionamento da escrita e da palavra. Presa na órbita da sociedade moderna, sua diferenciação adquire uma *pertinência* epistemológica e social que não tinha antes; em particular, torna-se o *instrumento* de um duplo trabalho que se refere, por um lado, à relação com o homem *"selvagem"*, por outro à relação com a tradição *religiosa*. Serve para classificar os problemas que o sol nascente do "Novo Mundo" e o crepúsculo da cristandade "medieval" abrem à *intelligentsia*.

Esse uso novo é o que eu observo nos textos – histórias de viagens e quadros etnográficos. Isso significa, evidentemente, permanecer no campo da narração. Prender-se também ao que o escrito diz da palavra. Mesmo que sejam o produto de pesquisas, de observações e de práticas, esses textos permanecem relatos que um meio se conta. Não se pode identificar essas "lendas" científicas com a organização das práticas. Mas indicando a um grupo de

---

3   Cf. *supra,* cap. IV: "A formalidade das práticas".

224　A Escrita da História • Michel de Certeau

letrados o que "devem ler", recompondo as representações que eles se dão, essas "lendas" simbolizam as alterações provocadas numa cultura pelo seu encontro com uma outra. As experiências novas de uma sociedade não desvelam sua "verdade" através de uma transparência desses textos: são aí transformadas segundo as leis de uma representação científica própria da época. Dessa maneira os textos revelam uma "ciência dos sonhos"; formam "discursos sobre o outro", a propósito dos quais se pode perguntar o que se conta *aí*, nessa região literária sempre decalada com relação ao que se produz de diferente.

Finalmente, extraindo de uma série de relatos de viagens algumas peças que balizam uma arqueologia da etnologia,[4] detendo-me num episódio contado por Jean de Léry (1578), como o equivalente de uma "cena primitiva" na construção do discurso etnológico, deixando proliferar, a partir desses documentos, as palavras, as referências e as reflexões que lhes associa o leitor que sou, devo me interrogar sobre o que essa análise me oculta ou me explica. Do discurso etnológico gostaria de dizer o que ele articula quando exila a oralidade para fora do campo ocupado pelo trabalho ocidental, transformando assim a palavra em objeto exótico. Não escapo, entretanto, à cultura que o produziu. Apenas redupli-

---

4　Apenas para a série das viagens França-Brasil do século XVI ao século XVIII, objeto de um trabalho em curso, a bibliografia já é imensa. Remeto apenas a algumas obras gerais que guiaram minha pesquisa: ATKINSON, G., *Les Nouveaux Horizons de la Renaissance française*, Paris, 1953; BAUDET, H., *Paradise on earth. Some thoughts on European Images of non Europen Man*, Londres, 1965; HOLANDA, S. Buarque de, *Visão do Paraíso. Os motivos edênicos no descobrimento e colonização do Brasil*, Rio, 1959; DUCHET, M., *Anthropologie et historie au siècle des Lumières*, Paris, 1971; S. Landucci, *I Filosofi e i selvaggi. 1580-1780*, Bari, 1972; LECLERC, G., *Anthropologie et colonialisme*, Paris, 1972; MANUEL, F. E., *The 18th Century confronts the Gods*, Cambridge (Mass.), 1959; MORAVIA, S., *La scienza dell'uomo nel Settecento*, Bari, 1970; SERRÃO, J. V., *O Rio de Janeiro no século XVI*, Lisboa, 1965 etc., e, naturalmente, GARRAUX, A. L., *Bibliographie brèsilenne* (obras francesas e latinas relativas ao Brasil, 1500-1898), 2ª ed., Rio, 1962, e RAEDERS, G., *Bibliographie franco-brèsilienne (1551-1957)*, Rio, 1960.

co o seu efeito. Que tipo de ex-voto meu escrito endereça à palavra ausente? De que sonho ou de que engodo ele é a metáfora? Não existe resposta. A autoanálise perdeu seus direitos, e eu não poderia substituir um texto por aquilo que apenas uma voz outra pode revelar a respeito do lugar de onde escrevo.

O importante está alhures. A questão proposta aos trabalhos etnológicos – o que supõe esta escrita sobre a oralidade? – se repete naquela que me fazem trazer à luz e que vem de mais longe do que eu. Minha análise vai e vem entre essas duas variantes da mesma relação estrutural: os textos que ela estuda e os que ela produz. Através dessa bilocação, sustenta o problema sem resolvê-lo, quer dizer, sem poder sair da "circunscrição". Pelo menos assim se manifesta uma das regras do sistema que se constitui como "ocidental" e "moderno": a operação escriturária que produz, preserva, cultiva "verdades" não perecíveis, articula-se num rumor de palavras diluídas tão logo enunciadas, e, portanto, perdidas para sempre. Uma "perda" irreparável é o vestígio dessas palavras nos textos dos quais são o objeto. É assim que se parece escrever uma relação com o outro.

A "lição de escrita" em Jean de Léry (1578)

Ainda que suponha tradição medieval de utopias e de expectativas em que já se esboçava o lugar que o "bom selvagem" virá preencher,[5] Jean de Léry nos fornece um ponto de partida "moderno". Na verdade, assegura uma transição.

---

5   "A Idade Média prepara também tudo aquilo que é necessário para o acolhimento de um "bom selvagem": um milenarismo que espera um retorno à idade de ouro; a convicção de que o progresso histórico, se ele existe, se faz a golpes de re-nascimentos, de retornos a um primitivismo inocente" (LE GOFF, J., L'historien et l'homme cotidien, in L'Historien entre l'ethnologue et le futurologue, Mouton, 1973, p. 240). Sobre a continuidade entre o mito da idade de ouro e o do bom selvagem, cf. GONNARD, G., La Légende du bom sauvage. Contribution à l'étude des origines du socialisme, Libr. Médicis, 1946; LEVIN, H., The Myth of the Golden Age in the Renaissance, Londres, 1970, cap. III.

226   A Escrita da História • Michel de Certeau

Publicado em 1578, sua *Histoire d'un voyage faict en la terre du Brésil* – "breviário do etnólogo", diz Lévi-Strauss[6] – é o relato de uma permanência na baía da Guanabara em 1556-1558. Essa viagem se inscreve numa sucessão de "retiradas". Reformado, Léry foge da França para Genebra; deixa Genebra e parte para o Brasil com alguns companheiros para aí participar da fundação de um "Refúgio" calvinista; da ilha onde, na baía da Guanabara, o almirante Nicolau Durand de Villegagnon recebeu a missão protestante, segundo o acordo com Calvino, mais uma vez se exila, desgostoso com as flutuações teológicas do almirante, vagueia durante três meses (fim de outubro de 1557/início de janeiro de 1558) entre os tupinambás do litoral, antes de refazer o caminho inverso do Brasil a Genebra, e de Genebra à França, onde se instala como pastor. Peregrinação às avessas: bem longe de encontrar o corpo referencial de uma ortodoxia (a cidade santa, o túmulo, a basílica), o itinerário parte do centro para as margens, na busca de um espaço onde encontrar um solo; pretende construir aí a linguagem de uma convicção nova (reformada). Ao final dessa pesquisa existe, produto deste ir e vir, a invenção do Selvagem.[7]

---

6   LÉVI-STRAUSS, C. *Tristes tropiques*. Plon, 1955, p. 89.

7   O dossiê *Léry* é importante.
     Da *Histoire d'un voyage* eu citaria a reedição de Paul Gaffarel, a única exata (com exceção de alguns detalhes, verificados na edição de Genebra, 1580; Paris, B. N.: 8° Oy 136 B) e completa: 2 tomos, Paris, A. Lemerre, 1880 (remeto a este texto pelo signo G., seguido dos números do tomo e da página). Após suas seis primeiras edições do século XVI (La Rochelle, 1578; Genebra, 1580, 1585, 1594, 1599 e 1611), a *Histoire* não foi publicada de novo senão parcialmente (exceção de Gaffarel), em 1927 (Charly Clerc), 1957 (M. R. Mayeux) e 1972 (com uma excelente apresentação de A. M. Chartier). Desde então foi editada a excelente reprodução anastática da edição de 1580, por Jean-Claude Morisot, Genebra, Droz, 1975. É necessário assinalar, também, a tradução brasileira e as notas úteis de S. Mallet, na "Biblioteca Histórica Brasileira" (*Viagem à Terra do Brasil*, São Paulo, 1972). Reencontra-se aí, de Plinio Ayrosa, uma curiosa reconstituição do capítulo XX, sobre a língua tupi (op. cit., p. 219-250), que um dos melhores especialistas do Tupi antigo (cf. seu *Curso de Tupi antigo*, Rio, 1956) havia,

Capítulo V • Etno-grafia **227**

Em 1556, Jean de Léry tem 24 anos. *Sua Histoire*, vinte anos mais tarde, dá uma forma circular ao movimento que ia de cima (*ici*, a França) para baixo (*là-bas*, os Tupis). Transforma a viagem em um ciclo. Traz de *là-bas*, como objeto literário, o selvagem que

---

Continuação da nota 7

entretanto, criticado muito vivamente: BARBOSA, A. Lemos, *Estudos de Tupi. O "Diálogo de Léry" na restauração de Plinio Ayrosa*, Rio, 1944.

Durante a segunda metade do século XVI, toda uma literatura envolve ou explora a expedição do cavalheiro Durand de Villegagnon ao Rio (1555-1560). Tratados, certamente: a *Cosmographie universelle* do franciscano André Thévet (Paris, 1575), de quem Léry pretende refutar "as imposturas"; *Les Trois Mondes de la Popelinière* (Paris, 1582) cuja 3ª parte (a América) dá grande importância à viagem etc. Mas essas obras científicas vêm após a publicação de documentos e de panfletos. Uns, jornalísticos e polêmicos, são do gênero: *L'Epoussette des armoiries de Pillegaignon...* ou *L'Étrille de Nicolas Durand...* etc. Os outros constituem dossiês sobre as questões debatidas. Dois momentos, sobretudo:

1º) 1557-1558, após a partida da "missão" de Genebra, mas enquanto Villegaignon mantém ainda a ilha Coligny na baía da Guanabara. Estes são apologias políticas:

– *Copie de quelques Letres sur la Navigation du Chevallier de Villegagnon en Terres de l'Amérique... contenant sommairement les fortunes encourues en ce voyage, avec les meurs et façons de vivre des Sauvages du pais: envoyées par un des gens dudit Seigneur* (ed. por Nicolas Barré), Paris, Marin le Jeune, 1557, in-8º.; reed. 1558, in-8º., 19 ff.

– Discours de Nicolas Barré sur la navigation du chevalier de Villegagnon en Amérique, Paris, Martin le Jeune, 1558 (reed. In GAFFAREL, P., *Histoire du Brésil française...*, p. 373-382).

2º) 1561, portanto, após a vitória dos portugueses e a partida dos franceses (1560). Debate teológico-político Paris-Genebra sobre a oportunidade, gorada, de um "Refúgio" protestante. Villegaignon é acusado de ter traído ou a religião Reformada ou o Rei – ou os dois. O pastor Pierre Richier, teólogo membro da "missão" de que Léry fazia parte, é o mais intratável para com o antigo governador.

– [Loïs de Rozu], *Histoire des choses mémorables advenues em la terre du Brásil, partie de l'Amérique Australe, sous le gouvernement de M. De Villegaignon depuis l'an 1555, jusqu'à l'un 1558*, s. d. (Genebra), 1561, in-8º., 48 ff. (reed. In *Nouvelles Annales des voyages*, 5ª série, t. XL, 1854).

– *Les Propositions contentieuses entre le Chevalier de Villegagnon sur la Résolution des Sacrements de Maistre Jehan Calvin*, Paris, 1561, junto com o precedente.

permite retornar ao ponto de partida. O relato produz um retorno, de si para si, pela mediação do outro. Mas alguma coisa que

---

Continuação da nota 7

– *Response aux Lettres de Nicolas Durant, dict le Chevallier de Villegagnon addressées à lá Reyne mere du Roy. Ensemble la confutation d'une héresie mise en avant par le dit Villegagnon contre la souveraine puissance et authorité des rois*, s. 1. n.d. (1561, parece), in-8°., 46 ff.

– *Petri Richerii libri duo apologetici ad refutandas noenias, et coarguendos blasphemos errores detegendaque mendacia, Nicolai Durandi qui se Villegagnonem cognominat*, Genebra ("Excusum Hierapoli, per Thrasybulum, Phoenicum), 156 in-4°. O texto de Richier foi editado no mesmo ano em francês: *La Refutation des folles rêveries, execrables blasphèmes et mensonges de Nicolas Durand...* (Genebra), 1561.

– *Response aux libelles d'injures publiés contre le chevalier de Villegaignon*, Paris, André Wechel, 1561, in-4°. (inspirado ou escrito por Villegagnon).

É necessário notar, também, na edição seguinte das célebres *Actes des Martyrs*, de Jean Crespin (Genebra, 1564, p. 857-868 e 880-898), a inserção de duas memórias sobre os fiéis calvinistas perseguidos por Villegagnon durante a missão de 1556-1557 no Rio: são devidas a Jean de Léry.

Sobre a *Histoire d'un Voyage faict em la terre du Bresil* e seu alcance histórico e literário, alguns estudos: GAFFAREL, Paul, *Jean de Léry. La langue tupi* (tirado separadamente da *Revue de Linguistique*), Paris, Moisonneuve, 1877; *Histoire du Brésil français au XVIᵉ siècle*, Maisonneuve, 1878; *Les Français au delà des mers. Les découvreurs français du XVIᵉ*, Challamel, 1888; HEULHARD, Arthur, *Villegaignon, Roi d'Amerique*, Paris, 1897 (panegírico de um colonizador); CHINARD, Gilbert, *L'exotisme américain dans la litterature française au XVIᵉ siècle*, Hachette, 1911, e *Les Réfugiés huguenots en Amérique*, Les Belles Lettres, 1925; CLERC, C., Le Voyage de Léry et la découvert du 'Bon Sauvage', in *Revue de l'Institut de Sociologie* (Bruxelas), t. VII, 1927, p. 305 ss.; CALMON, Pedro, *História do Brasil, 1500-1800*, São Paulo-Rio, 1939 (2ª ed., 1950); REVERDIN, Olivier, *Quatorze calvinistes chez les Topinambous*, Genebra-Paris, Droz e Minard, 1957; VAUCHERET, E. J. Nicot e l'entreprise de Villegagnon, in *La Découverte de l'Amérique*, Vrin, 1968, p. 89 ss.; FERNANDES, Florestan, *Organização social dos Tupinambá*, São Paulo, 2ª ed., 1963 etc.

A um dossiê sobre Léry seria necessário acrescentar aquilo que concerne à sua importância na história do pensamento do século XVI (Montaigne e outros; cf. ATKINSON, G. etc.), e também o material que ele forneceu sobre a língua tupi, tornada, no texto da *Histoire*, uma extravagância linguística ocultando/mostrando uma identidade do Homem (Cf. VISCONDE DE

Capítulo V • Etno-grafia   **229**

escapa ao texto permanece *là-bas*: a palavra tupi. Ela é aquilo que, do outro, não é recuperável – um ato perecível que a escrita não pode relatar.

Também, no escrínio do relato, a palavra selvagem imita a joia ausente. É o momento de encantamento, um instante roubado, uma lembrança fora do texto:

> ... Uma tal alegria [escreve Jean de Léry, a propósito de suas impressões no decorrer de uma assembleia tupi] que não apenas ouvindo os acordes tão bem medidos de uma tal multidão, e sobretudo pela cadência e pelo refrão da balada, a cada estrofe todos conduziram suas vozes dizendo: *heu, heuaüre, heüra, heüraüre, heüra, heüra, oueh*, fiquei inteiramente encantado; mas também todas as outras vezes que me lembro disso, o coração sobressaltado, me parece que ainda os tenho nos ouvidos.[8]

O que é um buraco no tempo é a ausência de sentido. O canto aqui *heu, heuaüre*, ou mais adiante *he, hua, hua*, como uma voz faz *re re* ou *tralalá*. Nada disso pode ser transmitido, referido e conservado. Mas logo depois Léry apela para o "língua" (o intérprete) a fim de ter a tradução de muitas coisas que não pode "compreender". Efetua-se então, com essa passagem para o sentido, a tarefa que transforma a balada em produto utilizável. Dessas vozes, o intérprete hábil extrai o relato de um dilúvio inicial "que é", observa Léry, "aquilo que entre eles existe de mais próximo à Santa Escritura":[9] retorno ao Ocidente e à escrita, aos quais o presente dessa confirmação é trazido dos longínquos litorais tupis; retorno ao texto cristão e francês, graças aos cuidados conjugados do exegeta e do viajante. O tempo produtivo é recosturado, o engendramento da história continua, após o corte provocado pelos sobressaltos do coração que reconduz por aí ao instante em que,

Continuação da nota 7

> PORTO SEGURO, *L'Origine touranienne des Américains Tupis-Caribes et des Anciens Egyptiens*, Viena, Faesy e Frick, 1876; TATEVIN, P. C., *La Langue tapihiya dite Tupi ou Neêngatu*, VIENA, A. Hölder, 1910; EDELWEIS, Frederico G. *Estudos Tupis e Tupi-Guaranis*, Rio, Liv. Bras. Edit., 1969).

8   G. 2, 71-72.
9   Ibid., 72.

"inteiramente encantado", tomado pela voz do outro, o observador se esqueceu de si mesmo. Essa articulação entre a palavra e a escrita é, por uma vez, encenada na *Histoire*. Focaliza discretamente todo o relato, mas Léry explicita sua posição num episódio-chave, no capítulo central no qual trata da religião,[10] quer dizer, da relação que o cristianismo da Escritura estabelece com as tradições orais do mundo selvagem. Na orla dos tempos modernos, esse episódio inaugura a série de quadros análogos que durante quatro séculos tantos relatos de viagem vão apresentar. Ainda que inverta uma vez mais o sentido e a moral, a "Leçon d'écriture", em *Tristes tropiques* (1955),[11] repete o esquema que organiza a literatura etnológica e que engendra, de quando em quando, uma teatralização dos atores no palco. Já sob a forma que toma aqui, a cena se assemelha a toda espécie de escritas, sagradas ou profanas, destinando-as ao *Ocidente*, sujeito da história, e conferindo-lhe a função de ser um *trabalho* expansionista do saber.

> Quanto à escrita, seja santa ou profana, não apenas a desconheciam, como também, o que é pior, não possuíam quaisquer caracteres para significar qualquer coisa: no começo quando cheguei ao seu país para aprender-lhes a língua, escrevia algumas sentenças e depois as lia diante deles que julgavam fosse uma feitiçaria, e diziam um ao outro: Não é maravilhoso que este que ontem não saberia dizer uma palavra em nossa língua, em virtude deste papel que possui e que o faz falar assim, seja agora entendido por nós? Essa é também a opinião dos selvagens da ilha espanhola,[12] que nela foram os primeiros. Pois aquele que lhes escreveu a História[13] diz assim: os Índios, sabendo que os espanhóis sem se ver

---

10   *Histoire d'un Voyage...*, cap. XVI: "Aquilo que se pode chamar religião entre os Selvagens americanos..." (G. 2,59-84).

11   LÉVI-STRAUSS, C. *Tristes tropiques*, 1955, p. 337-349: "Leçon d'écriture". Cf. DERRIDA, Jacques, *De la grammatologie*, Ed. de Minuit, 1967, p. 149-202: La violence de la lettre: de Lévi-Strauss à Rousseau; Roland Barthes, La leçon d'écriture, in *Tel Quel*, nº 34, 1968, p. 28-33.

12   "A ilha espanhola": *Hispaniola*, quer dizer, Haiti.

13   GOMARA, F. Lopez de, *Histoire de las Indias, con la conquista del Mexico y de la nueva Espanã*, liv. I, cap. XXXIV, p. 41 (a tradução francesa de Martin

Capítulo V • Etno-grafia **231**

nem falar um ao outro, apenas enviando cartas de lugar a lugar se entendiam desta maneira, acreditavam que eles tivessem o espírito de profecia ou que as missivas falavam: de maneira, diz ele, que os selvagens temendo serem descobertos e surpreendidos em falta, foram deste modo tão bem mantidos em seus deveres que não ousaram mais mentir nem roubar aos espanhóis. Por isto eu digo que, quem quiser aqui ampliar esta matéria, ela se apresenta como um belo assunto tanto para louvar e exaltar a arte da escrita quanto para mostrar quanto as nações que habitam estas três partes do mundo, Europa, Ásia, África, têm do que louvar a Deus por estarem acima dos selvagens desta quarta parte dita América: pois em lugar de como eles, que nada podem se comunicar senão verbalmente,[14] nós pelo contrário temos esta vantagem que sem sair de um lugar, por meio da escrita e das cartas que enviamos, podemos declarar nossos segredos a quem quisermos, estejam eles afastados até o fim do mundo. Além, também, das ciências que aprendemos nos livros, das quais os selvagens são, igualmente, destituídos de todo, ainda esta invenção de escrever que nós temos, da qual eles são também inteiramente privados deve ser colocada no rol dos dons singulares que os homens da parte de cá receberam de Deus.[15]

A reprodução escriturária

Entre "eles" e "nós" existe a diferença dessa escrita "seja santa, seja profana" que imediatamente põe em causa uma relação de *poder*. Entre os Nambikwara e Lévi-Strauss ela terá desde o início o mesmo alcance.[16] "Feitiçaria", dizem os Tupinambás: poder do "mais forte". Mas eles estão privados dela. Os ocidentais têm a "su-

---

Fumée, *Histoire générale des Indes occidentales et Terres neuves*, foi editada em Paris em 1568: haverá cinco reedições de 1577 a 1606). Lévy se refere frequentemente a ela, assim como o fará Montaigne. Sobre Gomara, cf. BATAILLON, M., Gomara et l'historiographe du Péron, in *Annuaire du Collège de France*, 1967.

---

14 É um erro, mas o importante, aqui, é a coalescência entre "selvagem" e "oral" ou "verbal".

15 G. 2, 60-61.

16 LÉVI-STRAUSS, C., *Tristes tropiques*, op. cit., p. 340.

perioridade". Acreditam que seja um dos "dons singulares que os homens da parte de cá receberam de Deus": Seu poder cultural é referendado pelo absoluto: isso não é apenas um fato, mas um direito, o efeito de uma eleição, uma herança divina.

Mais característica ainda é a natureza da clivagem. Ela não resulta, essencialmente, de uma triagem entre o erro (selvagem) e a verdade (cristã). Aqui o elemento decisivo é a posse ou a privação de um *instrumento* capaz, ao mesmo tempo, de "reter as coisas em sua pureza" (Léry o diz mais adiante[17]) e de se estender "até o fim do mundo". Combinando o poder de *reter* o passado (enquanto a "fábula" selvagem esquece e perde a origem[18]) e o de *superar* indefinidamente a distância (enquanto a "voz" selvagem está limitada ao círculo evanescente de seu auditório), a escrita *faz a história*. Por um lado ela acumula, estoca os "segredos" da parte de cá, não perde nada, conserva-os intactos. É arquivo. Por outro lado ela "declara", avança "até o fim do mundo" para os destinatários e segundo os objetivos que lhe agradam – e isso "sem sair de um lugar", sem que se desloque o centro de suas ações, sem que ele se altere nos seus progressos. Ela tem na mão a "espada"[19] que prolonga o gesto, mas não modifica o sujeito. Sob esse ponto de vista, repete e difunde seus protótipos.

O poder que seu expansionismo deixa intacto é, em seu princípio, colonizador. Ele se estende sem ser mudado. É tautológico, igualmente imunizado contra a alteridade que poderia transformá-lo e contra aquele que poderia lhe resistir. Está envolvido no jogo de uma dupla *reprodução*, uma histórica e ortodoxa, que pre-

---

17   G. 2, 73.

18   G. 2, 73.

19   Segundo as tradições antigas que "um velho" tupi conta a Léry, "um Mair, quer dizer Francês, ou estrangeiro, veio outrora, portador de uma 'linguagem' religiosa que os Tupis "não quiseram acreditar"; então veio um outro, que, em sinal de maldição, lhes pôs nas mãos a espada, com que desde então estamos sempre nos matando uns aos outros" (G. 2, 77). Neste "conto", o estrangeiro ocidental tem uma imagem dupla: a linguagem de uma verdade; a *espada* que arma e castiga a resistência.

serva o passado, e outra missionária, que conquista o espaço multiplicando os mesmos signos. É a época em que o trabalho crítico do retorno às origens, exumando as "fontes" escritas, se articula com a instauração do império novo que permite, com a imprensa, a repetição indefinida dos mesmos produtos.

A essa escrita, que invade o espaço e capitaliza o tempo, opõe-se a palavra, que não vai longe e que não retém. Sob o primeiro aspecto, ela não deixa o lugar de sua produção. Dito de outra maneira, *o significante não é destacável* do corpo individual ou coletivo. Não é, portanto, exportável. A palavra é, aqui, o corpo que significa. O enunciado não se separa nem do ato social da enunciação nem de uma presença que se dá, se gasta ou se perde na nominação. Não existe escrita senão onde o significante pode ser isolado da presença, ainda que os Tupinambás vejam nesses caracteres traçados sobre um papel uma forma enigmática de palavra, o ato de uma força; é certo que para eles a escrita é uma "feitiçaria", ou que para os selvagens da Ilha Espanhola "as missivas falem".

Para que a escrita funcione de longe é necessário que ela, a distância, mantenha intacta a sua relação com o lugar de produção. Para Léry (nisto ele permanece a testemunha da teologia bíblica reformada), a escrita supõe uma transmissão fiel da origem, um estar-lá do Começo que atravessa, indene, os avatares de gerações e de sociedades mortais. Ela mesma é corpo de verdade, portanto isolável do corpo eclesial ou comunitário. Esse objeto verdadeiro transporta do passado para o presente os enunciados que produziu "sem sair de seu lugar", uma enunciação principal e fundadora. É um mundo, não mais natural mas literário, onde se repete o poder de um autor longínquo (ausente). Ao cosmos religioso – criatura significando o criador –, o texto parece já se substituir, mas miniaturizando-o para fazer dele, em benefício do homem, um instrumento fiel e móvel num espaço ilimitado. A palavra se encontra numa posição bem diferente. Ela não "guarda". É este o seu segundo aspecto. A propósito de uma tradição oral dos tupis concernente ao dilúvio que teria afogado "todos os homens do mundo, exceto seus avôs, que se salvaram sobre as mais altas árvores de seu país", Léry observa que "estando privados de toda espécie de escrita lhes é penoso reter as coisas em sua pureza; eles acrescentaram a esta fábula, como os poetas, que seus avós se salvaram sobre as árvores".[20] Graças ao padrão escriturário, Léry sabe medir o que a oralidade acrescenta às coisas, e sabe o que as coisas foram, ele é historiador. Pelo contrário, a palavra contém o costume que "transforma a verdade em mentira". Mais fundamentalmente, ela é a fábula (de *fari*, falar). Portanto, *a fábula é a deriva* – adjunção, desvio e divertimento, heresia e poesia do presente com relação à "pureza" da lei primitiva.

Através disso, em Jean de Léry transparece o bom calvinista. Ele prefere a carta a um texto eclesial; o texto à voz de uma presença; a origem relatada pela escrita à experiência ilocutória de uma comunicação fugidia. Mas já desloca a teologia que o inspira. Ele a laiciza. Na verdade, a natureza ainda é para ele um signo ao qual responde cantando o salmo 104 enquanto viaja sob as árvores em festa: esta "palavra" o concilia o "coração alegre", com os murmúrios da floresta e as vozes do Tupi.[21] Ela reúne seu encantamento ao som da "balada" comunitária. O que existe de religioso na sua *Histoire* se refere ao aspecto quase estático e "profético" da palavra selvagem, mas se dissocia do *trabalho* conotado pela escrita. Uma escritura já parece ter lugar. Da enunciação festiva, poética, efêmera, se distingue o trabalho de conservar, verificar e de conquistar. Um querer está investido nela. Transforma discretamente as categorias cristãs que lhe servem de linguagem. A eleição eclesial se transforma num privilégio ocidental; a revelação original numa preocupação científica de conter a verdade das coisas; a evangelização num empreendimento de expansão e de retorno a si. A escrita designa *uma operação conforme a um centro*: as partidas e os remetimentos permanecem sob a dependência do querer impessoal que nela se desenvolve e ao qual retornam. A multipli-

---

20 G. 2, 72-73.
21 *Histoire*, cap. XIII (G. 2, 27) e cap. XVI (G. 2, 80). Nestes dois casos trata-se do Salmo 104.

cidade dos procedimentos em que se inscrevem as "declarações" desse querer constrói o espaço de uma ocupação pelo *mesmo*, que se estende sem se alterar. Organizações escriturárias: comercial, científica, colonizadora. Os "caminhos da escrita"[22] combinam o plural dos itinerários e o singular de um lugar de produção.

Uma hermenêutica do outro

Significado por uma concepção da escrita, o trabalho de reconduzir a pluralidade dos percursos à unicidade do núcleo produtor é exatamente o que o relato de Jean de Léry efetua. Como já indica o *Prefácio*, ele é feito de "memórias... escritas com tinta de brasil e na própria América", material duplamente tirado dos Trópicos, já que os próprios caracteres que conduzem o objeto selvagem no fio de um texto são feitos com "tinta" vermelha extraída do *pau-brasil*,[23] esta madeira que foi um dos principais artigos de importação na Europa no século XVI.[24]

Mas é pelo efeito de sua organização que a *Histoire* "relata". Na verdade, a operação literária de trazer de volta para o mesmo produtor o lucro dos signos, enviados a distância, tem uma condição, a diferença *estrutural* entre *"ici"* e *"là-bas"*. O relato joga com a relação entre a estrutura – que propõe a separação – e a operação

---

22 Em *Les Paysans du Languedoc* (Sevpen, 1966, p. 331-356: "Chemins de l'écriture"), Emmanuel Le Roy Ladurie mostrou os laços estreitos, geográficos e culturais, entre "a revolução linguística marcada pela primeira difusão do francês (1450-1590)" no Languedoc, e a "revolução intelectual" introduzida pela Reforma. A extensão do francês (e da escrita) e do calvinismo (retorno à escritura) pelos mesmos caminhos tem por signo "a criação de um novo tipo de homem": "é a restrição formal do prazer e a tolerância tácita à usura; é o ascetismo pela proclamação e o capitalismo por preterição" (p. 356). De uma escrita à outra, existe combinação e reforço mútuo. Mas, finalmente, a introdução de uma nova lei da escrita muda a santa Escritura que lhe serviu de mediação.

23 NT – pau-brasil, em português no texto.

24 Sobre o pau-brasil, utilizado principalmente na tinturaria, cf. MAURO, Frédéric, *Le Portugal et l'Atlantique au XVIIe siècle*, Sevpen, 1960, p. 115-145.

– que a supera, criando, assim, efeitos de sentido. O corte é que o texto supõe por toda parte, trabalho de costura.

1. O corte – No nível da manifestação, na repartição das massas, a separação ("de cá" e "de lá") aparece, inicialmente, como corte oceânico: é o Atlântico, fenda entre o Artigo e o Novo. Contando tempestades, monstros marinhos, feitos de pirataria, "maravilhas" ou avatares da navegação transoceânica, os capítulos do início e do final (cap. I-V e XXI-XXII) desenvolvem esse corte estrutural sob a forma *histórica* de uma *crônica* sobre a travessia: cada episódio modula a estranheza com um elemento particular da gama cosmológica (ar, água, peixe, pássaro, homem etc.) acrescentando seu efeito próprio à série na qual a diferença é, ao mesmo tempo, o princípio gerador e o objeto em que acreditar. Os capítulos que apresentam a sociedade tupi (cap. VII-XIX), enquadrados pelos precedentes, manifestam o mesmo princípio, mas à maneira *sistemática* de um *quadro* das "dessemelhanças" que se devem atribuir a cada gênero e a cada grau de ser, a situar no cosmos

> este país da América, o qual, como deduzirei, tudo que se vê aí, seja na maneira de viver dos habitantes, forma dos animais e em geral naquilo que a terra produz sendo *dessemelhante* do que temos na Europa, Ásia e África, bem pode ser chamado mundo *novo*, do nosso ponto de vista.[25]

Nesse quadro, a imagem do dessemelhante é, ou um desvio com relação ao que se vê "de cá", ou principalmente a combinação de formas ocidentais que teriam sido cortadas e cujos fragmentos estariam associados de maneira insólita. Assim, entre os "animais de quatro patas" (dos quais não há "nenhuma... que em tudo e por tudo seja semelhante aos nossos"), o *"tapiruçu"* é "meio vaca" e "meio asno", "participando de um e de outro".[26] Os seres selvagens repetem em si mesmos a cisão que partilha o universo. Seu quadro segue uma ordem cosmológica tradicional, e serve de arcabouço ao exposto, mas é um quadro semeado de inumeráveis espelhos

---

25   *Histoire*, Prefácio; G. 1, 34-35. Grifos meus.
26   G. 1, 157.

quebrados nos quais se reflete a mesma fratura (metade isto, metade aquilo).

2. O trabalho de "retornar" – Esta diferença estrutural demultiplicada nos acidentes do percurso ou nos retratos da galeria selvagem forma apenas o lugar onde se efetua, também ela modalizada segundo as zonas literárias que atravessa, uma operação de retorno. O conjunto do relato "trabalha" a divisão colocada em toda parte, a fim de mostrar que o *outro retorna ao mesmo*. Através disso se inscreve a problemática geral de cruzada que ainda comanda a descoberta do mundo no século XVI: "conquista e conversão".[27] Mas ele a desloca pelo efeito de distorção que aí introduz a fratura do espaço em dois minutos, fratura, de agora em diante, estrutural.

Tem-se um primeiro indício dessa operação dinâmica de retorno com a dinâmica geral da *Histoire*. Figurado geograficamente, o texto está organizado em torno da barra horizontal por-aqui (*ici*, o mesmo)/por-lá (*là-bas*, o outro) (fig. I).

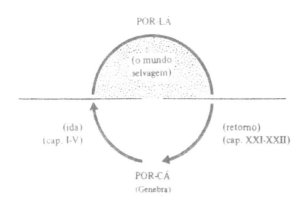

Figura I

---

27 DUPRONT, Alphonse. Espace et humanisme. In: *Bibliothèque d'Humanisme et Renaissance. Travaux et documents*. Droz, 1946. t. VIII, p. 19.

O trabalho que ele efetua pode ser representado como um movimento que faz essa linha virar 90 graus e cria assim, perpendicular ao eixo de cá/de lá, um eixo o outro/o mesmo (fig. II). Por essa razão, o "de-lá" não coincide com a alteridade. Uma parte do mundo que aparecia inteiramente *outro* é reduzida ao *mesmo* pelo efeito da decalagem que desloca a estranheza para dela fazer uma *exterioridade* atrás da qual é possível reconhecer uma *interioridade*, a única definição do homem.

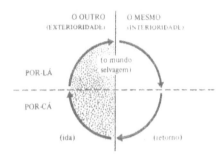

Figura II

Essa operação será repetida, centenas de vezes, pelos trabalhos de etnologia. Em Léry se manifesta na apresentação do mundo selvagem através de uma partilha entre a *Natureza* – cuja estranheza é exterioridade – e a sociedade *civil* – na qual é legível uma verdade do homem. O corte *ici/là-bas* se transforma numa divisão natureza/cultura. Finalmente, é a natureza que é o outro, enquanto o homem é o mesmo. Ver-se-á, aliás, que essa metamorfose, produto do deslocamento operado pelo texto, faz da "natureza" a região onde se exprimem a experiência *estética ou religiosa*, a admiração e a prece de Léry, enquanto o espaço social é o lugar onde se desenvolve uma *ética*, através de um constante paralelo entre a festa e o trabalho. Nessa combinação, já "moderna", o trabalho so-

Capítulo V • Etno-grafia 239

cial, reprodutor do mesmo e referência de uma identidade, coloca fora de si a natureza e a religiosidade.

Poder-se-ia seguir detalhadamente a curva descrita pelo relato em torno de seu eixo vertical. Num primeiro momento, ele progride para a alteridade: inicialmente, a viagem para a terra longínqua (cap. I-V). Este movimento recebe sua pontuação última com o canto-êxtase em louvor a Deus (fim do capítulo XIII). O poema (o salmo 104) abre um ponto de fuga para a alteridade fora do mundo, inefável. Neste ponto começa, com a análise da sociedade tupi (XIV-XIX), um segundo momento: este parte do mais estranho (a guerra, cap. XIV; a antropofagia, cap. XV) para nele desvendar progressivamente um modelo social ("leis da polícia", cap. XVIII: terapêuticas, saúde, culto dos mortos, cap. XIX). Passado então o corte oceano, o relato pode conduzir este selvagem civilizado até Genebra pela rota do retorno (cap. XXI-XXII) (cf. figura III).

À bipolaridade inicial, perigosa e cética (verdade do lado de cá, erro do lado de lá) substitui-se um esquema circular, construído sobre um triângulo de três referências: inicialmente *Genebra*, ponto de partida e de retorno, aquele dos dois termos da relação inicial que o relato deixa intacto e até mesmo reforça, colocando-o fora do campo, como início e fim mas não objeto da história; depois, esta *natureza estranha* e esta *humanidade* exemplar (ainda que pecadora) nas quais a alteridade do novo mundo se divide, reclassificada assim num universo exótico e na utopia de uma ética segundo a ordem que nela introduz a escrita de Léry.

Esse trabalho é, de fato, uma *hermenêutica do outro*. Transporta para o novo mundo o aparelho exegético cristão que, nascido de uma relação necessária com a alteridade judaica, foi aplicado, alternadamente, à tradição bíblica, à antiguidade grega ou latina, ou a muitas outras totalidades ainda estrangeiras. Uma vez mais extrai efeitos de sentido da relação com o outro. A etnologia irá tornar-se uma forma de exegese que não deixou de fornecer ao Ocidente moderno com o que articular sua identidade numa relação com o passado ou o futuro, com o estranho ou a natureza.

(O Salmo 104)

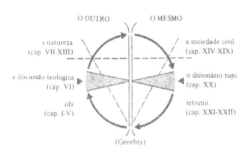

Figura III

O funcionamento desta nova "hermenêutica do outro" já se esboça no texto de Léry sob a forma de duas problemáticas que transformam o seu uso teológico. É a operação linguística de tradução, é a posição de um sujeito com relação a uma extensão de objetos. Nos dois casos o corte (oceano), que marca a diferença, não é suprimido; o texto, pelo contrário, a admite e a frustra para se estabelecer como discurso de saber.

A barra entre o antigo e o novo mundo é a linha sobre a qual se vê uma *atividade tradutora* substituir uma linguagem teológica. Essa discreta transformação é indicada por dois capítulos que constituem, ambos, um na ida, outro na volta, um filtro (um *transit*) entre a crônica de viagem e o quadro do mundo tupi (cf. figura III). Um (cap. VI) conta os debates teológicos dos quais o forte Coligny, na baía da Guanabara, foi o teatro, e "a inconstância e variação" de Villegagnon "em matéria de religião" causa do desembarque da missão huguenote entre os Tupis do litoral, "os quais foram sem comparação mais humanos para nós".[28] O outro (cap. XX),

---

28 G. 1, 112.

designado por Léry como "o colóquio da língua do selvagem",[29] é um dicionário, ou, antes, um *Assimil*[30] francês-tupi.

De acordo com o primeiro, a ilha Coligny, mediação entre o antigo e o novo mundo, é um lugar onde reina a divisão e *a confusão de línguas*. É a Babel no interior do Universo. Mas aqui a confusão nem mesmo se confessa mais. Ela está oculta numa linguagem hipócrita (a de Villegagnon) na qual o que se diz não é o que se pensa e muito menos o que se faz. No fim do mundo, no limiar do desconhecido tupi, prolifera o embuste sob uma reprodução literal da teoria calvinista; assim as preces públicas do "zelador" Villegagnon, de quem "era difícil conhecer o coração e o interior".[31] Isso não quer dizer que essa linguagem não está mais ancorada numa realidade, que ela flutua, nos bordos extremos do Ocidente, desligada de sua verdade e de um solo, tomada pelas reviravoltas indefinidas de um logro?

O capítulo XX chega ao termo da descrição do solo tupi. Após a confusão linguística da ilha Coligny, este vasto quadro do mundo selvagem é uma epifania de coisas, *o discurso de uma efetividade.* Na verdade, o conteúdo era dado inicialmente como antinômico, mas tinha sido repartido e trabalhado de maneira a se tornar, no seu setor humano, um mundo que fizesse justiça à verdade genebrina. Desta maneira, já está aí uma realidade que lastra o enunciado de Léry. O que dele separa o Ocidental não são as coisas, mas a sua aparência: essencialmente, uma língua estrangeira. Da diferença constatada resta apenas *uma língua por traduzir.* Daí o capítulo que dá o código da transformação linguística. Ele permite restaurar a unidade tornando a dobrar uma sobre as outras as cascas heterogêneas que cobrem uma identidade de substância.

---

29   *Histoire*, Prefácio; G. 1, 12. Cf. *supra* n. 7, a bibliografia que se refere ao "Dialogue de Léry". Esse texto, do qual Léry, provavelmente, não é o autor, faz parte da *Histoire* desde a primeira edição. É um dos mais antigos documentos sobre a língua tupi.

30   NT – Método rápido e autodidático de aprendizagem de línguas.

31   G. 1, 91-96.

O dicionário se torna instrumento teológico. Quando a linguagem religiosa é pervertida por um uso que é "difícil de conhecer" e que remete ao insondável das "intenções" ou do "coração";[32] instalada sobre a própria linha que traçava a falha do universo, a tradução *faz passar* a realidade selvagem para o discurso ocidental. Para isso, basta poder "converter" uma linguagem em outra. A *operação* não torna mais necessária, Calvino já o sugerira,[33] a redução das linguagens a uma língua primeira de onde procederiam todas; ela substitui o estar-lá de uma origem por uma *transformação* que se desenvolve na superfície das línguas, que faz transitar um mesmo sentido de língua e que logo concederá à linguística, ciência dessas transformações, um papel decisivo em toda a estratégia recapituladora.

No lugar onde a *Histoire* a situa, a língua estrangeira já adquire a dupla função de ser o meio pelo qual uma "substância" (a efetividade da vida selvagem) vem sustentar o discurso de um saber europeu, e de ser uma *fábula*, um falar que não sabe aquilo que diz antes que um deciframento o preveja de uma significação e de uma utilidade. O ser que verifica o discurso não é mais recebido diretamente de Deus; faz-se que venha de *là-bas*, onde está a mina de ouro oculta sob uma exterioridade exótica, a verdade a revelar sob a garrulice selvagem.

Essa economia de tradução é, aliás, em Léry, uma problemática geral. Por exemplo, ela comanda a análise dos seres vivos, e aí se particulariza. Com efeito, as plantas e os animais são classificados de acordo com as modulações de uma distinção constante entre o que se vê (a aparência) e o que se come (substância comestível).

---

32 O esforço de uma grande parte dos "espirituais" franceses, no século XVII, consiste, precisamente, em remontar, da linguagem religiosa objetiva, que se tornou ambivalente e enganadora, às "intenções" e aos "motivos", ao "coração" e às condições "místicas" de uma boa "maneira de falar". Cf. *supra*, "A formalidade das práticas", p. 136-186.

33 Cf. *Commentaires de M. Jean Calvin sur les cinq livres de Moyse*, Genebra, 1564, sobre a Gênese, p. 20-21, e DUBOIS, Claude-Gilbert, *Mythe et langage au seizième siècle*, Ducros, 1970, p. 54-56.

Capítulo V • Etno-grafia 243

A exterioridade cativa o olho, ela maravilha e espanta, mas esse teatro é, frequentemente, mentira e ficção com relação à comestibilidade, sobre a qual se mede a utilidade, ou a essência, das frutas e dos animais. As seduções ou as repulsões do olhar são corrigidos pelo duplo diagnóstico do gosto: é bom ou não para comer, cru ou cozido. O mesmo ocorre para a fábula exótica, voz enfeitiçadora, mas frequentemente enganosa: o intérprete a reduz ao útil quando, ao criar, inicialmente, uma distância entre o que ela diz e o que ela não diz, traduz o que ela não diz sob a forma de verdades boas para se compreenderem na França. Uma comestibilidade intelectual é a essência que é necessário distinguir dos encantamentos do ouvido.

Do espetáculo barroco das plantas e dos animais à sua comestibilidade, das festas selvagens à sua exemplaridade utópica e moral, enfim, da língua exótica à sua inteligibilidade, desenvolve-se uma mesma dinâmica: a da *utilidade* – ou, antes, a da *"produção"*, na medida em que essa viagem que acresce o investimento inicial é, analogicamente, um "trabalho produtivo", quer dizer, um "trabalho que produz capital".[34] Na partida de Genebra, *uma linguagem* se põe em busca *de um mundo* (é a missão); privada de efetividade (sem terra), aparece finalmente nas margens extremas do Ocidente (a ilha Coligny, cap. VI) como linguagem pura da convicção ou da subjetividade, incapaz de defender seus enunciados objetivos contra um uso enganoso senão pela fuga dos locutores. A essa linguagem se opõe, na outra margem, o mundo da alteridade máxima: a Natureza selvagem. A efetividade é inicialmente a estranheza. Mas, na espessura dessa alteridade, a análise introduz um corte entre a exterioridade (estética etc.) e a interioridade (um sentido assimilável). Opera uma virada lenta, começando pela maior exterioridade (o espetáculo geral, depois a floresta etc.), progride para as regiões de maior interioridade (as doenças e a morte). Prepara

---

34 Pode-se referir aqui às análises de Marx na *Introduction générale à la critique de l'économie politique* (K. Marx, *Oeuvres*, Pléiade, t. I, p. 237-254) e nos seus *Principes d'une critique de l'économie politique* (ibid., t. II, p. 242-243).

assim a efetividade selvagem para que se torne, por meio de uma tradução (cap. XX), *o mundo que diz a linguagem inicial*. O lugar de partida era um *aqui* ("nós") relativizado por um alhures ("eles") e uma linguagem privada de "substância". Ele se torna um lugar de *verdade*, já que lá se mantém *o discurso que compreende um mundo*. Tal é a produção para a qual o selvagem é útil: da afirmação de uma convicção, leva a uma posição de saber. Mas, se na partida a linguagem a restaurar era "teológica", a que se instaura na volta é (em princípio) científica e filosófica.

Essa posição do saber se sustenta utilizando a "barra" do-lado-de-cá/do-lado-de-lá de uma maneira que resulta também da transformação operada. Esta linha serve para distinguir ente si o *sujeito* e o *objeto* "etnológicos". No texto, ela é traçada pela diferença entre duas formas literárias: a que *conta* viagens (cap. I-VI e XXI-XXII); a que *descreve* uma paisagem natural e humana (cap. VII-XIX). O relato das ações, que atravessam o mundo, emoldura o *quadro* do mundo tupi: dois planos perpendiculares (cf. figura IV).

Figura IV

No primeiro se inscreve a crônica dos fatos e gestos do grupo ou de Léry, acontecimentos contados em termos de *tempo*: uma *história* se compõe com a cronologia (muito detalhada) das ações empreendidas ou vividas por um *sujeito*. Noutro plano, *objetos* se repartem num *espaço* que rege não localizações ou percursos geo-

Capítulo V • Etno-grafia 245

métricos (estas indicações são raríssimas e sempre vagas), mas uma taxonomia dos viventes,[35] um inventário sistemático de "questões" filosóficas etc. Em suma, a "tabela" arrazoada de um saber. As partes "históricas" do texto valorizam o tempo "como cúmplice de nossa vontade"[36] e a articulação de *um agir* ocidental. Com relação a este sujeito que age, *o outro é a extensão* na qual o entendimento recorta os objetos.

Para Léry, seu livro é uma *"Histoire"*[37] em que as "coisas vistas" permanecem ligadas às atividades do observador. Combina dois discursos que vão se separar. Um deles se liga à ciência que, distinta da "história natural" (abandonada ao filósofo) e da "história divina" (abandonada ao teólogo), tem como tarefa, segundo Bodin, "explicar as ações do homem que vive em sociedade" e analisar "as produções da vontade humana", enquanto ela é *"semper sui dissimilis"*.[38] No século XVI – ao menos para os teóricos –, a história supõe autônomos, por um lado, um *sujeito* político e jurídico das ações (o príncipe, a nação, a "civilidade") e, por outro lado, *campos*

---

35 Sobre as taxinomias dos seres vivos no século XVI, cf. DELAUNAY, Paul, *La Zoologie au XVIᵉ siècle*, Hermann, 1962, p. 191-200, e JACOB, François, *La Logique du vivant*, Gallimard, 1970, p. 37-41. Jean de Léry segue os clássicos e, por exemplo, quando trata dos pássaros, remete à célebre *Histoire de la nature des oyseaux* (Paris, 1555), de Pierre Belon (cf. G. 1, 176) etc.

36 DUMONT, Louis. *La civilisation indienne et nous*, A. Colin, Cahiers des Annales, nº 23, 1964, p. 33. O capítulo intitulado "Le problème de l'histoire" (op. cit., p. 31-54) faz ressaltar fortemente o caráter particular das "evidências" próprias ao Ocidente: "Nós chegaríamos até a crer que apenas a mudança tem um sentido e que a permanência não o tem, enquanto a maioria das sociedades acreditou o contrário" (op. cit., p. 32).

37 Essa "história" destinada a "perpetuar a lembrança de uma viagem" (G. 1, 1) e fundada sobre "memórias" relatadas do Brasil se refere às "coisas notáveis por mim observadas em minha viagem" (G. 1, 12). Léry se coloca, portanto, entre os "cosmógrafos e outros historiadores de nosso tempo" que escreveram sobre o Brasil (G. 1, 40). Duplo caráter desta história: ela conta uma *ação* e recusa uma verdade que não fosse "observada" ou "experimental".

38 BODIN, Jean. Methodus ad facilem historiarum cognitionem (1566), cap. primum, in *Oeuvres philosophiques*, ed. Mesnard, P. U. F., 1951, p. 114-115.

246 A Escrita da História • Michel de Certeau

onde sejam mensuráveis as dissimilitudes entre as expressões da vontade do homem (direito, língua, instituições etc.).[39] Em Léry, o sujeito é momentaneamente um "príncipe do exílio" entre o céu e a terra, entre um Deus que se afasta e uma terra por encontrar; a itinerância do sujeito articula uma linguagem deixada vacante com o trabalho para provê-la de uma outra efetividade. Mais tarde haverá a "etnologia" quando o quadro do mundo selvagem tiver adquirido uma homogeneidade independente dos deslocamentos da viagem, quer dizer, quando o espaço da representação "objetiva" for distinto da razão observante e quando se tornará inútil colocar em cena o sujeito no texto de uma operação construtora.

A palavra erotizada

Nessa *Histoire*, se o sentido passa para o lado do que faz a escrita (ela constrói o sentido da "experiência" tupi – como se constrói uma experiência física), reciprocamente o selvagem é associado à palavra sedutora. O que a literatura de viagem está produzindo é o selvagem como *corpo de prazer*. Em face do trabalho ocidental, as suas ações fabricadoras de tempo e de razão, existe, em Léry, um lugar de lazer e de prazer, festa do olho e festa do ouvido: o mundo tupi. *A erotização do corpo do outro* – da nudez e da voz selvagens – caminha junto com a *formação de uma ética da produção*. Ao mesmo tempo que um ganho, a viagem cria um paraíso perdido: relativo a um corpo-objeto, um corpo erótico. Esta imagem do outro, sem dúvida, representou na episteme ocidental moderna um papel ainda mais importante do que o representado pelas ideias críticas veiculadas na Europa através dos relatos de viagem.

Como se viu, o lucro "trazido" pela escrita parece recortar um "resto" que vai definir também o selvagem e que não se escreve. O prazer é o vestígio desse resto. "Encantamentos" de Léry, festas dos tupis – salmos silvestres de um e danças e baladas aldeãs dos

---

39   Cf. as observações de HUPPERT, George, *L'Idée de l'histoire parfaite*, Flammarion, 1973, p. 93-109 (a propósito de Jean Bodin) e 157-176 ("Le sens de l'histoire").

Capítulo V • Etno-grafia 247

outros. *Excesso* que constitui um lugar-comum entre eles. Mas isso é o efêmero e o irrecuperável. Momentos inexploráveis, sem renda e sem lucro. Alguma coisa do próprio Léry não retorna de *là-bas*. Esses instantes rompem o tempo do viajante, da mesma maneira que a organização festiva dos tupis escapa da economia da história. O gasto e a perda designam um *presente*; formam uma série de "quedas" e, quase, de lapsos no discurso ocidental. Esses cortes parecem vir desfazer de noite a construção utilitária do relato. O "in-audito" é o ladrão do texto, ou, mais exatamente, é aquele que é roubado ao ladrão, precisamente aquele que é *ouvido*, mas não compreendido, e portanto arrebatado do trabalho produtivo: a palavra sem escrita, o canto de uma enunciação pura, o ato de falar sem saber – o prazer de dizer ou de escutar.

Não se trata aqui de fatos ou de experiências "extraordinárias" que os discursos hagiográficos ou místicos utilizam, sob formas, aliás, muito diferentes, para estabelecer o *estatuto* de uma linguagem de "verdade".[40] Na *Histoire*, o maravilhoso, marca visível da alteridade, não serve para propor outras verdades ou um outro discurso, mas, pelo contrário, serve para fundar uma linguagem sobre a capacidade *operatória* de dirigir a exterioridade para o "mesmo". O "resto" de que falo é antes uma recaída, um efeito segundo desta operação, um dejeto que ela produz ao triunfar, mas que não visava a produzir. Este dejeto do pensamento, isto será, finalmente, o outro.

Que a imagem do outro, eliminada do saber objetivo, retorne, sob outras formas, para as margens deste saber é o que manifesta a erotização da voz. Mas esse deslocamento exige que se o situe no conjunto que o prepara, pois ele é relativo à representação geral do relato, que faz da sociedade selvagem um corpo de festa e um objeto de prazer. Globalmente, uma série de oposições estáveis mantém, ao longo do texto, a distinção entre o selvagem e o civilizado.

---

40   Sobre o discurso hagiográfico, cf. *infra*, cap. VII. Sobre o discurso "místico", cf. CERTEAU, M. de, *L'absent de l'histoire*, Mame, 1973, p. 153-166, e *Le Langage mystique*, no prelo.

Assim:

SELVAGEM	X	CIVILIZADO
nudez		*vestimenta*
(festa) *ornamento*		*enfeite* (coqueteria)
passatempos, lazer, *festa*		*trabalho*, profissão
unanimidade, proximidade, *coesão*		*divisão*, distância
prazer		*ética*

Os Tupis são "emplumados" (do pássaro ao homem do mundo selvagem modula as combinações de pena-ornamento e da nudez sem pelos). "Saltar, beber e *cauinar* é quase sua profissão ordinária".[41] Para o artesão que é Léry, o que é, então, que eles "fabricam"? Fazem a festa, pura expressão que não conserva e não rentabiliza nada, presente fora do tempo, excesso. No espelho tupi, aparece assim a imagem invertida do trabalhador. Mas a operação, que não deixa à diferença senão uma exterioridade, tem como efeito transformá-la num teatro de festa. Produz *uma estetização do selvagem*.

Personagem do espetáculo, o selvagem é entretanto, sob esta forma, o representante de uma outra economia, diferente da do trabalho. Ele a reintroduz no quadro. Digamos, a título de hipótese, que ele é o retorno, sob forma estética e erótica, daquilo que a economia de produção teve que recalcar para se reconstituir. Com efeito, ele se situa, no texto, *na junção de um interdito e de um prazer*. Por exemplo, a festa selvagem é o que surpreende Léry (ele está "encantado"), mas igualmente o que ele surpreende, penetrando, por arrombamento, na casa dos Tupis. Transgressão dupla: com

---

41 G. 1, 130. Cauinar é festejar bebendo o cauim, beberagem tirada do milho chamado Avati. No cap. IX de sua *Histoire*, Léry se estende longamente sobre a fabricação do caium e sobre as cauinagens durante as festas que "nos *friponniers et galebontemps d'Américains*" celebram por miríficas "bebedeiras".

Capítulo V • Etno-grafia 249

relação à sua lei e com relação à deles. Na aldeia onde se reuniam, ele sente "algum susto" ao ouvi-los cantar de longe.

> Todavia, depois que aqueles ruídos e urros confusos terminaram, fazendo os homens uma pequena pausa (as mulheres e as crianças calando-se também), nós os escutamos mais uma vez cantando e fazendo ressoar suas vozes de forma tão maravilhosa que, estando um pouco mais seguro, ouvindo estes doces e mui graciosos sons não era preciso perguntar se eu desejava vê-los de perto.[42]

Um momento "em suspenso" por causa do perigo, ele se adianta apesar do seu "língua" (intérprete que "jamais havia ousado meter-se entre os selvagens em tal festa").

> Aproximando-se, pois, do lugar onde eu escutara esta cantoria, como ocorre que as casas dos selvagens são muito compridas e arredondadas (como vós direis das latadas dos jardins de cá) cobertas que são de ervas, até o chão: a fim de melhor enxergar *a meu prazer*, fiz com as mãos um *pequeno furo* na cobertura.[43]

Neste lugar de prazer, defendido por uma cobertura, como os jardins do país de onde vem, é que ele penetra finalmente.

> Fazendo sinal com os dedos aos dois franceses que me olhavam, eles a meu exemplo se animaram e se aproximaram sem impedimento nem dificuldade, nós entramos os três nesta casa. Vendo, pois, que os selvagens (como o temia o "língua") não se aborreciam nada conosco, antes pelo contrário, mantinham suas posições e sua ordem de uma maneira admirável, e continuavam suas canções, nós nos retiramos para um canto e os contemplamos *até a saciedade*.[44]

O relato conta o prazer de ver pelo "pequeno furo" como por um buraco de fechadura, antes de estar num canto a gozar até a saciedade deste "*sabbat*" e destas "Bacanais":[45] mais ainda, ele diz o prazer de escutar de perto os ruídos assustadores e sedutores

---

42   *Histoire*, cap. XVI, G. 2, 69.
43   G. 2, 69-70. Grifos meus.
44   G. 2, 70.
45   G. 2, 71 e 73.

que tornam irresistível a temeridade de se aproximar: estas cenas de erotismo "etnológico" se repetirão nos relatos de viagem. Elas têm sua caução na cena inaugural de Sodoma e Gomorra. Trata-se também de um "novo mundo" e da sua descoberta ("Primeira aparição dos homens-mulheres..."): ele é *escutado* inicialmente de uma casa "apenas separada da de Jupiano por um tabique muito fino". O herói se precipita nele sem precaução:

> As coisas deste gênero às quais assisti tiveram sempre, na encenação, o caráter mais imprudente e menos verossímil, como se tais revelações não devessem ser a recompensa senão de um ato pleno de riscos, ainda que em parte clandestino...
> Eu não ousava me mover. O palafreneiro dos Guermantes, sem dúvida aproveitando-se de sua ausência, havia transferido para a casa onde eu me encontrava uma escada até então na cachoeira. E se eu tivesse trepado nela teria podido abrir o postigo e escutar como se estivesse na própria casa de Jupiano. Mas eu temia fazer barulho. De resto, era inútil. Nem tive que lamentar não ter chegado à minha casa senão ao cabo de alguns minutos. Pois de acordo com o que escutei logo no começo, na casa de Jupiano, e que não foram senão sons inarticulados, suponho que poucas palavras foram pronunciadas. É verdade que estes sons eram tão violentos que, se eles não tivessem sido sempre retomados uma oitava mais alto por um lamento paralelo, teria podido crer que uma pessoa degolava outra a meu lado e que em seguida assassino e sua vítima ressuscitada tomavam um banho para apagar os traços do crime. Concluí disto mais tarde que existe uma coisa tão ruidosa quanto o sofrimento, é o prazer...[46]

Os "ruídos" que chegam da festa dos homens-selvagens, assim como os "sons inarticulados" que assinalam a dos "homens-mulheres", não têm conteúdo inteligível. São "chamados" fora da órbita do sentido. Esquecimentos das preocupações, perdas de entendimento, arrebatamentos. Essa linguagem não obtém mais o seu poder do que diz, mas do que faz ou do que é. Também não poderia ser verdadeira ou falsa. Está além ou aquém dessa distin-

---

46   Sodome et Gomorrhe, 1ª parte, in PROUST, Marcel, *A la recherche du temps perdu*, Pléiade, 1954. t. II, p. 608-609.

ção. O "lado de lá" retorna sob essa forma. Tal como um grito, o ato de enunciação derruba o enunciado e toda a organização da forma ou do referente. É o insensato. Faz gozar.

Respondendo a esse chamado, o gesto de chegar mais perto diminui a distância, mas não a suprime. Cria uma situação de inter-dito. A voz, com efeito, transita no intermédio do corpo e da língua, mas num momento de passagem de um ao outro e como que *na* sua diferença mais frágil. Aqui não existe o corpo a corpo da violência amorosa (ou festiva), nem o palavra-por-palavra (ou o texto-por-texto) da ordem semântica própria de uma linearidade linguística. O corpo que é o adensamento e não a não-transparência dos fonemas não é ainda a morte da linguagem. A articulação dos significantes se altera e se apaga; resta nela, entretanto, a modulação vocal, meio perdida, mas não absorvida pelos rumores do corpo. Estranho intermédio em que a voz emite uma palavra sem "verdades", e a proximidade uma presença sem posse. Esse momento escapa tanto às legalidades e às disciplinas do sentido como às violências do corpo; é o prazer ilegal e cerebral, de estar lá onde a linguagem anuncia, esmaecendo nela o advento de uma violência desejada, temida, mantida a distância pelo espaço da audição. Esse "excesso" erótico ocorre na sustentação do sistema que fez o corpo do outro observador. Ele supõe a legalidade que transgride. Quc "o dcscjo seja o reverso da lei",[47] eis o que repete a voz escutada.

Visto e/ou escutado: o olho e o ouvido

À superação da estranheza efetiva do selvagem corresponde o deslocamento da sua realidade exterior por uma voz. Deslocamento bem conhecido. O outro retorna sob a forma de "ruídos e urros", ou de "doces e graciosos sons". Essas vozes do fantasma se combinam com o espetáculo ao qual a operação observadora e escriturária reduziu os Tupis. O espaço no qual o outro se encontra circunscrito compõe uma ópera. Mas se as imagens e as vozes,

---

47 LACAN, Jacques. Écrits. Seuil, 1966. p. 787 (in *Kant avec Sade*).

252 A Escrita da História • Michel de Certeau

restos transformados da festa medieval, estão igualmente associados ao prazer e formam juntos um teatro *estético*, por trás do qual se mantêm (preservadas pela "escrita") as vontades fundadoras de operações e de julgamentos sobre as próprias coisas, o quadro se desdobra segundo uma oposição entre o visto e o ouvido.[48] À maneira das imagens que se movem nos livros, conforme as olhemos com óculos verdes ou vermelhos, o selvagem se desloca, conforme dependa do olho ou do ouvido.

A esses dois termos seria necessário acrescentar um terceiro para ter a série à qual correspondem os diferentes registros do selvagem: *a boca, o olho, o ouvido*. A instância *bucal* vem da "comestibilidade" do selvagem e define a sua "substância", e faz frente, da parte do Ocidente, à sua antropofagia – assunto obsedante cujo tratamento foi sempre, central e fixo, o estatuto da futura etnologia. Essa relação de poder, inscrita no texto, como se viu, é, aliás, o que torna o texto possível. Então o relato dispõe o objeto que lhe foi preparado por essa ação preliminar. Aí se diversificam as composições do olho e os trajetos da voz. Pois o audiovisual está clivado.

O olho está a serviço de uma "descoberta do mundo". É a cabeça de ponte de uma "curiosidade" enciclopédica que, no século XVI, "amontoa freneticamente" os materiais e estabelece assim "os fundamentos da ciência moderna". O raro, o estranho, o singular – objetos já colecionados pela atenção medieval – são apreendidos no "fervor" de uma ambição: "que nada permaneça estranho para o homem e que tudo se torne servidor dele".[49] Existe uma "vertigem de curiosidade", que orquestra, então, o desenvolvimento de todas as "ciências curiosas" ou "ciências ocultas". A embriaguez de saber e o prazer de ver penetram a obscuridade e desdobram a interioridade dos corpos em superfícies oferecidas à vista.

---

48   Cf. as observações de Guy Rosolato a propósito das alucinações, *Essais sur le symbolique*, Gallimard, 1969, p. 313 ss.

49   DUPRONT, Alphonse. *Espace et humanisme*. Op. cit., p. 26-33, sobre a "curiosidade".

Essa curiosidade conquistadora e de direito, ocupada em desvelar o oculto, tem seu símbolo nos relatos de viagem com o face a face do descobridor, vestido, armado, cruzado, e da índia nua. Um novo mundo se levanta, do outro lado do oceano, com a aparição das mulheres tupis, nuas como Vênus, no meio do mar, no quadro de Botticelli. Estupor de Léry, essas índias querem "permanecer sempre nuas":

> Em todas as fontes e rios claros..., elas jogam com as duas mãos água sobre suas cabeças e se lavam e mergulham assim todo o corpo como canas, hoje já serão mais de doze vezes.[50]

Essas aparições às margens dos rios claros têm o seu correspondente noturno na ilha Coligny, onde os franceses fazem trabalhar como "escravas" as índias "prisioneiras de guerras":

> Assim que caía a noite elas se despojavam secretamente de suas camisas e de outros andrajos que se lhes dera, era necessário que para seu prazer e antes de se deitarem elas passeassem todas nuas pela nossa ilha.[51]

A nudez dessas mulheres da noite, loucas de prazer, é uma visão muito ambivalente. Sua selvageria fascina e ameaça. Ela vem do mundo desconhecido onde estão as índias tupi, segundo Léry, as únicas a trabalhar incansavelmente, ativas e vorazes, também, as primeiras a praticar a antropofagia. Assim faz a mulher que recebeu como "marido", para cuidar, o prisioneiro destinado a ser comido.

> Ora tão logo o prisioneiro tivesse sido abatido, se ele tivesse uma mulher (como eu disse que se dá a alguns), ela pondo-se perto do corpo fará algum pequeno luto. Digo especialmente um pequeno luto, pois, segundo verdadeiramente aquilo que se diz que o crocodilo faz, a saber, que tendo matado um homem ele chora perto dele antes de comê-lo, também depois que esta mulher tiver feito semelhantes lamentos e derramado algumas falsas lágrimas sobre seu marido morto. Se puder, será a primeira a comer dele.

---

50 G. 1, 136.
51 G. 1, 37.

> Isto feito, as outras mulheres, e principalmente as velhas (as quais mais desejosas de comer carne humana do que as jovens, solicitam incessantemente a todos aqueles que têm prisioneiros de fazê-los assim rapidamente despachar), apresentando-se com a água quente, que tem preparada, esfregam e escaldam de tal maneira o corpo morto que, tendo arrancado a primeira pele, elas o fazem tão branco quanto os cozinheiros de cá poderiam fazer um leitão pronto para assar.[52]

"Como era gostoso o meu francês":[53] diz por sua vez, no filme de Nelson Pereira dos Santos, a índia tupi que teve por marido um prisioneiro francês antes de devorá-lo.[54]

Essa selvagem repete o fantasma ocidental das feiticeiras, dançando e gritando de noite, ébrias de prazer e devoradas de crianças. O *"sabbat"* que Léry evoca[55] está, aliás, na continuidade daquilo que se tornou o carnaval de outrora, progressivamente rejeitado para fora das cidades pelo desenvolvimento das comunas burguesas, exilado nos campos, nas florestas e nas noites.[56] Esse mundo de lá, festivo, condenado, ameaçador, reaparece exilado no fim do universo, na margem extrema da empresa conquistadora. E

---

52 G. 2, 47-48. "As mulheres velhas", diz Léry, "apreciam muito comer carne humana" (G. 25, 48); elas são "gulosas" disso (G. 2, 50).

53 NT – em português no texto.

54 *Como era gostoso o meu francês: Uma história do Brasil*, filme brasileiro de Nelson Pereira dos Santos (1973) sobre a antropofagia tupi do século XVI, segundo os relatos de Thévet e de Léry. Mas ele se refere à corrente literária brasileira dita "antropofágica", dos anos 1920 (o Brasil assimila a contribuição estrangeira), e, à maneira de uma fábula, ele critica "o amor" que, a partir de 1964, um regime totalitário manifesta por seus súditos.

55 G. 2, 71.

56 O desenvolvimento do trabalho comercial nas cidades, progressivamente, recalcou o tempo vago e festivo do carnaval; cf., por exemplo, LEFEBRE, Joel, *Les fols et la folie*, Paris, 1959. Sobre o *sabbat* e a feitiçaria, a bibliografia é imensa. Cf. BAROJA, Julio Caro, *Les Sorcières et leur monde*, Gallimard, 1972, p. 97-115, ou CERTEAU, M. de, *L'Absent de l'histoire*, Mame, 1973, p. 13-40. A literatura da viagem, infelizmente, ainda não foi estudada sistematicamente como um imenso complemento e deslocamento da demonologia. Entretanto, as mesmas estruturas são reencontradas ali.

Capítulo V • Etno-grafia 255

como o exorcista, seu colega de cá, o explorador-missionário tem como tarefa expulsar as feiticeiras do estrangeiro. Mas ele consegue muito menos localizá-las no teatro do exorcismo etnológico. O outro retoma: com a imagem da nudez, "presença exorbitante"[57] com o fantasma do sexo denteado, a *vagina dentata*, que habita a representação da voracidade feminina; ou com a irrupção dançante de prazeres proibidos. Mais fundamentalmente, o mundo selvagem, como o mundo diabólico, se torna Mulher. Ele se declina no feminino.

Mas uma outra imagem se superpõe, sem dúvida, à reminiscência das feiticeiras. Com relação a nós, os Tupi são:

> mais fortes, mais robustos e gordos, mais dispostos, menos sujeitos a doença: e mesmo quase não existem coxos, caolhos, disformes nem enfeitiçados entre eles. Antes, muitos alcançam até a idade de cem ou cento e vinte anos (...) poucos deles existem que na velhice tenham cabelos brancos ou grisalhos...

Quase deuses "todos bebendo verdadeiramente da fonte da Juventude". "O pouco de cuidado e de preocupação que têm das coisas deste mundo" convém a um paraíso onde "os bosques, ervas e campos estão sempre verdejantes".[58] No meio dessa eterna primavera, uma das "coisas duplamente estranhas e verdadeiramente causa de admiração que observei nestas mulheres brasileiras", diz Léry, é sua nudez. Não apenas inocente, "sem sinal de ter embaraço ou vergonha",[59] mas primitiva, anterior à história humana. Nas representações do Renascimento, a nudez tem valor de atributo divino. Ela é, de fato, o indício de teofanias, desvelamento do "Amor divino" que uma série de quadros opõe às festas mostrando o "Amor humano" vestido e ornado.[60] Sob esse aspecto, o apareci-

---

57 LEVINAS, Emmanuel. *Totalité et infini*. Haia: Nijhoff, 1971, p. 234, sobre "a nudez exibicionista de uma presença exorbitante", "sem significação".

58 G. 1, 123.

59 G. 1, 136 e 123.

60 Sobre as representações inspiradas nos artistas do Renascimento pela oposição platônica (cara a Ficin) entre o *Amor divinus* (nu) e o *Amor humanus* (vestido), cf. Erwin Panafsky, *Renaissance and Renascences in Western Art*,

mento da selvagem é o de uma deusa, "nua, nua sob seus cabelos negros" (M. Duras). Mas nascendo do mar, as índias não são mais como as "antigas", guardadas na nomenclatura do Panteon greco-latino; elas surgiram fora do espaço mediterrâneo (semantizado), deusas sem nome próprio, saindo de um oceano "desconhecido dos antigos".

Essas mulheres nas quais o diabólico e o divino se alternam, que oscilam entre o além e o aquém do humano ("este animal se deleita tão fortemente desta nudez...",[61] escreve Léry), são, entre-tanto, um *objeto* colocado no espaço do qual se distingue o olhar. Uma imagem, e não mais uma origem – mesmo se a aparição guarda a inquietante estranheza daquilo a que ela se substitui. Da mesma forma que na pintura do Renascimento, a Vênus desvela-da substitui a Mãe dos homens, mistério de Maria[62] ou de Eva, e que nela, enfim, a verdade toda nua é a que o olho *se permite ver*, também as índias configuram o segredo que um saber transgride e desencanta. Como o corpo nu da índia, o corpo do mundo se tor-na uma superfície aberta às inquisições da curiosidade. Na época ocorre o mesmo com relação ao corpo da cidade e ao do doente, transformados em espaços *legíveis*. Pelos "pequenos furos" de "ex-periências" sucessivas, o véu tradicional que ocultava a opacidade das coisas se rasga e permite "reconhecer a terra ocularmente".[63]

Da transgressão que acompanha o nascimento de uma ciên-cia, Léry resume os dois elementos: "bom pé, bom olho".[64] "Ver e

---

Londres, Paldin, 1970, p. 188-200: são teofanias como a Vênus de Botticelli ou a de Mantegna, a *Felicità Eterna* de Ripa, a *Bella disornata* de Scipione Francesce etc.

---

61 G. 1, 136.

62 Vênus "substitui a Virgem", escreve Pierre Francastel a propósito de Botti-celli (*La figure et le lieu. L'ordre visuel du Quattrocento*, Gallimard, 1967, p. 280). Mas isso não é apenas a substituição da mulher *sagrada* pela mulher "profana"; é a substituição da mãe por um *objeto* do ver (e do saber).

63 LESCARBOT, Marc. *L'Histoire de la Nouvelle France*. Paris, 1609. p. 542.

64 G. 1, 138.

visitar", diz ainda.[65] Seu propósito se esclarece com uma observação de Freud sobre a relação que a escrita (que percorre) e o saber (que metamorfoseia os sujeitos em objetos) mantêm com o "pisoteamento do corpo da mãe terra".[66] Deste trabalho, as mulheres nuas, vistas e sabidas, designam metonimicamente o produto. Indicam uma nova relação, escriturária, com o mundo: são o efeito de um saber que "pisa" e percorre "ocularmente" a terra para construir nela a representação. " O processo fundamental dos tempos modernos é a conquista do mundo enquanto imagem concebida".[67] Mas a aparição das mulheres na *Histoire* guarda ainda o vestígio dos riscos e das incertezas que, no século XVI, acompanham a inversão da terra-mãe em terra-objeto. Através delas o relato conta, também, os inícios e as temeridades de um olhar científico.

Tanto o objeto visto é descritível, homogêneo às linearidades do sentido enunciado e do espaço construído, como a voz cria um abismo, abre uma brecha no texto, restaura um corpo a corpo. Voz em "*off*". O que sai da boca e o que entra pelo ouvido pode ser da ordem do arrebatamento. Então os "ruídos" superam a "mensagem" e o cantado supera o falado. Uma quebra do sentido e do tempo segue a chegada de uma "cantoria", a dos selvagens,[68] ou a da "grande floresta":

> Ouvindo o canto de uma infinidade de pássaros trinadores entre estes bosques onde batia então o sol, vendo-me, digo, como convidado a louvar Deus por todas estas coisas, tendo além disto o coração alegre, me pus a cantar em voz alta o Salmo 104: Sus, sus, minha alma, é preciso que digas etc.[69]

---

65 "... Durante um ano que permaneci neste país, estive tão *curioso* de *contemplar* os grandes e os pequenos que, dando-me conta de que *os vejo* sempre *diante de meus olhos*, terei sempre *a ideia e a imagem* deles em meu entendimento". Mas, "para desfrutar deles é preciso *vê-los* e visitá-los em seu país" (G. 1, 138; o grifo é meu).

66 FREUD, Sigmund. *Inhibition, symptôme et angoisse*, P. U. F., 1968. p. 4.

67 HEIDEGGER, Martin. *Chemins qui ne mènent nulle part*. Paris, 1962. p. 81-85.

68 Cf. *supra*, p. 192-193 e 211.

69 G. 2, 80.

O chamado que os sons "graciosos" da festa tupi traziam e o apelo vindo dos "pássaros trinadores" que "convidam" a cantar têm uma estrutura análoga, muito semelhante, aliás, a muitas outras. Assim, a vocação do xamã indígena é frequentemente a audição de um pássaro da floresta, impulsão e aptidão para cantar.[70] Quase imediatamente atingida por um sentido "religioso" ou não, nela mesma a voz cria a falha de um "esquecimento" e de um êxtase. Diferentemente daquilo que ocorre no xamanismo, ela não constitui aqui uma função social; pelo contrário, atravessa a linguagem, faz do in-sensato o buraco por onde se engendra um irresistível poema. "É preciso que digas": é ainda uma fórmula recebida, mas já marca o lugar onde irá crescer o dilaceramento de um excesso: a urgência de um "dizer", de um ato de enunciação que não é dócil a uma verdade "dita", nem submetido a um enunciado. Não caminha na direção da vontade conservada em sua "pureza" pela escrita da qual Jean de Léry louvava os poderes. Sob um envolvimento sensorial de ventos, de sopros e de ruídos *estranhos* ao normal, se oculta um *parto pela orelha*;[71] designa uma violação (ou um "encantamento") que atravessa a razão social; é a aquiescência à *voz do outro* – "voz do seu senhor" e do pai, voz da consciência, voz onde se indica, originariamente representada no mito como demanda incestuosa do sacrifício, "a figura obcena e feroz do Superego".[72]

Essa imagem designa a alteridade intransponível que forma o desejo do sujeito. Eu não o evoco senão para sublinhar o ponto que importa aqui: o escutado não é o esperado. "Isto não parece com nada", o que sobrevém. Também não é verossímil. "Ter sentido é

---

70 Cf., por exemplo, MÉTRAUX, Alfred, *Religions et magies indiennes d'Amérique du Sud*, Gallimard, 1967, p. 82 ss. ("Le chaman des Guyannes et de l'Amazonie) e p. 105 ss. ("Le chamanisme chez les Indiens du Gran Chaco"), a propósito da vocação do xamã.

71 Cf. JONES, Ernest, *Psychanalyse, folklore, religion*, Payot, 1973, p. 227-299: "La conception de la Vierge par l'oreille. Contribution à la relation entre l'esthetique et la religion".

72 LACAN, Jacques. Écrits. Op. cit., p. 360, 619, 684 etc. Aliás, é sempre a propósito do *superego* que a voz aparece na análise lacaniana.

ser verossímil". Inversamente, "ser verossímil não é nada mais do que ter um sentido". Finalmente, "o verossímil não tem senão uma característica constante: ele *quer dizer*, ele é um *sentido*".[73] Desta maneira, o escutado não é o *dizível*, senão indiretamente, através de uma deiscência *metafórica* que rompe a linearidade do discurso. Insinua uma decalagem, um salto, uma confusão de gêneros. É "passagem para um outro gênero" – *metabasis eis allo genos*, como diz Aristóteles.

Mais geralmente, a própria voz teria uma função "metafórica" – delineadora e alteradora –, na medida em que corta o quadro metonímico do ver. Se, "escárnio do significante", a metáfora "se coloca no ponto preciso onde o sentido se produz no não-sentido",[74] ela seria, com efeito, o movimento pelo qual um significante é substituído pelo seu outro:[75] "uma palavra pela outra", mas também o próprio artifício que subverte a palavra. Através dessas irrupções metafóricas do fabulatório e desses lapsos do sentido, a voz exilada para as margens do discurso refluiria, e, com ela, o murmúrio e os "ruídos" de que se distingue a reprodução escriturária. Assim, uma exterioridade sem começos nem verdades tornaria a visitar o discurso.

Seria demais, a propósito de um único texto, reconhecer, entre o visto e o ouvido, a distinção de dois funcionamentos do selvagem com relação à linguagem que trata dele: seja como *objeto* do discurso construtor de quadros: seja como *alteração*, rapto, mas também vocação deste discurso? Essas duas funções se combinam. Pois a exterioridade "vocal" é também o estimulante e a condição do seu oposto escriturário. Ela lhe é necessária, na medida em que o necessário, como diz Jacques Lacan, é precisamente "aquilo que não

---

73   KRISTEVA, Julia. *Sèméiotikè. Rechercehs pour une sémanalyse*. Seuil, 1969. p. 211-212.

74   LACAN, Jacques. Op. cit., p. 557 e 508.

75   A metáfora, com efeito, permite "designar as realidades que não podem ter termo próprio", portanto, "quebrar as fronteiras da linguagem, dizer o inefável" (GUERIN, Michel de. *Sémantique de la métaphore et de la métonymie*, Larousse, 1973. p. 72).

cessa de escrever".[76] O selvagem se torna a palavra insensata que encanta o discurso ocidental, mas que, por causa *disto* mesmo, faz escrever indefinidamente a ciência produtora de sentido e de objetos. *O lugar do outro* que ele representa é, pois, duplamente "fábula": a título de um corte metafórico (*fari*, o ato de falar que não tem sujeito nomeável), e a título de um objeto a compreender (a ficção a traduzir em termos de saber). Um dizer *para* o dito – ele é rasura do escrito –, e obrigado a estender *nele* a produção – ele faz escrever.

O relato de Léry esboça, por todos os meios, que a ciência dessa fábula será essencialmente a etnologia, ou o modo de sua intervenção na história.

---

76   LACAN, Jacques. *Le Séminaire*, livre XX, Encore, Seuil, 1975. p. 99.

Capítulo VI

A LINGUAGEM ALTERADA

A palavra da possuída

A palavra da possuída propõe uma questão dupla. Por um lado a possibilidade de aceder ao discurso do outro, problema do historiador: o que se pode apreender do discurso do ausente? Como interpretar os documentos ligados a uma morte intransponível, quer dizer, a um outro período, e a uma experiência "inefável", sempre abordada pelo lado de onde é julgada a partir do exterior? Por outro lado, a alteração da linguagem através de uma "possessão" objeto próprio deste exposto.

Minhas reflexões seguem os estudos sobre *La Possession de Loudun*, exemplo padrão, caso particularmente célebre na série de possessões que, progressivamente, substituiu as grandes epidemias de feitiçaria por volta de 1610-1630.[1] Freud, aliás, manifestou um interesse muito grande pela feitiçaria. Leu "com entusiasmo" o *Malleus maleficarum*. Ele próprio dizia na sua correspondência a Wilhelm Fliess,[2] ou a outros, que havia, entre a relação do inquisidor (do exorcista) e da possuída (ou do feiticeiro), alguma coisa de análogo à relação entre o analista e seu cliente.

Mas no "diabólico" e no seu desenvolvimento, no decorrer de um século (quer dizer, cerca de 1550 a 1660), é necessário distinguir duas formas sucessivas que me contento simplesmente com

---

1   CERTEAU, Michel de. *La possession de Loudun*, Julliard, 1970; cf. também *L'Absent de l'Histoire*, Mame, 1973.

2   FREUD, Sigmund. *La naissance de la psychanalyse*. Paris: P. U. F., 1956. p. 165-168 etc.

lembrar. A primeira forma é a feitiçaria, fenômeno rural; à irrupção maciça dos feiticeiros nos campos se opõe a repressão dos juízes urbanos frequentemente impiedosos. Aí se tem uma estrutura dual: por um lado, os juízes e, por outro, os feiticeiros; por um lado a cidade, por outro o campo. A segunda forma são as possessões que aparecem no final do século XVI. É o caso de microgrupos, por exemplo, nos conventos de religiosas. Círculos pequenos se constituem como ilhas ou, para retomar uma representação que organiza o século XVII religioso, em "refúgios", em "reduções", no campo. Essas possessões ocorrem em meios homogêneos ou idênticos aos dos juízes. Diferentemente da feitiçaria, em que existe disparidade social entre o juiz e o feiticeiro, no caso da possessão existe homogeneidade social entre o juiz ou o exorcista e por outro lado o (ou a) possuído(a). De binária (a relação juiz-feiticeiro) a estrutura se torna ternária, e o terceiro termo (a possuída, a vítima) é privilegiada nessa história.

Enfim, última diferença, o combate contra a notável "peste" dos feiticeiros se torna, com a possessão, um processo que oscila entre um debate sobre os quadros de referência de uma sociedade e, por outro, uma teatralização das guerras sociais, religiosas, filosóficas, políticas da época. A possessão é uma cena, enquanto a feitiçaria é um combate. A possessão é um teatro em que se representam questões fundamentais, mas à maneira de uma encenação, enquanto a feitiçaria é uma luta, um corpo a corpo entre duas categorias sociais.

Assim, no caso de Loudun, encarado aqui a título de exemplo, uma vintena de religiosas ursulinas forma o grupo das possuídas. Não é por acaso que a possuída é essencialmente feminina; por detrás do cenário, representa-se uma relação entre o masculino do discurso e o feminino da sua alteração. Mas durante seis anos (1632-1638), essas possuídas religiosas forneceram um lugar espetacular para discussões, que atraem visitantes aos milhares e alimentam uma superabundante literatura da qual os autores são, alternadamente, teólogos, eruditos, interessados por razões a respeito das quais seria necessário se interrogar.

Os estoques de manuscritos e de obras antigas, conservados hoje nos arquivos nacionais ou municipais, permitiram-me, num primeiro momento, analisar de que maneira um lugar diabólico – uma cena diabólica – havia sido organizado pelo jogo de tensões sociais, políticas, religiosas ou epistemológicas, e como essa composição de lugar, essa produção de um espaço teatral, havia tornado possível uma reclassificação das representações sociais em função de uma mutação dos quadros de referência. Desse ponto de vista, a possessão é um fenômeno paralelo à criação do teatro nos séculos XVI e XVII. Do carnaval medieval passa-se ao teatro do século XVII, quando a representação que a sociedade se dá, de si mesma, localiza-se e se miniaturiza, deixando de ser liturgia popular. Então, no pequeno teatro da possessão, representa-se uma modificação das estruturas epistemológicas, políticas e religiosas da época. Enfim, tentarei analisar como os deslocamentos, assim operados no teatro, durante alguns anos tiveram valor de sintoma com relação ao trabalho que transformava, no mesmo momento, o corpo inteiro da sociedade. Loudun é alternadamente a metonímia e a metáfora que permitem apreender, com uma "razão de Estado", que uma nova racionalidade substitui a razão religiosa.

Este primeiro estudo, *La Possession de Loudun*, tratava de compreender o espetáculo *diabólico* como um fenômeno social, examinando nele as regras às quais o jogo dos personagens obedecia no campo religioso, médico ou político e, por outro lado, as relações que os processos de aculturação social mantinham com uma lógica do imaginário.

Um discurso do outro?

Eu gostaria, no presente momento, de tentar analisar uma questão que abandonei, como resto, e que colocaria inicialmente sob o signo de uma transgressão da própria possuída: Existe um "discurso do outro" na possessão?

Dito de outra maneira, meu primeiro ensaio de interpretação não dava um lugar suficiente a uma questão que, no entanto, permanecia no horizonte, a saber, o próprio discurso das possuídas, enquanto este discurso se diz *falado por um outro*. "Alguém outro fala em mim": eis o que diz a possuída. Esta questão não poderia ser tratada senão após um exame histórico do teatro sociocultural de que era o lugar. Mas é preciso analisar mais de perto, na relação dos atores de Loudun, a combinação de duas posições dissimétricas, por um lado a das possuídas, por outro a de seus juízes, exorcistas, médicos etc.

Por um lado, entre as possuídas, existe indeterminação do lugar de onde falam, que se dá sempre como um "alhures" que fala em mim. Alguma outra coisa, que permanece indeterminada, fala. Por outro lado, os exorcistas ou os médicos respondem por um trabalho de nominação ou de denominação que é característico da possessão em qualquer sociedade tradicional. O essencial da terapêutica, na possessão, quer seja na África, quer na América do Sul, consiste em nomear, em dar um nome àquele que se manifesta como falante, mas incerto e portanto indissociável de perturbações, de gestos e de gritos. Uma alteração se produz e a terapêutica, ou o tratamento social, consiste em dar um nome, já previsto nos catálogos da sociedade, a essa palavra incerta. A tarefa dos médicos e dos exorcistas é a nominação, que visa a classificar as falantes num lugar circunscrito pelo saber que esses médicos ou esses exorcistas detêm.

Por um lado, não se sabe quem fala ou do que fala; por outro, se tem um saber que tende a reclassificar a alteridade que se apresenta. Deste ponto de vista, mesmo que exista, entre os exorcistas e os médicos, uma divergência sobre as taxonomias em função das quais efetuam a reclassificação, quer dizer, mesmo que o saber médico e o saber religioso não se assemelhem, nos dois casos um saber se dá como capaz de *nomear*. Exorcistas e médicos se opõem juntos à exceção delinquente, herética ou doente, ao anormal que a possuída representa. Eles se opõem à sua fuga, pois ela se exila da linguagem social, trai a topografia linguística que permite organizar uma ordem social.

Exorcistas e médicos tentam, então, compensar, reabsorver a escapada da possuída para fora dos campos de um discurso esta-

Capítulo VI • A Linguagem Alterada **265**

belecido. Médicos e exorcistas não se entendem sobre o que é norma – para uns ela compreende a intervenção visível de um cosmos sobrenatural e para outros ela exclui esta intervenção. Mas eles se entendem fundamentalmente para eliminar uma extraterritorialidade da linguagem. O que combatem pela nominação é o fora-do-texto onde se coloca a possuída quando se dá por enunciado de alguma coisa que é fundamentalmente "outro".

Essa maneira de encarar o problema da possessão, evidentemente, não é inocente. Da minha parte, ela se apoia em hipóteses. Particularmente, admito, entre o que diz a demoníaca ou possuída e o que dizem os tratados demonológicos ou os exorcistas, testemunhas da demonologia, uma distinção análoga à que existe entre o discurso daquele que se chama "louco" e, por outro lado, o discurso da psiquiatria e, sob certos aspectos, da psicanálise. Haveria um corte entre o que diz a possuída e o que dela diz o discurso demonológico. Não se poderia identificar o saber sobre a possessão com o que diz a possuída, não mais do que se poderia identificar o saber psiquiátrico ou psicanalítico com o que diz o "louco" ou a "louca" (adotando referências vagas).

Inversamente, e este é outro postulado, eu não poderia supor que, com certeza, o discurso da possuída existe em lugar algum, tal como um tesouro escondido, por desenterrar de sob as interpretações que o recobririam; tampouco o que ela diz do *outro* se constitui como um *discurso* análogo ainda que oposto ao discurso de um saber psiquiátrico ou religioso. Da mesma forma que a relação com o psiquiatra e, portanto, com a constituição da psiquiatria, representa, para o assim chamado doente mental, a condição do seu discurso, num lugar do hospital que lhe foi designado, antecipadamente, pelo médico; também o tratado de demonologia (ou os interrogatórios do exorcista) fornecem, antecipadamente, à possuída a condição e o lugar do seu dizer. A "doente", ou a "louca", recebe do discurso psiquiátrico a possibilidade de proferir enunciados; da mesma forma a "possuída" não pode se enunciar a não ser graças ao interrogatório ou ao saber demonológico, ainda que seu lugar não seja o do discurso do saber que é enunciado sobre

266 A Escrita da História • Michel de Certeau

ela. A palavra da possuída se constitui relativamente ao discurso que a *espera naquele* lugar, na cena demonológica, assim como a louca, no hospital, não tem por linguagem senão aquela que lhe é preparada na cena psiquiátrica.

Isso significa, primeiramente, que não se pode supor de parte da possuída um discurso diferente daquele que efetivamente enuncia como se existisse, no subsolo, um outro discurso, intacto, por desenterrar. Em segundo lugar, que não se pode identificar *aquilo* que ela diz no lugar (linguístico e social) onde lhe é necessário estar para poder articular um discurso.

Transgressão e interdição

Transgredir significa atravessar. O problema que se coloca aqui é o de uma distorção entre a *estabilidade* do discurso demonológico (ou do discurso médico) como discurso do saber e, por outro lado, a função de *limite* exercida pelos dizeres da possessão. Essa distorção obriga, provisoriamente, a manter entre eles uma diferença que não implica uma homologia. Pelo fato de a palavra da possuída representar um limite não se pode concluir que este limite tenha a mesma estrutura discursiva que o saber demonológico ou médico. Existe, pois, uma relação dissimétrica: a palavra da possuída não é colocada nem como análoga ao discurso do saber nem oculta por ele, como se fosse um outro discurso subjacente à superfície do legível e do visível. O que se introduz na linguagem é uma questão que não se pode nem apagar, assimilando-a ao texto recebido, nem objetivar, supondo-lhe o estatuto de uma positividade discursiva soterrada por um discurso repressivo. Trata-se de uma relação do discurso (demonológico, médico, histórico etc.) com uma transgressão que não é discurso. Relação suscetível de ser revelada nos próprios textos que nós possuímos.

Essa situação é interessante por não ser excepcional. Ela se reproduz numa série de casos em que a alteração é, *no* discurso, a figura móvel, evanescente e ressurgente, da transgressão *do* discurso. Minha questão, aqui, é a natureza desta palavra *interdita pelo* discurso e *fantasma no* discurso.[3] Torna-se a encontrá-la à maneira mística, pois acredito cada vez mais numa homologia estrutural dos problemas colocados pela feitiçaria, pela possessão e pela mística. Na verdade, a questão permanece a de saber por que é branco ou preto, Deus ou o Diabo; mas, fundamentalmente, o tipo de manifestação é o mesmo, redutível à relação que uma travessia alteradora mantém com uma ordem semântica, ou a relação de uma enunciação com um sistema de enunciados. Essa relação pode se apresentar de forma mística ou diabólica, ou em termos de loucura. Ela é marcada, também, no discurso etnológico, desde que se trate de conhecer como o Índio irá falar a linguagem do saber ocidental. Ou ainda pode-se perguntar como o "louco" ou a "louca" vão falar no discurso do saber psiquiátrico ou psicanalítico. De maneiras diferentes, uma mesma interrogação se insinua como um fora-do-texto, do qual se deve perguntar como se combina com o texto. O que é então esse fora-do-texto que, no entanto, é marcado no texto?

Paralela à possessão diabólica do século XVI, a linguagem mística, seu homólogo e seu inverso, se define, na época, pela introdução de um inefável num texto recebido. Um "não sei quê" fala, mas este "não sei que *outro*" é introduzido e dito dentro de um sistema doutrinal, alterando o discurso do saber teológico, e não construindo um outro discurso. Da mesma forma, o "não sei que fala" da possuída se insinua no discurso extraordinariamente organizado da demonologia, rede de chicanas construídas a partir de uma posição de saber.

De acordo com o estatuto dado então às obras literárias "místicas", ou de acordo com a teoria que elas fazem de si mesmas, trata-se de dizer uma experiência chamada "inefável" e que, portanto, não pode ser dita. Esta experiência de possessão (divina, no caso místico) não tem linguagem *própria*, mas é *marcada* (tal como uma "ferida", dizem os místicos) no discurso teológico; ins-

---

3   NT – O autor explora a ambiguidade, em francês, do termo *revenant*, e ao mesmo tempo *o que retorna* e o *fantasma* (alma do outro mundo).

creve-se, pelo trabalho que opera, no interior do discurso recebido de uma tradição religiosa. Uma transgressão (mística) da lei da linguagem (religiosa) está inscrita nessa própria linguagem pela maneira de praticá-la – por um *modus loquendi*. Da mesma forma, os teóricos do século XVII a caracterizam não como um discurso, mas através do que eles chamam de "frases místicas" ou de "maneiras de falar". Designam por aí uma operação na linguagem. Uma prática elocutória e um tratamento da linguagem traçam, no discurso constituído, uma alteridade que, entretanto, não é identificável com um outro discurso. Como no caso da possuída, tem-se aqui uma relação entre um discurso estabelecido e a alteração que nele introduz o trabalho de dizer "outra coisa".[4]

Mais amplamente, problemas semelhantes aparecem na relação que o relato etnográfico mantém com a "outra sociedade", da qual fala e que pretende entender. Com efeito, o discurso demonológico, o discurso etnográfico ou o discurso médico tomam, com respeito à possuída, ao selvagem ou ao doente, uma mesma posição: "Eu sei melhor do que tu aquilo que dizes", quer dizer, "Meu saber pode se colocar no lugar de onde falas". Ora, quando a possuída fala esta linguagem que se impõe a ela e que se põe no seu lugar, o discurso alienante mas necessário que ela enuncia traz o vestígio – a "ferida" – da alteridade que pretende recobrir o saber. Eu gostaria, inicialmente, de sublimar a generalidade da questão aberta pelo *retorno do outro no discurso que o proíbe*. Essa "fantasmagoria"[5] pode assumir uma forma atenuada, quase subreptícia. A alteração do discurso pela "palavra" à qual ele se substitui pode, afinal, ter a imagem de uma discreta ambivalência dos procedimentos "repressivos". Este é, por exemplo, o caso da *citação*. Assim, nos textos etnográficos e relatos de viagem, o selvagem é jurídica e literariamente *citado* (como a possuída) pelo discurso que se põe no lugar dele para dizer deste ignorante o que ele não sabe de si mesmo. O saber etnográfico, como o saber demonoló-

---

4   Cf. CERTEAU, Michel de, *L'absent de l'Histoire*, Mame, 1973, p. 41-70 e 153-167.

5   NT. – *revenance*.

gico ou médico, adquire crédito pela citação. Nesta perspectiva, é necessário interrogar-se sobre o papel da citação do outro no próprio discurso historiográfico. Eu entendo "citação" no sentido literário, mas se pode entendê-la também como citação diante de um tribunal. É uma técnica literária de processo e julgamento, que assenta o discurso numa posição de saber de onde ele pode dizer o outro. Entretanto, alguma coisa de diferente retorna nesse discurso com a citação do outro: ela permanece como ambivalência; mantém o perigo de uma estranheza que altera o saber tradutor ou comentador. A citação é para o discurso a ameaça e a possibilidade de um lapso. A alteridade dominada (possuída) pelo discurso guarda, latente, o poder de um fantasma, de um possessor talvez. Citar o outro é uma estratégia de processo que não deixa de remeter a um outro lugar. Na verdade a citação não é, no texto etnográfico, um buraco por onde se mostraria uma outra paisagem ou um outro discurso. O citado é fragmentado, reempregado e colado num texto; está nele, porém, alterado. Mas, nessa posição na qual não tem mais nada de próprio, permanece suscetível de trazer, como em sonho, uma estranheza inquietante: poder subreptício e alterador do recalcado.

Da mesma forma, o discurso médico faz os loucos soletrarem seu próprio código. Para falar, o louco deve responder às questões que se lhe propõem. Também, num hospital psiquiátrico, constata-se no decorrer do mês, ou dos dois meses que se seguem ao internamento do doente, um nivelamento do seu discurso, uma destruição de suas particularidades: o doente não pode falar senão no código que lhe é fornecido pelo hospital. Ele se aliena nas respostas às questões e aos saberes que são os únicos que lhe permitem se enunciar. Entretanto, organizado como processo terapêutico, o discurso médico porta, assim, a marca de um outro lugar de enunciação. Guarda inscrito nele, ambivalente, a enunciação doente, sob a forma das próprias citações que são os troféus de suas vitórias. É possível, a partir desses vestígios "outros", que oscilam entre a integração e a transgressão, reencontrar a palavra reprimida da loucura, não no seu estado selvagem (de agora em diante "inacessível"), mas examinando a sucessão dos silêncios organizados sempre pelas "razões" normalizadoras, marcadas ainda pelo que elas eliminaram para se constituir?

Eu me proponho apenas apresentar algumas hipóteses a propósito dos indícios que têm uma estranha função no relato da possessão; eles mantêm aí uma estabilidade que exclui a possibilidade de um fechamento do texto. De maneiras diferentes, mas passíveis de serem relacionadas, esses indícios marcam *no* discurso um alhures do discurso; representam no interior do relato o papel de peças que giram sobre um eixo; inscrevem uma "possessão" sub-reptícia na rede das taxonomias teológicas ou médicas; fazem oscilar o texto na direção do fora-do-texto, mas de uma maneira que permanece interna ao texto do saber; por esse funcionamento ambíguo traçam no texto uma cisão perigosa. Talvez esses "jogos proibidos" constituam um sistema próprio que, de um ponto de vista semiótico ou psicanalítico, faz que o texto produza uma estranheza "diabólica", equivalente atual da questão colocada, outrora, pela possuída do fundo de um silêncio, que se tornou, para nós, eternamente inacessível. Deste ponto de vista, algo da interrogação aberta pela possuída não deixa de ser diabólico.

Documentos alterados: os textos das possuídas

Não se poderia tratar este problema independentemente da natureza do material. Ora, o que nos chega são documentos alterados e fragmentários. Retenho deles alguns indícios.

1) As fontes disponíveis (arquivos, manuscritos etc.) apresentam, frequentemente, o "discurso" da possuída como aquele que é sempre enunciado por alguém outro que não a possuída. Para a maioria dos casos, esses documentos de notários, relatórios de médicos, "avisos" ou "consultas" de teólogos, "depoimentos" de testemunhas ou as sentenças dos juízes. Da demoníaca aparece apenas a imagem que dela tinha o autor desses textos, no espelho em que ela repete o seu saber e no qual se dá a sua posição à maneira de seu contrário.

Que a demoníaca não tenha como palavra senão a do seu "outro", que ela não tenha senão o discurso do seu juiz ou do

Capítulo VI • A Linguagem Alterada **271**

seu médico ou do exorcista ou das testemunhas, isso não é um acaso, como o direi mais adiante. Mas essa situação exclui, de início, a possibilidade de arrancar da sua alteração a própria voz da possuída. Na superfície dos textos sua palavra está duplamente perdida. Está perdida porque "refeita" e re-formada (quer dizer, que recebe sua forma) pelo saber, que é o único que se exprime. Por outro lado, sua palavra está perdida, porque, antes mesmo de reformada pelo discurso no qual figura a título de citação, uma muralha de interrogatórios determinou de antemão as respostas e fragmentos os dizeres da possuída segundo classificações que não são as suas, mas as do saber do investigador. Os documentos constituem, assim, um ponto de não retorno.

2) Fabricados com essas perguntas e respostas, centenas de interrogatórios foram cuidadosamente transcritos pelos escrivães. Esses textos parecem perguntas (do exorcista, do juiz, do médico) e respostas (da possuída). Pergunta-resposta-pergunta-resposta: este é o gênero literário que representa o documento mais próximo do interrogatório. Assemelha-se aos textos dialogados (peças de teatro, romances etc.), mas pode ele ser assimilado aos textos que receberam a forma de trocas entre personagens? Dito de outra maneira, existe continuidade literária entre os diálogos de Beckett ou de Diderot e o *corpus* no qual às perguntas dos exorcistas seguem as respostas dos diversos "demônios" que possuem as interrogadas.

Mesmo se as respostas das possuídas permanecem relativas aos interrogatórios e determinadas por perguntas, mesmo se o conjunto obedece às regras de um teatro, uma completa assimilação desses dois tipos de diálogo me parece difícil. A razão não é o fato de que existiria, aqui, unicidade de autor (por exemplo, em *Le Neveu de Rameau*) e, lá, pluralidade. De toda maneira, trata-se, aqui e lá, de um texto e a diferença entre um ou vários autores não é pertinente. Mas eliminar a hipótese de uma diferença entre essas duas formas literárias de perguntas-respostas é recusar *a priori* a especificidade dos textos "diabólicos": o jogo entre o *lugar estável* para o qual os exorcistas pretendem dirigir as interrogadas e, por outro lado, a *evanescente pluralidade* de lugares que permite às possuídas se pretenderem alhures. O teatro diabólico é caracterizado pela relação, sempre incerta, entre os lugares fixados para todos os atores por alguns dentre eles (o exorcista ou o médico compõem a cena, designando a cada um seu papel, da mesma forma que o psiquiatra fixa ou tende a fixar o papel para o doente), e a *mobilidade* de certos atores (as possuídas) deslizando de lugar em lugar. Nessa cena que relata o interrogatório, existem atores que tendem a fixar os papéis e outros atores que deslocam esses papéis. As possuídas saltam de lugar para lugar, criando assim uma confusão lá onde as aguarda o médico ou o exorcista. Designada para um lugar que lhe estabelece a encenação terapêutica, a doente ou a possuída se move sem cessar. O suspense que mantém o interrogatório se prende a esta questão: como a encenação demonológica tolerará, e até que ponto, a mobilidade dos atores que mudam o lugar onde um saber social os espera. Reduzir o jogo da possessão ao tabuleiro constituído pelo discurso demonológico ou médico, assimilá-lo ao teatro que se estabelece sobre uma arquitetura sólida de "personagens" (ou de nomes "próprios") seria esquecer a estranheza que circula na rede fortemente estruturada desse teatro. Mas mesmo aí a questão da possuída está constantemente "perdida" na arquitetura teatral; ela foge da simples consideração da composição dos lugares e dos personagens.

Uma perturbação já faz parte do documento tal como ele nos chega, e não se pode identificar com o texto perguntas-respostas à possessão que nele se revela.

3) Num certo número de casos, os documentos provêm das próprias possuídas. Como as declarações, as cartas e a autobiografia de Joana dos Anjos, priora das ursulinas, a mais célebre das possuídas de Loudun. Aqui, pois, é a própria doente quem fala. Mas se pusermos de lado suas respostas no decorrer dos interrogatórios situados durante os exorcismos (caso que acaba de ser considerado), os textos de Joana dos Anjos se inscrevem na continuidade de uma linguagem *sobre* a possessão e não da possessão. Esses textos não provêm do tempo em que, "inconsciente", Joana dos Anjos é a voz de tal ou qual demônio que a possui. São discursos escritos

na diferença dos tempos, quando ela se objetiva dizendo: "Eu era, eu fazia." Este ponto me parece muito importante. Joana dos Anjos pode *falar* como possuída, mas não pode *escrever* como possuída. A possessão não é senão uma voz. Desde que Joana passa à escrita ela diz o que fazia, pensa no passado, descreve um objeto distante de si sobre o qual, *a posteriori*, pode, aliás, enunciar o discurso do saber. Escreve de um outro lugar, diferente daquele de onde falava como possuída. Fala então como de um tempo anterior, seja quando redige relatórios, cartas ou depoimentos durante os tempos de calmaria entre as crises demoníacas, seja quando, cerca de 1640, quinze anos após, conta no passado um período de possessão do qual se diz "saída" ou "liberada".

Escrever significa para ela manter-se distante de uma linguagem que pode dominar. Escrever é possuir. Pelo contrário, estar possuída é uma situação compatível apenas com a oralidade: não se poderia estar possuído escrevendo. Entre a voz da possuída e a escrita daquela que se possui, existe uma ruptura que já indica o que podemos esperar dos documentos escritos.

4) Finalmente, intervém a questão que eu devo me colocar, como historiador ou como intérprete. Analisando a palavra da possuída, tenho a ambição de entender melhor o médico ou o exorcista de ontem, de compreender melhor do que os eruditos de ontem aquilo que do *outro* denuncia a linguagem dele ou a linguagem erudita. Qual é, então, o lugar que hoje me autoriza a supor que posso, melhor do que eles, dizer o outro? Localizado, como eles, no saber que quero compreender, repito, diante da possuída, a posição que era ontem a do demonólogo ou a do médico, com variantes a apreciar. Poderia eu, deste lugar, ser representado (possuído) pelo desejo que constitui a transgressão da possuída? Esta será uma das questões que teremos de examinar a propósito de *Moisés e o monoteísmo*. Acontece que sempre, através do meu trabalho, eu aumento a alteração a que já se reduzem os documentos sobre a possessão no estado em que os recebemos.

Uma análise que pudesse hoje articular a maneira pela qual um texto, o meu quando escrevo, se refere à palavra demoníaca do século XVII, seria talvez uma forma de redizer a questão sem cair no folclore ou no cientificismo. Seria *pensar* o estranho propósito que Freud retomou de Goethe: "*So muss denn doch die Hexe dran* – é preciso, pois, apelar para a feiticeira",[6] esperar dela uma elucidação (ou uma mudança?) do nosso discurso.

"Eu é um outro": a perversão da linguagem

Esta feiticeira ou possuída à qual apelo evocá-la-ei, inicialmente, através de uma expressão de Rimbaud: "Eu é um outro".[7] Esta divisa, não exatamente apropriada, indica, entretanto, o endereço onde se situa, na linguagem, a brecha aberta pela possuída.

Isolando-se os textos que se referem aos propósitos enunciados pelas possuídas, pode-se revelar neles um traço comum: são os discursos em "eu" (*Ichberichte*). Todos dizem: "Eu é um outro". Por aí se marca uma continuidade com o que a tradição psiquiátrica chama "histeria", desde há três séculos: "a histérica" não se sabe e, portanto, não pode nomear quem ela é. A possuída, que é quem nos prende no momento, cria no funcionamento da linguagem uma perturbação que conota a desarticulação do *sujeito* locutor ("eu") e de um nome próprio *definido*: "Eu é um outro". O exorcista ou o médico trabalham para determinar este "outro", para colocá-lo numa topografia de nomes próprios e, deste modo, para normalizar de novo a articulação de um ato enunciador com um sistema social de enunciados. Também o exorcismo é, essencialmente, um *empreendimento de denominação*, destinado a reclassificar uma estranheza fugidia através de uma linguagem estabelecida. Visa a restabelecer o postulado de toda linguagem, a saber, uma relação estável entre o "eu" locutor e um significante social, o nome pró-

---

6   FREUD, S. *Gesammelte Werke*, t. XVI, p. 69 ("A análise terminável e interminável"), citando *Fausto* (1ª parte, cena 6) a propósito desta feiticeira que é a metapsicologia.

7   Carta a Georges Izambard, 13 de maio de 1871, in Arthur Rimbaud, *Oeuvres complètes*, Pléiade, 1946, p. 252. Cf. a carta de 15 de maio de 1871 a Paul Demeny (ibid., p. 254): "Eu é um outro..."

prio. O que está em causa é a articulação da enunciação com o enunciado – dito de outra maneira, o contrato que enuncia, entre o sujeito e a linguagem, a propósito: "Eu sou Miguel", ou: *eu* = um nome (próprio).

O nome próprio confere ao sujeito um lugar na linguagem e "assegura", portanto, uma ordem na prática sociolinguística. E já que a possuída efetua um desvio, apresentando uma estranheza do sujeito ("eu é outro"), é necessário atribuir a essa aberração um outro nome próprio, tomado numa lista (demonológica) prevista pela sociedade para esses casos. A partir daí se encontra restaurado o contrato que é o próprio princípio do saber, da "ordem das coisas" e, portanto, também de uma terapêutica. Ora, a possuída cria constantemente um desvio com relação ao postulado: *eu* = *x* (onde *x* designa um nome determinado). Na verdade, no estado de inconsciência em que se deve encontrar para estar possuída, entra sucessivamente nos lugares que uma nomenclatura de demônios fornece. Pressionada pelos exorcistas no sentido de *fixar* o seu nome (é isto que se quer extrair dela, a confissão de um nome) e de se enquadrar num repertório demonológico, ela termina por declarar "eu sou Asmodeu": *eu* = *Asmodeu*.

Mas logo depois reponderá: "eu sou Amã", depois: "eu sou Isacarão" etc. Deste modo tem-se, no caso de Joana dos Anjos, uma série de identificações heterogêneas:

$$eu = Asmodeu,$$
$$eu = Isacarão,$$
$$eu = Leviatã,$$
$$eu = Amã,$$
$$eu = Balã,$$
$$eu = Behemot.$$

A pluralidade das identificações provenientes de uma mesma tabela onomástica denega, finalmente, a possibilidade de uma localização, sem recusar o código social (demonológico), já que, em princípio, não existe outro previsto para este caso. O código permanece, mas a possuída o transgride. Ela escorrega de lugar para lugar, recusando, pela sua trajetória, qualquer nome definido estável (nenhum valor determinado pode ser linguisticamente atribuído ao *eu* de maneira estável).

A rotação indefinida do *eu* numa lista fechada de nomes próprios fixos (existe também nesses nomes, nós o veremos, uma parte de improvisação) faz funcionar o discurso demonológico, mas o impede de girar em círculos. Ela o briga a repetir indefinidamente a operação denominadora. Este procedimento da perversão é, no discurso da possessão, o equivalente daquilo que Rimbaud enunciava, sob a forma de um comentário da sua poesia: "É falso dizer: eu penso. Dever-se-ia dizer: pensam-me." Que é este *sujeito indeterminado*? Esta é, precisamente, a questão que a possuída introduz: "falam-me". Rimbaud continua: "Eu é o outro. Tanto pior para o pedaço de pau que se considera um violino".[8] O que a poesia de Rimbaud *escreve* o deslocamento onomástico da possuída *fala*: ela é, com efeito, "um pedaço de pau que se considera um violino". Mas tocado por que ou por quem? Enquanto Rimbaud traça, no jogo dos nomes *comuns*, a trajetória dessa indeterminação advinda, a possuída não pode senão jogar (com) seus nomes *próprios* neste ponto de articulação da linguagem com a enunciação do sujeito. Seu procedimento pervertedor não é menos análogo ao *es denkt* nietzschiano (*isto*, que não tem nome próprio, *pensa* em mim)[9] ou ao paradoxo de Rilke: lá onde existe poema não sou eu, mas é Orfeu quem chega e que canta.[10] Para retomar uma outra expressão nietzschiana que sugere um "sacrifício" do próprio e a alteração (a possessão por um outro) do lugar que a língua reserva para o

---

8   RIMBAUD, A. *Oeuvres complètes* Op. cit., p. 252.

9   "É *falsificar* os fatos dizer que o sujeito *eu* é a determinação do verbo pensar. Isto pensa (*es denkt*), mas que *isto* seja justamente este velho e ilustre *eu*, não é, para dizê-lo em termos moderados, senão uma tese, uma hipótese..." (NIETZSCHE, F. *Par delà le bien et le mal*, 17, Aubier, col. bilíngue, 1963, p. 48-49, trad. que corrijo segundo o alemão).

10   RILKE, R. M. *Lettres à un jeune poète*: o poeta é Orfeu, não o "eu" do "autor".

"Eu". Uma desapropriação ocorre, particularmente, neste lugar linguístico, o "eu". Os textos das possuídas não fornecem a chave de sua linguagem, que permanece indecifrável para elas mesmas. Sem dúvida, esta é a razão pela qual sua posição de possuídas não se defende senão por um borboletear de nome próprio em nome próprio, no interior do enquadramento que lhes é imposto. Num tabuleiro de nomes próprios elas não cessam de deslizar de lugar em lugar, mas não criam uma casa a mais que seria a delas: com relação às denominações recebidas, não foi inventado nenhum acréscimo que lhes fornecesse um próprio.

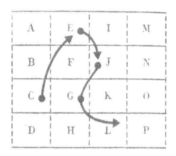

A alteração ou a deriva linguística

Um tabuleiro de nomes próprios: A, B, C, D... Uma *trajetória* do sujeito entre esses nomes próprios.

Essa deriva, análoga às que distorcem ou apagam os nomes próprios na *Psychopathologie de la vie quotidienne* (cap. III), é a maneira pela qual se indica, no interior do texto (e já no interior da lista dos nomes próprios), não uma pluralidade de locutores, mas o desaparecimento do locutor e o desapossamento da linguagem. Designando-se, alternadamente, por nomes diferentes, a possuída escapa do contrato linguístico e retira à linguagem seu poder de ser, para o sujeito, a lei do seu dizer.

Não é surpreendente que essa movimentação tenha o seu ponto de emergência e maior intensidade na articulação do "eu" com o nome próprio, se é verdade que o "eu" é, na linguagem, o

278 A Escrita da História • Michel de Certeau

"signo único, porém móvel" (como "tu", mas diferente do "ele") que está "ligado ao *exercício* da linguagem e declara o locutor como tal". "Os indicadores *eu* e tu não existem senão enquanto atualizados na instância do discurso onde marcam por cada uma de suas próprias instâncias, o processo de apropriação pelo locutor".[11] É a esse signo "vazio", que se torna "cheio" desde que um locutor o assuma, que remetem, inicialmente, os deslocamentos diabólicos da possuída. Neste lugar linguístico de apropriação se focalizam os combates e os artifícios que se referem à possessão da linguagem (possessão = desapossamento) e, portanto, à identidade de quem fala.

Construção e demolição de um lugar

Um eixo semântico dos textos diabólicos está indicado pela questão que tem por fórmula, no exorcista: "Quem esta aí?" e no médico: "O que é isto?". Todos os dois, o exorcista e o médico, respondem com nomes próprios – extraídos, ou da série demonológica (Lúcifer, Asmodeu etc.), ou da série médica (melancolia, imaginação, hipocondria, histeria etc.). Esses nomes designam, igualmente, "essências" determinadas pelo saber de um e de outro. Deste ponto de vista, entretanto, existe uma diferença entre eles. O exorcista deve fazer a demoníaca confessar o seu nome próprio. Se a tarefa central do exorcista é a denominação, é necessário que esta denominação seja selada pela confissão da possuída; para que se restaure o contrato, ela deve responder: "Sim, eu sou Asmodeu". Ulteriormente, na psiquiatria, a partir de Pinel, algo análogo se estabeleceu: a verdadeira cura do doente não consiste apenas em nomear a doença, mas em obter do doente que reconheça a verdade do que seu médico diz dele. Então, da denominação à confissão o saber fecha o seu currículo. Ocorre o mesmo no tratamento da possessão. Mas o exorcista deve também obter essa confissão da demoníaca no momento em que ela está possuída e num estado de "inconsciência": espera-se a confissão do outro que fala nela. O

---

11 BENVENISTE, Émile. *Problèmes de linguistique générale*. Gallimard, 1966, p. 258-266: "De la subjetivité dans le langage".

Capítulo VI • A Linguagem Alterada 279

médico do século XVII não tem necessidade dessa confissão, ou pelo menos ele a obtém através da sua observação, quer dizer, da superfície corporal cujo espetáculo (suores, palpitações, dejeções fecais, deglutinações) ocupa para ele o lugar da confissão. O suor da "doente" fala em lugar das palavras da "possuída". Mas se é a voz que o exorcista "obriga" a confessar o nome do maligno, enquanto é o corpo que o médico obriga a dizer o mal e faz falar, num e outro caso, um *não saber* (da demoníaca ou da doente) é o postulado de identificação proposto por um *saber*. A voz da possuída inconsciente e o corpo da doente muda não está lá senão para dar um assentimento ao saber que é o único a falar.

Dois movimentos paralelos se inscrevem, portanto, nos textos. Um, demonológico, parte da questão "Quem está aí?" e através da mediação de uma voz inconsciente chega ao nome próprio (de um diabo), extraído de uma lista de seres definidos pela demonologia. O outro, médico, parte da questão "O que é isto?" e através da interpretação de uma série de fenômenos corporais, chega a um nome próprio (de uma doença) tirado de um dicionário estabelecido pela ciência médica. Essas duas linhas são construídas segundo um imenso esquema que consiste em passar da não identificação à identificação.

Esse esquema esboça a produção de um nome próprio. Mas o nome próprio se produz acompanhado de uma constelação de "adjetivos" ou predicados. Estes vão criar em torno dele um espaço complexo onde cada um dos predicados se torna a metonímia do nome próprio e prende a possuída na armadilha dos "deslocamentos" que apenas a fazem passar de um equivalente a outro da mesma identidade. A "subversão" se transforma no seu contrário teatral. Desta maneira, o nome "Leviatã" desenvolve em torno de si todo um mostruário de qualificativos que percorrem, pouco a pouco, os ditos (zombeteiros), as mímicas (risonhas, graciosas etc.) ou os comportamentos (bajuladores etc.) da possuída. Este repertório *plural* amplia o círculo do *mesmo* (nome); encerra, com maior segurança, a possuída, dando-lhe a possibilidade de movimentos que não mais questionam o lugar identificatório, mas que produzem efeitos espetaculares (surpresas, invenções) extraídos das relações (metonímicas, metafóricas) entre uma pluralidade de atributos (mais ou menos coerentes entre si) e o mesmo nome próprio. Uma vez fixado o código, "o rosto sorridente", como dizem os processos verbais, substitui-se a Leviatã e realiza uma circulação sobre uma superfície semântica bem definida. O nome "Leviatã" torna-se um espaço de jogo. No centro tem-se o nome; em volta uma série de posturas, mímicas ou equivalentes verbais. Entre as possuídas, os exorcistas e o público inaugura-se um teatro de alusões e de adivinhações. A possuída brinca com o público; o exorcista com a possuída. Assim ela recusa dar o seu nome, mas assume um ar sedutor, maneira de dizer ao público: "Adivinhem quem é?", e o público responde: "Certamente, é Leviatã". Sob esse aspecto, a encenação transforma os jogos de identidade em jogos retóricos; substitui à evanescência do sujeito pelas metamorfoses ou as correspondências imprevistas dos seus atributos. Este teatro barroco é a vitória de uma ordem.

Entretanto, mesmo retardado por esses efeitos de superfície, o procedimento inicial continua. Ele condena a operação identificatória a um recomeço indefinido. Não se sai dela jamais. O processo que instaura lugares é incessantemente revertido ao seu ponto de partida por causa do deslocamento das possuídas para alhures e, por conseguinte, da necessidade de retomar do zero o trabalho de estabelecê-las em lugares onomásticos certos. Finalmente, como a prisão no tabuleiro onomástico religioso não funciona, acaba sendo substituída por um outro xadrez, desta feita policial. Assim vai terminar a história de Loudun. Laubardemont, amanuense de Richelieu, estabelecerá lugares para as possuídas – não mais quadriculados onomásticos, mas celulares. Essa razão de Estado classifica com muros. No ínterim, as possuídas atrapalham a operação de identificação linguística e religiosa. Os textos dizem frequentemente: "Elas esquecem seus nomes." Através disso reiteram o enigma de seu nome, referindo-se a um outro lugar do dicionário através de uma sequência de deslizamentos que, sem mudar a estrutura do sistema demonológico, atingem o seu funcionamento. Elas não substituem este sistema, nem o destroem; elas o pervertem, comprometendo constantemente os lugares onomásticos que

Capítulo VI • A Linguagem Alterada 281

lhes estão fixados. A denominação não é nunca verdadeiramente derrotada nem verdadeiramente vitoriosa. É como num jogo de cartas, em que a dama de espadas pudesse ser utilizada como valete de copas e no qual se insinuasse também, entre a dama e o rei, a figura inesperada de um duque de paus.

Assiste-se assim, por um abrandamento das imagens através de uma espécie de fusão encadeada, à mutação de *Leviatã* em outra coisa que se nomeia *Amã* ou ainda a irrupção de um *Souvillon* (uma espécie de brincadeira erótica) ou de um *Rabo de cachorro* entre *Isacarão* e *Behemot*. Está claro que essas metamorfoses e anamorfoses pertencem a uma arte barroca, mas aqui nos importa mais o fato de sinalizarem um transtorno no código e que nele representem a marca da forma pela qual "algo de outro" intervém no discurso demonológico.

O quadro dos nomes próprios: uma toponímia "mexida"

A insinuação de um duque (de um *Souvillon*) na lista "clássica" dos nomes diabólicos põe em causa outro movimento além daquele da enunciação "possuída": a do próprio código, e um momento de transição cultural. Além da deriva do *eu* dentro de quadro identificatório, existe uma instabilidade desse quadro, amolecida pela incerteza que nessa época atinge os quadros de referência religiosos: alternadamente ele é invadido pelas menções heteróclitas e, no seu conjunto, deformado pela intervenção de codificações (médicas, políticas) que se impõem progressivamente e o curto-circuitam. Tomada neste conjunto sócio-histórico como uma peça particular, o quadro permanece a testemunha dessa mutação geral. Também para se dar conta de seu funcionamento, convém distinguir o papel teórico dos nomes próprios na possessão e as alterações que a lista deles sofreu em Loudun.

1) Contra Gardiner, que sustentava sua insignificância e opunha *designação* e *significação*,[12] Lévi-Strauss mostrou que estes no-

---

12   GARDINER, A. H. *The theory of proper names. A controversial essay*, Londres, 2ª ed., 1954, e LÉVI-STRAUSS, C. *La pensée sauvage*, Plon, 1962, cap.

282 A Escrita da História • Michel de Certeau

mes, nas sociedades de classes finitas, "são sempre significativos de pertença a uma classe atual ou virtual que só pode ser a daquele que se nomeia ou a daquele que nomeia".[13] Ele via também aí o limite de um empreendimento classificador no centro de um sistema cultural determinado: estes são "os *quanta* de significação abaixo dos quais não se faz nada além de mostrar". Se, portanto, "o nome próprio permanece sempre do lado da significação", ele se situa no "limiar" marcado por uma descontinuidade entre o ato de *significar* e o de *mostrar*.[14]

É, pois, importante considerar que forma assume esse corte entre o *dizer* e o *mostrar* no discurso que é precisamente relativo ao não-dito. Com efeito, o quadro dos nomes dos demônios representa uma das *fronteiras* por onde o sistema demonológico se defende e trabalha para reintegrar o que é "tomado" por "outra coisa". Nessa fronteira que constitui a nomenclatura, posto avançado da significação, a possuída é a fugitiva do sistema. O exorcismo tem como fim assegurar a passagem do silêncio da possuída aos *nomes* que lhe oferecem os exorcistas; transforma em linguagem o "silêncio" dos gestos e dos gritos inarticulados.[15] Porque o dicionário dos nomes próprios diabólicos representa um papel capital neste acesso ou retorno à linguagem é que ele é assimilável a um *reservatório de significantes* destinado a preencher as lacunas das quais a possuída é a testemunha. Encontra-se exatamente sobre a linha de demarcação entre o inefável e o significável, mas "do lado da significação".

Dessa maneira, nas sociedades tradicionais, a aceitação ou a confissão de um nome próprio diabólico tem valor integrativo. Es-

---

VI e VII. Cf. também SEARLE, J. R. Proper Names, in ROSENBERG, J. F. Rosenberg; Travis, C. *Readings in the Philosophy of Language*, Prentice-Hall, 1971, p. 212-218.

---

13 *La pensée sauvage*, op. cit., p. 245.
14 Ibid., p. 285-286.
15 HEUSCH, L. de. Possession et chamanisme. In: *Pourquoi l'épouser?*, Gallimard, 1971. p. 236.

Capítulo VI • A Linguagem Alterada 283

tabelece uma aliança com o "espírito" (demônio, ancestral) indica-do; reconhece oficialmente o que irrompe no interior de um grupo; algumas vezes, sela assim um destino.[16] Em suma, inscreve-se num sistema de comunicação. O nome próprio tem mesmo, algumas vezes, o sentido de uma resposta dada aos signos e às vozes que os pais ou os iniciadores perceberam na conjuntura do nascimento.[17] De toda maneira, a denominação apresenta um laço ao mesmo tempo que um lugar. Funciona ao mesmo tempo como *participação em um sistema* e como *acesso ao simbólico*. Por essas palavras, e segundo procedimentos variáveis, a possuída pode encontrar uma saída para o silêncio do seu corpo ou de seu desejo, entrando no regime de simbolização que uma cultura põe à sua disposição.

2) Em Loudun, as coisas não podem se passar assim, por-que, no nível em que nos situamos, existem muitos dicionários de nomes próprios: o demonológico, o médico, e o político também. Como na maioria dos outros casos, durante o mesmo período, a possessão joga aqui com uma pluralidade de quadros onomás-ticos estratificados e defasados no tempo. A capacidade de falar não está, pois, na possuída, ligada apenas às possibilidades que lhe oferecem os nomes próprios dos demonólogos. A lista do "mais forte" vencerá, a dos médicos e a dos políticos. Durante os pri-meiros meses de Loudun, o discurso demonológico é apresenta-do e se desenvolve de uma maneira prioritária (no decorrer dos exorcismos, no interior do convento), mas já está ameaçado pelos sistemas com os quais entra entra em competição e que pouco a pouco se impõem.

Por si só, o dicionário completo de nomes próprios de demô-nios utilizado em Loudun mostra, efetivamente, a *infiltração de outras instâncias* além da demonológica. Este quadro traz a indica-

---

16 Ibid., p. 240-241, e também numerosas indicações dadas por BELMONT, N., *Les Signes de la naissance*, Plon, 1971, no cap. "Nomen et omen".

17 Cf. HOUIS, M., *Les noms individuels chez les Mossi*, Dakar, Ifan, 1963, p. 9-23.

ção de esboroamentos internos e de colonizações. Uma população de nomes estranhos ao sistema é nele introduzida.

a) Nesta lista de cerca de 55 nomes (mais 4 duplos), forma-se uma primeira categoria de nomes patenteados e garantidos pela literatura demonológica:

Asmodeu, Astaroth, Balã, Behemoth, Belzebuth, Berith, Isacarão etc.[18]

A esta série se acrescentam outros nomes hebraicos, tirados de uma tradição mais esotérica:

Achaph, Agal, Amã (variante de Amon?), *Berberith* (composto de *Berith*), *Caleph, Caph, Eazar* (ou *Eazas*), *Lezear* etc.

Nestas regiões as nominações demoníacas se prendem às elaborações cabalísticas.

b) Defasados, outros significantes provêm da mitologia greco-latina: *Caron* e *Cérbero, Castorin* etc. ou da literatura heresiológica cristã: *Celso, Luciano, Lutero* etc.

c) Outros termos representam a elevação de nomes comuns ao estatuto de nomes próprios: *Mecha de impureza, Carvão de impureza, Concupiscência, Inimigo da Virgem, Fornicação, Leão do Inferno, Rabo de cachorro* (tem-se também *Caudacanis*, simples tradução latina), *Poluição, Sem-fim* etc.

Através deste repertório francês, soletra-se o desejo sem máscara.

d) Enfim, um último feixe é constituído por nomes próprios franceses extraídos de tradições populares, ou de localizações provinciais, ou de um fundo regional de palavras de duplo sentido:

---

18 Esta lista "oficial" privilegia os nomes *hebraicos*, enquanto, por exemplo, os nomes individuais da demonologia bizantina são provenientes, principalmente, das antigas divindades pagãs, *gregas* ou "bárbaras" (cf. DELATTE, A., e JOSSERAND, C. Contribution à la démonologie byzantine, in *Annuaire de L'IPHO*, t. II, 1934, *Mélanges Bides*, p. 207-232). Mas nos dois casos a instituição tira o seu léxico "diabólico" da vizinhança (ou do parentesco) de que ela se distingue mais agressivamente: trabalho de denegação e/ou exorcismo com relação a uma inquietante proximidade social e genealógica.

Buffetison, Carreau, Cédon, Elimy, Grelet ou *Grelier, Legret, Luret, Luvret, Maron, Penault, Pérou, Rebat, Souvillon* etc.

Sem se deter nos detalhes destes nomes que, exceto na categoria *c*, tem frequentemente valor de charada, podem-se distinguir blocos linguísticos heterogêneos. As séries *a* e *b* pertencem ao dicionário "nobre" e oficial, ao mesmo tempo que a um repertório estrangeiro (hebreu ou grego) ou, de toda maneira, "erudito". Encontram-se associados às religiosas das famílias aristocráticas (de Belciel, de Barbezières, de la Motte-Brassé, de Fougères, de Colombiers etc.) e às que têm a posição hierárquica mais elevada no convento (priora, subpriora, "madres", que são religiosas "de coro"). As séries *c* e *d* vêm de uma cultura "popular", da língua francesa, de um repertório explícito ou equívoco: elas se referem, aliás, às não nobres (Auffray, Bastad, Blanchard etc.) ou às "irmãs conversas".

O dicionário completo é, portanto, constituído pelos *fragmentos de sistemas diferentes*, e já representa como que um *quadro social* numa hierarquia de culturas e de poderes. Obedece a outras regras que não as da organização demonológica. Denuncia, através dessas fissuras e divisões internas, a lei de uma ordem política da qual ele é a metáfora, à revelia dos exorcistas. Este "lugar" de significação ou de classificação já é a metáfora de uma outra ordem; remete a outra coisa além daquilo que enuncia. Nem por isso deixa de funcionar como um procedimento de acesso à palavra, mas sob a forma *de um jogo duplo*. Entrar neste repertório é descobrir um lugar, mas um lugar que oscila do rito ao teatro e que, comprometido pelas interferências do dicionário dos demônios com o das famílias ou o dos nomes religiosos (Joana dos Anjos, Luiza de Jesus etc.) não organiza senão o seu próprio logro. A possuída joga com essa linguagem oscilante. O silêncio de onde vem a torna apta a aproveitar-se desse discurso instável. Mas, no fundo, o equívoco religioso que lhe permite, mais facilmente, não estar lá sem estar alhures indica apenas a extensão a um grupo inteiro do "Eu é um outro". Essa subversão, instalada numa ordem que se desfaz, será finalmente reprimida pela "razão de Estado", que estabelecerá para uma sociedade inteira o lugar onde, "em nome do rei", cada um pode falar.

A mentira da interpretação

A possessão não visa a um sentido oculto que estaria por descobrir. No fundo, o conteúdo do discurso já é bem conhecido; ele não diz nada além dos catecismos da época, mesmo que se encene de maneira diferente graças a uma lista de personagens diabólicos. Mas a questão nova diz respeito à enunciação: "Eu é um outro". O que constitui problema, e transforma sub-repticiamente toda uma organização semântica, é a suspeita que pesa sobre o falante desta linguagem e, portanto, sobre o estatuto do discurso inteiro. Através desta a hermenêutica tradicional é invertida. Ela postulava um lugar imutável e um locutor estável, Deus, falando uma linguagem cujos segredos ainda desconhecidos deviam ser decifrados. Aqui, o conteúdo é conhecido e o falante desconhecido: tem-se nos textos da possessão a marca dessa evanescência do sujeito.

Mais do que os segredos da linguagem, o que está em causa é a sua apropriação. O exorcista se empenha em reduzir o locutor aos demônios que a literatura teológica identifica como *contrário* de Deus. Por essa identificação, ele se empenha em reduzi-los ao *mesmo*. Reclassifica os possuídos no seu saber teológico. Protege, assim, a apropriação da linguagem por Deus. Visa a salvar, não as possuídas, mas através delas uma propriedade "teológica" – um contrato que lega a Deus a posse da linguagem.

É muito tarde também. Essa operação tornou-se impossível. Funciona como uma mentira que reintroduz o que deveria ser eliminado, a saber, o *alhures* do discurso. A possessão não dá lugar a um outro discurso como se a alteridade de que é testemunha se desse numa positividade semântica diferente e indicadora. Produz a alteração do discurso demonológico.

Tem-se nela um indício da maneira pela qual a possuída insinua seu silêncio no sistema que "perturba" e que, entretanto, lhe permite falar. Sua perversão não consiste em dar ela mesma uma interpretação de sua diferença, mas em fazer funcionar de outra maneira as relações internas que definem este sistema. Também deixa ao outro a responsabilidade de interpretá-la. O que se move nela o esconde, pelo simples fato de não ter como discurso senão a interpretação do exorcista, do médico ou do erudito. Escapa graças à explicação que o outro dá dela. Contenta-se em responder a uma expectativa do outro. Mas o engana pelo fato de se deixar dizer por ele. Da mesma maneira se desenvolve o jogo que compromete o discurso e que, por um lado, já explica a distância silenciosa que ela tomou com relação a ele. Essa mentira que indica o discurso demonológico é o efeito de quem não tem linguagem própria. Não existe, rigorosamente falando, um discurso do outro, mas uma alteração desse discurso. Sem dúvida, esse é o alcance "diabólico" daquilo que se manifesta na possessão.

É ainda necessário dar a esse fenômeno o seu contexto histórico. Ao fato de que uma interrogação sobre a linguagem organiza o discurso da possessão em Loudun, e que ela esteja localizada neste ponto em que um falante pode "*se apropriar* da língua inteira designando-se como *eu*",[19] é necessário, evidentemente, acrescentar, como quadro, a situação epistemológica da época. Já por seu conteúdo o debate de Loudun atesta o abalo de uma antiga segurança, a que concedia a Deus a capacidade de "assumir" toda língua possível e de nela manter, em última instância, o lugar do locutor. Esta apropriação divina se torna duvidosa. O locutor universal se apaga da prosa do mundo. O que se perde é a legibilidade do cosmos como linguagem falada por Deus.[20]

Nessa evolução global indicarei um único aspecto que se refere mais diretamente ao discurso diabólico. A linguagem muda de estatuto. O que é posto em causa não é apenas a sua relação com um locutor que era "o ser" e "a verdade" da língua, mas também, por consequência, toda a construção que fundou esta relação

---

19 BENVÉNISTE, E. *Problèmes de linguistique générale*. Op. cit., p. 262.
20 Cf., por exemplo, as análises de FOUCAULT, M., *Les mots et les choses*, Gallimard, 1966, "La prose du monde", p. 34-39, e também as observações de HOWELL, W. S., *Logic and Rhetoric in England, 1500-1700*, N. York, Russel, 1956, p. 57-63: "Scholastic logic. Witchcraft".

e que dava às palavras, classificadas segundo uma hierarquização do real, a função de deixar aparecer as coisas. Essa epistemologia da transparência referia o *verbum* a uma *res*. Ela será substituída por uma epistemologia de superfície, na qual as possibilidades de significação se medem pelo estabelecimento de relações entre significantes. Às relações *ontológicas* (*verbum/res*) substituem-se relações espaciais, em função das quais se definem igualmente a linguagem verbal e a linguagem pictórica.[21] Na mesma época, existe uma crítica geral da referência ao "sub-rogado". Ela se indica, em Pascal, por uma evanescência da "substância" em favor das "qualidades" ou, em Descartes, com o deslizamento do substantivo para o adjetivo etc. O mundo se transforma em *espaço*; o conhecimento se organiza como *olhar*, em Pascal, com toda a dialética da distância ou do "ponto de vista" do observador, e em Descartes, com a filosofia do *cogito* operando um trabalho de distinção *na* e *com* relação à "fábula do Mundo".[22]

Estas poucas chamadas apenas situam o que se passa *também* em Loudun, quando o problema da *verdade* (ou da "adequação entre uma palavra e uma coisa") toma a forma de um *lugar* instável. Uma verdade se torna duvidosa. No campo onde se combinam significantes não se sabe mais se eles entram na categoria de "verdade" ou na de seu contrário, a "mentira", se eles se referem à realidade ou à imaginação. Um discurso se desfaz então, como testemunham as possuídas, aproveitando-se deste jogo para nele insinuar "outra coisa" que as têm "tomadas" e esboça na linguagem da ilusão a questão do sujeito.

---

21   Cf. FRANCASTEL, P., *La figure et le lieu*, Gallimard, 1968, p. 312-341.
22   Cf. ROMANOWSKI, S., *L'illusion chez Descartes*, Klincksieck, 1974, p. 83-99.

Capítulo VII

UMA VARIANTE: A EDIFICAÇÃO HAGIO-GRÁFICA

Na extremidade da historiografia, como sua tentação e sua traição, existe um outro discurso. Pode-se caracterizá-lo por alguns traços cuja única finalidade é situá-lo numa vizinhança, como o *corpus* de uma diferença. Essencialmente ilustra uma significação adquirida, na medida em que não pretende tratar senão da ação, *Acta, Res gestae.* Sulpício Severo, na sua *Vita Sancti Martini*, julga fundamental a oposição *res, no verba* – coisas, e não palavras. Ora, os "fatos" são antes de tudo significantes a serviço de uma verdade que constrói a sua organização "edificando" sua manifestação. As *res* são as *verba* nas quais o discurso cultua um significado recebido. Parece que a função didática e epifânica exorbita da história.

A hagiografia é um gênero literário que, no século XII, chamava-se também da hagiologia ou hagiológica. Como o Pe. Delehaye esclareceu em 1905, numa obra que marcou época, *Les légendes hagiographiques,* ela privilegia os atores do sagrado (os santos) e visa à edificação (uma "exemplaridade"): "Será necessário, pois, reservar este nome a todo monumento escrito inspirado pelo culto dos santos, e destinado a promovê-lo". A retórica desse "monumento" está saturada de sentido, mas do mesmo sentido. É um túmulo tautológico.

Um certo número de pontos de vista são muito estreitos. A hagiografia cristã (à única aqui evocada) não está limitada à Antiguidade ou à Idade Média, mesmo que, desde o século XVII, tenha sido muito estudada sob o ângulo da crítica histórica e de um retorno às fontes e, desta maneira, alinhada com a lenda nos tempos de uma pré-historiografia antiga que reservava ao período moderno o privilégio das biografias científicas. É impossível, também, não considerá-la senão em função da "autenticidade" ou do "valor histórico": isto seria submeter um gênero literário à lei de um outro – a historiografia – e desmantelar um tipo próprio de discurso para não reter dele senão aquilo que ele não é.

Como a *Vida de São Martinho* (um dos seus protótipos antigos), a vida de santo é "a cristalização literária das percepções de uma consciência coletiva" (Jacques Fontaine). Do ponto de vista histórico e sociológico é preciso retraçar as etapas, analisar o funcionamento e particularizar a situação cultural dessa literatura. Mas o documento hagiográfico se caracteriza também por uma organização textual na qual se desdobram as possibilidades implicadas pelo título outrora dado a esse tipo de relato. *Acta*, ou, mais tarde, *Acta sanctorum*. Deste segundo ponto de vista, a combinação dos atos, dos lugares e dos temas indica uma estrutura própria que se refere não essencialmente "àquilo que se passou", como faz a história, mas "àquilo que é exemplar". As *res gestae* não constituem senão um léxico. Cada vida de santo deve ser antes considerada como um sistema que organiza uma *manifestação* graças à combinação topológica de "virtudes" e de "milagres".

I. HISTÓRIA E SOCIOLOGIA

Indicações para uma história

Nascida com os calendários litúrgicos e a comemoração dos mártires nos lugares de seus túmulos, a hagiografia se interessa, durante os primeiros séculos (de 150 a cerca de 350), menos pela existência e mais pela morte da testemunha. Uma segunda etapa se abre com as *Vidas*: as dos ascetas do deserto (assim como a *Vida de Santo Antônio*, por Atanásio) e, por outro lado, a dos "confessores" e dos bispos: Vida de São Cipriano († 258), de São Gregório, o Taumaturgo († cerca de 270), ou de São Martinho de Tours (por Sulpício Severo). Segue um grande desenvolvimento da hagiografia, no qual os fundadores de Ordens e os místicos

Capítulo VII • Uma Variante: A Edificação Hagio-gráfica 291

ocupam um lugar crescente. Não é mais a morte, mas a vida, que se considera fundada. Inicialmente, entre os gregos (no século X, Simeão, o Metafrasta etc.), depois no Ocidente medieval (no século XIII, a *"Légende dorée"*, de Jacques de Voragine, não é senão o caso mais famoso), multiplicam-se as compilações mais recapituladoras e cíclicas indicadas por títulos antigos dos quais mudam o sentido: *Martirológio, Catalogus sanctorum, Sanctilogium, Legendarium* etc. Ao longo desse desenvolvimento, distingue-se a *Vida* destinada ao ofício litúrgico (tipo mais oficial e clerical) e a *Vida* destinada ao povo (tipo mais ligado aos sermonários, aos relatos de jograis etc.).

Em 1643, a publicação, em Antuérpia, do primeiro volume dos *Acta sanctorum* pelos jesuítas Bolland e Henskens (o "Henschenius") marca uma virada: o primeiro, em data, dos trabalhos que irão editar os Bollandistas (em particular Daniel Papebroch, o membro mais célebre desta "Comuna" erudita), este volume resulta do projeto que o Pe. Rosweyde havia concebido cerca de meio século antes. Foi ele que introduziu a crítica na hagiografia. Pesquisa sistemática dos manuscritos, classificações das fontes, transformação do texto em documento, concessão de privilégio, "fato", por minúsculo que fosse, passagem discreta da verdade dogmática para uma verdade histórica que tem o seu fim em si mesma, busca que já define, paradoxalmente, "não a descoberta do verdadeiro, mas a do falso". (E. Cassirer): estes princípios definem o trabalho coletivo de uma equipe que se inscreve, por si mesma, numa pequena internacional da erudição através de uma rede de correspondências e de viagens, meios de informações e de controle recíprocos. Assim se forma, nessa infraestrutura social, um *communis eruditorum consensus*. De agora em diante, na classificação das obras religiosas, "as vidas de santos gerais e particulares são uma grande parte da história eclesiástica" (*Table universelle des auteurs ecclésiastiques, 1704*).

Pelo fato de a seleção erudita reter dos documentos apenas o que estes têm de "sincero" ou de "verdadeiro", a hagiografia não--crítica (que permanece a mais importante) se isola. Opera-se uma divisão. Por um lado, "a austeridade" que, em matéria litúrgica, os padres e os teólogos sempre opuseram à folclorização popular transforma-se em "exatidão" histórica, forma nova do culto através da qual os clérigos prendem o povo à verdade. Por outro lado, da retórica dos sermões sobre os santos passa-se para uma literatura "devota", que cultiva o afetivo e o extraordinário. O fosso entre as "Biografias" eruditas e as "Vidas" edificantes se amplia. As primeiras são críticas, menos numerosas, e tratam de santos mais antigos, quer dizer, são ao mesmo tempo relativas a uma pureza primitiva do verdadeiro e a um privilégio elitista do saber. As segundas, como milhares de *"Flores dos santos"* populares, são muito difundidas e consagradas a contemporâneos mortos "em odor de santidade". No século XX outros personagens, os da política, do crime ou do amor, tomam o lugar dos "santos", mas entre as duas séries a divisão se mantém.

Um documento sociológico

A vida de santo se inscreve na vida de um grupo, Igreja ou comunidade. Ela supõe que o grupo já tenha uma existência. Mas representa a consciência que ele tem de si mesmo, associando uma *imagem* a um *lugar*. Um produtor (mártir, santo patrono, fundador de uma Abadia, fundador de uma Ordem ou de uma igreja etc.) é referido a um sítio (o túmulo, a igreja, o mosteiro etc.), que assim se torna uma fundação, o produto e o signo de um advento. O texto refere também uma rede de suportes (transmissão oral, manuscrita ou impressa) da qual estanca, num momento dado, o desenvolvimento indefinido. Fixa uma etapa na dinâmica da proliferação e da disseminação sociais. Às "fugas" e à "perda", com que se paga a difusão, responde com o fechamento de uma encenação que circunscreve ou retifica o movimento das convicções em marcha (progresso da devoção para com os primeiros mártires ou daquela que amplifica os milagres do Padre Pio). Sob este ponto de vista, existe uma dupla função do recorte. Ele *distingue* o tempo e o lugar do grupo.

Por um lado, a "vida de santo" articula dois movimentos aparentemente contrários. Assume uma distância com relação às origens (uma comunidade já constituída se distingue do seu passado graças à distância que constitui a representação deste passado). Mas, por outro lado, um retorno às origens permite reconstituir uma unidade no momento em que, desenvolvendo-se, o grupo arrisca se dispersar. Assim como a lembrança (objeto cuja construção está ligada ao desaparecimento dos começos) se combina com a "edificação" produtora de uma imagem destinada a proteger o grupo contra a dispersão. Assim se diz um momento da coletividade partilhada entre o que ela perde e o que ela cria. A série de vidas de Pacômio ou de Francisco de Assis atesta, ao mesmo tempo, estados e programas diferentes, proporcionados a um distanciamento do passado e à reação presente que suscita.

Por outro lado, a vida de santo indica a relação que o grupo mantém com outros grupos. Assim o "martírio" predomina lá onde a comunidade é marginal, confrontada com uma ameaça de morte, enquanto a "virtude" representa uma igreja estabelecida, epifania da ordem social na qual se inscreve. Reveladores são também, deste ponto de vista, o relato dos combates do herói com as imagens sociais do diabo; ou o caráter, seja polêmico, seja parenético, do discurso hagiográfico; ou o obscurecimento do cenário sobre o qual o santo se destaca através de milagres mais fortemente marcados; ou a estrutura, seja binária (conflitual, antinômica), seja ternária (mediatizada e "em equilíbrio") do espaço onde estão dispostos os atores.

Existe também sociedade histórica do herói. Desta maneira, o mártir é a figura dominante nos inícios da Igreja católica (as Paixões), protestante (os martirológios de Rabe, de Foxe, de Crespin), ou, em grau menor, *camisarde*. Depois vêm os confessores (no século IV, entre os Sírios ou na Gália com são Martinho), que reforçam e, finalmente, substituem os mártires: seja o eremita, que é ainda um combatente (mas no deserto e contra o diabo) e que já é um fundador, seja o pastor (o bispo ou abade restaurador de uma comunidade). Passa-se em seguida aos homens virtuosos (com uma predominância dos religiosos regulares sobre os padres e sobre os leigos); as mulheres se lhes seguem, mui tardiamente (época merovíngia, se nos prendermos às canonizadas) e em pequeno número, mas anteriores ainda ao grupo de crianças, muito menos compacto.

Uma função de "vacância"

Desde os primeiros tempos, na comunidade cristã, a hagiografia se distinguiu globalmente de um outro tipo de texto, os "livros canônicos", que constituem essencialmente as Escrituras. Na sua Vida (século V), se diz de Melânia que, uma vez "saciada" dos livros canônicos ou das compilações de homilias, "ela percorreu as vidas dos Padres como sobremesa". A vida dos santos traz à comunidade um elemento *festivo*. Ela se situa do lado do descanso e do lazer. Corresponde a um "tempo livre", lugar posto à parte, abertura "espiritual" e contemplativa. Não se encontra do lado da instrução, da norma pedagógica, do dogma. Ela "diverte". Diferentemente dos textos nos quais é necessário acreditar ou praticar, ela oscila entre o crível e o incrível, propõe o que é *lícito* pensar ou fazer. Sob esses dois aspectos cria, fora do tempo e da regra, um espaço de "vacância" e de possibilidades novas.

O uso da hagiografia corresponde ao seu conteúdo. Na leitura, é o lazer distinto do trabalho. Para ser lida durante as refeições, ou quando os monges se recreiam. Durante o ano, intervém nos dias de festa. É contada nos lugares de peregrinação e ouvida nas horas livres.

Sob esses diversos aspectos, o texto corta o rigor do tempo com o imaginário; reintroduz o respectivo e o cíclico na linearidade do trabalho. Mostrando como, através de um santo (uma exceção), a história está aberta ao "poder de Deus", cria um lugar onde o *mesmo* e o *lazer* se encontram. Este lugar excepcional abre, para cada leitor, a possibilidade de um sentido que é ao mesmo tempo o alhures e o imutável. O *extraordinário e o possível* se apoiam um no outro para construir uma ficção posta aqui a serviço do exemplar. Essa combinação, sob a forma de um relato, representa uma função de "gratuidade" que se encontra igualmente no texto e no seu uso. É uma *poética do sentido*. Não é redutível a uma exatidão dos fatos ou da doutrina sem destruir o próprio gênero que enuncia.

Sob as aparências de uma exceção e de um desvio (quer dizer, pela metáfora de um caso particular), o discurso cria uma liberdade com relação ao tempo cotidiano, coletivo ou individual, mas constitui um não lugar.

Uma literatura popular?

A mais antiga menção de uma hagiografia na literatura cristã eclesiástica é uma condenação: o autor (o padre) foi degradado por haver cometido um apócrifo. A ortodoxia reprime a ficção. O decreto Gelasiano (que se pode chamar o primeiro Index da Igreja de Roma) concede um amplo espaço à interdição de Gestas de mártires. Também a hagiografia não entrou na literatura eclesiástica senão por efração, ou seja, pela porta de serviço. Ela se insinua na ordem do clericato; não faz parte dela. As "Paixões dos mártires" não são introduzidas na liturgia romana senão tardiamente (século VIII) e com muitas reticências. O mesmo ocorre na Igreja grega, onde a hagiografia, entretanto, se desenvolve muito mais rápido e, a partir do século IX, frequentemente entre os leigos. Reencontram-se as mesmas reservas no século XVI, nas origens das Igrejas protestantes e no século XVIII mais ainda, na administração eclesiástica católica mobilizada contra as "lendas" e "superstições" por uma caça às feiticeiras. Posteriormente, o Estado substituirá as jurisdições eclesiásticas. Assim, entre milhares de outras, a censura ministerial que, em Paris, em maio de 1811, atinge uma compilação de "maravilhas" operadas em Notre-Dame de Laus: "é servir à Igreja, diz o censor, impedir que crenças sem autenticidades se tornem objeto de escárnio" (Paris, Arq. Nac., f. 18, 1149).

Para retomar os termos que emprega Du Cange (1665), "censores legítimos" investem constantemente contra "a devoção dos povos". No século XVII, como em todos os tempos, os "homens doutos" se opõem à "falsa crença" dos povos e a enquadram na "barbárie dos séculos passados" (A. Godeau, 1681). A hagiografia seria a região onde, localizados no mesmo lugar e condenados juntos, pululam o falso, o popular e o arcaico.

Essa censura é feita pelos clérigos letrados (quando não são religiosos, são políticos), mas obedece a critérios diferentes segundo as épocas. A norma, em nome da qual se exclui a "lenda", varia. Nas origens, era principalmente *litúrgica*. Depois, foi de tipo *dogmático*. A partir do século XVII, teve uma forma mais *histórica*: a erudição impõe uma definição nova do que é "verdadeiro" ou "autêntico". No século XIX adquire um aspecto mais *moral*: ao gosto pelo extraordinário, perda de sentido e perda de tempo, opõe-se uma ordem ligada ao mérito do trabalho, à utilidade dos valores liberais, a uma classificação de acordo com virtudes familiares. Refere-se também a uma normalidade *psicológica*: então, num meio patológico, o santo deve se distinguir por seu "equilíbrio", que o compromete de forma exemplar no código estabelecido por novos clérigos letrados.

Sempre apoiado em regras que caracterizam um estatuto da sociedade eclesiástica, a censura clerical extrai da massa da literatura hagiográfica uma parte "conforme" a uma norma do saber: esta parte será canônica e canonizável. O resto, que é o principal, é julgado severamente, mas tolerado por causa de sua *utilidade* para o povo. Essa literatura "herética" é alternadamente *destinada ao povo* pelos clérigos (autores e utilizadores de tantas vidas edificantes) e recusada em virtude dos erros que provêm da *ignorância popular*. Assim nasce o problema bifronte de uma literatura "popular": produto de uma elite ou efeito daquilo que ela elimina? A hagiografia há cem anos entrou no folclore; aí, frequentemente, ela se atribui o privilégio de representar um fundo do homem do qual uma elite erudita, folcloristas e etnólogos, seria a intérprete e a consciência. Mas não está esse trabalho destinado a eliminar o que se opõe que a hagiografia represente e, portanto, a perder ao que visa?

II. A ESTRUTURA DO DISCURSO

O herói

Na hagiografia, a individualidade conta menos que o personagem. Os mesmos traços ou os mesmos episódios passam de um

Capítulo VII • Uma Variante: A Edificação Hagio-gráfica   297

nome próprio a outro: as combinações desses elementos flutuantes, como palavras ou joias disponíveis, compõem tal ou qual figura e lhe atribuem um sentido. Mais do que o nome próprio, importa o modelo que resulta dessa "tergiversação"; mais do que a unidade biográfica, o recorte de uma função e do tipo que a representa.

A construção da imagem efetua-se a partir de elementos semânticos. Desta maneira, para indicar no herói a fonte divina de sua ação e da heroicidade de suas virtudes, a vida de santo, frequentemente, lhe dá uma origem nobre. O sangue é a metáfora da graça. Daí a necessidade das genealogias. A santificação dos príncipes e o enobrecimento dos santos estão em simetria, de texto para texto: essas operações recíprocas instauram em hierarquia social uma exemplaridade religiosa, e sacralizam uma ordem estabelecida (tal é o caso de São Carlos Magno ou São Napoleão). Mas, igualmente, obedecem a um esquema escatológico que inverte a ordem política para substituí-la pela celeste e transforma os pobres em reis. De fato, existe circularidade: cada ordem reconduz à outra. É a ambiguidade das *Gesta principum et vitae sanctorum*: uma atração recíproca do príncipe e do santo os reúne na prova de que "é sempre a mesma coisa" sob a diversidade das manifestações.

A utilização da origem nobre (conhecida ou oculta) não é senão um sintoma da lei que organiza a vida de santo. Enquanto a biografia visa a colocar uma evolução e, portanto, as diferenças, a hagiografia postula que *tudo é dado na origem* com uma "vocação", com uma "eleição" ou como nas vidas da Antiguidade, com um *ethos* inicial. A história é, então, a epifania progressiva deste dado, como se ela fosse também a história das relações entre o princípio gerador do texto e suas manifestações de superfície. A prova ou a tentação é o *pathos* dessa relação, a ficção de sua indecisão. Mas o texto conta-se a si mesmo focalizando o herói em torno da "constância", perseverança do próprio: "*Idem enim constantissime perseverat qui prius fuerat*", é dito de São Martinho na sua *Vita*. O fim repete o começo. Do santo adulto remonta-se à infância, na qual já se reconhece a efígie póstuma. O santo é aquele que não perde nada do que recebeu.

O relato não é menos dramático, mas não há devir senão da manifestação. Seus lugares sucessivos se repartem essencialmente entre um tempo de provações (combates solitários) e um tempo de glorificações (milagres públicos): passagem do privado ao público. Como na tragédia grega, conhece-se o resultado desde o início, com a diferença de que lá onde a lei do destino grego supunha a queda do herói a glorificação de Deus pede o triunfo do santo.

Um discurso de "virtudes"

A hagiografia é, a rigor, um *discurso de virtudes*. Mas o termo não tem senão secundariamente, e nem sempre, uma significação moral. Ele se aproxima mais do extraordinário e do maravilhoso, mas apenas enquanto estes são signos. Designa o exercício de "poderes" ligando-se aos *dunameis* do Novo Testamento e articulando a ordem do parecer com a ordem do ser. O "poder" representa a relação entre esses dois níveis e mantém sua diferença. Essa mediação compõe todo um leque de representantes, desde o martírio ou o milagre até a ascese ou o cumprimento do dever de Estado. Cada vida de santo oferece uma escolha e uma organização próprias dessas virtudes, utilizando para este fim o material fornecido seja pelos fatos e gestos do santo, seja pelos episódios pertencentes ao fundo comum de uma tradição. As "virtudes" constituem *unidades* de base; sua rarefação ou sua multiplicação produz no relato efeitos de retorno ou de progresso; suas *combinações* permitem uma classificação das hagiografias.

Essas unidades podem ser caracterizadas sob diferentes títulos. Enquanto fornecem modelos (*exempla*) sociais, situam-se numa interseção entre a evolução da comunidade particular onde são elaboradas (aspecto diacrônico) e a conjuntura sociocultural que esta evolução atravessa (aspecto sincrônico): desta maneira o lugar e a definição da pobreza, na Idade Média, variam segundo uma congregação esteja próxima ou afastada dos seus inícios, e segundo o pauperismo represente, na sociedade global, o papel de uma mobilidade necessária ou de uma ameaça à ordem. Será o mesmo, por exemplo, para estas virtudes opostas que são, por um lado, a irredutibilidade da confissão de fé com relação ao meio (martírio pelo sangue), e por outro lado a integração em nome da utilidade social (o dever de Estado) ou de uma conformidade cultural (o equilíbrio psicológico).

As virtudes ressaltam também de uma hierarquia dos signos segundo a relação com o ser que manifestam. Pode-se explicar através disso que tenha ocorrido manifestação da virtude – *dunameis*, e que as "virtudes" tenham-se especializado, distinguindo-se dos "milagres". Uns e outros referem-se ao "poder", mas como norma social, no caso das primeiras, e como exceção, no caso dos segundos. Lá onde se produz, a moralização das virtudes parece o procedimento que permite transformar os signos mais *conformes* às regras sociais de uma época em manifestações as mais *verdadeiras* (as mais transparentes) do mistério cristão. Aliás, a exceção (o milagre) é dada como irrupção do poder divino: é *verdadeiro* (conforme ao ser) aquilo que *não está conforme* à ordem social. Na primeira perspectiva, os milagres se tornam secundários; pode-se relativizá-los ou apagá-los como a um acréscimo indiscreto. Na segunda, as virtudes aparecem como preâmbulos e combates que preparam o desvelamento miraculoso do essencial. Ter-se-á, portanto, a vida de santo que vai da ascese aos milagres através de uma progressão em direção à visibilidade ou, pelo contrário, que visa, para além dos primeiros prodígios, às virtudes comuns e "ocultas" da "fidelidade nas pequenas coisas", traços da verdadeira santidade.

Uma teologia está sempre investida no discurso hagiográfico. Ela é particularmente evidente lá onde a vida do santo serve para provar uma teologia (principalmente entre os Bizantinos ou no Ocidente nos séculos XVI e XIX): a tese é verdadeira, já que foi professada por um homem que era um santo. Fundamentalmente, é uma combinação de signos que dá o sentido do relato. Por eles mesmos o quadro e a ordem das virtudes expõem, como uma ficção, uma teoria da manifestação. A organização de uma *Vida* obedece, portanto, a diversos tipos de projeções do quadro sistemático sobre o eixo temporal. Pode ser *antropológica* (assim o relato dará, sob a forma de etapas sucessivas, a distinção filosófica dos "atos", dos "poderes" e da "maneira de ser", ou a tripartição do homem em "sensível", "psíquico" e "espiritual"), ou ética (assim, os elementos serão classificados segundo "catálogos de virtudes", segundo os três votos da religião etc.), ou *teológica* (assim, a expansão cronológica segue a divisão em três virtudes teologais e em quatro virtudes cardeais) etc. Durante o período moderno, a eucaristia, condição da passagem do ser ao parecer, é o objeto privilegiado pelo milagre, que se torna o duplo e a "prova" daquilo que torna o relato de uma "manifestação" possível.

Tópica hagiográfica

A hagiografia oferece um imenso repertório de temas que, frequentemente, historiadores, etnólogos e folcloristas exploram. Com Günther e muitos outros, podem-se ressaltar pequenas unidades fortemente estruturadas cuja remanescência não é explicada, necessariamente, por influências: como o aparecimento do crucifixo miraculoso, o corpo lançado ao monturo e protegido dos cães pelas aves de rapina, a estátua vinda do mar, o portador da própria cabeça etc.

Existe também um bestiário. Frequentemente a vida de santo curto-circuita o humano, ligando, no milagre, o poder divino e o animal que é a vítima ou o beneficiário dele: essas evanescências do homem no milagre compõem uma demonstração mais forte de uma junção dos extremos, mas também os retornos do fantástico do desejo. O repertório animal comporta, aliás, regiões de relevo muito diferentes, umas mais estereotipadas e simbólicas (o porco, a serpente, o leão, a águia etc.), outras mais realistas (as aves domésticas, o cachorro, o cavalo etc.). Entre elas passa a fronteira móvel que separa um léxico recebido (cujas origens selvagens ainda estão próximas) e a linguagem da natureza cultivada (o animal doméstico ou familiar). Mais importante ainda é a linguagem do corpo, topografia de "buracos" e de ocos: os orifícios (a boca, o olho) e as cavidades internas (o ventre, ulteriormente o coração), privilegiados alternadamente, se inscrevem nas dialéticas exterior-interior ou englobante-englobado, para permitir um teatro rico de entradas e saídas.

Globalmente, esses temas remetem a sistemas de representação. Foi possível distinguir: um tipo demoníaco ou "agônico", que localiza as imagens do diabo e suas metamorfoses num combate celeste; um tipo histórico ou escriturário que repete, desenvolve e ilustra os signos fornecidos pelo Antigo e pelo Novo Testamento; um tipo ascético e moral, que se organiza em torno da pureza e da culpabilidade e que repete as representações da saúde e da doença etc.

III. UMA GEOGRAFIA DO SAGRADO

A hagiografia se caracteriza por uma predominância das particularizações de lugar sobre as particularizações de tempo. Por aí também se distingue da biografia. Obedece à lei da manifestação, que caracteriza este gênero essencialmente "teofânico": as descontinuidades do tempo são esmagadas pela permanência daquilo que é o início, o fim e o fundamento. A história do santo se traduz em percursos de lugares e em mudanças de cenário; eles determinam o espaço de uma "constância".

A circularidade de um tempo fechado

No seu conjunto, e desde as primeiras palavras, a vida de santo se submete a um outro tempo do que a do herói: o tempo ritual da festa. O *hoje* litúrgico o remete a um passado que está por contar. O *incipit* determina o estatuto do discurso. Não se trata de uma história, mas de uma "legenda", o que é "preciso ler" (*legendum*) este dia. Desde os primeiros "calendários" até as *Vidas de santos para todos os dias do ano* (de J. Caillet, entre centenas de outros) e os "catálogos dos santos segundo a ordem dos meses", um quadro litúrgico estabelece lugar para a hagiografia dentro de uma circularidade, o tempo outro, sem duração, já escatológico da festa. A "ordem" de um calendário se impõe ao relato (dois calendários estão na origem das versões grega e latina da *Vida de Melânia*). As obras dos santos são classificadas segundo os calendários em uso nas comunidades onde se lê sua lenda. É a ordem de um cosmos.

Ela se reencontra nos "catálogos universais" que substituem à circularidade do "santoral" (o ciclo anual das festas de santos) a totalidade mais vasta da história desde o início do mundo, como já o faz L. Rabe (1571): outro tempo fechado, pois a cronologia, que se introduz na hagiografia, permanece o meio de uma recapitulação englobante. A ordem litúrgica não se fraciona senão onde se impõe a ordem alfabética. Sobrevive ainda sub-repticiamente (por exemplo, com a "tabela" dita "cronológica" que no *Dictionnaire hagiographique de Migne*, em 1850, segue o calendário). Permanece a norma oculta, o sustentáculo secreto do espaço onde, aliás, se encontra encerrada. Essa proteção de um lugar posto fora do tempo faz ela outra coisa senão repetir o que diz o texto com a vontade de cobrir de extraordinário uma localidade religiosa ou com a tendência apocalíptica e milenarista que nela frequentemente se exprime?

Uma composição de lugares

A vida de santo é uma composição de lugares. Primitivamente, ela nasce num lugar fundador (túmulo de mártir, peregrinação, mosteiro, congregação etc.) transformado em lugar litúrgico e não cessa de reconduzir para ele (através de uma série de viagens ou de deslocamentos do santo) como para aquilo que é finalmente a prova. O percurso visa ao retorno a esse ponto de partida. O próprio itinerário da *escrita* conduz à *visão* do lugar: *ler* é ir *ver*.

O texto, com seu herói, circula em torno do lugar. É dêitico. Mostra sempre o que não pode nem dizer nem substituir. A manifestação é essencialmente local, visível e não dizível; ela *falta* ao discurso que a designa, fragmenta e comenta, numa sucessão de quadros. Mas essa "discursividade", que é passagem de cena para cena, pode enunciar o *sentido* do lugar, insubstituível, único, extraordinário e sagrado (*hagios*).

A organização do espaço que o santo percorre se desdobra e torna a dobrar a fim de mostrar uma verdade que é um lugar. Num grande número de hagiografias, antigas ou modernas, a vida do herói se divide, como o relato da viagem, entre uma partida e um retorno, mas não comporta a descrição de uma sociedade outra. Vai e volta. Existe inicialmente a vocação do santo que o exila da cidade para conduzi-lo ao deserto, campos ou terras longínquas – tempo de ascese que contém a sua iluminação. Depois vem o itinerário que o leva outra vez à cidade ou que conduz a ele a multidão das cidades – tempos de epifania, de milagres e de conversões. Esse esquema permite introduzir os leitores no movimento do texto, produz uma leitura itinerante, se encarrega na sua primeira parte do mundo "mau" para conduzir, sobre as pegadas do santo, ao lugar enunciado. É o lado "edificante" da hagiografia, seja sob uma forma parenética, seja à maneira de um julgamento pronunciado contra o "mundo" (a primeira parte é o lugar privilegiado dos combates com o demônio).

Mais ainda, esses dois lugares contrários, essa partida duplicada com um retorno, este fora que se completa encontrando um dentro, designam um não lugar. Um espaço *espiritual* se indica pela contrariedade desses movimentos. A unidade do texto se prende à produção de um sentido por justaposição de contrários – ou, para retomar uma palavra dos místicos, por uma "coincidência dos opostos". Mas o sentido é um lugar que não é um lugar. Remete os leitores a um "além" que não é nem um alhures nem o próprio lugar onde a vida do santo organiza a edificação de uma comunidade. Frequentemente se produz aí um trabalho de simbolização. Talvez essa relativização de um lugar particular através de uma composição de lugares, como o desaparecimento do indivíduo por trás de uma combinação de virtudes prescritas à manifestação do ser, forneçam a "moral" da hagiografia: portanto, uma vontade de significar um discurso de lugares é o não lugar.

INDICAÇÕES BIBLIOGRÁFICAS

DELEHAYE, H. *Les légendes hagiographiques*. Bruxelas, 1905.

DELEHAYE, H. *Cinq leçons sur la méthode hagiographique*. Bruxelas, 1934.

PEETERS, P. *Orient et Byzance. Le tréfonds oriental de l'hagiographie byzantine*. Bruxelas, 1950.

AIGRAIN, R. *L'hagiographie*. Paris, 1953.

GUNTHER, H. *Psychologie de la légende. Introduction à une hagiographie scientifique*. Paris, 1954.

WOLPERS, T. *Die englische Heiligenlegende des Mittelalters*. Tübingen, 1964.

GRAUS, F. *Volks, Herrscher und Heiliger im Reich der Merowinger*. Praga, 1965.

GILMONT, J.-F. *Les Martyrologes protestants du XVIe siècle*. Louvain, 1966.

FONTAINE, J. *Introduction à Sulpice Sévère, Vie de Saint Martin*. Paris, 1967.

DORN, E. *Der sündige Heilige in der Legende des Mittelalters*. Munique, 1967.

PATLAGEAN, E. A Bizance: ancienne hagiographie et histoire social. *Annales E.S. C.*, t. XXIII, 1968, p. 106-126.

GAIFFIER, B. de. Mentalité de l'hagiographe médieval. *Analecta Bollandiana*, t. LXXXVI, p. 391-399, 1968.

DELOOZ, P. *Sociologie et canonisations*. Haia, 1969.

Quarta Parte

AS ESCRITAS FREUDIANAS

Capítulo VIII

O QUE FREUD FEZ DA HISTÓRIA

A propósito de uma neurose demoníaca no século XVII[1]

O que nós chamamos inicialmente história não é senão um relato. Tudo começa com a vitrina de uma *lenda*, que dispõe objetos, "curiosos" na ordem em que é *necessário lê-los*. É o imaginário de que temos necessidade para que o *alhures* repita apenas o *aqui*. Impõe-se um sentido recebido numa organização tautológica que não diz outra coisa além do presente. Quando recebemos o texto, já se efetuou uma operação: ela eliminou a alteridade e seu perigo, para não guardar do passado senão fragmentos integrados nas histórias que uma sociedade inteira se conta nos serões, encastoados no quebra-cabeça de um presente.

Esses signos arrumados como lenda continuam, entretanto, suscetíveis de uma outra análise. Começa, então, uma outra história. Ela tende a instaurar a heteronomia ("isto se passou") na homogeneidade da linguagem ("isto se diz", "isto se lê"). Produz o histórico no elemento de um texto. A rigor, isso é fazer história.

A palavra *história* oscila entre dois polos: a história que é contada (*Histoire*) e a que é feita (*Geschichte*). Esse trabalho banal tem o mérito de indicar, entre duas significações, o espaço de um trabalho e de uma mutação. Pois o historiador parte sempre do primeiro sentido e visa ao segundo para abrir, no texto de sua cultura, a brecha de alguma coisa que aconteceu alhures e noutro momento. Desta maneira *produz* história. Nos pedaços que o imaginário de sua sociedade organiza antecipadamente ele ope-

---

1 NT – Estudo publicado em *Annales E. S. C.*, t. 25, 1970, p. 654-667.

ra deslocamentos, acrescenta outras peças, estabelece distâncias e comparações entre elas, discerne nesses indícios o vestígio de outra coisa, remete assim a uma construção desaparecida. Em suma, cria ausências. Com esses documentos – através de artimanhas que não necessitam ser lembradas aqui –, ele constitui um passado capturado mas não reabsorvido no seu novo discurso. Portanto, seu trabalho é também um evento. Porque não repete, tem como efeito transformar a história-lenda em história-trabalho. Um mesmo processo operatório transforma a relação do historiador com o objeto passado do qual se falava, e a relação interna entre os documentos que designavam este objeto.

Neste último sentido é que vai constituir, aqui, questão da história. Não para deduzir de um saber tirado de Freud sua "concepção" da história, nem para medir os resultados da interpretação freudiana segundo os métodos atuais da investigação histórica, mas para revelar aquilo a que correspondem e chegam as incursões de Freud na região "histórica" da sua cultura. Como trata ele essa parte de sua linguagem, na qual sua curiosidade correspondeu ao gosto de tantos de seus contemporâneos? Como analista, o que faz ele da história? Também é preferível examinar seu trabalho num caso particular. Corre-se assim o risco de abrir algumas questões, mas sem ter o meio de lhes dar um verdadeiro estatuto científico, sem ter tampouco a ilusória pretensão de resolvê-las.

Talvez essa observação seja, ela também, uma reação contra uma maneira de se *servir* da psicanálise. Um certo número de trabalhos, tanto em etnologia quanto em história, mostram que o uso dos conceitos psicanalíticos ameaça tornar-se uma nova retórica. Eles se transformam, então, em figuras de estilo. O recurso à morte do pai, ao Édipo ou à transferência, serve para tudo. Sendo esses "conceitos" freudianos supostamente utilizáveis para todos os fins, não é difícil calcá-los sobre as regiões obscuras da história. Infelizmente, não são mais do que utensílios decorativos quando têm por objetivo apenas o de designar ou cobrir pudicamente o que o historiador não compreende. Circunscrevem o inexplicado; não o explicam. Confessam uma ignorância. Instalam-se onde uma ex-

Capítulo VIII • O que Freud fez da História   309

plicação econômica ou sociológica deixa um *resto*. Literatura de elipse, arte de apresentar os dejetos ou sensação de uma questão, sim; mas análise freudiana, não.

O histórico, produção da "Aufklärung" freudiana

O estudo sobre Uma neurose demoníaca no século XVII data de 1922.[2] Para todos os detalhes necessários ao diagnóstico, remeto ao texto. Sua história é conhecida. Ela é contada num manuscrito dos séculos XVII-XVIII (o *Trophaeum Marianocellense*, Viena, Bibl. nac. ms. 14084) de que Freud fez uma descrição detalhada.

Era uma vez um pintor bávaro, Christoph Haitzmann. Em 5 de setembro de 1677, portador de uma carta de recomendação do cura de Pottenbrunn (Baixa Áustria), ele se apresentou no mosteiro de Mariazell (em Zell, na Estíria). A carta, escrita em 1º de setembro por Leopoldo Braun ao abade do convento, e recopiada no *Trophaeum*, contava que, chegado há vários meses a Pottenbrunn, o pintor havia sofrido, em 29 de agosto, na igreja, terríveis convulsões, e que havia apresentado os mesmos sintomas nos dias seguintes. Interrogado pelo cura, ele confessou ter-se deixado seduzir pelo diabo, em 1669, e ter-se então comprometido por escrito a pertencer-lhe de corpo e alma após nove anos. Outros textos nos informam que sua "melancolia" estava ligada à morte de seu pai, causa da depressão que havia precedido seu contrato com o diabo. O prazo do pacto era 24 de setembro de 1677. O infeliz esperava que a bem-aventurada Virgem Maria de Zell o salvasse, obrigando o Maligno a restituir esse pacto escrito com sangue.

Segundo um relato escrito muito provavelmente durante setembro de 1677 (igualmente dado pelo *Trophaeum*), desde sua chegada a Mariazell, Haitzmann foi exorcizado durante três dias e

---

2   FREUD, Sigmund. *Gesammelte Werke*. Londres: Imago Publishing, t. XIII, p. 315-353: *Eine Teufelsneurose im siebzehnten Jarhundert*. Esta edição será designada pela sigla GW., seguida de número da página. Do texto se tem a tradução inglesa na *Standard Edition*, vol. 19, p. 69-105; a tradução francesa (não muito satisfatória), em *Essais de psychanalyse appliquée*, Gallimard, 1952, p. 213-254.

três noites. No dia 8 de setembro, festa da Natividade de Nossa Senhora, por volta da meia-noite, ele viu o diabo aparecer-lhe sob a forma de um dragão alado, no canto esquerdo do altar consagrado à Virgem: arrancando-se aos padres, ele se precipitou para o altar e dele trouxe de volta o seu pacto. Após alguns dias retornou a Pottenbrunn, depois a Viena, onde morava sua irmã casada.

A partir de 11 de outubro e até maio de 1678 foi novamente atingido por convulsões, aparições estranhas em uma vez, por paralisia das pernas. Pôs-se a descrever seus sintomas num diário (recopiado do manuscrito de Viena) redigido até 13 de janeiro de 1678 e ilustrado por ele mesmo com pinturas que representavam suas visões – em especial o diabo, alternadamente como um "honrado burguês" e como demônio provido de mamas. Retornou a Mariazell, onde se queixou de "ataques do espírito mau". Ele os atribuiu a um segundo pacto (este escrito à tinta) que teria feito com o diabo. Segundo uma retomada dos exorcismos, recuperou esse pacto em 9 de maio, cerca de 9 horas da noite. Pouco depois se fez religioso entre os Irmãos Hospitalários ou Irmãos da Misericórdia, sob o nome Irmão Crisóstomo. Morreu em 14 de março de 1700, em Neustadt, sobre o Moldávia. A notícia que lhe consagra o provincial, após uma investigação de 1714, menciona uma vida regular com, de tempos em tempos, a tentação maligna de fazer um novo pacto com o diabo; é verdade, acrescenta a relação, que isso se dava quando "havia bebido vinho um pouco demais".

O manuscrito recopiou cuidadosamente os dois "síngrafos". Um escrito com sangue: "Christoph Haitzmann. Eu me voto a este Satã para ser seu próprio filho e pertencer-lhe de corpo e alma em nove anos". O outro, escrito à tinta: "Eu, Christoph Haitzmann, me comprometo por escrito com este senhor a ser seu próprio filho em nove anos".

É, portanto, um caso de "possessão". Existem deles milhares no século XVII. Este território negro da história, este "universo selvagem das superstições", prende e fascina ao mesmo tempo o historiador e o filósofo. Mas o murmúrio dessa experiência marginalizada não entra no nosso discurso.

Eis que, para Freud, esses "tempos sombrios" (GW. 317) são, pelo contrário, a mina a céu aberto. O que é nossa noite se lhe mostra "em plena claridade", diz ele (GW. 318). Existe, aí, com o que despertar a incredulidade ou a suspeita, já que o historiador, determinado por sua documentação, não apreende a feitiçaria senão como uma lacuna *à margem* do escrito e do seu texto,[3] ou que o filósofo define o diabólico como o termo *eliminado* (e, porque excluído, ilegível) numa "estrutura" de limite essencial à constituição de toda razão e de toda sociedade.[4] Mas essas não são as questões às quais Freud, nesse texto, pretende responder.

Ter-se-ia pelo menos, graças à "clarificação" freudiana e porque esta se opera no terreno da história, um "modelo" científico tornando preciso o que nós chamamos a *interdisciplinaridade*? Esse encontro permitiria definir as condições de uma diferença e de um confronto entre ciências afins, no caso, entre a história e a psicanálise. Por aí se ofereceria uma oportunidade de liquidar essa *interdisciplinaridade* frouxa que hoje se insinua nos interstícios dos campos definidos pelas ciências, que só se *aproveita* do seu jogo como de um espaço entre elas, vacante, incerto e inconfessável, ou que deixa a cada uma a facilidade de atribuir a outras o além de sua explicação. A interdisciplinaridade de que se poderia tratar busca antes apreender constelações epistemológicas que estão se dando um novo recorte de seus objetos e um novo estatuto de seus procedimentos... Mas Freud não escuta por este ouvido. Escreve para quem crê (*glauben*) na psicanálise (GW. 330). Ele o faz em nome

---

3   A informação é, efetivamente, constituída pelos documentos sobre a possessão ou a feitiçaria (textos jurídicos, médicos, religiosos etc.); ela não provém dos feiticeiros ou dos possuídos, senão aqueles apanhados na malha dos interrogatórios que os acusam ou dos relatos que os julgam.

4   Assim, FOUCAULT, Michel, *Histoire de la folie à l'âge classique*, Plon, 1961, prefácio, p. V-VI, sobre esta estrutura de limite ou "estrutura de recusa": "A história não é possível senão sobre um fundo de ausência de história." Do estudo que M. Foucault anunciava sobre "a experiência do demoníaco e a redução que dela foi feita do século XVI ao XVII" (ibid., p. 34, n. 1) tem-se um resumo com seu artigo Médecins, juges et sorciers au XVII siècle, em *Médecine de France*, n. 200, p. 121-128.

312 A Escrita da História • Michel de Certeau

de uma ciência à qual seu "êxito" *em geral (überhaupt)* dá o direito imperial de estender suas investigações a novas regiões (GW. 317) e a certeza de confirmar suas primeiras conquistas. Envia sua "flecha" contra Troia, certo de que a cidade murada dos feiticeiros cederá também, e não cederá senão a esta arma (GW. 329).

À primeira vista ele tem, diante do manuscrito de Mariazell, uma atitude bem característica. Pois exerce seu instrumento nesta terra para ele ainda virgem e psicanaliticamente não "cultivada" – a saber, esses escritos provenientes do século XVII – isso ocorre não porque ela lhe pareça estranha, supostamente distante, e, no seu conjunto, como um passado. É, pelo contrário, porque é sua. Os documentos que lê pertencem à sua paisagem. Fazem parte do seu presente, que é um presente não analisado. Indício revelador. O documento de Mariazell representa aqui um fragmento do conjunto, factício mas real, que constituem as leituras, conhecimentos, interesses, em suma, a cultura de Freud, superfície plana e inteiramente contemporânea, em que lhe é dado um lugar antes que *ele mesmo o tome.* Ele está dentro desta linguagem (a de seus clientes, de seus amigos ou de suas leituras) antes de nela empreender qualquer coisa como erudito. Deste ponto de vista, o manuscrito não lhe propõe outro problema além dos que lhe propõe qualquer outro fragmento da sua linguagem. Mas ele, precisamente, fará do manuscrito um documento *histórico*, de uma maneira que lhe é própria, e através de uma operação científica – a sua – que se estende *também* a este elemento de sua cultura.

A esse território de palavras, colocadas como resto na geografia cultural de hoje (o passado não é inicialmente senão uma modalidade do presente), a análise vai dar como que uma espessura. Dessa maneira procede, aliás, a terapêutica freudiana: ela decifra nas palavras do doente uma organização que "denuncia" uma gênese; ela as remete, assim, a eventos que ocultam e que se tornam – enquanto ausentes e presentes – um passado. A interpretação parte hipocritamente "daquilo que se pode encontrar por toda parte", nos diz Freud, mas faz que, no presente e no cotidiano, confessem "as conclusões mais estranhas" (GW. 328). A história é uma forma desta "estranheza". Não é um dado imediato nem tampouco um a *priori*. É o produto de um ato científico. Resulta aqui da psicanálise. Como? Referindo-se ao caso de Haitzmann, Freud vai mostrá-lo pela sua *Aufklärung* ou elucidação (é a palavra do texto: *aufklären*; GW. 329). Que nos baste adiantar o propósito geral dela: como em toda parte, essa análise faz de relações entre palavras vestígios de relações entre tempos. Através de um trabalho sobre o texto, ela transforma a superfície dos elementos verbais numa rede de inter-relações que organizam esta superfície, que articulam as palavras em função de coisas apagadas ou perdidas e que fazem do texto o signo enganador de eventos passados.

O que eu gostaria de sublinhar é que uma história está implicada numa relação verbal e se constitui pelo exame freudiano. O caso Haitzmann tem, à primeira vista, aparência histórica: data do século XVII – maneira de situá-lo nas gavetas de uma repartição cronológica presente. Na verdade, ele se torna histórico a partir do momento em que é inscrito numa problemática da história, aquela mesma que Freud não pode deixar de evidenciar através do seu trabalho interpretativo.

Para uma história do século XVII

Não me retardarei, portanto, no interesse *heurístico* que Uma neurose demoníaca possa apresentar para o historiador ou para o filósofo. Tendo permanecido muito tempo nessas margens da história do século XVII[5] eu o creio, entretanto, muito grande. Neste sentido, os argumentos que Ida Macalpine e Richard Hunter objetam à tese freudiana[6] se inspiram numa erudição mais "cienti-

---

5   Ao mesmo tempo que ao livro, já clássico, de MANDROU, Robert, *Magistrats et Sorciers en France au XVII siècle*, Plon, 1968, eu me permito remeter à documentação reunida em SURIN, J. J. *Correspondance*, ed. M. de Certeau, DDB, 1966, e a um estudo sobre o assunto: CERTEAU, M. de, L'absent de l'histoire, Mame, 1973: La magistrature devant la sorcellerie du XVII siècle, p. 13-39.

6   MACALPINE, Ida; HUNTER, Richard A. *Schizophrenia 1677, A Psychiatric Study of an illustrated Autobiographical Record of Demoniacal Possession*. Londres: W. Dawson, 1956. 197 p., com a reprodução das pinturas de Haitzmann.

ficista" do que científica, e próxima deste bazar oriental ao qual a "filosofia das religiões" durante muito tempo houve por bem se assemelhar; ali se arrumaram juntos, segundo sua forma, frascos de todas as procedências, e todos os diabos com mamas se encontram na mesma prateleira, assim como se tem numa outra todas as luas dispersas através das civilizações. Esse gênero de análise recorta na multiplicidade das religiões um único "tema", aqui, por exemplo, o diabo provido de atributos femininos, as mamas etc. Do todo a que ele pertence, ela isola um elemento para ligá-lo a um objeto constituído antologicamente de acordo com analogias que, sozinhas, fundam os subentendidos do observador. O sentido de um elemento, na verdade, não é acessível senão através da análise de seu funcionamento nas relações históricas de uma sociedade, quer dizer, na medida em que este elemento é tomado como um termo inscrito na rede de uma linguagem. Macalpine e Hunter não deixam de ter razão[7] quando julgam insuficiente e errônea a informação que leva Freud a dizer que a representação do diabo com mamas, nas pinturas de Haitzmann,[8] é "insólita" (GW. 335).

---

7   Ibid., p. 103.

8   Também etnólogo e psicanalista, Géza Róheim adota uma perspectiva mais freudiana quando recoloca este elemento (o diabo fêmea) na *organização* dos indícios fornecidos por Haitzmann. Ele aceita a interpretação proposta por *Une névrose démoniaque* (*Psychanalyse et anthropologie*, Gallimard, 1967, p. 523-525). Mas prefere uma outra, que seria freudiana no condicional passado (aquilo que Freud *teria dito* ou podido dizer): "Se Freud tivesse escrito seu artigo mais tarde, estou convencido de que ele teria interpretado o diabo como o superego. As perturbações começam pela melancolia, quer dizer, ataques violentos do superego contra o ego. Isto sobrevém após a morte do pai, e o indivíduo se sente culpado por causa de seus desejos de morte. Como pintor, ele se sente inferior (complexo de culpa e de inferioridade) e promete ser um bom filho do substituto paterno se este (o substituto do pai ou superego) aliviar a pressão que faz pesar sobre ele e cessar de inibir a atividade do seu ego. A *luta* entre o ego e o superego *termina* quando os muros do mosteiro se fecham em torno dele. De agora em diante ele está em segurança..." (ibid., p. 524, o grifo é meu). Como quer que tenha sido a "luta entre o ego e o superego" (que muitas vezes tem o aspecto de uma guerra dos deuses), a evocação deste "fim" não parece de

Mas este ponto não é essencial para a argumentação de Freud, que responde aos seus opositores com suas próprias armas. Ele quer dizer outra coisa.

Na perspectiva de uma historiografia, a interpretação da idade clássica poderia reter, da análise freudiana, dois pontos sem dúvida suscetíveis de muitos desenvolvimentos. Eu apenas os menciono, pois eles correspondem menos ao alcance desta pesquisa do que às suas "recaídas".

Inicialmente, a importância da *ambivalência Diabo-Deus*, sublinhada por Freud, parece confirmada pelas múltiplas formas de sua remanescência no decorrer do século XVII. Desta maneira, tomando o lugar da autoridade religiosa, o Estado (e, na teoria, a "razão de Estado") se torna um "substituto" (um *ersatz*) do Pai que foi (para retomar uma palavra do texto) "dividido" pelas guerras de religião. Mas a ambivalência inicial do Pai permanece manifesta em cada Igreja pela oscilação de toda experiência religiosa entre o divino e o diabólico e, por outro lado, ressurge como ambiguidade no movimento que ainda faz ler esta "razão de Estado" como "de direito divino" ou como "razão do inferno".[9] Muitos outros exemplos poderiam ser dados.

Por outro lado, para Freud, quando ele os analisa no texto, os pactos de Haitzmann com o diabo representam um contrato que fornece ao pintor, privado de seu pai morto, *o benefício de ter um outro pai*, em troca de sua vida, corpo e alma, após nove anos. Ele se votará, em seguida, da mesma maneira à congregação dos Irmãos da Misericórdia, para poder ser filho. Essa interpretação sugere que no século XVII, no discurso noturno dos *sabbats* como

---

acordo com o pensamento de Freud, pouco inclinado, nós o veremos, a encerrar as histórias como as lendas, com uma reconciliação feliz. A exegese de Géza Róheim deixa escapar o problema essencial, de "substituições" ou de "deslocamentos" (cf. *infra*) que excluem, como diz J. Lacan, "a promessa de uma resolução".

---

9   Cf., por exemplo, o estudo de THUAU, Étienne, *Raison d'État et pensée politique à l'époque de Richelieu*, A. Colin, 1966, 478 p.

316 A Escrita da História • Michel de Certeau

no diurno, da vida cívica, estruturações socioculturais diferentes têm uma gênese análoga. Então, com efeito, sob outras formas, alguém se "consagra" para ter o privilégio de ser cliente, fiel, ou "filho". O problema não vem então *de que não haja mais pai* (a quem se "consagrar"). Daí a pluralidade dos reinvestimentos do papel que, enfim, assume o *rei* durante um tempo. A essa resolução da necessidade de ser filho e de ser colocado como filho por um pai, poder-se-ia (mas até que ponto?) opor a organização presente de uma sociedade na qual o desejo de existir, de reencontrar novamente o pai se constitui e se aliena, mas como artificialidade determinante, como linguagem social e como lei anônima.

Mas antes duas questões devem nos deter, associadas de uma forma, à primeira vista paradoxal, mas na realidade complementares, tais como as articula o procedimento freudiano: uma, a legibilidade do passado; a outra, as substituições do pai.

Do passado legível ao presente oculto

A neurose demoníaca do século XVII, dizem, "mostra-se em plena claridade" (GW. 318). Ela é, aliás, assimilada à neurose da criança, na qual pode ser detectada melhor do que no adulto. O século XVII (esta "idade" da humanidade que Freud considera "primitiva" e que chama também "medieval", cf. GW. 318 e 332) descobre a olho nu (*mit freien Augen*; GW. 317) a doença que não se revela no século XX senão por uma investigação aprofundada. Era, então, evidente o que, hoje, seria obscuro. A "*Aufklärung*" das representações próprias dessas "crianças" do século XVII é, em suma, um brinquedo infantil.

Dessa maneira, o mais antigo seria o mais claro. Esta posição[10] permite interpretar a pretensão freudiana, propalada no limiar de

---

10 Aqui eu não encaro senão a significação *teórica* desta posição. Que Freud atribua às manifestações *mais distantes* (que são também mais "isoladas" dele), e através disto, talvez, aos traços desativados e "mortos" do sujeito, o caráter de serem mais claros e abordáveis, isto poderia ser levado na conta do seu gosto pela arqueologia e esclarecer a sua própria psicologia.

Capítulo VIII • O que Freud fez da História 317

seu estudo, a de "reconhecer *sob outras palavras*" (as do século XVII) as mesmas estruturas neuróticas (GW. 317). Pois não se trata aqui de uma "realidade" de um subjacente homogêneo, tal como um "essencial" ou um *thumos* que sustentaria a descontinuidade das representações. O historiador profissional seria antes levado a substantificar a continuidade (sob a forma de um "progresso", de uma "lógica" cuja história seria a "manifestação", ou de um "quantitativo" cujas codificações iniciais determinam, antecipadamente, a continuidade etc.). Com muita rapidez ele toma como realidade da história o que é apenas a coerência do seu discurso historiográfico, e por uma ordem na sucessão dos fatos o que é apenas a ordem postulada ou proposta pelo pensamento.

Freud não fala, aqui, de uma permanência da coisa sob a diversidade das suas roupagens. Para ele, a mesma relação de ambivalência e de tensão pode se repetir e, portanto, "se reencontrar" (como um "conteúdo", diz ele: *Inhalte*; GW. 317), revelado pelas máscaras sucessivas que o representam, seja sob a forma de uma "roupagem demonológica", no século XVII, seja na "linguagem das doenças orgânicas" no século XX. O "conteúdo" constante é uma *relação* entre termos cambiantes, da qual um é alternadamente, ontem, a máscara *diabólica*, hoje, a enxaqueca, a úlcera, a doença *orgânica*. O que é reconhecível no passado é o próprio engodo. A farsa pela qual se representa e se oculta o conflito recusado é nele mais "claro". O "vestígio" da depreciação do pai era ontem mais visível do que o é hoje. Esta afirmativa instaura uma distância "histórica" entre o leitor e o documento que ele analisa. Esta distância pode ser formulada: "era visível"; mas aqui a visibilidade dá o seu peso ao imperfeito ("era"); mede uma distância entre tempos diferentes.

A essa concepção, aliás, ligam-se outros dados no texto. Inicialmente, Freud evoca um aquém do século XVII. A montante, no tempo, um "início" é colocado como *Anfang* (começo; GW. 330) ou como *Ursprung* (origem; GW. 331). Nesse "tempo primitivo", a dualidade do pai (projeção de uma relação ambivalente com o pai) era representada numa personalidade *única, ao mesmo tempo,* Diabo e Deus. No início reinam o *mesmo* e o *simples*: Janus, portador exclusivo da ambiguidade conflitual. Este *Urbild* protótipo primitivo, nos dizem, "mais tarde", (GW. 331), cindiu-se e fragmentou-se: a dualidade presente na "primeira imagem infantil" – submissão terna e desafio hostil – foi explicitada em dois personagens opostos, Deus e o Diabo. Dessa maneira o progresso fraciona, elucidando. Se, portanto, o passado é mais legível que o presente, é em nome desta "lei" (digamos freudiana, sem distinguir ainda se proposta ou exumada por Freud) que dá a toda explicação a representação simples de uma ambiguidade intransponível, como limite originário e como *evidência* primeira.

Aqui não é lugar de desembrulhar todas as verificações ou refutações suscetíveis de serem somadas a essa suspeita pela antropologia. De qualquer maneira, Freud jamais acreditou que estivesse, através da psicanálise, dispensado de uma informação sócio-histórica exata nem de apresentar a articulação entre o individual e o social. Que uma documentação abundante, talvez mesmo erudita, lhe tenha parecido necessária, suas pesquisas sobre o manuscrito de Marizell o demonstram, mas ainda mais as pesquisas que empreendeu antes de escrever seus estudos sobre *Leonardo da Vinci* (1910), sobre o *Moisés de Miguel Ângelo* (1914) etc. e, mais ainda, seu desgosto a propósito dessas obras, de ter sido "obrigado a tirar amplas conclusões a partir de um número de fatos insuficiente".[11] Um inventário preciso dos fenômenos permanece uma condição para ele. Por outro lado, considerava *Totem e tabu* (1912) como uma obra capital, tão importante quanto *A interpretação dos sonhos* (1905), fazendo-lhe frente e completando-a. Uma análise das linguagens e da gênese que denunciassem suas estruturações ultrapassa a divisão entre a "psicologia individual" e a "psicologia coletiva".[12]

---

11   FREUD, S.; BULLIT, W. C. *Le Président Thomas Woodrow Wilson. Portrait psychologique.* A. Michel, 1967. Prefácio de W. Bullit, p. 8. Foi justamente a documentação, abundante e precisa, reunida por Bullit que seduziu Freud: "Ele desejava há muito tempo fazer o estudo psicológico de um indivíduo sobre quem milhares de fatos haviam sido estabelecidos" (ibid.).

12   FREUD, S. *Totem et tyabou*. Prefácio (trad. S. Jankélévitch).

Com *Totem e tabu*, Freud se propunha um objetivo que não deixava de manter essa divisão. Ele se propunha "criar um laço entre etnólogos, linguistas, folcloristas etc., por um lado, e psicanalistas, por outro". Colaboração "que não pode ser senão fecunda", mesmo que não possa "dar a uns e outros aquilo que lhes falta: aos primeiros uma iniciação suficiente à nova técnica psicológica: aos últimos, um domínio suficiente dos materiais que aguardam sua elaboração".[13] Com essa *falta*, ele reconhece que *obteve de outrem* o material *necessário*. No caso de Haitzmann, ele o "deve" ao doutor R. Pauer-Thurn, conselheiro áulico, diretor da Biblioteca imperial e real dos Fideicomissos em Viena, que publicou separadamente o seu trabalho.[14] Mas recebe também de Bullit a documentação sobre o presidente Wilson, ou de Frazer, e muitos outros, os "fatos" relativos ao totemismo etc. Na realidade, esse "material" é o *produto* das pesquisas nas quais se apoia a psicanálise. Não são *fatos*, mas *fabricações*. A este mesmo título ainda são fatos, mas fatos históricos, resultados e signos de ciências afins (as do início do século XX). Encontram-se, portanto, na mesma posição que os "fatos" de que tal ou qual dos seus clientes fala – propostas ou fatos também eles elaborados e quase manufaturados. Quando se trata dos seus doentes, o analista apreende de cara o "material" de sua linguagem como um *produto*. Com relação ao "material" que Freud recebe do historiador ou do etnólogo, tem ele a mesma atitude? Este é o problema. Contudo pouco importa, contrariamente ao que se diz muitas vezes, que os conhecimentos de Freud, por exemplo, sejam "ultrapassados" ou deficientes. Os de Dora ou de Hans, dos quais se trata nos *Casos Clínicos*, o são mais ainda. Mas o analista tendo confessado sua dependência com relação a essa linguagem (assim como ante a linguagem do seu cliente), é necessário perguntar antes como a trata (como significante ou como realidade), e por outro lado como situa seu trabalho interpretativo com relação a *essa*

---

13 Ibid.
14 PAYER-THURN, R. Faust in Mariazell. In: *Chronik des Wiener Goethe-Vereins*, 1924, p. 3.

falha.[15] Questão grave, mas que não deve ser colocada em nome de problemáticas estranhas à de Freud.

Ocultar, trabalho da história

Mas retornemos ao seu texto sobre a neurose demoníaca, texto, aliás, talvez organizado – sob o aspecto de um recurso à *Urbild* – pela imposição que leva, então, outros pensadores contemporâneos a tratar da origem da linguagem e do desenvolvimento das línguas. Qualquer que seja o caso, o conceito introduzido por Freud focaliza a linguagem em um simples (*Bild* único) *que não existe mais* (*Ur*, origem desaparecida), senão como *múltiplo*, mais aprofundado pelo próprio fato do fracionamento elucidador e, portanto, menos aparente. O trabalho da história (*Geschichte*) não cessa de ocultar o que era legível, e isso pelo próprio gesto que demultiplica o simples para o desvelar. As explicações efetuam um desdobramento dos contrários; através disso elas multiplicam as representações, quer dizer, quebram o *Urbild* em mil facetas quando o repetem numa linguagem "analítica". Assim, operam a decomposição e a camuflagem do conflito tão "claro": ao mesmo tempo, um movimento de análise e de ocultamento. No momento em que ele revela esse trabalho explicativo (cuja aceleração, no século XIX, talvez tenha tornado *possível* a psicanálise), Freud "reencontra" o conflito, não mais como Imagem (*Bild*), mas como lei (*cientificamente verificada*) que organiza cada nova linguagem, a do doente, de uma sociedade etc. De um só golpe dá à ciência um outro objeto: o significado (o "conteúdo") que se perde quando se elucida; o objeto, que não cessa de *se perder* pelo fato de *ser analisado*; finalmente, a *relação* entre esta perda e as explicações.

---

15 Dessa maneira, Géza Róheim (op. cit., p. 20-21) considera, apressadamente, os "acontecimentos primordiais" evocados por Freud como puramente míticos e fantasmáticos. Isso é julgá-los segundo um ponto de vista exclusivamente historiográfico e não querer ver sua função no tratamento freudiano da história.

Um quadro originário (*Urbild*) permanece presente no seu estudo. Está implícito nele e, mais exatamente, é proposto por ele. Mas esse não é nem um "objeto" fora dele e, como que, dado antes dele, nem tampouco o resultado de uma simples tautologia graças à qual o discurso analítico faria da sua condição um elemento de seu desdobramento: esta ciência instaura, pelo contrário, como lei da linguagem e como sua própria lei uma diferença dos tempos e um trabalho do tempo.

Algo análogo é sugerido a propósito do totem (pai-animal), imenso canular etnológico, retomado pelos autores mais sérios da época.[16] Freud vê aí o termo inicial, constatado, mas necessário, de uma *relação* (constitutiva da história) que vai do simples ao complexo, quer dizer, da ambivalência representada pelo totem à dissociação explicativa ulterior. Revela, portanto, no "representado" original o indício primeiro da lei que vai comandar as explicações, as transformações e as manifestações do *Imago* totêmica,[17] "o *mais antigo* código (*ältesten*) da humanidade". Porque a ambivalência é aí mais visível, "o tabu é *mais antigo* (*älter*) do que os deuses e remonta, no tempo, a uma época anterior a toda religião".[18]

Na verdade existe aí uma concepção que teria sido impensável sem a posteridade historiográfica e cientificista do hegelianismo, quer dizer, sem as transposições, em termos de "progresso", de uma visão totalizante da história. Mas no elemento cultural de sua época, no momento em que retoma também por sua conta os produtos fabricados pela etnologia ou pela história de seu tempo,

---

16 Claude Lévi-Strauss nos escreveu, a esse respeito, uma história policial que desmitifica o totemismo de antigamente: *Le Totémisme aujourd'hui*, P. U. F., 1962, 155 páginas.

17 O próprio Freud remete (GW. 331) a *Totem e tabu*. Nesse livro, sublinhando o caráter "enigmático" do totemismo, ele se refere incessantemente aos dois esquemas conceituais de sua interpretação – o paralelismo entre o "primitivo" e a criança; a passagem da ambivalência representada aos seus desdobramentos religiosos (cf., principalmente, cap. 2 e 4; GW. t. IX, p. 26-92 e 122-294).

18 *Totem e tabu*, cap. 2; GW. t. IX, p. 27. O grifo é meu.

Freud transforma-lhes o sentido. Ele os organiza em função de um outro tipo de *unidade* ou de objeto científico. Relativiza, inverte mesmo o progresso. Propõe um outro problema.

É assim que o "vestígio" de *Urbild*, ainda muito "nítido" no século XVII, vai se enterrar na falsa erudição das explicações sucessivas que o ocultarão. Poder-se-ia comparar esse processo ao que ocorre quando um doente é recebido hoje num hospital psiquiátrico: legíveis quando da sua entrada, os caracteres da sua neurose se esfumam com sua introdução numa organização médica, imersos na lei da sociedade hospitalária e no corpo social de um saber psiquiátrico. Eles se "enterram" no ritmo de seu "encerramento", camuflados pela própria instituição terapêutica.

A história seria essa progressiva iniciação às estruturas asilares na qual cada "discurso" social apaga, por sua vez, os sintomas do que o fez nascer. A cultura interviria *deslocando* as representações (por exemplo, não se crê mais no diabo; GW. 332, nº 2). Mas, apagando um imaginário (tornado arcaico por causa de seus próprios deslocamentos), ela acredita trabalhar apenas para "cuidar", ou para suprimir, aquilo que na realidade se contenta em camuflar, de outra maneira e melhor. Nesta perspectiva, as "terapias" sucessivas se escalonariam ao longo da história como maneiras de "curar" – de cuidar ou de progredir – que permaneceriam sempre maneiras de ocultar.

Nós temos, talvez, assim, um indício do "lugar" terapêutico que Freud dá a si mesmo. A psicanálise não constitui uma nova sequência no progresso de um engodo sempre acrescido pela capacidade de desmistificar e pela própria lucidez. Ele pretende instaurar um *corte epistemológico* nesse processo indefinido. Seria o meio de pensar e de praticar uma "elucidação" de um tipo novo, válida (*gültig*) "em geral", e finalmente destinada a dar conta de uma relação estrutural dupla que exclui a possibilidade de um fechamento:

– por um lado, a relação de cada "analítica" (que fragmenta a representação enterrando o representado) com o que ela tem por fim mostrar e por efeito deslocar;

Capítulo VIII • O que Freud fez da História 323

– por outro lado, a relação de cada *Aufklärung* com as elucidações que lhe são ou anteriores ou vizinhas, na medida em que ver melhor aquilo que era representado é ao mesmo tempo uma necessidade científica e uma nova maneira de ser enganado à sua revelia.

As substituições do pai

A propósito do diabo de Haitzmann, Freud fala do "substituto do pai" (*Vateresatz*). O diabo é o lugar-tenente do pai.[19] Mas a este *"ersatz"* ou, "mais exatamente", ao "pai exaltado", ou ainda à "cópia do pai", quer dizer, à imagem que vem depois (*Nach-bild*; GW. 330), se substitui ainda uma outra, a congregação bem considerada dos Irmãos da Misericórdia. Ela priva o pintor do prazer impondo-lhe a lei da ascese (pondo de lado, daqui e dali, a extravagância de uma garrafa). Mas, por esse preço, ela lhe oferece um "socorro"; responde ao seu "abandono" (*Verlassen*; GW. 350) no decorrer do inverno desolado que ele passa em Viena (1677-1678) em casa de sua irmã casada e que precede sua decisão de "renunciar ao mundo". A congregação satisfaz o desejo que ele tem, tanto no sentido material quanto psicológico, de assegurar sua existência (*sein Leben sichern*; GW. 351). Ela é para ele um seguro de vida. Encontra nele o substituto do "pai nutridor".[20]

Ele é assim, de uma maneira nova, "nutrido pelos anjos" (*ibid.*), não mais diabólicos, mas religiosos. Empurra para um pouco "mais longe" (*weiter*; GW. 346) sua "doença", não sendo a fronteira entre o "patológico" e o "normal" senão a de uma substituição. Desloca apenas uma tensão não resolvida, ao mesmo tempo que muda os termos do mesmo "voto". Na verdade, ele passa do um (o diabo) ao múltiplo (os Irmãos da Congregação). Um imaginário dual (o pacto com o diabo) se transforma na lei de uma sociedade (a comunidade). O silêncio prostrado, monoteico, que ele manteve durante esse inverno vienense se transforma num

---

19   Deixo de lado a argumentação de Freud a esse respeito.
20   NT – *père nourricier*: diz-se significando o marido da ama de leite.

discurso (articulação de palavras), pois, após maio de 1678, finalmente, ele encontra palavras, ele que não conseguia mais se exprimir (GW. 350). Mas essas são palavras que dizem a mesma coisa demultiplicando-a ou ocultando-a. De agora em diante, é necessário ainda dar-se de "corpo e alma" para *receber o privilégio de ser filho*. É apenas a inversão maligna (ainda *diabólica*, no sentido em que a história não pode senão sê-lo) da situação intermediária que ele conheceu em Viena após ter sido liberado do diabo e antes de entrar para a Congregação; durante esse inverno estava num estado de vacância e de ausência de proteção, durante um tempo sem trabalho (sem ascese) e sem recursos (sem pai). Antes o diabo era uma máscara da qual, por sua vez, uma outra máscara denunciava o significado. Para Haitzmann, seu trabalho ascético de religioso o dispensa ainda do trabalho que consistiria em "assegurar" ele mesmo "sua existência"; pede praticar uma *lei* em comum à qual se *abandona* e se consagra para *não ser abandonado*.

Fundamentalmente, Freud encara menos os substitutos do pai do que as substituições do pai. Com isso não quer dizer que os "deslocamentos" não tenham um alcance real, nem que a "cura" consista apenas em fazer desaparecer o coelho na cartola do mágico, coelho que sempre continua lá, mas escondido de outra maneira. É mais do que um lance de prestidigitação (*Gaukelspiel*; GW. 352). De um ponto de vista simplesmente terapêutico, há progresso, mas no sentido de que as manifestações (visões, convulsões) *desapareceram* em Haitzmann, ou de que agora em diante elas são de natureza social. Permanece o conflito aparentemente reabsorvido e ainda representado por uma forma religiosa. Alhures, ou em outros tempos, esta forma será científica, política etc. Com a ironia suspeitosa de Freud, se poderá dizê-la "normal", assim como "se pode encontrá-la por toda parte". Entretanto, esse rosto nobre do "normal", modelado por uma lei, não mostra mais, ocultando a remanescência das coisas "mais estranhas".

Um tipo inverso de procedimento é evocado no caso dos comerciantes, em que o déficit dos negócios é compensado por "sintomas" patológicos (GW. 352). Mesmo processo de substituição, mas segundo percursos diferentes, já que Haitzmann é conduzido das suas "manifestações" neuróticas à profissão de vida religiosa. *Religião* e *comércio*, aliás, referem-se igualmente a um "pacto", que as duas palavras trazem inscritas na sua etimologia. A atenção, uma vez despertada para essa estrutura homóloga de um *pacto*, por essa pedrinha alva que nos indica o caminho de uma interpretação, dever-se-á perguntar o que o comerciante (*Kaufmann*) "compra" verdadeiramente da clientela que o nutre; que segurança análoga busca através do desvio de uma linguagem "patológica"; e se por essas manifestações "anormais" não revela o lucro que esperava obter da sua clientela. O lucro da sua doença seria pois um *ersatz* (*Gewinn*; GW. 352). Do cliente à doença, existe um efeito de substituição. "Sob outros nomes" reencontra-se uma mesma tensão, lá e cá. Mas onde é ela mais evidenciada? Onde se oculta melhor? De qualquer maneira, não há psicanalista (de vez que ele não passa de um mercador de palavras, consagrado a e por uma ciência ou adepto de uma nova congregação) que não obtenham assim, por sua fidelidade à lei de uma clientela, de um saber ou de uma sociedade, o meio de ser "nutrido pelos anjos".

A suspeita pode se estender a todas as formas presentes do saber ou do comércio. Sob imagens diversas, um pacto garante sempre (através de um logro repetido indefinidamente) uma "segurança existencial" àquele que aplica uma lei. Os substitutos do pai se insinuam na espessura das estruturas sociais ou ideológicas. Este *ersatz* não tem mais a aparência de uma noite arcaica ou de um imaginário diabólico, mas assume as cores do dia, do "normal" e do saber. Das belas representações "primitivas", passa-se simplesmente para as remanescências civilizadas, talvez mesmo "científicas", da lei nutridora, objeto de "ternura" e de "desafio", recursos contra o abandono. Que Haitzmann vá ao Diabo após ter perdido seu pai, ou aos Frades após haver expulsado o Diabo, como diz o Freud, é "fácil" de explicar. Mas que as mil formas presentes de instituições façam do "normal" uma máscara da norma oculta é menos visível e mais difícil de revelar. Por um dos seus aspectos essenciais, a história pode ser considerada como uma sequência de terapêuticas. Entre tantas modalidades notáveis houve no passado a devoção ao santo terapeuta ou o pacto com o Diabo. Mas são também terapêuticas o culto da ciência, a inquieta liturgia comercial ou as próprias práticas analíticas. Cada indicação parece constituir uma "saúde" ou uma lucidez que se substitui às formas anteriores de uma só doença. Esse processo teria deslocado progressivamente as manifestações de uma mesma tensão; por aí são mantidas e fundadas as diferenças socioculturais e a diversidade da história, objeto da historiografia. Mas essas modificações denunciam e repetem sempre a ambivalência patenteada na *Urbild*. O "pai" não morre. Sua "morte" não é senão outra lenda e uma remanescência da sua lei. Tudo acontece como se nunca se pudesse matar esse morto e como se acreditar que se "tomou consciência" dele, que se o exorcizou através de um outro poder ou que dele um *objeto* de saber (um cadáver) significasse simplesmente que ele se deslocou uma vez mais, e que está lá precisamente onde nós não o suspeitamos ainda, neste mesmo saber e no "lucro" que este saber parece assegurar.

O ato e a lei

Se existe, repetida pela história, esta *lei* de outra forma inacessível, a não ser nas suas "manifestações" sucessivas (desde a *Urbild* inicial) mas sempre enganosas, se esta lei está sempre aí mas nunca é dada "assim", imediatamente,[21] numa *Auflärung*, a ciência freudiana não inscreveria a si mesma como um novo avatar desta lei? Esse problema resulta da lucidez freudiana, mas ele a volta contra si mesma. Finalmente, é opor o que a história fez de Freud ao que Freud fez da história. Isso não é, aliás, uma denegação presa, colada como sombra, a toda ciência ou a toda filosofia *da* história?

Impossibilitados de poder tratar dessa questão, permanecemos nos elementos de solução que o estudo particular do caso Haitzmann fornece: ele não é apenas o que nos remete a uma lei geral; é o seu acionamento. Sob o expediente de uma práxis, a

---

21 Lembremo-nos que Nietzsche considerava "impudica" e "indecente", tanto quanto ilusória, a pretensão de encontrar "a verdade" *assim*, imediatamente. Cf. *Le Gai Savoir*, Prólogo.

análise é ao mesmo tempo a *aplicação* da lei freudiana e o *ato* de Freud. Articula um com a outra. Situa, portanto, o autor que ele é com relação à sua ciência.

Na sua práxis, impressiona inicialmente o recurso a uma *lei*. No volteio de uma frase, uma regra metodológica vai, com efeito, proporcionar o *postulado* de um procedimento de pesquisa a uma lei da história. A existência de um movimento indefinido que consiste em *ocultar* é o que justifica o encarniçamento da investigação científica. Nos elementos fornecidos pelo manuscrito de Marizell, bem como nas etapas sucessivas da vida de Haitzmann, *deve* existir uma lógica. No seu estudo, Freud supõe por toda parte o *a priori* de uma coerência por encontrar. Catalogando os "indícios", pequenos e grandes, que constata no caso de Haitzmann, escreve, excluindo assim mais uma vez toda redução da análise a uma simples fenomenologia: os "momentos"[22] demarcadores na vida do pintor "são ligados entre eles *(miteinander verknüpft)* de uma maneira qualquer, simples ou complicada" (GW. 350). Foram, como diz Lacan, "uma cadeia de palavras". Em outros termos, existe uma ordem. Existe uma discursividade possível, como "deve" haver uma "razão" (*Motiv*; GW, 325) na ação do pintor. O que constituirá a racionalidade da explicação científica se funda, na *Aufklärung* freudiana, sobre uma lei oculta da qual as palavras e as ações dispersas de Haitzmann são os *vestígios*. Ainda há pouco, vimos que a análise instaurava a história como uma relação entre manifestações sucessivas. Aqui ela aparece relativa à história; segue docilmente os seus rastros para nela reencontrar a relação. Existe uma circularidade entre a práxis da investigação e a teoria de seu "objeto".

Entretanto, nessa práxis metódica e científica existem eventos: o *ato* freudiano. O laço necessário para descobrir não se torna, não deve tornar-se uma lei "a ser praticada" ou um saber "a pro-

---

22 Por "momentos" (*Momente*) – aqui, a depressão, a inibição no trabalho, o luto do pai etc., constatáveis durante o período vienense, situado entre a primeira e a segunda peregrinação de Haitzmann a Mariazell –, Freud entende fatores cuja significação é, simultaneamente, temporal e lógica. O termo implica uma série de fatos e uma coerência desses fatos.

328 A Escrita da História • Michel de Certeau

fessar" – todas coisas que fariam de uma ciência o equivalente do diabo ou da congregação de Haitzmann.

Entre a racionalidade que a análise testemunha e a lei que a história repete, existe um salto, infinitesimal, é verdade, mas fundamental. O procedimento científico não depende apenas da lei que exuma e manifesta. Uma *diferença*, por definição nunca localizável, separa o discurso que instaura um *ato* do erudito e a lei que liga a própria ciência às formas sucessivas de uma *necessidade* de proteção. O trabalho pelo qual o sujeito se autoriza a existir é de um outro tipo do que o trabalho do qual recebe a *permissão* de existir. O procedimento freudiano pretende articular essa diferença.

A história pode ser o gesto de um recomeço e não apenas o efeito de um deslocamento. É pelo menos o que mostra esta forma de história que já é a práxis freudiana. Finalmente, encontra seu verdadeiro sentido não nas elucidações que substitui às representações anteriores, mas no próprio ato, infindável, de elucidar. Todavia, essa enunciação não é jamais outra coisa senão o seu enunciado; nem o ato está alhures, senão numa *Aufklärung*. Da mesma forma, dessas duas imagens da história ou da práxis – a que repete e a que instaura – nada de objetivo garante a diferença. Elas conduzem à ambiguidade da palavra "história", uma palavra instável que oscila, alternadamente, para o lado da "lenda" (texto recebido, lei que é necessário ler, lucro de uma sociedade) ou para o lado do "tornar-se outro" (risco de afirmar-se assegurando por si mesmo sua existência). O próprio analista não escapa dessa ambivalência. Ele oculta de si mesmo o que pensa elucidar, uma vez que sua ciência se tornou para ele um "socorro enganador", uma vez que "não possui nada dela senão o depósito, mas não a força",[23] uma vez que faz de um ensinamento de uma clientela, talvez mesmo de uma sociedade, o *ersatz* exaltado do pai, da Congregação ou do diabo de antigamente.

Freud traça uma linha de demarcação entre essas duas vertentes da prática psicanalítica quando menciona o princípio im-

---

23   LACAN, Jacques. *Écrits*, Seuil, 1966. p. 357.

Capítulo VIII • O que Freud fez da História **329**

perceptível que usa como uma navalha para recortar significantes na superfície de um discurso ou de um texto. Vai enunciar o critério que lhe poupa o receber sua própria ciência como uma "lei nutridora". Explicar-nos-á, assim, com um piscar de olhos, o imperialismo dos seus diagnósticos e sua maneira, para nós bastante surpreendente, de impor uma interpretação, apontando uma palavra do doente: "aí está". Na sua prática ele institui o ato do erudito como o além de um saber necessário. Com efeito, curiosamente, uma certa audácia habita a minúcia do seu trabalho. Ela se refere a um "faro" que não pode ser mal definido porque é o seu. Para ele, a práxis analítica permanece *um ato arriscado*. Nunca elimina uma *surpresa*. Não é identificável à execução de uma norma. A ambiguidade de uma série de palavras não poderia ser levantada apenas pela "aplicação" de uma lei. O saber não garante nunca este "benefício". A *Aufklärung* permanece "uma questão de tato" – *eine Sache des Takts*.[24]

Essa "divinação", último reduto de uma "douta ignorância",[25] ocupa sem dúvida o lugar da garrafa de Haitzmann, transformando no Irmão Chrysostomus, "se permitia" certas noites quando se embriagava. Nesses dias o antigo artista e velho mundano zombava dos seus "anjos bons", da mesma maneira que havia sido outrora mais esperto do que o seu diabo, prestando-se à peregrinação de Mariazell para retomar seu pacto, ou ainda da mesma forma pela qual tinha ludibriado os monges do mosteiro representando-lhes a comédia dos dois pactos sucessivos (GW. 345-346). Ele não era tão louco, este "pobre diabo" (*armer Teufel*, GW. 351). Ou talvez a sua loucura fosse a liberdade que havia tomado diante da lei que o fazia depender de um pai novo. Quer Freud dizer que todo erudito representa sua própria ciência como Haitzmann representa a

---

24   GW. 330. Freud retoma a expressão várias vezes: cf. *Selbsdarstellung* IV (GW., t. XIV, p. 66); *Die Frage der Laienanalyse*, V (GW., t. XIV, p. 250: "Sache eines Taktes...") etc.

25   LACAN, J. Op. cit., p. 355 e 362, página em que é comentado um texto extraordinário de Freud nos seus *Conseils au médecin pour le traitement psychanalytique* (GW., t. VIII. p. 376).

lei da sua Congregação? Haveria uma embriaguez do "tato", uma loucura do ato. Em todo caso ele substitui à liberdade sub-reptícia do pintor um ato decisivo e nunca definitivo. À regra que evita uma embriaguez às escondidas, substitui a ciência que em última instância só o sujeito autoriza. A uma loucura que vem antes da ciência opõe-se, em Freud, uma "loucura" que *fala* a ciência: com a ciência que "permite", combina-se o erudito que "se permite".

Existe aí, entre o ato psicanalítico e a ciência psicanalítica, uma articulação possível. Mas nada *assegura* este ato, já que ao diabo de antigamente se sucedem tantas outras leis nutridoras, seguranças "diabólicas" extraídas de um saber, de uma clientela, de um encerramento e de qualquer outra maneira de ser dispensado de fazer a história graças ao "privilégio de ser filho".

Capítulo IX

A FICÇÃO DA HISTÓRIA

A escrita de "Moisés e o monoteísmo"

A erudição pode, comodamente, dar conta de *Moisés e o monoteísmo*[1] citando-o no lugar dos textos sérios. Mas ele não está aí. É uma "fantasia",[2] diz Freud, falando destes três ensaios destinados a explicar "uma criação da lenda" (*eine Schöpfung der Sage*, GW. 103). Inicialmente, sua análise caminha em direção às produções imaginárias que em francês são designadas pelo uso clássico do termo *fantasia*. Oscilante, eis a "dançarina em equilíbrio instável sobre as pontas" (GW. 160): uma fábula.

Ela instaura um jogo entre a "lenda" religiosa (*Sage*) e a "construção" freudiana (*Konstruktion*), entre o objeto explicado e o discurso analisador. Esse jogo se desdobra no intermédio de uma ambivalência, a qual faz a *ficção* significar ora uma produção (*fingere*, parecer, fabricar), ora um disfarce ou embuste. Ele se desenrola no campo das relações entre o trabalho que constrói e o

---

1   Der Mann Moses und die Monotheistische Religion, in *Gesammelte Werke*, t. XVI (1950), p. 101-246 (citado GW. seguido do número da página); ou, em volume à parte, Suhrkamp Verlag, Frankfurt, 1970. Trad. inglesa de J. Strachey, na Standard Edition, vol. 23 (1964), p. 1-137. A primeira edição data de 1939 (em alemão, em Amsterdã; em inglês, em Londres e N. York). A tradução francesa, devida a Anne Berman (Gallimard, 1948; coll. Idées, 1967), transforma frequentemente a "verdade" (textual) em fábula: ilustração da tese freudiana.

2   S. FREUD–ARNOLD ZWEIG, *Correspondence*, Gallimard, 1973, p. 162; carta de 21 de fevereiro 1936. Tema freudiano da escrita que é a *freely wandering or fantastic thinking* (GW., t. XIII, 440).

fingimento que "faz crer". Terreno misto da produção e do logro. Lá se reencontram o que a história cria e o que o relato dissimula. *Moisés e o monoteísmo* se situa nessa articulação da história com a ficção. Mas a elucidação não escapa ao que ela explica. Conta como uma "fantasia" o que se produz numa tradição. Esta teoria da ficção é uma "ficção teórica".[3]

"Meu romance", diz Freud a Arnold Zweig. Para explicar a gênese da lenda monoteísta, ele constrói um edifício (*Aufbau*) que se mantém nas proximidades da lenda. Sua própria relação com a escrita é uma questão que retorna sem cessar, vai e volta, no seu estudo sobre uma religião, e constitui o texto. Nesta obra, a última, a mais longamente engendrada, nascida das contradições internas e da dúvida, o que se conta é a escrita: autoanálise da construção (ou "ficção") escriturária, gira em torno da operação que tão frequentemente tem a forma de uma historiografia (*Geschichtschreibung*), desde as "Histórias de doentes" (*Krankengeschichten*) dos *Casos Clínicos* até este último "romance histórico". Uma teoria da narratividade analítica (ou científica) apresenta-se aqui, porém, uma vez mais sob a forma da narração histórica.

Eu me pergunto: que inquietante estranheza traça a escrita freudiana no "território do historiador", no qual entra dançando?

---

3   A propósito do texto de Freud, empregarei *ficção*, *fábula* ou *romance*, distinguindo esses termos de *fictício*, *fabulação* ou *lenda* que caracterizam o relato da denegação. Na verdade, essas duas séries são instáveis e se cruzam. Um *mesmo* gênero é suscetível de práticas diferentes. Para falar do seu discurso, o próprio Freud diz: *Darstellung* (apresentação), *Konstruktion* ou *Rekonstruktion*, *Aufbau* (edifício), *Aufstellung* (tese). Para designar a lenda religiosa ele emprega *Sage*, *Mythus* (mito), *Tradition*, *Dichtung* ou *fromme Dichtung* (poesia ou poesia piedosa), *Erfindung* (invenção), *Phantastiches* (fantasia), mas também *Darstellung* ou *Konstruktion*, quer dizer, as palavras que qualificam sua produção. Outros termos valem igualmente para seu "romance histórico" e para a tradição judaica: *Bericht* (relato), *Geshichte* (história), *Erzählung* (narrativa); eles dizem respeito à narratividade, tipo de discurso ambivalente que pode funcionar como "teoria" ou como "desmentido". Salvo indicação, o vocabulário citado (entre aspas ou grifado) é o de Freud.

Reciprocamente, de que maneira a minha demanda nascida de um trabalho arquivístico e escriturário neste território e seduzida pela ficção de uma história psicanalítica poderá ser esclarecida-alterada pela análise de Freud.

O discurso de fragmentos ou o corpo do texto

Se omitirmos os antecedentes longínquos da fascinação que exerce sobre Freud a imagem de Moisés, e também a publicação anônima do *Moisés de Miguel Ângelo* na *Imago* em 1914 ("a maneira de pensar" do outro, dizia uma nota da redação, "apresenta alguma analogia com os métodos da psicanálise"), a história do texto começa, por volta dos anos de 1933-34, com a interrogação nascida do antissemitismo nazista e com a fórmula geradora do texto, através da qual uma resposta chega a Freud:

> Em face de novas perseguições, pergunta-se novamente como os judeus se tornaram o que são e por que atraíram para si este ódio eterno. Cedo encontrei a fórmula. Moisés criou o Judeu, e meu trabalho recebeu o título O homem Moisés, um Romance Histórico (…) A coisa se dividia em três partes, a primeira, interessante, à maneira romanesca, a segunda laboriosa e fastidiosa, a terceira densa e ambiciosa. A terceira fez naufragar o empreendimento porque trazia uma teoria da religião, na verdade, nada de novo para mim depois de Totem e Tabu, mas de qualquer maneira alguma coisa nova e fundamental para os nao-iniciados.[1]

"Moisés, o egípcio", este é o "ponto de partida"[5] de um trabalho analítico. Uma "palavra primitiva" (*Urwort*) vem, como no sonho, expressa em termos contraditórios.[6] No começo da genealogia do texto, existe esta "fantasia" que inscreve na identidade uma violência e um ardil da história, e que se desenvolve no triplo registro do romance, do estudo erudito e da teoria. Mas em 1934 o

---

4   S. FREUD–A. ZWEIG, *Correspondence*, op. cit., p. 129, carta de 30 de setembro de 1934.

5   Op. cit., p. 136; carta de 16 de dezembro de 1934.

6   Cf. Dos sentidos opostos das palavras primitivas (Über den Gegensinn der Urworte), texto de Freud publicado em 1910; GW. VIII, p. 213-221.

Pe. Schmith parece estender sua sombra. De Roma, esse religioso apologeta do monoteísmo primitivo ameaça as sociedades de psicanálise na Itália e até em Viena, onde, segundo Freud, ele "faz a política do nosso país"! O fantasma do "Pai hostil",[7] o espectro do poder católico, proíbe a publicação do *Moisés*. De fato, são principalmente os "especialistas", guardiães kafkianos do saber diante da porta de sua lei, que detêm Freud. Falta-lhe bastante credibilidade científica para que ele possa se permitir publicar. Ele precisa de provas históricas, não para se convencer – ele já está convicto sem as ter achado –, mas para armar a "fraqueza" do seu mito[8] antes de mostrá-lo em terra estrangeira, no campo da história. "Eu fui obrigado a erigir uma estátua de ameaçadora grandeza sobre um pedestal de argila, de maneira que qualquer louco poderia derrubá-la".[9] Como em 1910, Moisés depende do *ver*; é uma estátua. Mas, de agora em diante, Freud é o Miguel Ângelo dela, e já imagina a imagem e a obra *quebradas* pela erudição dos outros. Paradoxo. Ele gostaria de uma argumentação sem falhas para sustentar o discurso que introduz a divisão em Moisés (egípcio). Mas seus esforços não chegam a preencher a lacuna da verossimilhança histórica. Como seu herói, o trabalho ficará dividido, *quebrado*: meio romance, meio história.

O texto foi então "recalcado", diz ele: "Moisés posto de lado", mas deixado num silêncio em que "nada vem tomar o seu lugar".[10] Esse recalcamento não pode ser ocultado, inversamente do que se passa com o personagem de Moisés, excluído por uma morte e "substituído" por um assassinato. O estudo freudiano, paralisado numa posição quase messiânica, deve "esperar na sombra o momento de aparecer" (GW. 158).

---

7 NT – O autor joga com o duplo sentido da palavra *père* – pai e padre.
8 S. FREUD–A. ZWEIG, *Correspondence*, op. cit., p. 130; 30 de setembro de 1934.
9 Op. cit., p. 136; 16 de dezembro de 1934.
10 Op. cit., p. 146; 13 de junho de 1935.

Capítulo IX • A Ficção da História 335

Entretanto, em 1937 a primeira parte é publicada, mas na revista *Imago*, lugar de escárnio para Freud.[11] O discurso muda de estatuto através de sua encenação, que transforma discretamente o "sério" em comédia. No Congresso internacional de psicanálise de Paris (agosto de 1938), um pedaço da segunda parte, nada menos que o *Grande Homem*, é lido por Anna Freud. Transforma-se a "fantasia" de 1934 em magistério acadêmico? Ela funciona na instituição do saber como lenda do fundador ausente, dita pela voz do outro. Por trás desse disfarce, o autor, entretanto, se mantém a distância. Quando seu texto vem a público, ele se retira. Os dois rocam. Como antes, continuam no mesmo lugar. Freud não sente "nem união nem solidariedade com sua obra" (GW. 160); não se identifica com ela. O conjunto é publicado em 1939, desdobrado entre o alemão de Amsterdã e o inglês de Londres. *Drei Abhandlungen* – três Ensaios. No limiar do segundo, dois prefácios que se contradizem. No meio do terceiro, uma interrupção na qual se coloca um "resumo" da obra. Pouco após essa publicação, Freud desaparece. O que resta na cena pública, semelhante ao Don Coucoubazar de Dubuffet, é um texto em pedaços no qual se multiplica o corte marcado das origens pela "fórmula" que faz coincidir os contraditórios, Moisés e o Egípcio. Não um livro, mas um discurso de fragmentos.

Mas ao construir esta história em que o texto figura como herói entre os oponentes e passa por provas até o desvelamento final, que faço senão apagar o corte que o trabalha de fio a pavio, e supor uma continuidade cronológica na qual se alinham, em seguida, os recuos e os retornos da "obra"? Construí outra "lenda" no texto. Através do meu relato oblitero a falha, traçada desde o começo, que organiza a forma desse texto disseminado em frag-

---

11 "Alguns pequenos artigos para o almanaque ou Imago", diz Freud a Pfister (*Correspondence*, Gallimard, 1966, p. 205). A propósito da tese de Karl Abraham (que ele, entretanto, irá retomar por sua conta após tê-la ridicularizado), Freud escrevia em 1912 que ela era "digna de *Imago*, boa exatamente para *Imago*". Cf. TRILLING, Jacques, Freud, Abraham et le Pharaon, in *Études Freudiennes*, nº 1-2, 1969, p. 219-226.

mentos e que se repete no seu conteúdo com a obsedante menção de "lacunas", com a pontuação de contradições a partir das quais ele se desenvolve (*Widerstreit meiner Motive*, GW. 115), ou com a embrulhada na qual se mete à medida que avança. Eu o trago de volta a uma linearidade que o denuncia. Ponho o *ersatz* da minha "história" (uma série articulada de conhecimentos) no lugar desta estrutura que é "romance" em função de suas relações confessadas com o outro. É preciso então voltar ao texto, solo fissurado, não seguro, com risco de nele se perder. Entrar assim na ficção sempre envolve não se deixar dominar, mesmo que abra os caminhos a uma elucidação particular (*Klärung eines Sachverhalts*, GW. 104).

Essa superfície gretada remete a um movimento do que se diz. Um equívoco está trabalhando, transformando esses fragmentos que se alteram e se respondem. Os cortes (lacunas) permitem o jogo de uns com os outros. Daí as possibilidades de sentidos que ou vêm ou se desfazem – rumor e opacidade de um corpo de palavras. Certo, tudo se passa num campo circunscrito por Freud: "a produção e a transformação de uma lenda" (*Bildung und Ungestaltung von Sagen*, GW. 112). Mas o nascimento e a transformação da tragédia mosaica não representam mais do que um regime da análise. A gênese da figura histórica do Judeu e a da escrita freudiana intervém nela sem cessar. O *lugar* de onde Freud escreve e a produção de sua *escrita* entram no texto com o *objeto* do qual ele trata. Como se forma uma lenda religiosa? Como o Judeu tornou-se o que é? O que é que constrói uma escrita? As três perguntas se combinam. Por esse motivo o texto é *volume*, isto é, ele *se ouve* mais do que se vê, como cada vez mais ilegível à medida que se torna audível. Essa complexidade teria como limite não ser nada mais do que sonora. Ela brinca na rica ambiguidade e nos ardis do som, que em princípio a grafia visa a eliminar. Ora, trata-se no caso de um texto sonoro. Ele oscila entre a linha (linearidade) e a voz (polissemias).[12] Ao ler-e-escutar o texto, penso na fantástica

---

12   O som *se escreve* também (em sonograma), mais precisamente, é numa *pluralidade* de linhas que representam as faixas de altitudes sonora, nas

Capítulo IX • A Ficção da História   **337**

representação que Freud deu certa vez de Roma, supondo uma imagem atópica na qual os lugares inconciliáveis coincidiriam "onde nada do que foi outrora produzido se perdesse e onde todas as fases recentes de seu desenvolvimento subsistiriam, também, ao lado das antigas. A espacialidade proíbe essa coexistência num mesmo lugar. "Se quisermos apresentar espacialmente as coisas, umas *após* as outras, não o faríamos senão colocando-as no espaço umas *ao lado* das outras".[13]

Para transcrevê-las ou retratá-las, procedemos a um aplainamento. O Moisés faz o inverso. Pela metáfora, recurso de retórica, e pela ambivalência, instrumento teórico, várias coisas funcionam no mesmo lugar, transformam cada elemento espacial num volume no qual interferem, introduzem em todos os lugares um quiproquó (o que vem no lugar de quê?). Histórias *diferentes* "subsistem" num mesmo lugar, como na Roma "fantasmada" por Freud. Elas não estão localizadas uma ao lado da outra; a gênese do monoteísmo mosaico não está situada num "passado" que estaria justaposto ao "presente" da escrita freudiana. A ficção freudiana não se presta a essa distinção espacial da historiografia em que o sujeito do saber se dá um lugar, o "presente", separado do lugar do seu objeto, definido como "passado". Aqui, passado e presente se movem no mesmo lugar, polivalente. E dos "níveis" do texto nenhum é o referente do outro. Se existe a metáfora, ela caracteriza um sistema de relações recíprocas. Não existe elemento estável

---

quais se expande a energia sonora para formar, de acordo com a harmonia, *um único* som. Cf., por exemplo, RONDELEUX, Louis Jacques, La mecanique verbale, in *La Recherche*, n. 48, setembro, 1974, p. 734-743.

---

13   *Mal-estar na civilização*, § 1; GW. XIV, p. 427-428. Cf. também STEIN, Conrad, Rome imaginaire, in *L'inconscient*, nº 1, 1967, p. 1-30. A ideia-imagem de Freud, incompatível com uma homogeneização icônica, supõe a interação, num mesmo lugar, de estruturas estratificadas: *uma diacronia na sincronia*. Ela precede o conceito de cidade que se busca nos trabalhos que sugerem *organizações espaciais arqueológicas em movimento na estrutura espacial* hoje *manifestada*, ou privilegiada por uma análise. Cf. VAN EYCK, A., in *Meaning in Architecture*, Yale, 1960.

338 A Escrita da História • Michel de Certeau

que pare essa circulação e que, atribuindo a uma das camadas um valor de "verdade", atribuiria às outras uma função de imagem, de substituto ou de efeito. O que se conta *ao mesmo tempo* de Moisés, do Judeu ou de Freud não se pode reduzir a um dos registros *diferentes* nos quais se analisa (autoanálise e heteroanálise) a produção de uma escrita.

Essa ficção é paga por um preço que não depende da sua estrutura. Aparece como um texto de velhos que a idade desfez e tornou pesado,[14] sem a segurança e sem a limpeza eruditas. Finalmente, no momento da remessa aos leitores (GW. 246), é "oferecida" como presente, da mesma maneira que um convidado contribui com uma história para o serão. Ela se desenvolve nessa incerteza de ser *recebida* (ainda que com a certeza de acertar no alvo). De onde existe, o texto não poderia se impor como um saber autorizado alhures. Pelo contrário, ele se constrói como a relação do método analítico com a *dúvida* (*Zweifel*, GW. 130). Da mesma maneira que a Bíblia, da qual fala, ele nos conta o suficiente sobre seus "avatares" (GW. 143). Se os escritos judeus deixam perceber "seu inextricável entrincamento, suas contradições, com os indícios inegáveis de contínuos remanejamentos e deslocamentos tendenciosos no curso dos séculos" (GW. 112), a mesma coisa ocorre com os "Ensaios". A marca das contradições, fragmentações e adjunções é aí mantida,[15] antes que esta pluralidade propalada seja transformada em "livro" (em "Bíblia") pela tradição freudiana.[16] A

---

14 Nas cartas dos últimos anos aos seus amigos (Pfister, Zweig e outros), o que se conta é como, sob os olhos de Freud, seu corpo cai pedaço por pedaço. O corpo aparece, aqui, também como uma escrita que se desfaz. Uma continuidade do corpo com o texto prende a escrita no processo do envelhecimento, enquanto a expressão pictórica ou musical lhe escapam mais e, em muitos pintores ou compositores, chegam mesmo a invertê-lo.

15 O caso mais patente é aquele dos dois prefácios contraditórios mantidos no começo do terceiro Ensaio (GW. 156-160).

16 Detalhe entre muitos outros, Freud deixa o vestígio das publicações sucessivas que o *Moisés* reúne. Assim, no início do segundo Ensaio: "uma precedente contribuição a esta revista [Imago]..." (GW. 114). A tradução francesa apaga esse vestígio ("no primeiro *capítulo* deste *livro*..."). Ela ocul-

Capítulo IX • A Ficção da História **339**

divisão se torna aí aparente – o conflito interior (a dúvida) ou a incoerência do raciocínio (interrupções, fragilidades de hipóteses, lacunas). Sua fraqueza é o preço dessa fábula. É a *confissão* que faz a movimentação de um desconhecimento na simbolização de seus níveis, o ruído de um corpo pela interferência de suas espessuras.

Trata-se, entretanto, de um "trabalho" (GW. 160), uma análise, quer dizer, uma prática rigorosa do recorte. Se a obra de Freud deixa girar a metáfora de seus níveis ou de suas questões, não é que ela recuse o corte. Ela o coloca de outra maneira. Ela não intervém como separação entre regiões (o presente e o passado, o individual e o coletivo etc.), mas como o próprio princípio de funcionamento. Neste ponto preciso a lucidez de Freud se exerce, prudente, teimosa, retorcida, no terreno onde a morte é anunciada ao Judeu pelo horror do totalitarismo antissemita e pela violência de um "ódio eterno".

Na tradição, a autoacusação é o preço do sentido; é preciso se acusar para que a infelicidade seja compreensível. Em Freud, a confissão é de uma outra espécie. Entretanto, a sua lucidez se afirma na continuidade dessa tradição como problema interno. Ela tem, primeiramente, o jeito de um "chiste" ao mesmo tempo divertido e blasfematório: *Moisés, o egípcio.*[17] O enigma que se opõe ao ódio parece pertencer a uma retórica do sonho. Um oximóron aproxima os contraditórios, o Judeu e o Egípcio. Mas ele interioriza a divisão que era até então uma "distinção" relativa aos outros. A separação do Egípcio era o gesto fundador da eleição judia e tinha como duplo o gesto que instaurava Yahvé como o único e o

---

ta o corte. O texto fragmentado recebe, dessa maneira, a aparência de um discurso erudito e contínuo, de um "livro". Essa transformação não deixa de ter analogia com a mutação dos "escritos intertestamentários" em "Biblia" no decorrer do século II; cf. PAUL, André, *L'impertinence biblique*, Desclée, 1974, p. 57 ss.

---

17 Enunciado em que se reencontra, como em todo o texto freudiano, a estrutura da Aggada. Cf. AMOS, Dan, *Narrative Forms of Haggadah*, Indianapolis, 1969. Cf. *infra*, p. 300-301.

criador, separando-o do mundo. Para Freud, o corte era interno; dividia o próprio sujeito. Matava a identidade adquirida graças à eliminação de um "resto". Já que a questão se propõe em termos de fundação histórica, essa morte deve ser inscrita na origem: a morte de Moisés. A identidade não é *um*, mas *dois*. *Um e outro*. No começo existe o plural. É o princípio da escrita, da análise (*analysis*, divisão, decomposição) e da história. Ver-se-á que "um e outro" se invertem no jogo e no des-conhecido do "nem um nem outro". De qualquer maneira, essa relação não é superável. Na linguagem de uma "eleição" que se transforma em "ódio" eliminador, ela não pode se exprimir senão à maneira de uma *coincidatio oppositorum*, por uma retomada que propõe como essencial a relação dos opostos – o Judeu e o Egípcio. O chiste se insinua no estável, retomando seus próprios termos; ele o subverte. É o *lapsus*, queda de uma verdade sem seriedade, gases rabelaisiano no meio da cerimônia de comemoração histórica.

Este é o cerne (*Kern*), o conteúdo (*Gehalt*), ou ainda o "pedaço de verdade esquecida" (*ein Stück, vergessener Wahrheit*) (GW. 239) que determina a produção da lenda (e da escrita?). Esse fragmento, pedaço duro, cortante e cortado faz proliferar o corpo da Saga judia, tradição que recalca a lembrança sem que nela se apague, inteiramente, a cicatriz de uma ferida inicial. Pode "representá-la" somente um discurso ferido – analítico e *fragmentado* – exatamente quando o que ele conta de *verdadeiro* tem a forma de uma *ficção*. Ele desenvolve a "fórmula" de Freud, que propõe, simultaneamente, a *dualidade* de um primeiro corte, a *contrariedade* de conteúdos que ela faz girar no mesmo lugar, e o *engano* próprio da aparição de cada um desses conteúdos quando se manifesta sem o seu contrário. A história feita dessas aparições ou figuras pode-se contar como uma sequência de logros. Não deixa de ser analisável como trabalho da mesma "fórmula": um pequeno fragmento de verdade (*ein Stückchen Wahrheit*, GW. 239) não cessa de se difundir nos seus recalcamentos "obscurantistas"; repete-se nos ocultamentos religiosos. Este "verdadeiro" não se diz senão na ilusão, segundo um procedimento que sustenta qualquer coisa como um instinto de mentira. "Jamais se pôde estabelecer que o intelecto

Capítulo IX • A Ficção da História **341**

humano possuísse um faro particular para a verdade, nem a vida do espírito humano, uma disposição particular para reconhecer a verdade" (GW. 237). É uma "hipótese otimista e idealista" supor um gosto pela verdade. Somos levados a "crer naquilo que lisonjeia nossos desejos e nossas ilusões". Mendigos de fabulações. Assim, resta apenas a possibilidade de trabalhar no elemento da representação, de praticar o quem-perde-ganha com a mentira. Passa-se do fictício à ficção quando se sabe jogar o "jogo da mentira".

A fábula freudiana se anuncia "analítica" porque restaura ou confessa o corte que em todo lugar volta e se desloca; "romanesca" porque não apreende nunca senão substitutos de outra coisa e de estabilidades ilusórias com relação à divisão que as faz rocar no mesmo lugar. Tem como objeto o próprio recorte. Freud trata precisamente do que a historiografia postula e põe fora de campo quando tenta compreender as imagens (econômicas, sociais, mentais) instituídas como unidades distintas. Por essa razão, ele é analista e não historiador. Trabalhando nos campos da história, inverte a relação dessas unidades e de seus postulados, faz o "romance" da história, como se, por este quiasma, ele se juntasse a Sade, que distinguia estas duas maneiras de conhecer o homem, a história e o romance: "o buril de uma não o retrata senão quando se deixa ver, e então não é mais ele; (…) o pincel do romance, pelo contrário, o apreende no seu interior... se apossa dele quando deixa esta máscara".[18] Mas lá onde Sade propunha uma disjunção exclusiva (ou um, ou outro), Freud desfaz uma conjunção (um e outro) engendrando manifestações contrárias a partir de uma clivagem. Seu romance se constrói, finalmente, na relação entre um zero e uma série: entre a *morte* e o quiproquó. Divisão inicial, o

---

18 SADE, D. A. F. Idée sur les romans, Prefácio de *Les crimes de l'amour*, in *Oeuvres complètes du Marquis de Sade*, Paris, Cercle du Livre Précieux, 1966, t. X, p. 16. Sade responde à "perpétua objeção" daqueles que perguntam "para que servem os romances": "Homens hipócritas e perversos..., servem para vos retratar tal como sois" (op. cit., p. 15).
A propósito do romance, de seu conteúdo, de sua evolução ou de sua relação com a historiografia, Sade raciocina segundo o esquema *seja... seja...* Para Freud, a alternativa depende da representação.

assassinato de Moisés figura, no léxico de uma tradição recebida (o homem tal qual "ele se faz ver"), o acontecimento não escritível que não existiu e que não pode ter lugar próprio, o inter-dito perdido na Escritura que o denuncia, a invisível mancha de sangue a partir da qual se gera o texto. Jogo de palavras e jogo de aparições no mesmo lugar, o quiproquó é a maneira pela qual o evento se repete apagando-se a si próprio; é o processo da manifestação cronológica, a ligação entre as substituições sucessivas do Egípcio e do Judeu. A morte é um fora-do-texto; condiciona a produção discursiva. O quiproquó é no texto o efeito de seu funcionamento como um engana-a-morte.

Finalmente, Freud coloca seu romance no lugar da história, como coloca o Egípcio no lugar de Moisés judeu, para fazê-los girar em torno do "pedacinho de verdade" que o jogo deles representa. Mas esse esfacelamento da identidade, discurso de fragmentos, permanece envolvido pela conotação histórica, da mesma maneira que o personagem que ela desmonta e faz circular conserva o nome de Moisés. A palavra continua – *história* ou *Moisés* –, mas a coisa se divide e seus fragmentos vão ou voltam, em *chassé-croisé*, repetindo a de-fecção geradora da ficção.

Escrever na língua do outro, ou a ficção

De acordo com Sade, o conhecimento que dá acesso à "arte de escrever o romance" não se "adquire senão através das *infelicidades* ou das viagens".[19] Com efeito, o texto de Freud traz essas duas marcas, transformadas em *mortes* e em *deslocamentos*. Creio que ele se aproxima ainda mais do propósito colocado à frente dos *Crimes de l'amour*. "Infelicidades" e "viagens" se combinam na sua situação de *escrita deslocada*, no sentido em que fala de "pessoas deslocadas". O romance se encarrega da questão da qual nasceu, a saber, o "ódio eterno" que impele o Judeu a incessantes partidas. Seu conteúdo o diz: uma alteração fundadora – Moisés egípcio – se repete numa sucessão de mudanças de lugar. A construção do texto o mostra melhor ainda: a escrita estabelece para si mesma

---

19   Idée sur les romans, op. cit., p. 16. Os grifos são de Sade.

Capítulo IX • A Ficção da História 343

um caminho numa língua indissociável de uma infelicidade primitiva e de permanentes embutes. Freud não está "em casa" na língua que a sua análise atravessa. Uma estranheza da sua própria língua é a origem das relações que a sua escrita mantém com o *não lugar* da ficção ou do sonho. A ficção não conhece as estabilidades políticas nacionais, sempre postuladas pela historiografia. Tanto em Freud quanto em Kafka, pressupõe que permaneçam "o convidado da língua alemã",[20] que é, no entanto, a sua língua materna. Mas confere seu verdadeiro alcance ao fato de não ser aí "recebido"[21] senão quando é expulso pelo antissemitismo nazista. Lá onde poderia crer-se estabelecido, a eliminação brutal do Judeu lembra que ele não está sendo senão provisoriamente "tolerado", está em trânsito.[22] O evento nazista lembra uma infelicidade originária e reconduz à estrutura interna da experiência escriturária: *Erinnerung* segundo o trocadilho hegeliano, ao mesmo tempo lembrança e interiorização (*Er-Innerung*).[23] O exame da tradição mosaica se refere igualmente à escrita enquanto ela se articula com a *linguagem* como com o seu outro. É uma autoanálise. O que se diz do inconsciente (ou do outro) na linguagem, objeto da escrita

---

20 Cf. BROD, Max. *Franz Kafkas Glauben un Lehre*. Munique, 1948, citado por Marthe Robert, in KAFKA, Franz, *Journal*, Grasset, 1954, p. XVII.

21 Sem dúvida, é necessário compreender nessa perspectiva o desejo que Freud tem de ser "recebido" pelos "especialistas" ou "recebido" como professor (cf., sobre este último ponto, SCHORSKE, Carl E. Politique et parricide dans *L'interprétation des rêves* de Freud, *in Annales E. S. C.*, t. XXVIII, 1973, p. 309-328).

22 "Em minha casa, em Viena-Grinzing", diz Freud a Zweig (21 de fevereiro de 1936; *Correspondence*, op. cit., p. 162). A excomunhão nazista o surpreende, pois, como a todos os membros judeus da *intelligentsia* germânica, quando subitamente eles são tratados como estrangeiros (cf. *infra*). Mas ele não é seduzido nem por este estabelecimento, nem por uma instalação em Israel, mesmo se ele escreve a Zweig, que tenta a experiência: "Por toda parte você não é senão um estrangeiro apenas tolerado" (ibid.). Para Freud, a "estranheza" tem por imagem a relação entre o *homem* austríaco ("em minha casa) e a *fantasia* ("a propósito de Moisés), entre o lugar e a escrita (ibid.).

23 Cf. HEGEL, G. W. *Phänomenologie des Geistes*. Ed. J. Hoffmeister, Leipzig: F. Meiner, 1949. p. 524, 563-564.

psicanalítica, mostra sua recíproca com esta escrita que é o trabalho freudiano de viajar numa outra língua. Não é de se espantar que este exame torne a pôr em questão o matriarcado da língua materna (o alemão), da terra-mãe (Israel) ou da tradição nutridora (as Escritas mosaicas) e substitua a essas identidades territoriais a lei do pai que introduz a combinação entre um assassinato originário (a "infelicidade") e um processo indefinido de deslocamento (as "viagens"). A língua não é a "casa do ser" (Heidegger), mas o lugar de uma alteração itinerante.

Sob esse aspecto, a leitura de Moisés e o monoteísmo me remete à carta de Kafka sobre os escritores judeus, como a uma clareira de encontros secretos:

> Eles viviam entre três impossibilidades (que chamo ao acaso impossibilidades de linguagem, é mais simples chamá-las assim, mas se poderia dar-lhes um outro nome): a impossibilidade de não escrever, a impossibilidade de escrever em alemão, a impossibilidade de escrever em uma outra língua, ao que se poderia quase acrescentar uma quarta impossibilidade: a impossibilidade de escrever (pois seu desespero não era alguma coisa que a literatura tivesse podido atenuar, era o inimigo da vida e da literatura, a literatura não era aqui senão um estado provisório, como para qualquer um que escrevesse seu testamento imediatamente antes de se enforcar, um estado provisório que pode muito bem durar toda uma vida...).[24]

Essa escrita testamentária não está, em Freud, ligada ao "desespero". Liga-se mais refinadamente à mentira. Uma suspeita avança. Traça-se um caminho prudente e metódico no elemento da *Saga* judia ou da *Kultur* germânica, linguagens maternais e, entretanto, estrangeiras, "emprestadas". Para entender isso é necessário retornar ao *Cabeçalho* – ou "gênese" – do relato. O "começo" do texto não é a origem de Moisés (isto será antes um resultado do estudo), mas a maneira pela qual Freud se situa no presente. Primeira frase do primeiro ensaio:

> Contestar (*absprechen*) a um povo o homem que ele celebra como o maior de seus filhos não é uma coisa que se empreenda de bom

---

24 Carta a Max Brod, cit. in KAFKA, F. *Journal*, op. cit., p. XVIII.

Capítulo IX • A Ficção da História 345

grado ou com leviandade, principalmente quando se pertence (*angehört*) a este povo (GW. 103).

O texto nasce da relação entre uma partida e uma dívida. A *distância* com relação à instituição confessada é "teórica". Um desapossamento e uma pertença criam na identidade a falha a partir da qual se produz a escrita. Este *Zwischenraum*, ou intermédio, não é *nem* a adesão a uma Aliança instituída, *nem* a pretensão de ser desligado, ab-soluto e absorvido. Nem a ortodoxia, nem a liberdade. A "contestação" freudiana permanece marcada pela sua solidariedade do membro da B'nai B'rith. É um exílio que não se subtrai à infelicidade genealógica. Não implica um *lapsus* da pertença, ao inverso do que se passa numa tradição que o trai transmitindo-o.[25] Uma lacuna trabalha o texto (e a "ficção" se introduz na "história") a partir do momento em que o discurso não tem mais como condição tácita a denegação (*Verleugnung*) da instituição, o ocultamento da pertença a uma família, a uma sociedade ou a um povo, quer dizer, o esquecimento da dívida,[26] e quando, inversamente,

---

25 Notamos que *gehören* é o termo empregado por Freud para caracterizar sua relação com os Judeus, na sua Alocução aos Membros da Associação do B'nai B'rith (6 de maio de 1926; GW. XVII, 53). Da frase inaugural do *Moisés*, a tradução francesa "esquece" completamente a segunda parte: ocultamento da "pertença" e da instituição. De um golpe não existe mais do que a "maravilhosa" autonomia de uma lenda liberada de sua dívida com relação à história. Mesma "traição" que acima (cf. nota 16). O *nome* de Freud se põe a ocultar seu contrário, circulando nesta tradução-tradição francesa, da mesma forma que o *nome* de Moisés, segundo Freud, cobre a tradição sacerdotal que apaga a relação do pai fundador com a história, quer dizer, com seu assassinato.

26 Mesmo a história psicanalítica da psicanálise pratica esse "esquecimento". Um exemplo, conservado até aqui porque se trata de um texto notável: a Contribution à l'étude de l'histoire du mouvement psychanalytique, publicada em *Scilicet*, n. 4, 1973, p. 323-343. O estudo obedece à disciplina da Escola freudiana: lugar de publicação (*Scilicet* é o órgão da Escola), anonimato do autor (como na "tradição sacerdotal" de que Freud fala, a revista não conhece outro nome próprio além do pai fundador) etc. Bem mais que isso, essa "contribuição", que em todos os sentidos visa a Lacan, tratando de Freud, respeita o tabu linguístico. A "blasfêmia" (quem transgredisse a

não tem mais como função repetir a pertença e ser genea-logia familiar ou social como o era a "apresentação sacerdotal" que, entre os judeus, queria "estabelecer uma continuidade entre o presente e os tempos primitivos mosaicos", "denegando" (*verleugnen*) o corte entre eles (GW. 169). Este texto não se autoriza nem a partir de um não-lugar nem da "verdade" de um lugar. Não é ideológico como o discurso, assim dito, associal. Nem doutrinal como o discurso sacerdotal que pretende falar sempre do mesmo lugar originário e fundador. No primeiro caso a partida é tida como uma libertação, uma vez que denega a dívida. No segundo, a manutenção do nome (Moisés ou Jesus, Freud ou Lacan) permite apenas a elipse da morte e provoca o logro da identidade.

O relato de Freud se prende à *suspeita* que é ruptura, dúvida, e à *filiação*, que é dívida e lei. A pertença não se diz senão na distância afastando-se de um solo identificatório. Um *nome* ainda *impõe uma obrigação, mas não fornece mais a coisa*, terra nutridora. É preciso, pois, que Freud ocupe seu lugar na escrita. Ele a aposta, cartas na mesa – arrisca sua relação com o real –, no jogo que organiza uma perda. A obrigação de pagar a dívida, a recusa em abandonar o nome e o povo ("Eu não te esquecerei, Jerusalém")[27] e, portanto, a impossibilidade de não escrever se articulam no desapossamento de toda linguagem genea-lógica. O trabalho não tem solo hereditário. É nômade. A escrita não pode esquecer a infelicidade de onde vem sua necessidade. Não pode contar com as "evidências" tácitas, ricas e compassivas, que fornecem a um lo-

---

interdição de deixar passar pela boca um nome próprio, Lacan) está aqui substituída pela "eufemia" do apólogo histórico: o *nome* não é *pronunciado* nunca. Mediante essa exata observância das regras da Sociedade, o texto pode declarar: "A psicanálise é fundamentalmente associal, e falar de sociedade psicanalítica é uma contradição nos termos" (op. cit., p. 341). Esse discurso *diz* o contrário do que *faz*. É a "lenda" de uma Escola: aquilo que *é necessário* dizer lá. As condições de sua produção não se introduziriam no texto como falhas e lacunas de uma tão bela "doutrina".

---

27   Cf. o Prefácio de Freud à tradução em hebraico de *Totem e tabu* (1920) na Standard Edition, vol. 13 (1962), p. XV.

cutor "agrícola" sua intimidade com uma língua materna. Começa com um êxodo. [28] Caminha em línguas estrangeiras. Não tem outros recursos senão a própria elucidação de suas viagens na língua do outro: ela é análise.

Mais do que ao Êxodo, que conta a aquisição de uma terra própria através do gesto de romper com o Egípcio, a teoria freudiana da escrita remete à história que inverte o mito tradicional: a destruição do Templo e a perda do solo identificatório. Este *acontecimento* foi o *impossível*: quebra do *ser* até então definido pela relação da terra e da eleição. De agora em diante, a nação é luto. Esta experiência de defecção não poderia dar lugar a uma lenda política. Conduzidos ao Egito, os Judeus fazem então da Escrita o substituto do segundo Templo (incendiado em 70 A.D.). Nos séculos III e IV, o Livro (a "bíblia" no singular) se forma, mas em grego egípcio (a bíblia dita dos Setenta), a partir *dos* livros ou rolos hebreus traduzidos por Judeus para a língua do país inimigo onde eles se encontravam instalados sem esperanças de retornar para Israel.[29] Que a aparição da "bíblia" (totalidade textual e única)

---

28   Como não ler no próprio texto freudiano que ele diz do seu objeto: "O êxodo (...) permanece nosso ponto de partida" (GW. 137)? A saída (*Auszug*) da terra é o começo (*Ausgangspunkt*) da escrita.

29   Cf., por exemplo, PAUL, André, *L'impertinence biblique*, op. cit., p. 74-84: De la mort de la langue (terre et culture) à l'apparition d'une Torah biblique; ou GUGENHEIM, Ernest, Le Judaisme aprés da révolte de Bar-Kokheba, in *Histoire des religions*, Pléiade, t. II, p. 697-748: "De agora em diante, a Torá ocupará para eles o lugar da prática". O próprio Freud se refere muitas vezes à fundação da escola de Jabneh pelo Rabino Jochanan ben Sakkaï após a destruição do Templo de Jerusalém, em particular no momento da emigração da Sociedade Psicanalítica de Viena para Londres: "Nós faremos a mesma coisa. Estamos, afinal de contas, habituados a sermos perseguidos, por nossa história, por nossas tradições e, alguns entre nós, por experiência" (relatado por JONES, E., *La vie et l'oeuvre de S. Freud*. P. U. F., t. III, p. 252). Partir para Londres é ir a Jabneh, prosseguir a Escritura em terra estrangeira. Esse trabalho é mais essencial do que a reconstituição de um solo. Um axioma antigo o dizia: "Não se deve interromper o ensino em uma escola, mesmo para a reconstrução do Templo" (in SIMON, Marcel, *Verus Israel*, Boccard, 1948, p. 30).

348 A Escrita da História • Michel de Certeau

tenha por condição a perda da terra ancestral, que o livro venha da palavra profética desaparecida (o escrito "profético" substitui o oráculo, pois "não se veem mais profetas") e do solo dado aos olhos ("não mais te verei, Israel"), que a *Escrita se produza no lugar e na língua do outro*, que enfim um saber-dizer-no-elemento-alienante (isto é, a tradução, a interpretação, a análise) extrai sua necessidade da relação entre a alteração de identidade e a lei da dívida, que vem a ser isso tudo senão *Moisés egípcio*? A língua (grega) do Egípcio é perpassada por um luto. Inversamente, é na terra que se tornou para os Judeus o país signo de sua morte (da pátria disseminada) que se constrói o texto da lei. Tese de Freud. Tudo se passa como se ele se tivesse enganado de período ou se fizesse de um a metáfora do outro. Fala dos indícios. Mas conta num *romance* das origens mosaicas o que foi na *história*, durante os primeiros séculos da nossa era, o nascimento do judaísmo itinerante e da Escritura fechada.

O que quer que ele seja, não poderia estar autorizado pelo solo onde escreve: nem "sua" língua, nem "sua" cultura, nem "sua" pátria, nem "sua" competência científica autorizam o texto. Todas essas residências falam de uma estranheza familiar. Freud é cúmplice do que aí se diz do outro, porque permanece estranho à intimidade opaca de cada lugar e da sua própria terra. Suas cartas dizem a distância que ele toma com relação ao fanatismo de Agoudath Israel ou sua resistência aos Judeus Alemães que, com a "União dos Judeus nacionais" do Dr. Neumann, por exemplo, se acreditavam legitimados pelo fato de constituírem uma *intelligentsia* da cultura germânica, ou suas reservas diante do nacionalismo judeu que tenta reencontrar uma identidade para si em Israel. Seus tratados recusam igualmente a segurança que seu procedimento poderia obter de um lugar adquirido. Seus próprios fantasmas denunciam por toda parte *uma incerteza relativa ao lugar* – recíproca da certeza investida num método (uma maneira de avançar). Isso é, precisamente, a questão de que trata Moisés e o monoteísmo. Esta obra "testamentária", no sentido de Kafka, é consagrada à análise das relações que a escrita mantém com o lugar. Nela, a incerteza do lugar, ou a divisão, não é o que é necessário eliminar para que o discurso se organize. À maneira do quiproquó mosaico ou da dúvida (*Zweifel*) freudiana, é, pelo contrário, o postulado da construção (*Konstruktion*) e o elemento no qual o discurso se produz. A dúvida e o método se supõem, ainda que se excluam em Descartes. A escrita nasce e trata da dúvida confessada, da divisão explicitada, em suma, da impossibilidade de um lugar próprio. Articula um fato constantemente inicial, a saber, que o sujeito não é *nunca autorizado* por um lugar, que não poderia se fundar num *cogito* inalterável, que permanece estranho a ele mesmo e privado para sempre de um solo ontológico e, portanto, sempre *como resto* ou *como sobra*, sempre *devedor de uma morte*, endividado com relação ao desaparecimento de uma "substância" genealógica e territorial, ligado a um nome sem propriedade.

Essa perda e essa obrigação geram a escrita. Freud designa o segredo desta gênese pelo "pedacinho de verdade" – o Moisés egípcio que extrai da história antiga. Mas bem antes descreveu-a num de seus sonhos, quer dizer, neste gênero de verdade que se escreve na região das preocupações, reveladora e mentirosa, e cujo não-lugar é privilegiado aí onde falta um solo próprio. A noite que seguiu (ou precedeu?) o enterro de seu pai, ele sonhou que se encontrava de uma loja onde leu a inscrição:

PEDE-SE
FECHAR OS OLHOS

Poderíamos interpretar: não existe mais nem pai nem terra para ver. Mas ele compreendeu: "É necessário cumprir seu dever para com os mortos".[30] O "cartaz impresso" – "uma espécie de aviso, alguma coisa como o *É Proibido Fumar* das salas de espera das

---

30   FREUD, S. *La naissance de la psychanalyse*, P. U. F., 1969, p. 152; carta a Wilhelm Fliess, 2 de novembro de 1896, sobre este sonho "durante a noite seguinte ao sepultamento". Na *Traumdeutung* (1900; *Interpretation des rêves*, P. U. F., 1967, p. 273-274), Freud descreveu novamente este sonho que sobreveio durante "a noite que precedera o sepultamento", insistindo sobre a ambiguidade da expressão: "fechar os olhos" é enterrar o pai e é ser indulgente. Cf. também ROBERT, Marthe. *D'Oedipe à Moïse*, Calmann-Lévy, 1974, p. 143-217: "Pede-se fechar os olhos".

estações de trens"[31] – aparece no sonho à maneira das Tabuas da Lei vindas no lugar do pai como uma "inscrição" e como o próprio enunciado do "dever" de escrever. "Fechar os olhos": gesto de respeito e gesto de adeus. Dívida e partida. *Angehören* e *absprechen*. É nas estações de trens que o escrito afixa a lei da escrita, viagem indissociável de um luto. No seu estudo, Freud "fecha os olhos" de Moisés. Repete de forma histórica o gesto que executou em estética quando analisou o Moisés de Miguel Ângelo. "Nunca", dizia ele, "nenhuma escultura me havia causado impressão mais forte"[32]. Mas quando ele foi "sentar-se diante da estátua na espera de vê-la levantar-se bruscamente sobre seu pé, lançar por terra as Tábuas e extravasar toda a sua cólera", "nada disto aconteceu."[33] A estátua de pedra não brinca de fantasmas. Permanece "imóvel" e "rígida". Para o observador, o *Moisés* de Miguel Ângelo se acalma a fim de evitar que as Tábuas escorreguem, caiam e quebrem. Sua paixão se extingue para que a escrita permaneça. Transformando-se em monumento marmóreo, ele "salva as Tábuas"[34]. A lei se estabelece com base numa morte.

O texto de Freud prossegue. Mas, inicialmente possibilitado por uma separação, *ele não esquece* a infelicidade que acompanha a sua caminhada. Nenhuma identidade, germânica ou sionista, pode ocupar o lugar do solo perdido que não cessa de ligar a construção da escrita a uma repetição do corte. A suspeita se exerce aí, vigilante, para salvar a dívida do esquecimento, para preservar o trabalho da análise na língua estrangeira, e manter a encenação textual, ou *Aufklärung*, da alteração. Sem dúvida, para que enfim se contasse a própria escrita, foi necessário que essa relação escriturária da perda e da sua lembrança se tornasse a experiência do Freud envelhecido, acuado para o testamento, e encontrando assim "a audácia" (ou a temeridade) de quem não tem *nada* ou tem

---

31 *Interpretation des rêves*, ibid.
32 Le Moïse de Michel-Ange (1914), in *Essais de psychanalyse appliquée*, trad. M. Bonaparte e E. Marty, Gallimard, col. "Idées", 1971, p. 12.
33 Op. cit., p. 21.
34 Op. cit., p. 31-32 e 36.

Capítulo IX • A Ficção da História 351

pouca coisa a *perder* (GW. 156). Então, a própria psicanálise avança num terreno que não é o seu, num saber histórico (como outrora o hebreu no grego dos LXX) ela se torna um "romance" no campo estrangeiro da erudição. Discurso frágil porque postula o *nada* do lugar. Não pode ser senão "fantasia". Sua última peça é de não ser, no fim das contas, senão um "enigma" sem "resposta" (GW. 246). E é a historicidade, relação do trânsito para o limite, da escrita para uma morte, que se conta no registro cômico, numa fábula "testamentária". Assim cada conto de Sherazade ganhava algumas horas da morte, sempre presente ao longo de suas mil e uma noites de fabulação. Mas a "fantasia" é também a dádiva gratuita por parte de quem não tem "nada a perder" nem a ganhar. É grátis, não é mais cara do que um chiste. A itinerância insinua a suspeita através do cômico. O prazer de "se distrair", diz Freud, se combina com o humor que se religa à velha tradição da *Aggada*, jogo da zombaria na seriedade política e local. Mais do que história, tem-se aqui uma estória: este "romance" escrito na outra língua, a da erudição, introduz nas identidades historiográficas a "graça" de sua relação com o não-lugar de uma morte que obriga.

A tradição da morte, ou a escrita

É necessário morrer de corpo para que nasça a escrita. Esta é a moral da história. Ela não se prova senão graças ao sistema de um saber. Ela se conta. A "fantasia" que a receita não está autorizada por um lugar próprio, mas é tornada necessária pela dívida que, para ela, significa um nome. Constrói-se a partir do nada (*nichts*: não tenho nada a perder) e da *obrigação* (não te esquecerei). Deixando de ser o discurso que dá a coisa ou que sustenta um lugar, o texto se torna ficção. O que aparece assim é o *discurso analítico*, trabalhado pela divisão, capaz de articular a história dia-logal da *transferência*, no decurso da qual o analista é "chamado pelo paciente para um lugar onde ele não está",[35] e devedor deste lugar estrangeiro do qual recusa apropriar-se.

---

35   STEIN, Conrad. *L'enfant imaginaire*. Denoël, 1971. p. 34.

352 A Escrita da História • Michel de Certeau

Tomado entre o *absprechen* (renunciar) e o *angehoren* (pertencer), este discurso nunca se terminou de escrever, por esta razão exatamente. Ele não chega senão a perseguir o *Entstellung*, o deslocamento, e a repetir a divisão na análise. Quando para não é porque chegou. Tal como a fábula, ele não conclui jamais. Permanece em suspenso no momento do enigma, da contradição ou da dúvida. Como a partida do texto, sua queda é paradoxal. Cai como uma "brincadeira" que retoma a separação inicial desde que os sintomas foram deslocados. Esse fim é dado de maneira fictícia, como na comédia, e chama, até o esgotamento, o trabalho interminável de escrever outra vez. Diferentemente da tragédia, que caminha para a parada de uma morte, a comédia do quiproquó postula, antes dela, fora do texto, uma divisão irreparável que "retorna" sem cessar nas reviravoltas de cena. Não está no fim das alterações cômicas engendradas pela infelicidade inominável da qual as figuras históricas são, sucessivamente, a metáfora.

Sob esse aspecto a escrita *é* repetição, é o próprio trabalho da diferença. É a memória de uma separação esquecida. Retomando uma observação de Walter Benjamin a propósito de Proust, poder-se-ia dizer que ela tem a "forma" da memória e não o seu "conteúdo":[36] ele é o efeito indefinido da perda e da dívida, mas não conserva nem restaura um conteúdo inicial, já que este está perdido (esquecido) para sempre e é representado apenas por substitutos que se invertem e se transformam segundo a lei proposta por uma exclusão fundadora. A prática escriturária é, ela mesma, memória. Mas todo "conteúdo" que pretendesse significar um lugar ou uma verdade não é senão uma produção ou um sintoma dela – uma ficção, inclusive a fantasia do *Moisés*. O que se pode dizer dela é, no elemento de uma *representação*, uma relação *analítica*, quer dizer, um movimento que deixa reaparecer a divisão (essencialmente sexual) e "explica" assim as transferências,

---

36   BENJAMIN, Walter. *Mythe et violence*. Denoël, 1971, p. 316. No "trabalho de memorização" proustiano, acrescenta, W. Benjamin, "a lembrança é a embalagem, e o esquecimento, o conteúdo" (ibid.).

deslocamentos ou quiproquós que dela derivam. A história erudita e o romance analítico seguem, portanto, procedimentos opostos. Uma pretende conduzir os elementos no texto, mas para salvar essas positividades do esquecimento lhe é necessário esquecer que obedece ao dever de produzir uma ficção literária destinada a enganar a morte, a ocultar a ausência efetiva das figuras de que fala. Faz *como* se estivesse ali, empenhada em construir o verossímil e em preencher as lacunas por onde se denunciaria a perda irreparável da presença, mas ela é, afinal, autorizada pelo lugar presente do especialista; visa assim a apagar a sua própria relação com o tempo. É um discurso. O romance freudiano é *escrita*, trabalho de passar o tempo sem esquecer aquilo que o organiza; conta sua própria relação com o tempo como laço (pertença) e desapossamento (separação). O *Moisés* é a narrativização deste tempo praticado; é o relato no qual a escrita, ao mesmo tempo produtora e objeto dessa encenação, se analisa como tradição de uma morte.

Aqui intervém a "aversão que todos nós experimentamos em penetrar de maneira sacrílega na natureza íntima do luto".[37] Entretanto, não sem que o "conflito interior" seja aí marcado, e a dúvida "posta em exerga" (GW. 130), o texto freudiano nos conduz a esse ponto em que a relação entre o assassinato de Moisés e a produção da tradição designa a natureza íntima do luto como *inscrição*. Elucidação "sacrílega" sem dúvida, pois rouba ao sagrado (*légere sacrum*) o que lhe é essencial – a presença –, se é verdade que *fazer o seu luto* é escrever.

A tradição, objeto central dos três Ensaios do *Moisés*, aparece inicialmente sempre ligada a "uma catástrofe histórica" (GW. 174). O *Epos*, da saga ao poema, não se produz *sem* a queda daquilo que ele canta. Por isso, a queda não ocorre "sem vestígios" (*nicht spurlos*, GW. 174). No esplendor da civilização minuano-micênica, ou no império da razão, criado por Akhenaton e recolhido por Moi-

---

37   TOROK, Maria. Maladie du deuil et fantasme du cadavre exquis, in *Revue Française de Psychanalyse*, t. XXXII, 1968, nº 4. Cf. TRILLING, J., op. cit., p. 220.

sés (GW. 174-175), uma ferida mortal abre o espaço onde aparece o poema homérico ou bíblico, sonho escrito. A "ficção" se constrói sobre o "nada" da existência que passou e da qual "nada (*nichts*) subsiste" (GW. 175). As grandes ruínas fazem os grandes poemas. Para marcar essa articulação entre dois imponderáveis, a morte e o poema – a consequência da *Destrudo*[38] e a representação da *Libido* –, Freud recorre a uma citação de Schiller. Frequentemente, ele pontua seu discurso com cortes poéticos (que não são objetos de estudo, mas referências autorizantes, em momentos cruciais). Introduz, assim, na prosa "analítica" o jogo do seu outro poético, como um "à parte" diferente e necessário, faltante e gerador (poético). "O artista sempre o precede" (J. Lacan). [39] Ocorre-lhe uma "sentença" de Schiller que tem a forma de lembrança e também de sonho (*erinnern*, GW. 208):

> O que de imortal viver no poema
> deve soçobrar nesta vida.[40]

Uma perda da existência é a condição da sobrevivência no poema. Estrutura do sacri-fício, quer dizer, da produção do sagrado: "as coisas sagradas são constituídas através de uma operação de perda".[41] Da mesma forma que o desaparecimento de Moisés permitiu o aparecimento da *saga* mosaica, sob muitas outras formas, uma *lacuna* da história torna possível e necessária a produção de uma *cultura*: Epos coletivo, lenda, tradição. À sua maneira, James Joyce expressa essa lei quando conta o fim de um amor de

---

38   Sabe-se que, durante algum tempo, Freud pensara em chamar *Destrudo* aquilo que mais tarde chamou *instinto de morte*. Pensava assim opô-lo mais claramente a *Libido*.

39   LACAN, Jacques. Hommage à Marguerite Duras, in *Cahiers Renaud-Barrault*, p. 9, dez. 1965.

40   Estes são os últimos versos do segundo poema "Os deuses da Grécia" (*Die Götter Griechenlands*, 1800) sobre a morte de deuses:
Was unsterblich im Gesang soll leben
Muss im Leben untergehen.

41   BATAILLE, Georges. La notion de dépense, in *La part maudite*, col. Points, Seuil, 1971, p. 28.

Capítulo IX • A Ficção da História 355

juventude. Uma presença evanescendo-se, instaura a obrigação da escrita:

> Na bruma indecisa das notas antigas aponta um frágil traço de luz: a palavra da alma vai se fazer escutar. A juventude tem um fim: este fim, ei-lo aqui. Nunca mais existirá. Tu sabes disto. E então? Escreve-o, ora escreve-o! de que outra coisa és tu capaz?[42]

A "palavra da alma" é a palavra estrangeira do velho compositor holandês Jan Pieters Sweelinck, de quem a ária antiga cantava: A *juventude tem um fim*. Ela dá lugar, no alhures de um canto, ao que, terminando, "não tem lugar" na história, mas apenas no poema. "Depois", vem o imperativo da inscrição: "escreve-o". O traço "aponta", quando não existe mais fim localizável, para o que se perde. Com ele surge a lei da escrita dívida e memória. O imperativo de escrever se articula com a perda da voz e a ausência de lugar. É uma obrigação do ser passante, passar indefinidamente. O que não cessa de se escrever é necessário.[43] É necessário traçar a dívida sem cessar. Escrever é o que resta, numa marcha "interminável" na qual se repete o acontecimento que não tem (teve) lugar.

Mas em Freud a tradição se particulariza, não sendo apenas relativa a uma perda, mas estando presa nas estratégias de um *querer perder*. Repete o que ocorreu no começo, um assassinato. O ato que deixa vestígio pela escrita é rejeição do fundador. Multiplica-se no texto com o movimento de recusar (*versagen*), de desprezar (*vershmähen*), que intervém em todos os momentos decisivos do relato, desde a erradicação da religião e do nome do seu pai por Akhnaton ou do desprezo do povo egípcio pelo monoteísmo de Akhnaton, até o assassinato do Cristo. O acontecimento "inicial" não é, no fundo, senão o nome dado a uma série iniciada muito antes dele, no Egito, para chegar, no texto, muito depois da história contada, ao gesto "contestatório" de Freud. É o movimento que prossegue durante os tempos de latência, na tradição que "quer

---

42 JOYCE, James. *Giacomo Joyce*. Gallimard, 1973. p. 16.
43 Cf. LACAN, Jacques. *Le Séminaire*, livro XX, Encore, Seuil, 1975. p. 86-87 e 99.

esquecer" e que, trabalhando para apagar a lembrança do assassinato inicial, trai (revela) aquilo que oculta. Não querer o saber: a tática do recalcamento é precisamente o que constitui pela produção de um "esquecido (não-sabido), o saber do "assassinato do pai primitivo".[44] Um "querer perder" (a verdade) repete, na tradição, o "querer perder" (o pai) do acontecimento inicial que cala para se lhe substituir. A tradição não seria, pois, mais fiel ao que reproduz se deixasse de ocultá-lo. O que se *sabe* funciona aí como o que se *cala*. Esta maneira de obliterar a lembrança, repetindo o gesto de recalcar, define a lenda tradicional como "memória" que é perda do "conteúdo" e reprodução da "forma". É o que é necessário dizer para que se faça escutar outra coisa.

Mas isso não vale também para o acontecimento primitivo reconstruído por Freud? Mais do que a categoria dos "fatos" ou das "verdades" históricas, deve ser alinhado no romance, entre os efeitos de uma escrita que, por sua vez, deve ser o recalcamento (portanto, "verdadeiro" nesse sentido) *e* a encenação destinada a ocultar o que faz. Ele viria desta mesma tradição que se supõe que vá explicar. O conteúdo – Moisés assassinado – nos leva ao texto que o produz. Um recalcamento parece, então, a "verdade" que se repete na ficção freudiana; estaria escondido por uma argumentação erudita, disfarce de uma fábula, e revelado pelas lacunas da reconstituição cronológica, quer dizer, por aquilo que falta a uma verossimilhança histórica. Mas qual é o corte que o texto freudiano cria com relação à tradição, se ele funciona como ela elucidando-a ao mesmo tempo? Estas duas questões – se a construção do romance "quer fazer esquecer" um recalcado e como, neste caso, o

---

44   "Os homens sempre souberam" – mas (acrescenta Freud em um parêntese "esquecido" pela tradução francesa) *"desta maneira particular"*, quer dizer, pelo próprio trabalho do recalcamento – "que um dia haviam possuído e assassinado um pai primitivo" (GW. 208). Eu aqui deixo de lado as indicações do texto sobre a *topografia* deste "saber". Para definir onde (por quem) se conservou este saber e sob que forma persiste a tradição, Freud se refere a um "inconsciente do povo": é fixar, mas de passagem, um lugar fundamental para a eficiência da tradição.

trabalho psicanalítico se distingue da lenda – voltam a análise para o seu próprio discurso. Desta maneira se é levado à articulação da teoria com a ficção, que se representa neste intermédio da história e do romance, e que se desenvolve, no nível do texto manifesto, na relação da demonstração (um "verossímil" historiográfico) com suas lacunas (uma "verdade" analítica).

Dito de outra maneira, a lacuna não é, em Freud, a ausência de uma pedra no edifício construído, mas o vestígio e o retorno daquilo de que o texto deve "tomar o lugar". Em Moisés e o monoteísmo, duas expressões retornaram constantemente, obsedantes, e se evocam mutuamente: por um lado, "tornar o lugar" do outro (*die Stelle einnehmen*) ou "estabelecer-se no seu lugar" (*an seine Stelle setzen*), e, por outro lado, "preencher as lacunas" (*die Lücken ausfüllen*) ou "apagar os vestígios" (*die Spuren verwischen*). A dissimulação (*Beseitigung*) dos vestígios, relativa à perpetração de um crime (GW. 144), dá o verdadeiro alcance das lacunas da encenação textual que ocupa o lugar do morto. Quem é, então, o morto? Segundo David Bakan, Freud "renega" Moisés – ocupa o lugar dele instaurando uma "ciência judia" que se substitui ao rabinismo religioso; mas ao mesmo tempo que "deseja" o assassinato de Moisés pelo(s) Judeu(s), ele "perdoa a falta" e apaga o parricídio uma vez que se trata de um estrangeiro.[45] Para Marthe Robert, o Moisés é "um último sobressalto de revolta diante da fatalidade inexorável da filiação", "uma recusa obstinada dos laços de sangue", uma rejeição de seu pai Jacob Freud para tomar o lugar de "filho de ninguém" e "filho de suas obras".[46] Ambição freudiana, sem nenhuma dúvida, e declarada: "o herói sempre se revolta contra o seu pai e termina, de uma maneira ou de outra, por matá-lo" (GW. 193). Otto Rank, entretanto, percebeu nele, mais justamente, a ambiva-

---

45   BAKAN, David. *Freud et la tradition mystique juive*. Payot, 1964, p. 107-152: "Le thème de Moïse dans la pensée de Freud".

46   ROBERT, Marthe. *D'Oedipe à Moïse. Freud et la conscience juive*. Calmann-Lévy, 1974, p. 219-278: "Le dernier roman". Nesta interpretação, a comparação com a *Carta a meu pai*, de Kafka, se impõe. Cf. KAFKA, F. *Oeuvres complètes*. Paris: Cercle du Livre Précieux, 1964. t. VII, p. 157-211.

358 A Escrita da História • Michel de Certeau

lência quando descreveu o "fundador" da psicanálise como "um filho rebelde que defende a autoridade paterna..."[47]

Essas interpretações indicam uma relação entre o gesto tradicional de recalcar (ou de tomar o lugar) e o corte que ele cria com relação à tradição. Mas fixam no texto uma "verdade" (por exemplo, a fundação de um judaísmo "moderno" – Moisés "egípcio" –, para D. Balkan; o enigma da identidade psicológica – o homem Freud diante do "homem" Moisés – para M. Robert), e o supõe, portanto, traduzível numa linguagem referencial. É isso, creio eu, precisamente o que o texto proíbe, e é por aí que ele se distingue da tradição. Ele mantém uma pluralidade de interpretações possíveis. O que ele *quer dizer* só pode ser calado: indefinidamente *recalcado* e *por dizer*. Na sua forma mantém os termos de uma contradição que, jogando em muitos níveis (biografia de Moisés, história do judaísmo, autobiografia etc.), visa ao ponto cego de um *eu não sei* repetido a propósito de cada um de seus objetos.[48] Isso não tem lugar próprio no discurso. Também o texto ensina ao leitor: *Tu não saberás nada disso.* Como escreve Freud a propósito da religião de Aton, "velaram para que não tivéssemos muitas informações" (GW. 162). Ao que é preciso acrescentar que se estava escrito ou era passível de se escrever em algum lugar "isso se saberia". É próprio da ficção poder fazer *escutar* o que ela *não diz*.

A forma, mais do que o conteúdo, é portadora do que há para ouvir a relação de um enunciado tem um recalcado. Mas ela não depende exatamente da contradição mesmo se, em Freud, igualmente, "contar não é jamais senão *conto redizer*, que se escreve

---

47 "A psicanálise é tão conservadora quanto parece revolucionária, pois seu fundador é um filho rebelde que defende a autoridade paterna, um revolucionário que, por temor de sua própria revolta de filho, refugiou-se na segurança do papel paternal, o qual, entretanto, já estava ideologicamente desintegrado" (RANK, Otto. *Modern Education*. A. Knopf, Vintage, 1932, cit. Por Michèle Bouraux-Harteman, Du fils, in *Topique*, nº 14, p. 63-64, 1947).

48 Assim, finalmente "o que foi originariamente a tradição nós não o sabemos" (GW. 132) etc.

também contradizer":[49-50] repetir a lenda antiga contradizendo-a. Trata-se antes de uma estrutura de *processo*, que se representa (no conteúdo) em termos de crime e de vestígios por apagar. Desta maneira, a argumentação *se confessa* "lacunar" (*lückenhaft*, GW. 189) e *se escusa* de sê-lo. O autor acusa seu próprio trabalho, e se rebela, entretanto, contra as "censuras injustificadas". Seu herói é ao mesmo tempo um "renegado" e uma vítima; trai e é assassinado. Cada elemento é o lugar do processo interno que, em Freud, assume a imagem da dúvida. A acusação e a justificação levam de vencida a afirmação e a negação (que têm, elas próprias, valor de pretensão e de denegação). Um conflito determina os contrários no terreno sempre móvel de uma agressão e de uma resposta. Cada vez, o corte reaparece no lugar de um novo estado de guerra. Recalcamentos são expressos através da escrita, mas a escrita lhes responde com um trabalho (uma elucidação contra a morte).

Esta é a situação do texto. Ele não escapa do processo que analisa. Ele o persegue. Não encontra uma posição segura, observadora, ao abrigo da "dúvida". Não está isento do combate para "tomar o lugar", nem protegido da lei que faz retornar o eliminado. A violência da construção não se expressa nele sem a sua fraqueza (*schwache Seite*, GW. 151). Também "o conflito interior" do sujeito não é estranho ao seu texto: "o autor não pode se desembaraçar da morte, deixando ao seu livro a preocupação de se encarregar dela (minhas obras passam, mas eu sou um lugar que permanece), nem aceitar a morte, obtendo a imortalidade para o monumento literário (morro, mas meu livro não perecerá). Tal como Moisés, a literatura é, ao mesmo tempo, assassinada e assassina, envolvida num conflito sacrílego que transforma a Escritura em escritas. Existem combates. Não há imortalidade: Freud não crê nela mais do que os Judeus que, diz ele, "renunciam" à imortalidade, enquanto os Egípcios "denegam" a morte (GW. 117). Nisso se

---

49   LÉVI-STRAUSS, Claude. *L'homme nu*. Plon, 1971, p. 576.

50   NT – Lévi-Strauss joga com a forma fonológica, aproximando *conte redire* de *cont'redire*.

360 A Escrita da História • Michel de Certeau

afasta de Schiller. Nenhum poema imortal vem ocupar o lugar dos deuses que morreram. Não existe lugar estável e imortal, mesmo que seja escriturário; nenhuma revelação tampouco, que preencha essa imensa lacuna e crie um espaço seguro. O que se inscreve nos textos – e no romance de Freud – é o seu luto, já que o trabalho de "fechar os olhos" do "pai" anuncia igualmente a lei de seu retorno. Sem acreditar na possibilidade utópica de enganar a morte, a escrita freudiana é a sua tradição e a sua traição. Rouba qualquer coisa – tempo para inscrever/tomar este lugar – ao segredo/sagrado que desvela. Nisto é sacrí-lega. Mas o faz como uma brincadeira que repetirá a lei do enigma. Ela tem forma de paródia.

O quiproquó, ou a comédia do "próprio"

"*Ote-toi que je "y mette*":[51] em francês no texto freudiano, é a lei do sonho. É bem feito para ti se tiveste que me ceder o lugar (*den Platz räumen*); porque quiseste me tomar o lugar (*vom Platz verdrängen*).[52] Esta é também a lei da história, individual ou coletiva. O assassinado ressurgiu lá onde foi morto. Semelhante ao pai de Hamlet,[53] é o "espectro"[54] de Moisés. No próprio lugar do crime existe sempre este "fantasma": a vítima que, ontem, ameaçava. No capítulo que intitula "Retorno do recalcado", Freud afirma ao mesmo tempo que a religião do fundador retorna na religião judaica que a "expulsou" e que o pai "desprezado" (*geringgeschätzt*, GW. 168) por Goethe reaparece no caráter do poeta envelhecido – maneira dele, que se identifica ao "grande Goethe", de se ver também, nos seus últimos dias, desapossado do lugar que havia feito para si recalcando Jacob, seu pai.[55] Impossível matar este morto. Ele retor-

---

51 NT – "Sai fora, que eu quero entrar".
52 *L'interpretation des rêves*, GW. II-III, p. 488.
53 Sabe-se o papel representado pelo *Hamlet* de Shakespeare na obra de Freud. Este é, aliás, um dos textos que ele cita mais frequentemente; cf. GW. V; 19; VI, 10, 43 e 44; X, 432; XIV, 314 etc.
54 Freud chama assim Moisés. Cf. JONES, E. *La vie et l'oeuvre de S. Freud*, op. cit., t. III, p. 256, citando uma carta de 28 de abril de 1938.
55 Cf. ROBERT, M. *D'OEdipe à Moïse*, op. cit., p. 276.

Capítulo IX • A Ficção da História 361

na exatamente onde a conservação de seu nome – *Moisés* ou *Freud* – ocultava a vontade eliminá-lo. A identidade do nome é o cenário do jogo onde o recalcamento (*Verdrängung*) chama o deslocamento (*Verschiebung*), de maneira que sob o disfarce do "próprio" não se sabe nunca senão o quiproquó do próprio.

Em Moisés e o monoteísmo, o velho que Freud se tornou reúne todas as suas teses essenciais acerca do relacionamento que foi, escreve, em 1936 a Romain Rolland, o "verdadeiro ponto de partida do nosso aprofundamento da psicopatologia".[56] Recompõe na sua totalidade o lugar que fez para ela – a psicanálise "nascida pouco após a morte de Jacob Freud e positivamente graças a ela"[57] – na sua relação com a exclusão, representada aqui pelo assassinato de Moisés. Mas no momento em que recolhe à sua volta todos os móveis que provam o estabelecimento de um lugar próprio, o outro retorna a ele, fatalidade de uma supressão, quer dizer, da filiação e da morte. Fazer o somatório dos bens adquiridos é fazer a sua mala. Sua própria "construção" se torna a mensagem que lhe anuncia o retorno do recalcado. Não por acaso, mas segundo uma lei que Freud analisa metodicamente neste *Moisés egípcio*. Na mesma época, evoca o rei Boabdil que, informado da queda de sua cidade, Alhama, sinal do fim do seu reino: Não quer sabê-lo (*er will es nicht "wahr haben"*) e decide tratar a mensagem como não transmitida; queima as cartas e mata o mensageiro.[58] Freud, pelo contrário, "quer saber" a nova, na própria língua do lugar que ocupa. O próprio lugar que tornou possível ao "filho rebelde" o recalcamento do pai retorna como mensagem do fantasma.

Finalmente, quem ganha, o filho que transformou cada saber estabelecido e "próprio" em lugar alterado pelo retorno de um ex-

---

56 "Uma perturbação de memória na Acrópole. Carta a Romain Rolland" (1936); GW. XVI, 255. Aqui mais uma vez se marca, fundadora, a relação que a *terra* freudiana, seu edifício (*Aufbau*), mantém com uma exclusão, uma "contestação" um *êxodo*.

57 ROBERT, M. Robert. *D'OEdipe à Moïse*, op. cit., p. 36, n. 3.

58 "Uma perturbação de memória na Acrópole"; GW. XVI, 255, citando a lamentação do Mouro espanhol: Ay de mi Alhama.

cluído, ou o que para sempre, a partir de um tempo de incubação (*Inkubationzeit*) ou "*latência*" (Latenz, GW. 171), retorna de longe? Quem é desfeito? Quem está aí, no lugar de quem? Pergunta sem resposta. "Está por ver" (*dahingestelt*, GW. 245). À violência do conflito corresponde a *dissimulação* do vencedor, mas uma dissimilação estrutural, que torna impossível a homogeneidade do eu com aquilo que nele aparece. Existe de-fecção do lugar. Seu outro é aí sempre um "que tem direito". Como escrevê-lo, senão num discurso que recusa o postulado historiográfico de "sujeitos" identificáveis a lugares e que faça da *ficção* o próprio motor de sua construção? Se o sujeito é quiproquó, seu relato não pode ser senão uma *narrativização do quiproquó*: uma comédia da identidade.

O que me interessa neste exame da escrita freudiana é o "romance" como *prática*, tal como se faz, de acordo com o que diz. Se ele coloca como conteúdo a ausência de um lugar ou de uma "substância" identificatória, isso significa que ele mesmo não pode ser senão o funcionamento do quiproquó. Por esse motivo, a gênese do texto, e não apenas o enunciado das ideias, é o deslocamento (ou "a análise") da "verdade" que designa. *A prática produtora do texto é a teoria*. A construção literária (legível em termos de procedimentos retóricos, organizadores da obra, ou de "estruturas" semióticas que geram a "manifestação" textual) é a própria práxis do "tomar o lugar" (*die Stelle einnehmen*). Como uma peça de Marivaux, o *Moisés* se desenvolve em "substituições", "disfarces", "desfigurações" e "deformações", "eclipses" e "elipses", "reviravoltas" de situações – quer dizer, num jogo de "sombras" e "luzes", de "desaparições" e "fantasmas". Todo este vocabulário freudiano designa *uma técnica de encenação* que não está apenas a serviço do "assunto" a tratar, mas constitui a própria escrita como processo do recalcar-retornar. "*Fazer o texto*" é "fazer a teoria". Sob este aspecto existe realmente ficção teórica. A teoria, inteiramente investida na operação de se escrever, é o trabalho do sujeito que se produz na medida em que pode apenas *se inscrever* analiticamente, à maneira do quiproquó.

Que, em Freud, um "saber-fazer" seja a própria exposição, da qual os procedimentos de narrativização constituem a prática

Capítulo IX • A Ficção da História 363

teórica, gostaria de examiná-lo no funcionamento de alguns fragmentos do *Moisés* retidos como indicações estratégicas: o romance familiar, e a dualidade dos Yahvé ou dos Moisés. Esses exemplos vão particularizar a relação da *ficção* freudiana com esta *história* efetiva que é uma *maneira de* "fazer o texto". Daí se depreenderá também o estatuto da teoria. Bem longe de ser uma ciência (definida pelo deslocamento de um campo próprio e de uma linguagem unívoca), a *teoria*, em Freud, se exerce a partir e no interior da ficção (o sonho, a lenda); seu trabalho delineia na língua estrangeira dessas "fantasias" um "saber" que é inseparável dela mas se torna capaz de articulá-las *historicamente*, quer dizer, através de uma *prática* de deslocamento e de inversões. O quiproquó é ao mesmo tempo o enunciado e a operação teóricos.

O "romance familiar (*Familienroman*) da criança" ocupa apenas algumas páginas no *Moisés* (GW. 106-112), mas representa nele um papel decisivo. Faz parte também do *dossier* das relações com Otto Rank.[59] Representa a contribuição pessoal de Freud em favor das origens egípcias de Moisés. Depois de ter "adotado" como seu o argumento de Breasted sobre a origem egípcia do nome *Mosche*,[60] Freud "retoma" de Rank a tese que este teria estabelecido "a meu conselho" e "quando ainda sofria a minha influência".[61] Nesses dois

---

59   Freud retomou várias vezes este assunto (GW. VIII, 74; X, 104 etc.) depois que o tratou, em 1909, no *Romance familiar dos neuróticos* (*Der Familie-renroman der Neurotiker*; GW. VII, 227-231). Este texto, destinado a ser inserido na obra de Rank *Le mythe de la naissance du héros* (1909), não foi publicado senão em 1924 (cf. JONES, E. *La vie et l'oeuvre...*, op. cit., t. II, p. 259 e 316). Ele mostra como, entre as crianças, o "deligamento" (*Ablösung*) que segue a "superestimação" dos pais pode levá-los a se acreditar "adotados" pela família em que vivem, portanto, nascidos alhures, vindos de uma família mais elevada. Neste "romance", o sentimento de ser o filho de um outro leito (*Stiefkind*) substitui um pai "nobre" ao pai demasiado comum (*pater semper incertus est*) e frequentemente atribui à mãe (*certissima*) infidelidades sexuais.

60   BREASTED, J. H. *The Dawn of Conscience*. Londres, 1934.

61   Freud acrescenta em nota: "Estou muito longe de procurar minimizar o valor da contribuição pessoal de Rank a este trabalho" (GW. 106, n. 2).

364 A Escrita da História • Michel de Certeau

casos (Breasted e Rank), ele se instala no lugar do outro. No que se refere ao nascimento, o relato freudiano parte de duas citações. A primeira é um extrato do *Mito do nascimento do herói*, de Rank: o estereótipo do mito comporta duas famílias, uma nobre, a verdadeira, que rejeita o herói, a outra, modesta, que o adota, antes que ele se vingue de seu pai e tome o seu lugar. A segunda é a autobiografia de Sargão de Acad (2800 a.C.), o testemunho "de mais antigo conhecimento" da "série" formada por essas figuras de heróis. Uma fornece um "esquema" geral, uma "lenda tipo" (*Durchschnittsage*, GW. 107), a outra uma imagem primitiva (*Urbild*), um protótipo. Tem-se, portanto, uma *estrutura* literária e um *começo* histórico. Esses dois mapas constituem, de fato, duas variantes de uma mesma rodada. Com exceção de um matiz: Freud supõe a estrutura mais legível da *Urbild* do que na "fórmula" (*Bild*; GW. 107) obtida a partir de uma série, e, através deste duplicar que o leva do "modelo" de Rank ao "original" de Sargão, ele retoma o domínio do assunto. Sob esta fórmula folheada, a citação fornece um lugar para o seu trabalho, neste terreno em que ele é convidado e portanto utiliza a língua. Um recorte da citação (posta entre aspas e a distância) cria um jogo possível nesse espaço onde a marcha de uma

---

Conflito (dois nomes) sobre a mesma tese (ou lugar). Freud ainda nomeia e cita Rank, enquanto oculta completamente o nome e o trabalho de Karl Abraham ao retomar, quase textualmente, suas teses sobre Aknaton (apoiadas também, aliás, em Breasted e Rank). "Primeiro homem eminente no domínio espiritual que a história da humanidade nos informa", dizia Abraham, Aknaton "recusa a autoridade paterna" e "a *Tradição* transmitida pelo pai" no "desejo de ter-se concebido a si mesmo, de ser o seu próprio pai"; em um fundador, acrescenta ele, isso é uma neurose de filho apagando os vestígios do pai (cf. Amenhotep IV [Echnaton]. Contribution psychanalytique à l'étude de sa personaalité et du culte monothéiste d'Aton [1912], in ABRAHAM, Karl. *Oeuvres complètes*, Payot, 1965, t. I, p. 267-291; ou in ABRAHAM, K. *Psychanalyse et culture*, Petite Bibl. Payot, 1969, p. 133-162. E as cartas trocadas a esse respeito de janeiro a junho de 1912, in S. FREUD–K. ABRAHAM, *Correspondence*, Gallimard, 1969, p. 116-124). O discípulo (morto em 1925), foi ele apagado por ter tocado no recalcamento do pai pelo fundador? Cf. TRILLING, J. *Freud, Abraham et le Pharaon*, op. cit.

técnica vai gerar o texto freudiano, mas não dá a este texto outro lugar senão o da citação. Deste ponto de vista, não se assemelha ao recorte que instaura a historiografia distinguindo-a das "crônicas" ou dos "documentos"[62] e que estabelece *a priori* que o discurso do saber histórico não se coloca sob a mesma insígnia e não está submetido à mesma ignorância que os "seus" documentos. A análise tem, pelo contrário, como postulado, obedecer à mesma lei que os documentos e não estar mais bem colocada do que eles, mesmo que sua vitória consista em elucidá-los: o documento *cala* o que ele *sabe*; oculta o que o organiza; desvela apenas pela sua *forma* o que apaga do seu *conteúdo*.

A citação funciona, pois, de uma maneira específica no texto freudiano. Não o autoriza mais do que ele se autoriza a si mesmo através de uma relação com um não-saber. É o lugar perpassado por um trabalho que joga com os seus conteúdos e expõe (ou ana-lisa) as suas ambivalências, logo, os deslocamentos e as possibilidades. *Na* citação como na palavra, a análise insinua o plural em lugar do unívoco. Bem longe de se constituir como "compreensão" ou como "julgamento" que se pronunciaria a partir de um lugar diferente, isento do não-saber e da ambi-guidade, portanto, "nobre" e distinto, ela restaura em cada lugar um movimento do qual participa precisamente porque confessa a sua própria relação com o não-saber, sua dívida com relação ao outro e seus conflitos internos.

O "romance familiar" dá, pois, lugar a um tratamento que desloca, reduz ou inverte os conteúdos por revelar, seja no modelo (*Bild*) geral (ou originário) do "mito do nascimento do herói", seja na sua inversão com o caso único da lenda de Moisés, as variantes de um mesmo funcionamento formal: uma relação entre *um* e *dois*. Esta relação se indica como um conflito de *dois* personagens (o pai e o filho ou os pais e os filhos) numa mesma família. *Dois no mesmo lugar*. Alhures, por exemplo, *O Eu e o Id* (1923), esta tensão é elucidada como a própria questão do "eu": o sujeito se constitui por inseparável de e frustrado pelo seu outro; ele é dividido pelo inter-

---

62 Cf. *supra*, p. 98-100.

dito que cria a própria transgressão e que institui o gozo através de uma relação necessária à falta e à diferença; não tem lugar próprio. Mas aquilo tudo se passa na cena familiar. Nesta unidade de lugar o filho deve, e nunca pode verdadeiramente, desalojar o pai.

Na apresentação comum e na exceção judia, Freud indica a adjunção de um segundo lugar ("fictício") à história ("real", GW. 111) do conflito. Por esta criação, a lenda inverte a história, já que, de agora em diante, existem *dois* lugares (duas famílias) para *um* personagem (o herói). A operação tem um lucro. Ela salva a identidade do lugar onde se produz a lenda. O estrangeiro do interior, por seu exílio numa segunda família, deixa intacto e simples o seu lugar de origem: o inimigo não é senão um fora; o dentro é purificado da diferença. O retorno do filho expulso ou contestatário se torna, assim, o retorno do mesmo e manifesta a "nobreza" original do lugar, depois do desvio e da adoção passageira numa família "modesta". Em suma, a lenda é o discurso genealógico do lugar. *Apologia pro domo sua*. Ela fala a lei de uma terra, de um lugar ou de um meio necessariamente "nobre" do começo ao fim. Não há equívoco possível: nobre está *aqui* e o modesto, *lá*. Cada coisa em seu lugar. Entretanto, esse espaço organizado por uma ordem é atravessado pelo tempo único do relato e do herói. A *unicidade da trajetória* contrasta com a *dualidade de lugares*. Em todos os sentidos do termo, ela permanece o *vestígio* daquilo que a topografia eliminou. A lenda repete na sua dinâmica o que excluiu do seu quadro. A narratividade diz o inverso do que a estrutura espacial estabelece. Pela unicidade de personagem ela mantém, como movimento da história, a coincidência dos contrários: sob o mesmo nome, existem dois lugares. A lenda revela assim o caráter "fictício" de sua primeira sequência (A), destinada a estabilizar um lugar referencial, e designa, pela relação das sequências seguintes (B) e (C), a irrupção de um "arrivista", saído não se sabe de onde (*ein hergelaufener Abenteurer*, GW. 110) no lugar consagrado. Uma estranheza faz parte da familiaridade. Um conflito interminável se instala no seio da "família".

Capítulo IX • A Ficção da História 367

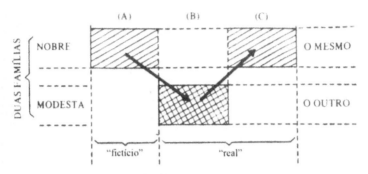

O mito do nascimento do herói (fig. 1).

A lenda judia do nascimento de Moisés "difere de todas as outras lendas do mesmo gênero" (GW. 112); "ocupa um lugar à parte e contradiz mesmo as outras num ponto essencial" (GW. 109): Moisés nasce de uma família modesta (de Levitas) e é adotado pela família nobre (do faraó). Na verdade, essa particularidade é secundária com relação ao fato de que, produzida num lugar judeu, *a lenda instaura o mesmo* (lugar judeu) *como origem*: o nascimento judeu funciona aí como origem nobre e legitima o lugar, classificando a estranheza na exterioridade (aparente) nobre na qual o herói da família foi provisoriamente adotado (cf. *fig. 2*).

A inversão, na verdade, não é senão uma variante. A *lei do mesmo* (lugar) prevalece nos dois casos, mas no modelo comum ela funciona como *lei de um meio* social e político, enquanto, na lenda judia, intervém como *lei da família* (lei do sangue), relativizando uma "nobreza" estrangeira voltada à modéstia.

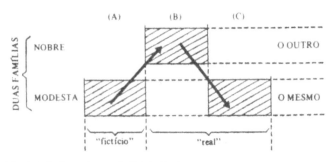

A lenda judia do nascimento de Moisés (fig. 2).

Freud se introduz nessa lenda como o ladrão de uma legitimidade. É sacrílego: pilha o lugar sagrado. Com seu "Moisés egípcio" instaura a des-ordem nesse lugar protegido pela lenda: o estrangeiro, o homem de baixa extração e sem origem confessável (*hergelaufener*), o aventureiro (*Abenteurer*), em uma palavra, o egípcio, está no lugar. Inquietante familiaridade. Aconteceu aqui como em cada um de seus significantes nos quais, à claridade – um único sentido por palavra –, ele restaura uma perturbação contrária marcado por um uso que é movimento. Sempre existe, obsceno, um arrivista num lugar nobre.

Mas Freud dá, igualmente, sua própria versão do "romance da família". A criança, diz ele, inicialmente superestima seu pai, depois se desliga dele e se torna crítica: "As duas famílias do mito, a nobre e a modesta, são duas imagens que refletem (*Spiegelungen*) a mesma família tal como aparece para a criança em épocas sucessivas de sua vida". Assim, elas são misturadas (*zusammenfallen*), localmente reunidas, e não se separam senão temporalmente (*zeitlich*, GW. 109). O que a lenda reparte em lugares diversos Freud distribui em tempos diversos.[63] Enquanto ela especializa, ele cro-

---

[63] No seu estudo de 1909 (cf. nota 59), Freud distinguia três tempos: o pai *superestimado*, o pai *rejeitado*, e o pai *substituído* pelo filho. Estes três tempos correspondem aos três lugares, pelos quais se desloca o herói do mito.

nologiza. Como na sua visão de Roma, ele substitui a justaposição (que localiza as coisas umas ao *lado* das outras: *neben*) pela sucessão (que as empilha no lugar onde aparecem umas *após* as outras: *nach*.[64] Qual é o benefício dessa diferença na narrativização da relação entre o filho e o pai, quer dizer, entre o modesto e o forte, ou entre o intruso e o possuidor? Seria nenhum se se tratasse apenas da mesma classificação edificante, constitutiva de lugares próprios, mas segundo um outro código. De fato, a diferença se prende à natureza do tempo freudiano. Se mostra ou oculta, esse jogo nada perde. Desdobra o jogo das estratificações psíquicas. Traz a luz em deslocamentos sucessivos, os retornos de uma divisão originante. É *memória*, movimento do que se repete mudando os conteúdos. Nisso contradiz as ilusórias estabilidades do espaço. Freud suspeita dos lugares. Desconfia do "enraizamento" (*Bodenständigkeit*).[65] Ele nos reconduz a uma *marcha* do tempo, articulada com a origem (ou terra) *perdida*.

O que a representação freudiana conserva, apesar de tudo o que tem de fictício, é a linearidade do tempo, a própria sucessividade. Porque o *após* é, na realidade, um *dentro*. O outro do personagem é interior. Um "duplo" permanece escondido em cada momento tanto quanto em cada lugar; ele o é igualmente *na* e *pela* exposição (*Darstellung*) "temporal" de Freud. Desmistificando a legalização do lugar e mostrando seus efeitos sobre a construção de uma encenação, esta análise, feita linguagem temporal, organiza-se ainda a partir do tempo do oculto e funciona, portanto, como ficção. Um segundo fragmento do *Moisés* permite avançar, já que apresenta a necessidade da rejeição; é *necessário* um recalcado para que isso *ande*; e da mesma forma é necessário a *ficção* para que haja progresso (interminável) da *análise*. Bem longe de ser o oculto a suprimir ou a lacuna a preencher (que seria, aliás, este gesto senão uma nova rejeição?), o recalcado é o próprio princípio

---

64 Cf. *supra*, p. 289 e nota 13.
65 "Reivindicar um enraizamento" (*behaupten... seine Bodenständingkeit*, GW. 147), pretender ligar-se ao terreno e sustentar-se numa aliança com o solo eleito, eis aí a ilusão.

370 A Escrita da História • Michel de Certeau

do deslocamento. Não existe mais "vida" onde nada se oculta. Por seu conteúdo e por seu próprio movimento, a *Aufklärung* se apõe a uma filosofia da claridade e das Luzes. Ela "defende" algo que não pode ser senão retirado, *calado*.

No segundo Ensaio, "estudo puramente histórico" (Freud insiste nisso; GW. 154, 161 etc.), os parágrafos 4 e 5 (GW. 130-141) constituem o *pivot* da argumentação, que ele retoma na sua conclusão (GW. 154-155): a *dualidade* – dos Yahvé, dos Moisés, dos povos etc. Eles se referem ao nome, enquanto, no romance familiar, trata-se do lugar originário. À primeira vista parece curioso que, após ter reduzido os *dois* (lugares) a *um*, quando tratavam da infância do herói, Freud introduz agora *dois* (personagens) lá onde a saga não apresenta senão *um*. De fato, ele reconduz à estrutura conflitual de *dois no mesmo lugar*, tanto a lenda que cria um segundo lugar para alojar um segundo personagem quanto a lenda que elimina o segundo personagem porque não há senão um nome. Assim, nos dois casos, retorna a lei que vale para o próprio Freud e lhe proíbe, igualmente, tanto uma posição própria, liberta da dívida com relação ao nome do outro, quanto uma fidelidade que o identifica, sem contestação, com instituição judia ou científica. Dito de outra maneira, tanto para ele quanto para o "Moisés egípcio" não existe mais *lugar próprio* senão o do *nome próprio*. Dessas duas maneiras, a "lenda genealógica" (*die genealogische Sage*, GW. 134) se quebra.

A mesma prática dos textos permite, aqui, a Freud *fazer retornar o duplo apagado* (de Yahvé ou de Moisés), e, mais ainda, de *fazer cair o duplo decorativo* (do único lugar). Os procedimentos da sua reconstrução são os mesmos, não vou me demorar mais neles. Gostaria antes de seguir o seu caminho na medida em que ele indica a necessidade de um recalcado (uma tradição se define pelo que cala) e se organiza a si mesmo como recalcamento, de modo que as *duas coisas marchem juntas* no mesmo texto. Para retomar uma linguagem freudiana elas se "fundem" (*verschmelzen, verlöten, zusammentreten* etc.) sob o mesmo nome – a "ficção"[66]

---

66   Cf. *supra*, p. 285-286 e n. 3.

Capítulo IX • A Ficção da História 371

– sem deixarem de ser estranhas uma à outra. Com efeito, a análise freudiana parece manter com a lenda o mesmo tipo de relação que o Moisés egípcio tem com o Moisés Madianita; misturados pelo movimento que os faz retornar, alternadamente, tanto como "sonho" quanto como "psicanálise" à superfície do texto, onde manifestam o mesmo conflito (dois no mesmo lugar), seja como o *ditado* (a lei do "pai"), seja como o *sabido* (a conquista do "filho").

Aqui a análise exuma, por trás (ou "após"), o "deus universal" do monoteísmo de Akhnaton, um Yahvé "deus dos vulcões", "inquietante (*unheimlicher*) e sanguinário demônio que circula durante a noite e teme a luz do dia" (GW. 133), um deus de aldeia (*Lokalgott*), "mesquinho e selvagem" (*engherziger, roher*, GW. 151), que contrasta com a ideologia da *Aufklärung* egípcia. Este é o deus, escreve Freud, "que no decorrer dos meus estudos sobre Moisés tornou-se-me particularmente antipático e estranho à minha consciência judia".[67] De origem árabe, este deus do Sinai e do Horeb foi *adotado* pelos judeus, que lhe atribuíram o crédito da sua "redenção", a qual de fato fora obra do Moisés egípcio. Ele é o usurpador. Mas, como o escárnio e a selvageria servem de veículos para a razão, "a sombra (*Schatten*) do deus de quem ele tomou o lugar se tornou mais forte do que ele. No final desse movimento, o deus mosaico oculto por trás dele voltou "para a boca da cena" (GW. 152), da mesma maneira que a "tradição", vinda do Egito, "havia pouco a pouco crescido na sombra" (GW. 153). O deus egípcio (Aton) volta, mas sob o nome do outro – Yahvé, quer dizer, sob um nome de *adoção*.

Inversamente, por "trás" do Moisés egípcio, está um outro personagem: igualmente estrangeiro, que se tornou o genro de Jethro, este midianita "irascível e violento" é o homem da visão do Sinai e a testemunha de Yahvé. Está associado à resistência judia que promoveu o assassinato do Egípcio. Mas *não tem nome*. Não triunfa senão sob um nome de empréstimo (o nome egípcio de

---

67 S. FREUD–A. ZWEIG, *Correspondence*, op. cit., p. 141; carta de 13 de fevereiro de 1935.

Moisés) e seu sucesso é seguido pelo retorno do que ele havia contribuído para eliminar, a religião de Aton passada para Israel sob o nome de Moisés...

Este é o início do *imbroglio* que Freud "tece"[68] com a sutileza oblíqua do velho, com um prazer visível, mas também com a preocupação sempre inquieta de evitar ofender os "pesquisadores qualificados" e de contornar os "resultados afiançáveis da pesquisa histórica"(GW. 136). Antes de se complexificar, o jogo começa com *quatro* lugares (dois deuses e dois líderes) e três nomes (Aton, Yahvé, Moisés) apenas, já que um dos personagens não tem nome. A montagem cênica de Freud opera em dois tempos, após o que se repetirá (ainda que com outros conteúdos):

1) O tempo "primitivo" representa relações estáveis entre uma realidade (*Wesen*) e um nome (*Name*). Existe, por um lado, a realidade "popular" (egípcia) ou "selvagem" (hebraica) da antiga religião; ela se designa pelo nome de *Amenhotep* no Egito ou pelo de Yahvé em Israel. Se indicarmos pela maiúscula o *Wesen* e pela minúscula o *Name*, tem-se a relação estável:

Aa

Depois intervém um segundo termo: B. Ele ocupa o lugar após uma luta, como o filho ocupou o do pai. É a religião monoteísta de Aton, sustentada por Akhnaton. Ela apaga ao mesmo tempo a realidade (*Wesen*) e o nome (*Name*) da religião paterna antes de, por sua vez, sucumbir diante do retorno da antiga realidade e dos antigos nomes. A história egípcia se apresenta como uma série de inversões, da qual cada momento mantém, entretanto, a adequação entre a coisa e o nome:

---

68   *Unsere Fäden weiter zu spinnen*: para tecer nossa teia (de aranha) e urdir nossa intriga. Muitas vezes mencionado, esse objetivo justifica o recurso às "hipóteses" e às "ideias" que Freud reúne de todos os lados na medida em que eles lhe fornecem com o que fazer ressaltar a ação de seu romance policial.

$$Aa \rightarrow Bb \rightarrow Aa$$

2) O segundo tempo se inaugura com o exílio da religião monoteísta egípcia entre os Judeus. De agora em diante, tudo funciona segundo *um corte entre a coisa e o nome*. A exterioridade do desenvolvimento com relação ao lugar de origem perverte a aliança do *Wesen* com o *Name* e inverte constantemente sua relação. Problemática de êxodo: de agora em diante, em Israel, o *Wesen* será sempre excêntrico com relação ao *Name*. Neste lugar *adotivo* (onde Moisés, o "filho" de Aton, é inicialmente adotado), o nome não combina com a coisa: B (o monoteísmo) é recebido sob o nome de a (Yahvé); depois, em seguida ao assassinato de *Moisés*, A "a religião selvagem" vence, mas sob o nome de b (como mosaica), antes que este recalcado retorne, mas sob o nome de Yahvé, pontuado também por cortes violentos tem-se a série:

$$Ba \rightarrow Ab \rightarrow Ba$$

Ferida na função de sua articulação com um solo, essa história avança claudicando. Os nomes (a linguagem) não estão mais no mesmo endereço que as coisas (a história). Na verdade, a partir da ruptura inicial ou das "separações" (*Trennungen*) que a repetem, produzem-se "fusões" (*Verschmelzungen*) sob um mesmo nome ("nacional"), mas as "restaurações" (*Wiederherstellungen*) conduzem necessariamente essa quebra à superfície e proíbem que o povo se deixe apanhar pela ilusão da unidade. A soldadura (*Verlötung*) não faz senão ocultar a quebra (*Zerfall*, GW. 138). Freud reencontra aqui a análise marxista da luta de classes: a unidade nacional, a ilusão do nome comum oculta a divisão do trabalho na história.[69]

Modalizado de mil maneiras, no seguimento do "romance" (por exemplo, Moisés, Egípcio, entre os judeus "balbucia" e pratica

---

69 Cf. GW. 137-138, a propósito de *Judá* e de *Israel*, esses "elementos bem diferentes" que "foram reunidos para a construção (Aufbau) do povo judeu". Também a *unidade nacional* aparece por toda parte como engodo do nome e como fonte de ilusão (cf. GW. 103, 110, 137, 138, 142 etc.).

hesitantemente ou com "dúvida" uma língua estrangeira); na falta de lugar, de terra ou de língua *própria, ele não tem mais palavra*. A presença (*Wesen*) não se dá mais no significante (*Name*). O corpo é o estrangeiro da linguagem. O êxodo tornou a voz impossível. Permanece possível apenas a escrita, que é o quiproquó entre a linguagem e a realidade, ou *ficção*, já que ela diz outra coisa além do que nomeia. Fim da presença que se nomeia. Desaparecidas a voz da terra, a palavra do corpo. Não existem mais profetas, apenas "escritores" que praticam o deslocamento escriturário e produzem cada vez mais ficções.

No *Moisés*, dois indícios confirmam essa eliminação da voz. Por um lado, no texto todos os elementos se mexem e rocam segundo o jogo do quiproquó, *exceto um*. Um "atestado" (certificado e documento, *Zeugnis*, GW. 139) permanece através dos avatares das relações entre significantes e realidades: a circuncisão. Outrora, diz Freud, ela era praticada apenas no Egito; ali era um próprio, uma particularidade, mas era inerte, tendo o valor de uma particularidade entre outras. Em contrapartida, ela se torna "lei" (*Gebot*, GW. 126, 139 etc.), passando a ser, entre os Judeus, como que o signo da origem e da terra perdidas. Apenas neste momento ela constitui lei e faz sentido. Com efeito, significa, na medida em que *marca* com uma perda e pelo *ato* de perder. Diferentemente da relíquia, que é guardada, ou dos estigmas, que são acrescentados, a circuncisão significa ser raptado. Ela, aliás, não é mais um nome, mas o gesto que *faz* no corpo individual aquilo que *diz* do corpo social. Costume (*Sitte*) primitivo (*uralt*, GW. 128), existente fora do acontecimento que o torna significante, criado como um fato bem antes de se tornar um documento, adquire, pelo fato de ser deportado e privado do seu contexto, a mudança de estatuto que de signo da pertença egípcia o transforma em *lei* de pertença judia. Torna-se o *vestígio* da passagem de Moisés para o estrangeiro e, portanto, da privação do lugar, marcando a privação no centro do corpo, no sexo, e transforma em dejeto do próprio lugar do poder. "Penoso" (*beschwerliche*, GW. 126), é verdade, inquietante e estranha (*sehr befremdlich*, GW. 128): "Aqueles que não a praticam (*üben*) se apavoram (*grausen*) um pouco com ela" (GW. 128). Esta

Capítulo IX • A Ficção da História   375

perda angustia. Mas aqueles que a "adotaram" (*annehmen*) vinda de mais longe, marca recebida como própria porque estrangeira, estes são "orgulhosos" dela; sentem-se "elevados" (*erholt*) e como que enobrecidos (*geadelt*, GW. 128) apesar da sua origem "modesta" ou desconhecida tendo como impuros aqueles a quem falta esta ferida da ausência.

A cricuncisão é, pois, *inscrição*, escultura ou gravura da lei sobre o corpo – quer dizer, o que faz sentido suprimindo (diferentemente da pintura, que acrescenta) –, prática privadora e, por este motivo, produtora de sentido. Ela é *escrita*. *Leitfossil*, diz Freud (GW. 139): fóssil iniciador, documento indutor. Reproduzida ao longo desta história, quaisquer que sejam as relações entre a linguagem e a realidade, ela é o gesto que não engana, pois conduz ao caminho (*leiten*) da castração. A relação do nome com a coisa deixa de ser um quiproquó, pois trata de uma prática significante. Da mesma forma, este "documento" (*Zeugnis*) é exatamente o "pedacinho de verdade" (*ein Stückchen Wahrheit*) que Freud pretende exumar da lenda. O Moisés egípcio, eis aí o que esta inscrição produz, significando-o. É uma prática teórica na qual não há mais ficção.

Um segundo indício, recíproco do primeiro, é indicado pelo texto, enquanto o texto, prática de circuncisão, subtrai para significar. Este indício não está ausente (o que seria contraditório nos termos); ele se marca no romance freudiano como o que é *tirado* ou *calado*, para que ele se transforme em "tradição". É uma elipse, se falarmos retoricamente; um recalcamento se falarmos a linguagem freudiana. Este trabalho de recuo poderia ser analisado sob muitas formas. Eu não indico senão uma, porque ela se refere ao nome. Jacques Lacan observou que Freud "elide" uma "palavra fundamental que é esta: "Eu sou... Eu sou o que sou, quer dizer, um Deus que se apresenta como essencialmente oculto".[70] Quaisquer que sejam as intenções de Freud, sua prática textual apresenta, com efeito, as "tendências deformantes" (*entstellenden Tendezen*) que

---

70   LACAN Jacques. *L'éthique de la psychanalyse*, seminário de 1959-1960, iné-
      dito; conferência de 16 de março de 1960.

no decorrer dessas páginas observa na lenda. Ele corta ou costura de novo, "assassino" da lenda se é verdade que, sob certos aspectos, a deformação (*Entstellung*) de um texto se aproxima de um assassinato (Mord)" (GW. 144). A prática da *Entstellung*, de-formação e deslocamento, é constante nele. Ela remete tanto ao que dizem os textos bíblicos quanto ao que calam. Enquanto abundantes a respeito da visão da sarça ardente por Moisés no Horeb, o relato freudiano nada diz do Midianita inspirado que ele distinguiu do "majestoso egípcio"; nada do Horeb e da sarça ardente, signo queimado e queimante; nada da palavra dada pelo Deus que se retira. Menciona apenas "o interdito do nome de Deus", "tabu primitivo" (GW. 139). Esta regra, de fato muito pouco observada, tem no *Moisés* um lugar muito secundário; não é aí senão uma particularidade, o que era a circuncisão entre os Egípcios antes que o êxodo fizesse dela a lei da inscrição.

Ora, a *elisão* freudiana tem aqui um valor técnico: suprime *a voz* (vogal) *que não se pronuncia*, o *e* mudo, e que apenas *se escreve*. Ehyeh, diz o versículo do Êxodo, um tempo que é o não cumprido, o futuro continuado: "Eu serei quem serei".[71] O fim do não-receber. O nome Yahvé diz que nada é dizível senão pela ordem "não se aproxime" (afasta-te) e "vá" (vai-te daqui).[72] Da mesma forma, o tetragrama *YHWH* Yahvé inscreve o que se retira. Este não é o sacramento de quem está lá, nem o significante de alguma coisa outra que estaria oculta por trás dele, mas o vestígio de um recuo. *Não se pronuncia*. É o *escrito* de uma perda, a própria operação de se rasurar. Não pode ser voz (signo do corpo vindo e falando), apenas *grapho*. A abstenção da presença falante e do *Wesen* divino cria o trabalho de escrever. "Escreve-o ora, escreve-o!" Que outra coisa te resta fazer?

A voz, tornando-se muda, conduz à escrita impronunciável. Por que é, então, esta voz muda que Freud elide? Por que precisa-

---

71 Livro do *Êxodo*, III, 14. Cf., por exemplo, ALLARD, Michel, Note sur la formule 'Ehyeh ašer ehyen, in *Recherches de science religieuse*, t. XLIV, 1957, p. 79-86.
72 *Êxodo*, III, 5 e 16.

mente esta rejeição? Defeito de informação? Sem nenhuma dúvida, mas essa explicação justa e fácil remete à questão sobre a tradição que Freud "repete". Algo de fundamental está em jogo nesse traçado do Êxodo. Freud substitui o Yahvé do Horeb pela circuncisão judaico-egípcia. As duas "*inscrições*" representam o mesmo papel decisivo de se articular com o "real", e aí, porque não se trata mais da *palavra*, não pode haver nem quiproquó nem "dois no mesmo lugar". Por que então essa substituição? Ela se indica daquilo que a circuncisão marca mas não diz no seu texto.

Freud é judeu. Eu não sou. Que posso, finalmente, "compreender" deste *outro* sem o qual eu não seria cristão e que me escapa por estar "atrás", o inacessível necessário, o recalcado que retorna? Tudo se passa como se ao Moisés egípcio que se tornou o Judeu (com uma reviravolta a mais no quiproquó, já que ele é Judeu de origem e "egípcio" de cultura) correspondesse o Egípcio judeu que eu sou (minha cultura deve o que é ao outro que ela rejeitou e que retorna na minha linguagem). Isso não é mais o texto que diz o quiproquó e a comédia do meu nome; descubro na prática de sua leitura a relação – *Moisés egípcio* – que "*nos*" compreende e se inverte de um para o outro.

Parece-me que entre essas duas inscrições se cala uma diferença repetida por duas tradições e esboçada-ocultada assim: a *circuncisão* marca o *corpo*; o *grapho* Yahvé marca a *linguagem*, o corpo linguístico. Uma subtrai sua auto-nomia à opacidade não falante de um "real" vivido como continuidade do *sangue*; o outro contraria a transparência do ser no *sentido*. Uma é anterior a toda linguagem; atinge o *in-fans*, como o êxodo precede a tradição que ele organiza desde o início (*Weil ich Judewar*, diz Freud, para explicar como sua história se construiu).[73] O *grapho* yahvista designa de antemão a impossibilidade de uma "obediência à verdade do ser".[74]

---

73   "Porque eu era judeu..." (Alocução aos membros do B'nai B'rith, 6 de maio de 1926; GW. XIII, 52).

74   LEVINAS, Emmanuel. *Totalité et infini*. Nijhoff, 1971, p. 17, a propósito de Heidegger e da "história ocidental".

O romance da história

Eu me arrisquei no texto freudiano com uma demanda de historiador. Ele fala uma língua que me é familiar, aquela que com uma ironia modesta ele atribui aos "pesquisadores qualificados", aos historiadores. Na verdade, ele a adota. Pratica-a com um sotaque estrangeiro, como um homem "vindo de alhures". Esse desvio entre a língua (o lugar) e o procedimento indica a entrada da bailarina. Deslocado, onde está de passagem, este "Moisés egípcio" desloca minhas questões. As lacunas que, apesar de mim, pensava poder completar lendo-o ele não as preenche. Cria outras. Elas são fundamentais na medida em que questionam o *lugar de onde a historiografia se autoriza*, o território do qual ela é o produto textual.

Com efeito, nutrida por uma filosofia que não confessa, nossa historiografia concebe, por sua vez, "a relação com outrem como que se jogando no destino dos povos sedentários, possuidores e construtores da terra". Segundo este *logos* do desvelamento do ser, transformado em compreensão dos "fatos históricos", "a posse é a forma por excelência sob a qual o Outro se torna o Mesmo tornando-se meu".[75] Ora, essas produções "obedientes" à lógica do lugar e do nome instituídas como saber pelo enraizamento num solo[76] estão aqui submetidas à deformação (*Entstellung*) freudiana. O trabalho da diferença transforma o discurso científico e didático da *história* numa escrita "deslocada" (nela mesma com relação à "disciplina"), quer dizer, um *romance*, texto construído num alhures viabilizado por "infelicidades e viagens". Mas, em Freud, essa operação não cria outro lugar; não coloca o romance num outro campo do que o da história; não obedece à lei da espacialização, que persegue a alteridade fora, ao lado (*neben*), num outro lugar, "fictício" diferente daquele que já está ocupado. Freud reintroduz o *outro no lugar*.[77] É o "Moisés egípcio". É também o "romance

---

75   Ibid., p. 17.

76   Sobre esse postulado do *lugar* da construção da historiografia, cf. *supra*, cap. II e V.

77   Cf. *Der Familienroman der Neurotiker* (1909); GW. VII, 229.

histórico", já que a "ficção" (*Fiktion*) tem o "privilégio" de poder, como o público faz com o autor, "chamar" (*hervorrufen*) à cena ou "recalcar" (*hemmen*) "o sentimento de estranheza".[78] É verdade, a historiografia "conhece" a questão do outro. A relação do presente com o passado é sua especialidade. Mas ela tem, como disciplina, que criar lugares "próprios" para cada um situando o passado num outro lugar do que o presente, ou ainda supondo-lhe a continuidade de uma filiação genealógica (sob a forma da pátria, da nação, do meio etc. está sempre o mesmo sujeito da história). Tecnicamente postula sem cessar unidades homogêneas (o século, o país, a classe, o nível econômico ou social etc.) e não pode ceder à vertigem que o exame crítico dessas frágeis fronteiras provocaria: ela não o quer saber. Por todo o seu trabalho, fundado nessas classificações, supõe a *capacidade que tem o lugar*, onde ela própria se produz, de *dar sentido*, pois as distribuições institucionais presentes da disciplina sustentam, em última instância, as repartições do tempo e do espaço. Sob esse ponto de vista, político na sua essência, o discurso histórico supõe *a razão do lugar*. Legitima um lugar, o de sua produção, "compreendendo" nele os outros lugares numa relação de filiação ou de exterioridade. *Autoriza-se pelo lugar* que permite explicar como "estranho" o diferente, ou como único o interior. Dito de outra maneira, ele simplifica o problema da autoridade "sustentando" que, como na história egípcia do modelo freudiano, o "pai" está no próprio lugar que "guarda" seu nome (e que ele autoriza), ou que, expulso, passado e morto não está mais no lugar onde teríamos deixado de ser "filhos" tomando um outro nome.

A problemática freudiana do "quiproquó" e a "ficção" do seu discurso, sem dúvida, nos permitem *pensar* a estranheza que contradiz essa simplicidade e que já está *marcada* em toda verdadeira história, seja com a noção de *sobrevivências* (que não deveriam estar lá e que, mais frequentemente, são recortadas num presente como um corpo já estranho, passado, ou "à parte"), seja com a de *estratificações* de níveis agindo uns sobre os outros num mesmo

---

78   *Das Unheimliche*; GW. XII, 266.

lugar. De que maneira essas questões abertas e indicadas pela história poderiam ser tratadas através de uma "aplicação" da psicanálise, como diz Freud, não é possível examinar aqui. Pelo menos em três pontos essenciais do *Moisés* – a religião, a história, a ficção – eu gostaria, para terminar, de apontar a perspectiva indicada.

Para Freud, o problema religioso é indissociável da sua tradição. Esta constitui mesmo a sua especificidade. "Nenhum progresso está ligado à nesga de território de nossa terra materna (*Muttererde*), escreve ele a Zweig, nenhuma descoberta nem invenção". Diferentemente das nações, "a Palestina não formou nada além de religiões, de extravagâncias sagradas... Nós saímos de lá... e é impossível dizer o que trouxemos como herança (...) da nossa permanência neste país".[79] Ao "nada" do progresso, saber capitalizado, corresponde uma proliferação da Saga: que herança resta ao filho, senão um "nada", um êxodo? Pois eles "saíram" para longe. Caminham, "escrevem", apanhados entra a dívida e a contestação, se é verdade as viagens e as escritas são assimiláveis a "pisoteamentos da terra-mãe (*Mutter Erde*)" (GW. XIV. 116). Recebida por Freud como uma expressão "da relação da criança com seu pai",[80] a tradição surge para a "criança", transformada num "ateu natural", filha adotiva de um outro tempo e de uma outra sociedade, sob a forma da *inquietante familiaridade* que tem o "espectro"[81] Moisés – ou mesmo este Yahvé, deus inquietante (*unheimlicher*, GW. 133) para o qual não existe senão antipatia. Esta "inquietante familiaridade" (*das Unheimliche*) me parece a própria herança – o que se diz na ficção bíblica e se repete de outra maneira nos *Krankengeschichte* ou nos "romances" de Freud. Essa herança, aliás, foi exumada ao mesmo tempo por toda a Escola psicanalítica. Em 1919, Theodor Reik via Moisés, "metade animal, metade Deus", um matador de Deus: "o Filho substitui o pai e toma seu lugar", escrevia ele, "mas o Pai retorna como lei quando Moisés

---

79   S. FREUD–A ZWEIG. *Correspondence*, op. cit., p. 75; carta de 8 de maio de 1932.

80   Cit. por E. Jones, *La vie et l'oeuvre...*, op. cit., t. III, p. 398-399.

81   Ibid.

Capítulo IX • A Ficção da História 381

é apresentado como mediador".[82] Em 1920, numa conferência em Viena, as relações do "deus estranho" e do *"nosso* próprio deus" lhe forneceriam os termos de uma exposição sobre a "inquietante familiaridade", lugar da análise.[83]

Eu me pergunto se a "tradição" religiosa, casa hoje abandonada por uma sociedade que não a habita mais, não deve ser considerada historicamente a partir das duas proposições suscetíveis de serem extraídas da análise freudiana. A primeira, Agathon, o herói do romance premonitório de Wassermann, já a enunciava: "Eu não sou mais um Judeu e tampouco sou um cristão"[84]– *nem um nem outro* – proposição da "contestação", do êxodo, do corte histórico. A segunda é, pelo contrário: *um e outro*, mas à maneira do quiproquó ou do nome de empréstimo – proposição da "dívida", do "retorno" e das estranhas "deformações" que trazem de volta este recalcado religioso sob a imagem de *ficções*. Esse fantasma "deslocado" assombra a nova casa. Permanece como *aquele que tem direito* ao lugar que ocupamos em *seu lugar*: problemática presente de uma história religiosa.

É precisamente esse retorno que faz o objeto das páginas consagradas por Freud à "verdade histórica" (*die historische Wahrheit*, GW. 236) que está ligado à religião e posto aí em relação com "um fragmento de verdade" (*ein Stückchen Wahrheit*, GW. 239) numa problemática da "Lembrança" (*Einnerung*) certamente deformada (*entstellte*) e, no entanto, justificada (*berechtigte*)" (GW. 238), quer dizer, "deslocada", e, apesar disso, "no seu lugar" legítimo. É a relação da ficção com a história. *Ficção*, porque o homem não tem

---

82 REIK, Theodor. *Le rituel. Psychanalyse des rites religieux*. Denoël, 1974, p. 327-387: "Le Moïse de Michel-Ange et les scènes du Sinai". No seu *Prefácio*, Jacques Hassoun reconhece, em Reik, um "eco no seu próprio discurso, reconhecidamente suscitado por este alhures-familiar" (op. cit., p. 14).

83 REIK, Theodor. "Le dieu étrange et notre propre dieu". Abstract of the proceeding of the 6th International Psycho-Analytical Congress, in *International Journal of Psycho-Analysis*, Londres, t. I, p. 350, 1920.

84 WASSERMANN, Jacob. *Les juifs de Zirndorf*. Pierre-Jean Oswald, 1973, p. 227.

382 A Escrita da História • Michel de Certeau

nem gosto (*Witterung*) nem inclinação (*Geneitheit*) para aceitar a verdade. Ela é o que ele *cala* pela própria prática da linguagem. A comunicação é sempre a metáfora do que oculta. Verdade, entretanto, porque, tendo direitos neste mesmo lugar, algo de "infantil" (*infantil*, GW. 236) "permanece" lá: documento *in-fans*, excluído e construtor da linguagem comunicada (a tradição), "núcleo da verdade histórica" (*Kern von historischer Wahrheit*, GW. 112), marca *inscrita e ilegível*, impressa. Ela aparece, em Freud, sob a forma da circuncisão (*Zeugnis*), inscrição que se transcreve verbalmente no paradoxo do "Moisés egípcio", ou do *Aufdruck*, "impressão" de estranheza, *Gefühl* (sentimento *tátil* do que é *atingido*) ligado ao *Zweifel*, "pegada"[85] da partilha. Cortes inscritos, "impressões" mudas: lei gravada e que não pode ser senão calada.[86] Que o excluído produza a ficção que o conta através de uma "maneira de falar" cômica ou trágica, eis aí a "verdade" da história.

Ela contradiz radicalmente o poder que os discursos didáticos da historiografia consideram que este lugar da verdade ocupa. Não fornecem dele senão imagens, o "verossímil", o "semelhante". Mais exatamente, a historiografia (*Geschichtsschreibung*) se põe no lugar da tradição (*an die Stelle der Tradition getreten*) (GW. 175): história *canibal*. Ela as-simila as tradições para falar no lugar delas, a título de um lugar (de *progresso*) que autoriza saber, melhor do que elas, o que elas dizem. Mas isso é supor que elas dizem o que *sabem*. É supor também que o que elas sabem não "retorna" no discurso que se mantém longe dela a distância, e se contenta em "citá-las (em juízo). De fato, a historiografia não é nem mais nem menos verdadeira do que elas. Não é verdade que se engana (que *erra*) como se se tratasse de desvendar melhor o que aí haveria "sob" as aparências. Freud é avesso à problemática do "desvelamento", ou da concepção grega ("egípcia") da verdade, que supõe a correspon-

---

85   NT – O autor joga com pelo menos dois sentidos da palavra *empreint* – impresso e pegada (rastro).

86   Sobre essa relação do "impresso" e do "grafado", já cf. CERTEAU, M. de. *L'absent de l'histoire*, Mame, 1973, p. 177-180, a propósito deste outro "mito" moderno que é Robinson Crusoé.

Capítulo IX • A Ficção da História 383

dência de um *Wesen* e de um *Name*. Ele "abole", como Nietzsche, este "mundo das aparências" criado pelo corte platônico entre a aparência e a realidade, entre a opinião e a ciência.[87] Existe logro porque esses discursos se enganam a *si mesmos* não confessando a dívida fundamental que, na distância, eles têm diante do que, *calado*, era no âmago das tradições (e nelas permanece) *sabido*. A distância a partir da qual a história se constitui não poderia ser negada sem que recaísse na doutrina e na "lenda genealógica"; mas esta distância, exôdo do "filho" e meio da sua vitória no lugar do "pai", não poderia, tampouco, impedir o retorno (sob um outro nome) do recalcado – "inquietante familiaridade" no próprio lugar de uma razão e de uma produção científicas. Existem muitas marcas disso. Assim, para tomar uma das mais evidentes, ainda que permanecendo um relato, a historiografia guarda este "algo de grandioso" que caracterizou a religião. Com efeito, o relato é a totalização impossível. Uma *"razão"* (uma coerência, o estabelecimento de um campo) não deixa de ser nele conjugada à recusa que ela cria ao se constituir. *Um e outro* – o ocupante e o fantasma – são recolocados em jogo no mesmo texto: a teoria *presente* reencontra o que de inassimilável retorna do *passado* como exterioridade colocada num texto. Este não pode ser, por essa razão, senão um relato – uma "história" que se conta. Esse efeito romanesco fala a relação dos dois oponentes na mesma posição, ainda à maneira da justa-posição (*neben*), mas também já o da crono-logização (*nach*). É o equivalente historiográfico do Moisés egípcio: a ficção científica é a lei da história.

O romance de Freud é a *teoria* da ficção científica. Ele passa do mito ao romance através do interesse que tem pelo "homem Moisés": *Der Mann Moses*, diz o seu título. Do mito, do qual tem a força, ao romance houve uma passagem a partir do momento em que o *sujeito* não podia mais ser pensado como *mundo*, mas como

---

87 NIETZSCHE, Frédéric. *Crépuscule des idoles. La raison dans la philosophie*, Mercure de France, p. 103. Cf. LECOUE-LABARTHE, Philippe. La fable (literature et philosophie), in *Poétique*, n. 1, p. 51-63, 1970.

384 A Escrita da História • Michel de Certeau

indivíduo, e onde, como demonstra George Dumézil a propósito da Saga de Hadingus, passou-se do social ao psicológico.[88] O romance é a psicologia do mito, uma interiorização do conflito dos deuses. Mais do que "de uma extenuação do mito",[89] ele nasceu da sua fragmentação e da sua miniaturização. Mas repete a cena "primitiva" no espaço individual criado por um ponto de não retorno da história. Em Freud, como em Defoe ou Kafka, na figura psicológica que tomou seu lugar, o mito retorna com um trabalho da diferença (da morte, mas é necessário falar discretamente daquilo que não sabemos), com a inscrição ilegível ("estranheza familiar") da dúvida (*Zweifel*) e da impressão (*Aufdruck*), "in-analisável"[90] fragmento de verdade.

Eu mesmo duvido ter entendido este "saber". Deixe também, marcadas no espaço de um "estudo" que "toma o lugar" do de Freud, mas que não poderia dizê-lo novamente, as pegadas estranhas (alemãs) dos passos da bailarina. Mas, neste lugar que ocupo, sua inquietante familiaridade me lembra a palavra de um outro, Jean Cavaillès, que considerava o progresso da ciência como uma "perpétua revisão dos conteúdos por aprofundamento e rasura".[91]

---

88 DUMÉZIL, Georges. *Du mythe au roman*. P. U. F., 1970. p. 122-123.

89 LÉVI-STRAUSS, Claude. *L'origine des manières de table*. Plon, 1968. p. 10.

90 CIXOUS, Hélène La fiction et ses fantômes. Une lecture de l'*Unheimliche* de Freud, in *Poétique*, n. 10, p. 216, 1972.

91 CAVAILLÈS, Jean. *Sur la logique et la théorie de la science*. 2ª ed., P. U. F., 1960. p. 78.

DO MESMO AUTOR

Le mémorial de Pierre Favre. Desclée de Brouwer, 1960.

Guide spirituel de J. J. Surin. Desclée de Brouwer, 1963.

Correspondence de J. J. Surin. Desclée de Brouwer, col. Bibliothèque européenne, 1966.

La prise de parole. Desclée de Brouwer, 1968.

L'étranger ou l'union dans la diférence. Desclée de Brouwer, 1969.

La possession de Loudun. Julliard-Gallimard, col. Archives, 1970.

L'absent de l'histoire. Mame, col. Repères, 1973.

La culture au pluriel, col. 10/18, 1974.

Le christianisme éclaté (em colaboração com J. M. Domenach). Seuil, 1974.

Politica e mistica. Questioni di storia religiosa. Jaca-Book, Milan, 1975.

Une politique de la langue. La révolution française et les patois (em colaboração com D. Julia e J. Revel). Gallimard, Bibliothèque des Histoires, 1975.

Le réveil indien en Amérique Latine (em colaboração com Yves Materne). Cerf, Terra do Fogo, 1977.